Thomas Breuer

Der letzte Prozess

Die langen Schatten des Dritten Reiches

EK-2 Publishing

Ihre Zufriedenheit ist unser Ziel!

Liebe Leserinnen, liebe Leser,

zunächst möchten wir uns herzlich bei Ihnen dafür bedanken, dass Sie dieses Buch erworben haben. Wir sind ein kleines Familienunternehmen aus Duisburg und freuen uns riesig über jeden einzelnen Verkauf!

Vor allem aber möchten wir, dass jedes unserer Bücher **Ihnen ein einzigartiges und erfreuliches Leseerlebnis** bietet. Daher liegt uns Ihre Meinung ganz besonders am Herzen!

Wir freuen uns über Ihr Feedback zu unserem Buch. Haben Sie Anmerkungen? Kritik? Bitte lassen Sie es uns wissen. Ihre Rückmeldung ist wertvoll für uns, damit wir in Zukunft noch bessere Bücher für Sie machen können.

Schreiben Sie uns: info@ek2-publishing.com

Nun wünschen wir Ihnen ein angenehmes Leseerlebnis!

Moni & Jill von EK-2 Publishing

Der letzte Prozess
Die langen Schatten des Dritten Reiches –
Ein Fall für Fabian Heller und Stefan Lenz

von Thomas Breuer

„Der Schoß ist fruchtbar noch, aus dem dies kroch!"
(Bertolt Brecht: „Der aufhaltsame Aufstieg des Arturo Ui", 1941)

Dies ist ein Roman. Die Handlung ist frei erfunden. Abgesehen von einzelnen historischen Personen sind die Figuren fiktiv. Ähnlichkeiten oder gar Übereinstimmungen mit lebenden oder verstorbenen Personen sind rein zufällig und nicht beabsichtigt.

1

„Schöne Schweinerei", stellte Kriminalkommissarin Gina Gladow lapidar fest.

Sie stand vor der Burgmauer in Wewelsburg direkt gegenüber dem Kreismuseum neben Kriminalhauptkommissar Schröder und dem Rechtsmediziner Hermann-Josef Stukenberg und ließ das Szenario auf sich wirken.

„Grießpudding mit Himbeersoße", sagte Stukenberg und grinste, als Schröder zu würgen begann.

„Ist es das, von dem ich glaube, dass es das ist?" Gina Gladow hoffte inständig, dass Schröder ihr nicht auf die hohen Lederstiefel oder, schlimmer noch, auf die Leiche kotzte, und beugte sich etwas vor, als müsse sie die Bescherung aus nächster Nähe unter die Lupe nehmen.

Der Rechtsmediziner nickte. „Gehirnmasse, Knochensplitter und Blut." Er deutete auf einen Felsbrocken, der nur dreißig Zentimeter entfernt auf dem Pflaster lag und deutliche schwarzrote Flecken aufwies. „Der Klöpper da hat ihm die Schädeldecke zermatscht."

Das war zuviel für Schröder. Er drehte sich um und hastete laut würgend in Richtung der Rasenfläche vor der gegenüber liegenden Kirche davon.

Kopfschüttelnd blickte Stukenberg ihm nach. „Dein Kollege hat wohl heute einen schwachen Magen."

Gina Gladow antwortete nicht und trat noch etwas näher an die Matsche heran, die von den Kriminaltechnikern unter dem Felsbrocken freigelegt worden war. Unglaublich, dass das Geschlabber einmal ein menschliches Gehirn gewesen war. Der Geruch war nicht eindeutig zu identifizieren: Das Metallische des Blutes war bestimmend, aber auch eine süßliche Note und ein etwas fauliger Unterton waberten in der Luft. Die Masse hatte eine stückige Konsistenz, die nicht nur von den zahllosen Knochensplittern ausging, und ein Farbdurcheinander von käsigen Gelb- und glänzenden Rottönen. An den Rändern war das Blut braunschwarz verkrustet.

Wie nicht dazugehörig lag ein dürrer Männerkörper in einem zerrissenen, blutdurchtränkten Hemd ausgestreckt daneben. Das Opfer musste sehr alt sein, das erkannte Gina Gladow nicht nur an den spärlichen Resten grauer Haare in der Gehirn-Blut-Matsche, sondern auch an der dürren Gestalt, die wie hingegossen auf dem Kopfsteinpflaster lag, und an der geradezu durchsichtigen faltigen Pergamenthaut.

Ein Kriminaltechniker machte Fotos mit seiner Digitalkamera aus allen Positionen um den Toten herum und überprüfte die Ergebnisse auf dem Display. Er nickte zufrieden und entfernte sich dann wortlos zu seinem Einsatzfahrzeug.

„Schon gesehen?", fragte Hermann-Josef Stukenberg. Der Rechtsmediziner deutete auf die völlig zermalmten Hände des Toten.

Gina Gladow hockte sich so dicht wie möglich neben die Leiche und sezierte die zermalmten Knöchelchen mit den Augen. Da war wirklich kein Glied mehr an dem anderen und kein Gelenk in funktionstüchtigem Zustand. „Auch von dem Steinklotz?", erkundigte sie sich über die Schulter hinweg.

„Nee, sieht eher danach aus, als habe sich jemand mit seinem Stiefel ausgetobt." Der Rechtsmediziner hockte sich neben sie und deutete auf etwas neben der Leiche. „Hier im Blut ist ein Teilabdruck der Sohle zu erkennen. Treckingschuh oder Bergstiefel, schätze ich. Vielleicht auch ein Bundeswehrstiefel. Dürfte ein Leichtes gewesen sein, die morschen Knochen damit zu zermalmen."

„Übertötung?"

„Eher Folter."

Gina Gladow nickte. So etwas hatte sie sich schon gedacht, als sie die Striemen unter dem zerfetzten Hemd des alten Mannes gesehen hatte. „Passt zu der Neunschwänzigen Katze, mit der sich der Täter offenbar vergnügt hat", stellte sie fest. „Daran, dass hier der Tatort ist, besteht ja wohl kein Zweifel, oder?"

„Ja und nein." Stukenberg richtete sich aus der gebückten Haltung auf und deutete mit dem Kopf an der Mauer entlang. „Was man so Tatort nennt. Zumindest den Todesstoß hat er hier bekommen. Allerdings gibt es Blutspuren bis da hinten am Berghang und dann auch noch den ganzen Pfad runter zum Fluss. Irgendwie erinnert mich das an den Kreuzweg." Er lachte trocken auf. „Komm mal mit."

Gina Gladow folgte ihm an der Mauer entlang bis zu einer Bank, die für Wanderer direkt am Berghang aufgestellt worden war und einen weiten Ausblick über das Almetal mit seinen Flussschlingen, einer Bruchsteinbrücke und einem alten Bruchsteinhaus direkt am Wasserlauf bot. Diese Idylle stand in einem krassen Gegensatz zu dem Blut und der Tat, die hier oben verübt worden war.

Stukenberg deutete auf eine angetrocknete Lache direkt neben der Bank. „Der alte Mann hat den Waldweg den ganzen Berg herauf bis hierher vollgetropft. Dann hat er offenbar längere Zeit hier gelegen oder gehockt und viel Blut verloren. Die Spur führt weiter an der Mauer entlang bis zum Platz vor dem Wachgebäude. Irgendwie muss er es auf allen Vieren dorthin geschafft haben."

„Und dort wurde er dann ermordet", schloss Gina Gladow.

„So sieht´s aus."

Die junge Kriminalkommissarin blickte den Waldweg entlang, auf dem Kriminaltechniker gerade die Spuren sicherten. „Und du meinst tatsächlich, dass der alte Mann sich mit den Verletzungen den ganzen Berg hochgeschleppt hat?" Ihr Kopfschütteln machte deutlich, dass sie das für unmöglich hielt.

„Komm, ich zeige es dir." Stukenberg deutete mit dem Kopf den Hang hinab und machte sich auch schon auf den Weg.

Gina blickte zu Schröder zurück und überlegte, ob sie ihm Bescheid geben sollte. Der Kriminalhauptkommissar lehnte vornübergebeugt an ihrem Dienstfahrzeug und hatte offenbar Mühe, sich nicht die Seele aus dem Leib zu kotzen. Der war momentan zu nichts zu gebrauchen. Kurzentschlossen wandte sie sich um und folgte dem Rechtsmediziner den Hang hinunter.

Es ging in Serpentinen über einen rutschigen Waldweg, der vor Nässe glänzte und streckenweise sogar von einer Eisschicht überzogen war. An einer Stelle mussten sie über einen kleinen Bach springen, der den Weg kreuzte. Gina rutschte mit ihren Lederstiefeln fast aus, als sie am Rand auf der Eiskruste landete. Stukenberg grinste hämisch, hielt sich aber mit einer Bemerkung zurück, die die Aufmachung der Kriminalbeamtin betroffen hätte.

„Der alte Mann ist auf dem Weg hinauf immer wieder gestürzt", erklärte er stattdessen. „Und immer da, wo er ausgerutscht ist, findet sich auch ein deutlicher Einschlag." Er deutete auf eine Stelle, an der sich irgendetwas scharfkantig in den Untergrund eingedrückt hatte.

„Heißt das etwa, er hat den Felsbrocken, mit dem er erschlagen wurde, selber hier hochgeschleppt?" Ginas Stimme verriet, dass sie das für unvorstellbar hielt.

„Das müssen wir noch abgleichen. Wahrscheinlich war der Täter hinter ihm und hat ihn mit der Peitsche angetrieben. Deshalb die vielen Striemen und das zerfetzte Hemd."

Nach mehreren Kehren traten sie unten auf eine schmale Straße, die den Berghang entlang und über eine Brücke hinaus in die Almeauen führte.

„Von hier könnte der Felsbrocken stammen", stellte Stukenberg fest und zeigte auf locker verteilte Steine überall im Unterholz.

„Was ist denn das da drüben?" Gina deutete über den Fluss hinweg auf das Natursteingebäude mit seinen Nebengelassen, das sie schon von oben gesehen hatte.

„Die alte Mühle", antwortete der Rechtsmediziner. „Da war bis vor Kurzem ein Ausflugslokal drin. Sehr romantisch, direkt am Fluss mit großer Terrasse. Als die Betreiber aus Altersgründen nicht mehr weitermachen wollten, gab es keine Nachfolger. Heute ist sie unbewohnt."

Gina nickte. „Seht euch da auch mal um", sagte sie.

Stukenberg nickte wortlos. Dann machten sie sich wieder an den Aufstieg.

Als sie bei der Leiche oben vor der Burgmauer ankamen, sah Gina sich noch einmal den blutigen Felsbrocken an, den die Techniker inzwischen in eine Kunststoffkiste gehoben hatten. Auch die Peitschenstriemen betrachtete sie tief hinuntergebeugt mit auf dem Rücken verschränkten Armen.

„Sado-Maso scheidet in dem Alter wohl aus", versuchte sie sich in einem unbeschwerten Tonfall, aber sie merkte selbst, dass der misslang. Der

Anblick des blutigen Steinklotzes und des jämmerlichen Restes dessen, was einmal ein Mensch gewesen war, machte es selbst ihr schwer, eine professionelle Distanz zu halten.

Ein Kriminaltechniker trat zu ihnen und fragte: „Sind Sie fertig, Doc? Können wir den Leichnam wegschaffen?“

Der Rechtsmediziner nickte. Der Kriminaltechniker wollte sich schon wieder entfernen, als Gina fragte: „Hatte der Tote irgendwelche Papiere bei sich?“

„Wir haben keine gefunden.“

Stukenberg stupste sie an den Oberarm und deutete mit dem Kopf in Richtung ihres Dienstfahrzeuges. Ihr Vorgesetzter, Kriminalhauptkommissar Schröder, lehnte immer noch mit bleichem Gesicht am Wagen, hatte aber inzwischen eine Zigarette zwischen den Lippen und versuchte, irgendwohin zu sehen, nur nicht herüber zu den Spuren des nächtlichen Gemetzels. „Und das Weichei soll der Nachfolger von Schulte werden?“, fragte er verächtlich.

„Zumindest ist das zu befürchten“, antwortete die Kommissarin. „Beworben hat er sich auf den Posten. Aber vielleicht passiert ja noch ein Wunder.“

Sie nickte Stukenberg kurz zu und schlenderte zu Schröder hinüber. „Geht´s wieder?“, fragte sie in einem Tonfall, der selbst ihr zu wenig Mitgefühl und zu viel Häme ausdrückte.

Aber Schröder war offenbar so angeschlagen, dass er kein Gehör für unangemessene Zwischentöne hatte. Er nickte nur schwach und antwortete wenig überzeugend: „War wohl etwas viel gestern Abend. Mein Ältester ist Achtzehn geworden, da haben wir gefeiert.“

Gina ging nicht weiter darauf ein. „Keine Papiere. Hoffen wir mal, dass eine Vermisstenmeldung vorliegt, sonst wird es schwer, die Identität festzustellen. Ein Foto sollten wir jedenfalls besser nicht veröffentlichen. - Wer hat den Toten eigentlich gefunden?“

Schröder zog seinen Notizblock aus der Tasche und schlug ihn auf. „Ein Dr. Elling. Historiker drüben im Kreismuseum.“ Er deutete mit dem Kopf auf das Museumsgebäude. „War sehr früh dran heute Morgen, weil er irgend so ein Jugendcamp durchführt. Ausgrabungen ganz in der Nähe im Wald. Er parkt sein Auto immer direkt vor dem Museum. Fast hätte er die Leiche übersehen und wäre drübergerollt.“

„Das hätte auch nichts mehr kaputt gemacht“, warf Gina Gladow ein.

„War völlig fertig, der Knabe“, fuhr Schröder fort. „Ich habe ihm gesagt, er soll erst mal einen Kaffee trinken und sich später bei uns melden.“

Gina nickte. „Als Täter kommt er dann ja wohl nicht in Frage.“ Sie öffnete die Fahrertür und blickte ihren Vorgesetzten herausfordernd an. „Ich bin jetzt hier fertig.“ Letzteres begleitete sie mit einem ironischen Lächeln, das Schröder unmöglich missverstehen konnte.

Der musste sich erkennbar eine Zurechtweisung hinsichtlich ihrer Respektlosigkeit verkneifen und nickte ihr stattdessen zu. „Dann lass uns zurück ins Büro fahren." Er steckte sein Notizbuch wieder in die Jackentasche, öffnete die Beifahrertür und stieg ein.

Gina Gladow winkte noch kurz zu Hermann-Josef Stukenberg hinüber, der immer noch hämisch grinste, und stieg dann hinter das Steuer. Sie startete den Wagen und gab Gas. Die Reifen drehten auf dem vereisten Kopfsteinpflaster durch. Als sie schließlich packten, schoss der Passat über den Platz und zwischen Museum und Kirche hindurch auf den Burgwall.

2

Stefan Lenz´ erster Eindruck von Paderborn lautete: irgendwie unübersichtlich.

Er hatte die Autobahnabfahrt Paderborn Zentrum genommen und war so auf der B1 gelandet. Hier ging es zu wie am Kamener Kreuz, nur erkannte er auf die Schnelle keine Struktur: Die Abfahrt von der A33 und Auf- und Abfahrten von Bundesstraßen aus und in alle Richtungen folgten dicht aufeinander. Lenz vermisste einen Dauerstau wie auf der A2, der es ihm ermöglicht hätte, sich in Ruhe zu orientieren. Hinzu kam, dass der zweispurige Zubringer unter Brücken hindurchführte und eine dritte, rechte Spur häufig gleichzeitig dem Ein- und Ausfädeln zu- und abströmender Fahrzeuge diente, was die Sache für Ortsunkundige wie ihn nicht gerade übersichtlicher machte.

Von links und rechts schossen die Fahrzeuge durcheinander. Lenz hatte Mühe, seinen Opel Astra Kombi heile auf die Fahrspur zu manövrieren, die geradeaus in die Paderborner Innenstadt führte. Kaum hatte er sich aber richtig eingefädelt, zog ein schwarzer Porsche Cayenne links an ihm vorbei und scherte dann direkt vor ihm auf seine Spur, nur um sofort scharf zu bremsen. Lenz wich im letzten Moment nach links aus und gab Gas. Das könnte dem Mistbock so passen. Wofür hatte sein Diesel schließlich 136 PS? Wenn der glaubte, dass er einen Stefan Lenz ausbremsen konnte, nur weil er Porsche fuhr, hatte er sich aber geschnitten.

Lenz zog direkt vor der Brücke an ihm vorbei, zeigte ihm den Mittelfinger und wunderte sich noch über das hämische Grinsen des geschniegelten Rüpels, als es auch schon blitzte. Deshalb also hatte der Drecksack so scharf gebremst! Lenz spürte das Adrenalin in sich aufkochen. Am liebsten hätte er gleich hier angehalten und den Porschearsch aus seiner Karre geprügelt. Diese Schnösel hatte er ohnehin schon gefressen, aber so etwas schlug dem Fass ja wohl den Boden aus. Rüpel wie der hatten eine gehörige Abreibung verdient.

Im Rückspiegel sah Lenz, dass der Cayenne sich nun nach rechts in Richtung Bad Driburg einordnete. Der Fahrer winkte noch lachend, bevor er aus dem Blickfeld des Spiegels verschwand. Wütend donnerte Lenz beide Handflächen auf das Lenkrad und erblickte erst jetzt die Geschwindigkeitsbegrenzung auf 70. Seit wann galt die denn? Wie schnell war er eben eigentlich gewesen? 100? 120? Er konnte es nicht sagen. Auf jeden Fall viel zu schnell. Scheiß Porsche!

3

Fabian Heller war spät dran. Er hatte mit Mühe einen Abstellplatz für sein Auto im Detmolder Industriegebiet gefunden und hastete nun durch die Nebenstraßen, wo – Heller traute seinen Augen nicht – die Reiterstaffel der nordrhein-westfälischen Polizei patrouillierte. Sein Ziel war das Gebäude der Industrie- und Handelskammer. Dorthin war der Prozess gegen den ehemaligen SS-Mann Reinhold Hanning vor der Schwurgerichtskammer des Landgerichts Detmold verlegt worden, da mit großem öffentlichen Interesse zu rechnen war und die Säle des Landgerichts nicht genügend Platz boten. Schließlich handelte es sich nicht nur um einen der seltenen Auschwitz-Prozesse in der deutschen Nachkriegsgeschichte, sondern angesichts des hohen Alters von Opfern und Tätern und der notwendigen Vorlaufzeit möglicherweise sogar um einen der letzten seiner Art – sicher aber um den letzten Prozess in Nordrhein-Westfalen.

Als Chefredakteur Brenner vom Westfälischen Anzeiger in Hamm ihm diesen Auftrag zugeschanzt hatte, hatte Heller sich erst einmal einlesen müssen. Was Nazi-Prozesse anging, hatte er überhaupt keine Ahnung gehabt. Das hatte er Brenner natürlich nicht verraten. Der hätte es fertiggebracht und den Auftrag Rogalski zugeschoben. Und bevor Rogalski einen Auftrag bekam … Jedenfalls hatte Heller eine Woche lang seine Wohnung und das Internet nicht mehr verlassen und war auf faszinierende Informationen gestoßen.

Dieser Prozess war überhaupt erst möglich geworden, weil sich in der deutschen Rechtsprechung ein Paradigmenwechsel ereignet hatte. Nach den großen Auschwitz-Prozessen in Frankfurt in den Jahren 1963 bis 1965 hatten einem ehemaligen SS-Mann konkrete einzelne Mordfälle nachgewiesen werden müssen, was in der Konsequenz bedeutete, dass eine Verurteilung wegen Massenmordes in Auschwitz nahezu unmöglich war und es schon deshalb gar nicht erst zur Anklage kam. Tausende alter Nazis hatten so jahrzehntelang unbehelligt überall in Deutschland leben und arbeiten können. Seit Kurzem reichte jedoch der Nachweis, dass ein Täter durch seine Arbeit im Konzentrationslager das System des Massenmordes in Auschwitz ermöglicht und unterstützt hatte. Man musste also nur noch beweisen, dass ein SS-

Mann zu einer bestimmten Zeit im Konzentrationslager tätig gewesen war, und konnte ihn so mit den zu dieser Zeit begangenen Morden in Verbindung bringen.

Diese Neuausrichtung der deutschen Justiz war mit dem Fall John Demjanjuk im Mai 2011 eingeleitet worden. Der KZ-Wachmann war wegen Beihilfe zum Mord an 28.060 Menschen im Lager Sobibor zu fünf Jahren Gefängnis verurteilt worden. Skandalös wenig, wie Heller fand. Aber es war immerhin ein Anfang gewesen, denn im Zuge der Ermittlungen nach diesem Urteil hatte die Schwerpunktstaatsanwaltschaft Dortmund fünf weitere ehemalige SS-Männer aufgespürt und Anklage erhoben. Im Sommer 2015 war dann der SS-Unterscharführer Oskar Gröning, ‚der Buchhalter von Auschwitz', in Lüneburg wegen Beihilfe zum Mord an 320.000 Juden im Konzentrationslager Auschwitz zu vier Jahren Gefängnis verurteilt worden. Das waren knappe sieben Minuten Strafe pro ermordetem Juden, wie Heller fassungslos nachgerechnet hatte.

Und nun lief in Detmold das Verfahren gegen den SS-Mann Hanning. Entsprechend groß war das Interesse der internationalen Medien. Zum Glück konnte sich Fabian Heller als akkreditierter Journalist in die Presseschlange einreihen, in die bereits Bewegung gekommen war, als er um die letzte Ecke hastete. Die um einiges längere Besucherschlange musste noch warten. In Fünfergruppen wurden die Medienvertreter, die aus ganz Europa kamen, eingelassen. Alle bedeutenden Fernsehsender und Polit-Magazine waren hier vertreten. Heller erblickte Kolleginnen und Kollegen, die er bislang nur aus dem Fernsehen kannte, und einige der regionalen Presseorgane. Der Kollege vom Westfälischen Volksblatt nickte ihm zu. Sie hatten sich vor einiger Zeit beim Landesparteitag der Linkspartei kennengelernt und, wie Heller sich erinnerte, und anschließend höchst unterschiedlich darüber berichtet. Der Konkurrent von der Neuen Westfälischen tippte hinter dem Mann vom Volksblatt auf seinem Handy herum. Die beiden standen so weit vorne, dass sie das Gebäude mit dem nächsten Schub betreten durften.

Heller rückte fünf Schritte vor und blickte sich um. Eine Gruppe uniformierter Polizisten stand etwas abseits und beobachtete das Geschehen. Sie wirkten geradezu unbeteiligt, als fühlten sie sich überflüssig. Allerdings schien man hier auf alles vorbereitet zu sein: Feuerwehr war vor Ort, Notarzt- und Rettungswagen standen am Straßenrand. Und die stolze Kavallerie aus Düsseldorf präsentierte hochherrschaftlich die Entschlossenheit des Rechtsstaates. Wozu so eine Reiterstaffel doch gut sein konnte!

Während die Journalisten sich nur verhalten austauschten und allenfalls etwas zu erfahren versuchten, ohne selbst ein Quäntchen preiszugeben, wurde in der Besucherschlange rege diskutiert. Ein älterer Mann und eine junge Frau stritten über den Sinn des Prozesses „so viele Jahre nach dem Krieg", wie der Mann meinte. Die Frau argumentierte, Mord verjähre nun einmal grundsätzlich nicht und außerdem verstehe sie überhaupt nicht, was die Judenverfolgung mit dem Krieg zu tun haben sollte. Der Mann verwahrte sich gegen die Wortklauberei, was wiederum den Protest der jungen Frau hervorrief: Den industriellen Massenmord mit dem Zweiten Weltkrieg in einen Topf zu werfen, reduziere Auschwitz auf ein Kriegsgeschehen, für das man möglicherweise noch Verständnis aufbringen sollte. Derartige Verharmlosungen seien völlig unangemessen und würden den Opfern nicht gerecht.

„Im Krieg hat es auch Opfer gegeben", murrte der Alte, „auch auf deutscher Seite. Und von den Millionen Vertriebenen will ich gar nicht erst reden."

„Der ist doch unbelehrbar", presste die junge Frau zwischen wütend zusammengebissenen Zähnen hervor und wandte sich kopfschüttelnd ihrer Begleiterin zu.

Heller rückte fünf Schritte vor. Hinter ihm hatten sich inzwischen weitere Journalisten angestellt.

Am Ende der Besucherschlange wurde es laut. Eine alte Frau versuchte, ihren Platz in der Reihe zu behaupten, während zwei junge Männer sie unnachgiebig hinausdrängten. Auch die junge Diskutantin bemerkte das Geschehen, gab ihren Platz in der Schlange auf und lief dorthin, um die Männer zu unterstützen.

„Das ist doch unerhört!", wütete die alte Dame. „Wo ist denn die Polizei?"

Zwei Beamte eilten hinzu und erkundigten sich, was los sei. In dem Moment skandierten einige der Wartenden „Nazis raus!", so dass Heller nicht verstehen konnte, was dort gesprochen wurde. Nur dass die Aufregung in der Besucherschlange zunahm und die alte Frau schließlich schimpfend davonging, bekam er mit.

Mit einem Siegerlächeln kehrte die streitbare junge Frau wieder zurück an ihren Platz in der Schlange. „Das war Ursula Haverbeck", sagte sie, „die Holocaust-Leugnerin."

Ihre Begleiterin klopfte ihr auf die Schulter und auch die anderen Umstehenden fanden, dass „dieses Nazipack" im Gerichtssaal nichts verloren habe. Nur der alte Mann fragte grimmig, wie ein derartiges Verhalten sich mit der Meinungsfreiheit vertrage.

Heller rückte inzwischen weiter vor und durfte schließlich in einer Fünfergruppe das Gebäude betreten. Uniformierte Beamte forderten ihn auf, seine Taschen in eine Kunststoffbox zu leeren, seinen Presseausweis abzugeben und durch die Sicherheitsschleuse zu gehen. Auf der anderen Seite wurde er gründlich auf versteckte Waffen abgetastet. Dann bekam er seine Sachen zurück und durfte zusammen mit den anderen vier Journalisten den Sitzungssaal betreten.

Für die Pressevertreter waren Plätze reserviert worden. Dorthin wandte sich Fabian Heller und setzte sich neben eine junge Kollegin, die eifrig etwas in ihr Tablet tippte und von ihm keinerlei Notiz nahm. Heller fand, dass die Bezeichnung Kollege im Journalismus ein reiner Euphemismus sei. Immer ging es nur um die schnellste Nachricht und die beste Schlagzeile - darum also, dass man der Konkurrenz den entscheidenden Schritt voraus war. Seufzend zog er sein Tablet mit angedockter Tastatur aus der Tasche und öffnete das Notizbuch in OneNote, das er zu Hause schon eingerichtet hatte. Unter dem Reiter 11.02.2016 hatte er die Seite rund um den Prozess angelegt und nun notierte er in Stichworten die Beobachtungen, die er in der Warteschlange gemacht hatte.

Als die Pressebänke gefüllt waren, strömten auch die anderen Besucher gruppenweise in den Saal. Niemals würden die sechzig Zuschauerplätze für alle Menschen reichen, die draußen standen. Auf der gegenüberliegenden Seite setzten sich die beiden streitbaren jungen Frauen in die vorletzte Reihe. Heller nahm sich vor, nach der Sitzung zu ihnen zu gehen und sich die Vorkommnisse von draußen erklären zu lassen.

Dann betraten der Staatsanwalt, die Vertreter der vierzig Nebenkläger und die beiden Verteidiger den Saal, postierten sich vor ihren Tischen und schaufelten Unterlagen aus ihren Aktentaschen. Heller grinste über das Ritual, das etwas von psychologischer Kriegführung hatte: Man präsentierte sich zunächst einmal gegenseitig das Waffenarsenal, ohne dass ersichtlich wurde, wie viele Blindgänger und Rohrkrepierer darunter waren, was nur als Kulisse diente und wie viel Schlagkräftiges sich wirklich dazwischen verbarg. Bedrohlich wirkten die Aktenstapel allemal. So zeigten sich Juristen vor Gericht, wer den Längsten hatte.

Ein Raunen ging durch den Saal, als der Angeklagte hereingeführt wurde - ein vierundneunzigjähriger Greis mit gebeugtem Kopf und schleppendem Gang. Harmlos wirkte er, ein bisschen gebrechlich; der nette Opa von nebenan mit grauem Haar, grauem Anzug, gelbem Pullunder über einem weißen Hemd, und modischer Brille. So also sieht eine Bestie aus, dachte Heller, einer, der an den Morden in Auschwitz beteiligt gewesen ist. Kein Wunder, dass die fast alle nach 1945 so leicht hatten untertauchen und unbehelligt weiterleben können.

Die Vorsitzende Richterin betrat den Saal. Alle erhoben sich. Sie eröffnete die Verhandlung und forderte den Oberstaatsanwalt auf, die Anklageschrift zu verlesen. Sie wollte keine Zeit verlieren, das war eindeutig, denn angesichts des Gesundheitszustandes des Angeklagten waren die Prozesstage auf maximal zwei Stunden Dauer festgesetzt worden.

Oberstaatsanwalt Brendel von der Schwerpunktstaatsanwaltschaft für NS-Verbrechen in Dortmund referierte, was dem Angeklagten zur Last gelegt wurde: Beihilfe zum Mord in mindestens 170.000 Fällen in der Zeit von

Januar 1943 bis Juni 1944 in Auschwitz / Polen. Er berichtete von den Vergasungen im Lager Birkenau, von den Erschießungen an der ‚schwarzen Wand', von Leichengruben, Hunger und Kältetod und von den Selektionen an der Rampe, die in den meisten Fällen direkt in die Gaskammern geführt hatten.

Im Januar 1942 sei der Angeklagte in das Konzentrationslager Auschwitz versetzt worden, wo er der 5. und später der 3. Kompanie des SS-Totenkopfsturmbanns angehört habe und unter anderem für die Bewachung des Stammlagers Auschwitz I zuständig gewesen sei. Außerdem habe er als Wachmann an der Ausladung und Selektion der Gefangenentransporte für das Lager Auschwitz II Birkenau teilgenommen.

Unglaublich, dachte Heller und betrachtete den harmlosen Greis auf der Anklagebank.

Der Staatsanwalt führte aus, dass dieser Prozess einen begrenzten Rahmen setze, einen, in dem die Taten des Angeklagten eindeutig nachweisbar seien. Es handele sich um die sogenannte Ungarn-Aktion in der Zeit von Mai bis Juni 1944, in deren Rahmen 92 Transporte Juden nach Auschwitz gebracht hätten. Innerhalb von fünf Stunden seien diese abgefertigt worden – von der Rampe über die Gaskammern und Krematorien bis ins Massengrab.

Heller erinnerte sich, dass für genau diese Aktion bereits Oskar Gröning verurteilt worden war. Das ließ auf einen erfolgreichen Ausgang auch dieses Prozesses in Detmold hoffen.

Der Staatsanwalt betonte, dass der Angeklagte Beihilfe zu den Massenerschießungen in Block 11 des Lagers Auschwitz I und zur Selektion Kranker und Schwacher innerhalb des Lagers geleistet habe. Zudem sei Hanning daran beteiligt gewesen, die schlechten Lebensverhältnisse zu schaffen, unter denen die Häftlinge möglichst schnell sterben sollten. Insgesamt kamen also vier Tatbereiche zur Anklage.

Immer wieder ging ein leises Raunen durch die Reihen der Besucher, während das leise Klappern der Laptoptastaturen im Raum hing. Fabian Heller hatte Mühe, auf seinem Tablet mitzukommen. Außerdem versuchte er zwischendurch immer wieder, irgendeine Regung im Gesicht des Angeklagten zu erkennen. Reinhold Hanning aber zeigte keine Regung. Mit gebeugtem Kopf blickte er auf den Tisch, die Hände im Schoß gefaltet. Das alles hier schien nichts mit ihm zu tun zu haben. Dabei hatte er doch, wie Heller gelesen hatte, bei seiner Vernehmung im vergangenen Jahr zugegeben, dass er als Wachmann in Auschwitz gearbeitet hatte.

Der Oberstaatsanwalt kam nun zu der Karriere Reinhold Hannings innerhalb des NS-Apparates. Nach der Volksschule habe er zunächst in einer Fahrradfabrik gearbeitet und sich im Juni 1940 zur Waffen-SS gemeldet. Als Angehöriger der SS-Division Das Reich habe er auf dem Balkan und später in Russland gekämpft, bis er Anfang 1942 als Sturmmann nach Auschwitz gekommen sei. Dort habe seine Karriere Fahrt aufgenommen: im Februar 1942 Beförderung zum SS-Rottenführer, im September zum SS-Unterscharführer. Dass ihm nur die Verbrechen ab 1943 zum Vorwurf gemacht wurden, begründete der Staatsanwalt damit, dass Hanning kurz vorher einundzwanzig Jahre alt geworden sei und damit volljährig. Zu der Zeit müsse er zudem gewusst haben, woran er sich da beteiligte.

„Reinhold Hanning waren sämtliche Tötungsarten und -methoden bekannt", schloss der Oberstaatsanwalt. „Ihm war bewusst, dass sämtliche Tötungsmethoden ständig bei einer hohen Zahl von Menschen angewandt wurden und dass auf diese Art und Weise und mit der geschehenen Regelmäßigkeit nur getötet werden konnte, wenn die Opfer durch Gehilfen wie ihn bewacht wurden. Er wollte mit seiner Wachdiensttätigkeit die vieltausendfach geschehenen Tötungen der Lagerinsassen durch die Haupttäter fördern oder zumindest erleichtern." Mit diesen Worten zog sich der Oberstaatsanwalt hinter seinen Aktenstapel zurück.

Nun hatte die Verteidigung das Wort. Hannings Rechtsanwalt verschränkte seine Arme vor der Robe und verkündete: „Unser Mandant wird sich derzeit nicht zur Sache äußern." Stattdessen stellte er zunächst den Antrag auf Widerspruch der Verwertbarkeit der Aussagen seines Mandanten bei dem Verhör im Jahre 2014. Reinhold Hanning sei von den Ermittlern überrascht worden. Der alte Mann sei dieser überfallartigen Situation nicht gewachsen gewesen und sei Opfer einer „kognitiven Schwäche" geworden. Entsprechend sei sein Geständnis, in Auschwitz tätig gewesen zu sein, nicht gerichtsverwertbar. Eine Beteiligung an den Morden bestreite er ohnehin grundsätzlich. Weitere Aussagen werde er zum jetzigen Zeitpunkt aber nicht machen.

Stattdessen referierte der Verteidiger nun seinerseits den Lebenslauf des Angeklagten. Danach war Hanning seit 1940 beim Militär gewesen und 1944 in englische Kriegsgefangenschaft geraten. Am 20. Mai 1948 sei er daraus wieder entlassen worden, habe ein Jahr lang als Koch bei der Standortverwaltung gearbeitet, anschließend als Verkäufer und Ausfahrer in einer Molkerei, die er 1969 übernommen und bis 1984 geführt habe. In diesem Vortrag fiel nicht ein einziges Mal das Wort Auschwitz und auch von der SS-Mitgliedschaft seines Mandanten sprach der Rechtsanwalt nicht.

Fabian Heller konnte das Unwohlsein, das sich angesichts dieser technischen Abarbeitung eines Bereichs des wohl umfassendsten Massenmordes aller Zeiten im Gerichtssaal ausgebreitet hatte, geradezu mit Händen greifen. Wie musste den Opfern wohl zumute sein, deren individuelles Leid derart technokratisch auf ein juristisches Taktieren zu Gunsten des Täters reduziert wurde?

Das schien auch die Richterin zu spüren und so verkündete sie eine Anmerkung, bevor die Beweisaufnahme eröffnet würde. Sie stellte fest, dass dieser Prozess ein ganz besonderer sei, weil er eine politische Dimension habe. Und sie machte klar, dass es vor allem um die individuelle Schuld des Angeklagten gehe. „Der geschichtliche Kontext, das Grauen von Auschwitz, ist hinreichend geklärt", stellte sie klar und ließ ihren Blick durch den Saal gleiten, bis er sich an dem Verteidiger Hannings verfing. „Darum wird es hier in Detmold nicht mehr gehen!"

Heller verstand das als Warnung an die Adresse der Verteidigung, nicht zu versuchen, unnötige Nebenkriegsschauplätze aufzumachen und Nebelkerzen zu werfen.

Hier werde es nun vielmehr um das Anliegen der Opfer gehen, die Geschichte ihres Leidens vor einem deutschen Gericht vorzutragen. „Und dem wollen wir nachkommen", sagte die Richterin in einem Tonfall, der keinerlei Zweifel zuließ.

Nachdem das geklärt war, eröffnete sie die Beweisaufnahme, rief den Zeugen Leon Schwarzbaum in den Zeugenstand und forderte ihn auf, zunächst seine biografischen Daten zu Protokoll zu geben. Der vierundneunzig Jahre alte Mann wirkte gefasst, aber seinem Gesicht glaubte Heller das Leid ansehen zu können, das er seit über siebzig Jahren mit sich herumtrug. In seinem schwarzen Anzug und mit dem schütteren Haar wirkte er älter und gebrechlicher als Reinhold Hanning.

Schwarzbaum entfaltete einen Zettel, blickte kurz darauf und berichtete dann, dass er in Hamburg geboren worden und im Alter von drei Jahren mit seiner Familie in die Heimat seiner Mutter, nach Bedzin in Polen, vierzig Kilometer von Auschwitz entfernt, übergesiedelt sei. Dort habe er ein gutes Leben gehabt, mit Musik und Sport.

„Dann brach das Grauen über uns herein", sagte er tonlos. 1943 sei das gewesen, als seine Eltern abgeholt und nach Auschwitz-Birkenau verschleppt worden seien, am 22. Juni. In den folgenden drei Tagen seien viele Bedziner Juden, unter ihnen seine Eltern, vergast worden. Vier Wochen später hätten die Nazis dann ihn abgeholt. „Fünfunddreißig Mitglieder meiner Familie wurden ermordet", las Leon Schwarzbaum von seinem Zettel ab und Heller bewunderte den alten Mann für die Haltung, die er hier im Gerichtssaal angesichts dieser fürchterlichen Erlebnisse bewahrte. „Man ahnte, was in Auschwitz geschah. Die Maurer, die dort Gaskammern bauten, erzählten davon. Eltern warfen daraufhin ihre Kinder aus den Zügen in der Hoffnung, dass wenigstens diese überlebten." Bei der Beschreibung der Geschehnisse auf der Rampe versagte Leon Schwarzbaums Stimme kurz, aber er zwang sich, weiterzuerzählen: „Ich stand daneben, als ein siebzehnjähriges Mädchen erschossen wurde. Sie hatte rote Haare. Ich sah, wie der SS-Sturmführer Schwarzhuber auf dem Motorrad vor einem Lastwagen herfuhr, auf dem nackte Menschen zusammengepfercht waren. Sie weinten, sie schrien, sie reckten die Hände zum Himmel. Dantes Inferno. Ich träume noch heute davon. Jeden Tag verfolgen mich die Bilder aus Auschwitz. Die SS war grausam und sadistisch."

Im Gerichtssaal war es nun totenstill. Mit der Aussage Leon Schwarzbaums hatte sich die Atmosphäre vollständig geändert. Nichts mehr war zu spüren von der kalten juristischen Technokratie. Nur Reinhold Hanning schien von der Leidensgeschichte vollkommen unberührt.

Der Zeuge blickte von seinem Zettel auf und fragte in nachdenklichem Tonfall ohne bestimmtes Ziel: „Warum haben sie das getan? Warum haben sie alle diese Menschen umgebracht? Was war die Motivation? Das möchte ich gerne wissen." Und direkt an den Angeklagten gewandt, fuhr er fort: „Herr Hanning, wir sind fast gleich alt und bald stehen wir vor dem höchsten Richter. Ich möchte Sie auffordern: Sprechen Sie darüber, was Sie und Ihre Kameraden getan und erlebt haben."

Der Angeklagte blickte vor sich auf die Tischplatte und schwieg. Keine Regung war seinem Gesicht anzusehen, kein Zucken um die Mundwinkel, nichts, das auch nur ansatzweise so etwas wie Gefühl verraten hätte.

Stattdessen meldete sich sein Verteidiger zu Wort: „Die Verhandlungszeit für meinen Mandanten ist abgelaufen. Laut medizinischem Gutachten sind ihm nur zwei Stunden zuzumuten. Davon müssen die Fahrt zum Gericht und fünfzehn Minuten vor Verhandlungsbeginn abgezogen werden. Folglich sind wir schon fünf Minuten drüber."

Heller hätte den Mann erwürgen können.

Vor dem Gebäude hielt er nach der jungen Frau Ausschau, die vor der Verhandlung an der Aktion gegen die alte Dame beteiligt gewesen war. Sie befand sich in einer erregten Diskussion mit anderen Prozessbeobachtern und ereiferte sich gerade über die Schlussbemerkung des Verteidigers.

„Das ist doch unerträglich", wütete sie. „Der arme Massenmörder kann nicht mehr als zwei Stunden am Tag behelligt werden, aber den Opfern mutet man zu, aus Israel und Kanada anzureisen, um hier ihre Aussagen zu machen. Der Rechtsstaat macht sich lächerlich und wir lassen das zu!"

„Immerhin findet der Prozess nun statt", wandte ein Mann ein, den Heller auf etwa fünfzig Jahre schätzte. „Der Staat duldet keine Beteiligung am Massenmord. Das ist doch ein wichtiges Signal."

„Ja, siebzig Jahre nach der Tat! Aber lassen wir das." Die junge Frau winkte ab und wandte sich zum Gehen.

Heller trat ihr in den Weg und machte, als sie ihn grimmig anfunkelte, eine beschwichtigende Geste. „Fabian Heller, freier Journalist", stellte er sich vor. „Ich würde Sie gerne einen Moment sprechen."

„Worum geht´s?"

„Um die Situation vorhin hier vor dem Gebäude. Wer war die alte Frau, mit der Sie in Streit geraten sind?"

„Ich bin nicht mit ihr in Streit geraten, ich habe dafür gesorgt, dass sie verschwindet."

„Das habe ich gesehen. Aber warum?"

„Weil das eine vorbestrafte Holocaust-Leugnerin ist. Ursula Haverbeck hat schon bei dem Gröning-Prozess in Lüneburg behauptet, dass Auschwitz gar kein Vernichtungslager gewesen sei, sondern lediglich ein Arbeitslager. Die Alte ist deshalb zu einer Gefängnisstrafe verurteilt worden, aber das hält sie nicht davon ab, ihre rechte Hetze weiterhin zu verbreiten. Wenn wir sie nicht daran gehindert hätten, dann hätte diese Nazi-Tante eben im Gerichtssaal gesessen. Das wäre eine Verhöhnung der Opfer gewesen und die Polizei hätte nichts dagegen unternommen. Die wussten ja nicht mal, wer das war."

Heller machte sich Notizen auf einem kleinen Spiralblock und sagte dann: „Frau ..."

„Hesse."

„Frau Hesse, Sie sind offenbar eine sehr engagierte Bürgerin. Ich habe Ihre Wut eben mitbekommen. Können Sie mir sagen, warum Sie so wütend auf die Justiz sind?"

„Weil sie sich vorführen lässt. Gucken Sie sich den Prozess gegen Beate Zschäpe in München an. Seit über drei Jahren führt die Nazisse die Justiz an der Nase herum. Die hat drei Verteidiger und wenn es eng wird, stellt sie einen Antrag auf Mandats-Entbindung. Diese Verbrecher bekommen jede Unterstützung und wie ist man mit den Opfern umgegangen? Kriminalisiert hat man die. Die Nachfahren und Überlebenden müssen mit ansehen, wie die Ehre ihrer Väter mit Füßen getreten wird, während die Ehre der Mörderin – mutmaßlichen Tatbeteiligten, da muss man ja sehr gut aufpassen – stets gewahrt werden muss. Und hier läuft wieder genau dieselbe Scheiße. Zwei Stunden sind dem Herrn Massenmörder zumutbar. Zwei Stunden! Das hat seit siebzig Jahren Methode in Deutschland. Wissen Sie, wie ich das finde? Zum Kotzen finde ich das!"

Sie drehte sich abrupt um und rauschte ohne Gruß in Richtung Parkplatz davon. Heller sah ihr nach und fragte sich, warum er selbst so ruhig bleiben konnte, obwohl er doch all dem zustimmte, was die junge Frau gesagt hatte. Und auch sonst regte sich niemand in seinem Umfeld dermaßen auf. Woher kam dieser Mangel an Empathie, diese Gleichgültigkeit?

Er steckte seinen Spiralblock in die Tasche und machte sich sehr nachdenklich auf den Rückweg zu seinem Wagen.

4

Die Paderborner Kreispolizeibehörde war in der Riemeckestraße untergebracht, in einem dreistöckigen Klinkerbau mit Flachdach. Das Gebäude machte einen hellen und freundlichen Eindruck, ganz anders als der schmutzigrote Ziegelbau der Hammer Polizeidirektion, der noch aus der Kaiserzeit stammte. Aber irgendwie wirkt das hier auch verschlafen, dachte Lenz. Hier also, in Paderborn, dem schwärzesten Loch der ostwestfälischen Provinz, würde er von nun an sein berufliches Leben fristen.

Na ja, wenigstens war das heute nur sein Antrittsbesuch. Gleich nachher würde er zu seiner neuen Wohnung in der Kisau fahren, sich ein, zwei Stunden aufs Ohr hauen und dann die Kneipen-Szene der Domstadt erforschen. Mit Bedacht hatte er sich inmitten von Studentenkneipen direkt am Paderquellgebiet eingemietet. Solche Viertel versprachen Abwechslung. Das bevorstehende Wochenende würde schon dafür sorgen, dass er den einen oder anderen Zufluchtsort für die langen Abende nach dem eintönigen Dienst fand. Seufzend schloss er die Zentralverriegelung seines Wagens.

In der funktionalen Halle suchte er sich auf dem Raumplan den Weg zur Direktion Kriminalität und zum Büro von Kriminaldirektor Heitkamp im 2. Stock. Dort angekommen, klopfte er an die Tür des Vorzimmers. Als er nichts hörte, drückte er die Klinke und trat ein. Der Schreibtisch der Sekretärin war leer, die Tür zum Büro nebenan stand offen. Also wandte er sich direkt dorthin.

Ein verhärmter Mittfünfziger in dunklem Anzug und mit glatten schwarzen Haaren saß hinter seinem Schreibtisch und blickte durch seine schwarzgerahmte Brille erstaunt auf, als Lenz an den Türrahmen klopfte und sich räusperte. Der Mann schien nicht gewohnt zu sein, von sich aus auf Leute zugehen zu müssen, und wartete mit missbilligendem Blick auf eine Erklärung für das unangemeldete Eindringen. So stellte man sich einen verknöcherten Verwaltungsbeamten vor.

„Kriminalhauptkommissar Stefan Lenz. Ich soll mich heute hier melden."

„Herr Lenz!" Kriminaldirektor Heitkamp schnellte hoch und knöpfte sein Jackett zu. Dabei entwickelte er eine Lebendigkeit, die der Hauptkommissar ihm gar nicht zugetraut hätte. „Schön, Sie zu sehen. Bitte, nehmen Sie Platz." Er deutete auf den Besucherstuhl vor seinem Schreibtisch. „Haben Sie uns gut gefunden?"

„Bisschen komische Verkehrsführung an der Autobahnabfahrt, aber sonst kein Problem."

„Schön, dass Sie es schon heute einrichten konnten", freute sich Heitkamp. „Das gibt uns die Gelegenheit, offene Fragen vorab zu klären. Dann können Sie am Montag gleich durchstarten." Erwartungsvoll strahlte er seinen neuen Mitarbeiter an.

Lenz hatte keine offenen Fragen. Er würde die Leitung des Kriminalkommissariats 1 der Paderborner Kreispolizeibehörde übernehmen, das für Todesermittlungen, Sexualdelikte, Qualifizierte Körperverletzungen, Brandermittlungen und Umweltdelikte zuständig war. Die Bewerbung war glatt durchgegangen. In Hamm war er längst abgemeldet, heute war der letzte

Tag seines Resturlaubs, ab Montag stand er den Paderbornern zur Verfügung. Was sollte es da noch für offene Fragen geben? Also wartete er ab, was von dem Kriminaldirektor kam.

Aber auch der schien von sich aus das Gespräch nicht vorantreiben zu wollen. Schließlich räusperte er sich verlegen und griff nach einer Mappe, die oben auf einem Stapel zu seiner Rechten lag. „Ihre Personalakte ist eingetroffen. Sie haben eine beeindruckende Aufklärungsquote. Ich bin sicher, dass Ihre Vorgesetzten in Hamm Sie ungerne ziehen lassen." Er lachte trocken auf und blickte Lenz auffordernd an.

Der hütete sich, das Gegenteil zu gestehen. Heitkamp würde ihn früh genug selbst kennenlernen. Stattdessen nickte er zweideutig lächelnd.

„Nun ja", fuhr der Kriminaldirektor fort und schloss die Personalakte wieder. „Von meiner Seite aus ist alles klar. Wenn Sie keine Fragen haben, schlage ich vor, dass ich Ihnen Ihre neuen Kollegen vorstelle."

„Gerne." Lenz schob den Stuhl zurück und stand auf.

Kriminaldirektor Heitkamp umrundete seinen Schreibtisch und ging vorweg zur Tür. „Sie werden sicher gut mit Ihrem Kollegen Schröder auskommen. Ein umgänglicher Typ, immer korrekt, wenn Sie verstehen, was ich meine."

Lenz hoffte, dass er den Kriminaldirektor nicht richtig verstand. Korrekte Typen hatte er gefressen. Die machten Cops wie ihm immer nur das Leben schwer. Aber er verkniff sich eine entsprechende Replik.

„Frau Gladow ist erst seit Kurzem bei uns", fuhr Heitkamp fort, während sie zügig den Flur entlanggingen. „Sie kennt sich mit den modernen Medien hervorragend aus und ist schon allein dadurch eine Bereicherung für unsere Dienststelle." Wodurch sonst noch, ließ er offen.

Am Ende stieß er ohne anzuklopfen eine Tür auf, neben der ein Wandschild darauf hinwies, dass sich KHK Schröder und KK Gladow das Büro teilten. „Niemand da", stellte er nach einem etwas zu langen Rundumblick enttäuscht fest.

Er eilte durch eine Verbindungstür nach links in das Vorzimmer, Lenz immer hinter ihm her. Eine dunkelhaarige Frau saß an einem Schreibtisch und tippte etwas in ihre Computertastatur.

„Frau Gellert, darf ich Ihnen Ihren neuen Chef vorstellen? Das ist Kriminalhauptkommissar Lenz. Er wird ab Montag diese Dienststelle leiten."

Frau Gellert blickte zunächst erstaunt, setzte aber dann ein professionelles Lächeln auf und reichte ihrem neuen Chef die Hand. „Freut mich."

Lenz wunderte sich über den frostig distanzierten Unterton. Im Widerspruch dazu fühlte er die zarte Haut der Hand und verfing sich für einen Moment in den blauen Augen. Mitte bis Ende Dreißig, schulterlange Haare, hübsches Gesicht, nicht zu püppchenhaft, ganz ansehnliche Oberweite – genau sein Beuteschema.

Nicht schon wieder, dachte er erschrocken und ließ die Hand los. Sex am Arbeitsplatz bringt nur Ärger. Ein paar Wochen Spaß, dann wird man die Weiber nicht mehr los und am Ende zicken sie nur noch rum und stören den Betriebsfrieden. Nach dem letzten Fiasko mit einer Kommissar-Anwärterin in Hamm, mit dem er nur haarscharf an einem Disziplinarverfahren vorbeigeschrammt war, hatte er sich selbst ein Gelübde auferlegt: In Zukunft waren Kolleginnen und Mitarbeiterinnen grundsätzlich tabu. Schade eigentlich, dachte Lenz nun und löste sich mühsam aus Frau Gellerts blauen Augen.

„Wo sind Schröder und Gladow?", fragte Heitkamp.

„Im Besprechungsraum. Wir haben heute Morgen eine Leichensache reinbekommen."

„Eine Leichensache?", fuhr Heitkamp auf. „Und warum weiß ich davon nichts?"

Frau Gellert schwieg, während der Kriminaldirektor sich wieder Lenz zuwandte.

„Hm, das ist natürlich dumm jetzt." Heitkamp dachte sichtbar angestrengt nach. „Ach was", sagte er schließlich. „Kommen Sie, Herr Lenz. Das ist eine gute Gelegenheit, sich sofort ein Bild von Ihrer neuen Mannschaft zu machen." Er stürmte durch die Bürotür und bog schnellen Schrittes nach links ab.

„Herzlich willkommen", sagte Frau Gellert nun lächelnd und zwinkerte Lenz zu.

Der zog die Stirn hoch und folgte dem Kriminaldirektor.

„Sieht nach unglaublichem Hass aus", stellte Kriminalhauptkommissar Schröder gerade fest, als Heitkamp und Lenz den Raum betraten.

Auf einem Smartboard lief eine Diashow mit Tatortfotos ab, bei der viel Blut und wenig Mensch zu erkennen waren. Um einen u-förmigen Tisch saßen drei Männer und kritzelten Notizen auf ihre Blöcke, eine junge Frau tippte flink auf einem Tablet herum.

Schröder ignorierte die Neuankömmlinge und fuhr fort: „Der Täter hat gezielt den Kopf des Opfers zerstört und die Hände. Man darf annehmen, dass er dadurch eine Identifizierung zumindest erschweren wollte. Außerdem gibt es frische Verletzungen auf dem Rücken, die auf Folter hinweisen und offenbar von einer Peitsche herrühren. Genaueres wird die Obduktion ergeben."

Lenz betrachtete das aktuelle Foto und war sofort wie elektrisiert, als er den völlig zermalmten Schädel sah, beziehungsweise das, was einmal ein Schädel gewesen sein musste. Das war mal was anderes als die Schuss- und Stichverletzungen, mit denen er es in den letzten Jahren im Hammer Südstraßen-Milieu überwiegend zu tun gehabt hatte.

„Dürfen wir kurz stören?“, unterbrach Kriminaldirektor Heitkamp ungeduldig, wobei sein Tonfall schon voraussetzte, dass ein Nein undenkbar war. Entsprechend wartete er nicht auf eine Antwort. „Liebe Kolleginnen und Kollegen, ich möchte Ihnen den neuen Leiter des Kriminalkommissariats 1 vorstellen. Kriminalhauptkommissar Lenz wechselt von der Polizeidirektion Hamm nach Paderborn und wird am Montag seinen Dienst bei uns antreten. - Herr Lenz, das hier ist also Ihre neue Mannschaft.“

Als wäre gerade eben eine Handgranate explodiert und hätte nichts als Vernichtung hinterlassen, herrschte augenblicklich absolute Stille im Raum. Alle Augen richteten sich distanziert auf Lenz. Dann machte sich Gemurmel breit und die Kollegin und Kollegen blickten KHK Schröder an, als erwarteten sie von ihm nun eine eindeutige Reaktion. Der stand jedoch wie versteinert vor dem Smartboard und war offenbar zu keiner Regung in der Lage.

Oha, dachte Lenz, der hat bis eben geglaubt, dass er den Job kriegt. Er deutete Heitkamp mit dem Kopf an, dass er ihn auf dem Flur zu sprechen wünsche. Irritiert wanderten die Augen des Kriminaldirektors zwischen Lenz und Schröder hin und her, dann nickte er kurz und trat hinaus. Lenz folgte und zog die Tür hinter sich zu.

„Auf ein Wort, Herr Kriminaldirektor“, begann Lenz und blickte seinem Vorgesetzten direkt in die Augen. „Ich bin es von meinen bisherigen Dienststellen in Dortmund und Hamm so gewohnt, dass nichts hinter dem Rücken der Kollegen geschieht. Und ich bin ein Verfechter des offenen Wortes. Deshalb muss ich Ihnen sagen, dass ich Ihre Vorgehensweise nicht in Ordnung finde.“

Kriminaldirektor Heitkamp fixierte Lenz mit hochgezogenen Brauen. „Wie darf ich das verstehen?“, fragte er mit lauerndem Unterton.

„Ich hatte eben den Eindruck“, fuhr Lenz unbeirrt fort, „dass kein Mensch in meiner neuen Abteilung darauf vorbereitet worden ist, jemanden von außen vor die Nase gesetzt zu bekommen. Das geht nicht. Es erschwert meine Arbeit hier, bevor ich noch richtig angefangen habe. Und ich kann es noch nicht einmal jemandem verübeln, wenn er mich im Regen stehen lässt, denn Ihr Vorgehen ist in höchstem Maße unkollegial den anderen Anwärtern gegenüber. In Zukunft erwarte ich von Ihnen, dass Sie mir und meinen Mitarbeitern mit offenem Visier begegnen. Schließlich erwarten auch Sie Loyalität von uns.“

Kriminaldirektor Heitkamps Augen hatten sich während der letzten Sekunden zu Schlitzen verengt. Sein Gesichtsausdruck war kalt und versteinert. „Herr Lenz“, entgegnete er mit drohend leiser Stimme, „Sie sind neu hier und kennen mich noch nicht, deshalb werde ich Ihnen diese Unverschämtheit nicht nachtragen. Aber lassen Sie sich für die Zukunft eines gesagt sein: Hier bei uns gilt der Richtspruch ‚Man beißt nicht die Hand, die einen füttert‘. Bedenken Sie das bitte, bevor Sie noch einmal derart subordinär werden.“

Damit wollte er sich grußlos entfernen, doch das ließ Lenz nicht zu. „Kann es sein, Herr Kriminaldirektor, dass Sie einem Irrtum unterliegen?"

Heitkamp drehte sich halb herum und schaute ihn erstaunt an. „Welcher Art sollte der sein?"

„Sie scheinen zu glauben, dass ich Ihnen Dank schulde, weil Sie mir die Leitung des Kommissariats anvertraut haben."

Nun drückten Heitkamps groß aufgefahrene Augen so etwas wie Erstaunen darüber aus, dass jemand das anders sehen könnte als er.

„Dem ist aber nicht so", fuhr Lenz standhaft fort. „Sie haben mich auf den Posten geholt, weil ich ein sehr guter Bewerber war und über erstklassige Beurteilungen verfüge. Das Einzige, das ich Ihnen dafür schulde, ist sehr gute Arbeit. Das hat für Sie den Vorteil, dass Sie mir für meine Dienstausübung ebenfalls nichts weiter schuldig sind, als dafür zu sorgen, dass ich die nötigen Kapazitäten zur Verfügung habe und dass das Land mir mein Gehalt pünktlich überweist. Ich denke, auf der Basis lässt sich wunderbar zusammenarbeiten, solange ich nicht ständig das Gefühl haben muss, dass Sie noch etwas in petto haben."

„Dann strengen Sie sich mal an, damit Sie auch Erfolge liefern, Herr Lenz, sonst sehe ich auf mittlere Sicht Schwarz für eine gute Zusammenarbeit. Der aktuelle Fall bietet Ihnen eine gute Gelegenheit dazu. Ich schlage vor, Sie fangen sofort an. Für mich sahen die Tatortfotos so aus, als würde die Bildung einer Mordkommission notwendig. Ich erwarte dann zeitnah Ihren Bericht. Guten Tag!"

Super Einstand, fluchte Lenz innerlich und blickte dem davoneilenden Kriminaldirektor nach. Dann zuckte er die Achseln und ging zurück in den Besprechungsraum.

Schröder hatte sich inzwischen offenbar gefangen und den Bericht fortgesetzt. Nun schaute er fragend auf. Lenz gab ihm per Handzeichen zu verstehen, dass er sich nicht unterbrechen lassen solle, und setzte sich auf einen freien Stuhl. Die anderen Beamten fixierten betont angestrengt ihre Schreibblöcke, nur die junge Kollegin sah ungeniert neugierig zu Lenz herüber.

Schröder räusperte sich und fuhr mit heiserer Stimme fort: „Der Tote konnte noch nicht identifiziert werden, weil er keine Ausweispapiere bei sich trug. Eine Anfrage bezüglich vermisster Personen bei den Kollegen läuft und bringt uns hoffentlich bald weiter. Solange wir noch keinen Anhaltspunkt haben, werden wir nach ähnlichen Fällen suchen, zunächst rückwirkend für die letzten zehn Jahre. Hier im Kreis Paderborn ist mir kein vergleichbarer Fall bekannt, deshalb beziehen wir die Nachbarkreise mit ein und zapfen auch die Datenbank des LKA an."

Lenz ahnte, was in den Köpfen der Kollegen vor sich ging. Niemand vergrub sich gerne in alten Akten und stocherte im Ungewissen. Umso erstaunter war er über die Disziplin, die in dieser Dienststelle an den Tag gelegt wurde: Alle nickten zustimmend, niemand stöhnte oder verzog auch nur das Gesicht. Da war er aus Hamm Anderes gewohnt.

Schröder wechselte zu dem nächsten Foto, das einen blutigen Felsbrocken auf Kopfsteinpflaster zeigte. „Die Kriminaltechnik konnte inzwischen anhand eindeutiger Spuren nachweisen, dass der Stein, mit dem das Opfer erschlagen wurde, von dem bewaldeten Hang unterhalb der Burg stammt. Vielleicht lassen sich Fingerabdrücke darauf sichern, aber ich fürchte, die Chance, dass der Täter sich auf dem Stein verewigt hat, ist denkbar gering. Tja, Kollegen, mehr haben wir momentan leider noch nicht. Hat jemand eine Frage?"

„Wenn ich die Örtlichkeiten richtig vor Augen habe", meldete sich einer der jungen Beamten zu Wort, „dann befindet sich der Tatort doch in der Nähe von Wohnhäusern."

„Das ist richtig", antwortete Schröder. „Gegenüber der Burgmauer befinden sich einige wenige Häuser, allerdings mit ihrer Rückseite. Von den Anwohnern hat niemand etwas gehört oder gesehen."

„Was auf einen Tatzeitpunkt hindeutet, der irgendwann zwischen zwei Uhr nachts und fünf Uhr morgens liegen dürfte", stellte der junge Kollege fest. „Also in einem Korridor, in dem der Täter nahezu sicher sein konnte, dass niemand mehr wach ist und noch keiner für die Frühschicht aufgestanden ist."

„Davon ist auszugehen, ja." Schröder nickte. „Allerdings ist die Umgebung der Burg auch nicht gerade das Zentrum des Dorfes. Wer nicht im Kreismuseum oder in der Jugendherberge arbeitet, benutzt die Zufahrtstraße nicht." Er blickte in die Runde und wartete auf weitere Fragen. Als niemand Anstalten machte, sich zu Wort zu melden, sah er Lenz herausfordernd an.

Der nickte, stand auf und ging nach vorne. Er stellte sich neben Schröder und nahm der Reihe nach Blickkontakt zu jedem der Anwesenden auf.

„Liebe Kolleginnen und Kollegen", begann er dann, „mir ist natürlich nicht entgangen, dass Sie von meinem Erscheinen überrascht worden sind. Ich war davon ausgegangen, dass Kriminaldirektor Heitkamp Sie vorher informiert hat. Nun gut … Dass das nicht geschehen ist, ändert nichts an der Tatsache, dass wir ab sofort zusammenarbeiten werden. Über die Struktur unseres Kommissariats mache ich mir Gedanken, wenn ich mir einen Überblick verschafft habe. So lange bleibt der Kollege Schröder übergangsweise mein Stellvertreter."

„Was soll das heißen: übergangsweise?" Schröder drehte sich Lenz mit schräggelegtem Kopf halb zu und stemmte die Fäuste in die Seiten. Die leichte Röte seiner Wangen verriet, dass seine anfängliche Versteinerung sich in einen gesunden Zorn verwandelt hatte. „Ich bin der dienstälteste Beamte hier und habe das Kommissariat bisher stellvertretend und seit der Pensionierung Kriminalrat Schultes kommissarisch geleitet."

„Das heißt genau das, was ich gesagt habe. Ich werde eine Neuordnung des Kommissariats vornehmen, sobald ich einen hinreichenden Überblick habe. - Und nun, Herr Kollege, stellen Sie mir bitte alle Anwesenden vor."

Schröder hatte Mühe, die Fassung zu bewahren. Er biss sich auf die Unterlippe und atmete schwer. Lenz ließ ihm die Zeit, die er brauchte, um sich wieder zu fangen, und sah sich derweil um. Dabei entging ihm nicht, dass die junge Beamtin, die Mitte oder höchstens Ende Zwanzig sein konnte, auffallend hübsch war mit ihren dunklen, nach hinten zum Pferdeschwanz zurückgebundenen Haaren und rehbraunen Augen. Sie hatte ein schlankes Gesicht mit deutlich strukturierenden Wangenknochen, aber nicht hager, sondern sehr schön proportioniert. Ihre fast schon provokativ körperbetonte Kleidung wirkte so sportlich wie leger: Zu einer dunklen Bluse, deren obere Knöpfe nicht geschlossen waren, trug sie knallenge Jeans und knöchelhohe dunkelrote Lederstiefel. Außerdem begegnete sie Lenz´ Blick mit einem spöttischen Grinsen, wie der nun peinlich berührt feststellen musste.

Schröder, der sich inzwischen wieder gesammelt hatte, stellte sie ihm als Kriminalkommissarin Gina Gladow vor. Die männlichen Beamten waren Kriminalkommissar Gisbert Henke und die Oberkommissare Jochen Steinkämper und Franz-Georg Jakobsmeier. Gemessen an ihrer Kollegin sahen sie durchschnittlich aus und wären Lenz auf der Straße sicher nicht näher aufgefallen. Allerdings schienen alle Beamten sich in einem Alterskorridor zwischen Mitte Dreißig und Vierzig zu bewegen, von Gladow und Schröder einmal abgesehen. Ein junges Team, dachte Lenz, da würde es ihm nicht schwerfallen, sich von Anfang an Respekt zu verschaffen. Nur mit Hauptkommissar Schröder musste er angesichts seines Dienstalters umsichtig sein, das war ihm klar.

„Danke, Herr Schröder." Er wandte sich den jungen Kollegen zu. „Wir werden genau so verfahren, wie der Kollege Schröder vorgeschlagen hat, und erst einmal klären, wer das Opfer ist. Die Mordkommission wird vorerst von unserem Kommissariat gebildet. Die Arbeitseinteilung nimmt Herr Schröder vor, da er Ihre individuellen Kompetenzen besser einschätzen kann als ich. Sollte sich herausstellen, dass wir weitere Expertise aus anderen Abteilungen oder eventuell sogar aus benachbarten Kreisen benötigen, werden wir die Moko ausweiten. Sie, Kollege Schröder, leiten das gegebenenfalls unbürokratisch in die Wege. Ich möchte allerdings vorab informiert werden."

Er sah zuerst Schröder und dann einem nach dem anderen kurz in die Augen, stellte aber keinen Widerspruch fest. „Gut. Sie, Frau Gladow, zeigen mir mein Büro und machen uns eine Verbindung mit der Rechtsmedizin. Meiner Erfahrung nach kann es nicht schaden, den Brüdern da etwas Druck zu machen. Alles klar soweit? - Keine weiteren Fragen? - Prima. Dann, Kollegen, an die Arbeit!"

„Entschuldigung, aber hat Kriminaldirektor Heitkamp nicht gesagt, dass Sie erst am Montag anfangen?", wandte Schröder angriffslustig ein.

„Der Kriminaldirektor und ich haben es uns eben auf dem Flur anders überlegt." Lenz' Tonfall ließ keinen Zweifel daran, dass er keinen weiteren Widerspruch duldete und auch nicht bereit war, die Veränderung näher zu erläutern. „Kommen Sie, Frau Gladow?"

Er ließ der Kollegin den Vortritt und folgte ihr, ohne sich weiter um Schröder zu kümmern. Wenn von Anfang an klar war, wer das Sagen hatte, würde die Zusammenarbeit in Zukunft umso besser klappen. Die Zügel lockern konnte er später immer noch. Das jedenfalls war Lenz' Erfahrung. Und warum sollte, was überall gültig war, in Paderborn nicht funktionieren?

5

Die A 44 war dicht. Auf der ganzen Strecke vom Kreuz Wünnenberg-Haaren bis hinter Soest hatten Lkw die rechte Spur blockiert und jetzt, in der Baustelle vor dem Kreuz Werl, ging auch links absolut nichts mehr. Fabian Heller fluchte. Wäre er doch über Bielefeld und die A 2 in Richtung Dortmund gefahren. Aber davor hatte ihn der Verkehrslagebericht auf WDR 2 gewarnt. Von dem Stau auf der 44 war nicht die Rede gewesen. Auf nichts war mehr Verlass.

Da er also zum Stillstand verurteilt war, während in der Gegenrichtung jenseits der Mittelleitplanke der Verkehr reibungslos floss, nutzte er die Zeit, um den Prozessverlauf noch einmal zu rekapitulieren. Das würde ihm nachher beim Schreiben des Berichtes Zeit sparen.

Dieser Reinhold Hanning war also - mutmaßlich - an 170.000 Morden beteiligt gewesen. Er hatte gewusst, was passierte, und das Verbrechen aus eigener Entscheidung unterstützt. Zum ersten Mal hatte Heller jemanden live erlebt, der zu den Rädchen im Getriebe des Holocausts zählte. Und dann wirkte ausgerechnet dieser Mann so harmlos und überhaupt nicht wie eine Bestie. Offenbar war das Bild, das Heller aus dem Geschichtsunterricht und all den Hollywood-Filmen von den Naziverbrechern hatte, nicht so realitätsnah, wie es ihm bislang erschienen war. Vielleicht waren diese Massenmörder ja im Wesentlichen gar keine teuflischen Monster, sondern tatsächlich Menschen wie du und ich - genauso simpel, genauso armselig, genauso feige und hinterhältig, überhaupt nichts Besonderes.

Hanning war Jahrgang 1921. In den Anfangsjahren des Dritten Reichs war er im HJ-Alter gewesen und mit der braunen Milch gesäugt worden. Aber war das Erklärung genug? Andere junge Leute waren unter demselben Einfluss aufgewachsen und nicht zu Massenmördern geworden, auch nicht zu

Hilfswillis der Henker. Hellers Eltern zum Beispiel. Was war bei denen anders gelaufen als bei Hanning?

Auf diese Frage konnten seine Eltern ihm nicht mehr antworten. Sein Vater war seit Langem tot und seine Mutter vor sechs Wochen gestorben. Er hatte die Chance verstreichen lassen, sie über ihre Kindheit auszufragen. Das war das Schicksal heute: Die Zeitzeugen starben langsam aus. Nach ihnen würde es keine Möglichkeit mehr geben, Fragen zu stellen und Antworten aus erster Hand zu bekommen. Genau deshalb waren Prozesse wie der gegen Reinhold Hanning ja so wichtig, weil sie eine letzte Chance darstellten und quasi in letzter Sekunde stattfanden.

Bei Heller zu Hause hatten sie früher nur sehr selten über die Kindheit der Eltern gesprochen, allenfalls wenn die Großmutter zu Besuch gekommen war. Die hatte oft von den Bombennächten erzählt, von der Flucht in den Hochbunker mit dem kleinsten Kind, Fabinas Mutter, an der einen und dem Koffer mit den wichtigsten Papieren in der anderen Hand, während die größeren Kinder schon vorwegliefen und einen Platz im dicht besetzten Bunker sicherten. Und von den Verwandten in Medebach im Sauerland hatte die Großmutter geschwärmt, weil da keine Bomben gefallen und die Kinder dort im letzten Kriegsjahr sicherer gewesen waren.

Heller erinnerte sich an Fotos aus den Kindertagen seiner Mutter. Sie hatte wie ein unbeschwertes, glückliches Mädchen darauf ausgesehen. Während um sie herum die Nazis ihr mörderisches System errichtet und einen Vernichtungskrieg geführt hatten, hatte sie mit ihren Freundinnen genauso unschuldig gespielt, wie Kinder es heute taten. Das Bild eines kleinen Mädchens mit langen blonden Zöpfen tauchte vor Heller auf – in Schwarz-Weiß. Die Fotos gab es noch. Sie mussten sich in Alben irgendwo in den Schränken seiner Mutter befinden. Im Stau vor dem Kreuz Werl beschloss Fabian Heller, nicht in seine Wohnung, sondern zum Haus seiner Mutter zu fahren, um das er seit sechs Wochen einen großen Bogen gemacht hatte, und danach zu suchen.

6

Für den Landgerichtsbezirk Paderborn war das Institut für Rechtsmedizin in Münster zuständig. Allerdings musste der Leichnam nicht dorthin transportiert werden, sondern die Obduktion wurde, wie in solchen Fällen üblich, im Sektionssaal des Johannis-Stifts in Paderborn durchgeführt. Die Rechtsmediziner aus Münster reisten normalerweise extra zu diesem Zweck an. Da Hermann-Josef Stukenberg aber bereits zum Tatort gerufen worden war, war er gleich vor Ort geblieben und hatte umgehend mit der Obduktion begonnen, wie Gina Gladow telefonisch erfahren hatte.

Als Lenz und seine junge Kollegin den Sektionssaal des Johannisstifts betraten, hatten Stukenberg und sein Gehilfe den Leichnam bereits der Länge nach aufgeschnitten und beugten sich gerade über das Innenleben des menschlichen Körpers. Der Rechtsmediziner blickte nur kurz auf und nickte den Kriminalbeamten zu.

Lenz stellte sich als neuer Leiter des Kommissariats vor, worauf Stukenberg schmunzelte und, ohne den Blick von ihm zu nehmen, sagte: „Sieh an, das Wunder ist tatsächlich geschehen?"

Was meint er?, bedeutete Lenz' Blick an seine Kollegin, die aber nur mit den Schultern zuckte und die Lippen zusammenkniff. Mit dem Gefühl, dass hier etwas hinter seinem Rücken stattfand, das nicht unbedingt freundlich sein musste, erkundigte sich Lenz kurz angebunden nach ersten Untersuchungsergebnissen. „Oder seid ihr noch nicht so weit?", schob er angriffslustig nach.

„Oh doch", entgegnete Stukenberg, in dessen Gesicht dieses süffisante Schmunzeln eingemeißelt zu sein schien. „Wir haben sogar schon eine ganze Menge, sofern Sie mit äußeren Tatmerkmalen zufrieden sind. Die Sektion der Organe dauert noch etwas. Ich schicke euch dann den Bericht. Allerdings glaube ich nicht, dass wir da eine Überraschung erleben werden. - Kommen Sie mal einen Schritt näher, dann wird das alles für Sie deutlich plastischer."

Stukenberg schob seinen Mitarbeiter sanft zur Seite. Nun wurde für Lenz das ganze eklige Ausmaß der Arbeit eines Rechtsmediziners sichtbar. Nicht nur, dass der Leichnam keinen Kopf mehr hatte - der bunte Mischmasch in einer schmalen Stahlwanne an dessen Stelle musste das sein, was Stukenbergs Männer vom Kopfsteinpflaster gekratzt hatten -, auch der Rest des Körpers sah einfach nur blutig, rissig und teilweise blau-schwarz verfärbt aus. Zudem hatten die Rechtsmediziner dem Körper bereits einige Organe entnommen, so dass der Brustraum einer blutigen Schüssel aus organischem Material glich.

„Lecker", murmelte der Hauptkommissar.

„Nicht wahr?", freute sich Stukenberg. „Wäre das hier ein Fernsehkrimi, hätte ich auch noch eine deftige Leberwurststulle in der Hand, aber das bleibt euch in der Realität zum Glück erspart. Also: Die Todesursache ist eindeutig, nämlich grobe Gewalteinwirkung mittels eines Felsbrockens auf den Schädel des Opfers, das zweifellos sofort tot war. Vorher wurden ihm aber noch beide Hände mit schweren Stiefeln zerquetscht und zwar, indem die Sohlen mehrfach auf dem Handrücken und den Fingern hin und her gedreht wurden. Spätestens der damit verbundene Schmerz dürfte dem Opfer gnädig die Sinne geraubt haben."

Lenz hatte den Eindruck, dass der Rechtsmediziner einen ganz eigenen Spaß an seinem Beruf hatte.

„Anschließend ist der Täter auf den Rücken des Opfers gesprungen. Wirbelsäule mehrfach gebrochen, sämtliche Rippen zerborsten und in die inneren Organe gebohrt.“ Er deutete auf unzählige weiß-gelbe Splitter, die in der blutigen Brühe schwammen. „Da hat sich einer so richtig ausgetobt. - Wie Sie unschwer erkennen können, handelt es sich übrigens um eine männliche Leiche.“ Stukenbergs behandschuhter Zeigefinger wies auf die schrumpeligen Genitalien. „Der Mann dürfte etwa neunzig Jahre alt gewesen sein, eher noch etwas älter. Wir haben uns die äußerlichen Verletzungen genauer angesehen. Es gibt mehrere Altersstufen. Die jüngsten sind diese Risse hier, die vermutlich von einer mehrsträngigen Lederpeitsche herrühren.“ Stukenberg drehte den Oberkörper etwas auf die Seite, ohne auf die Sauerei zu achten, die er damit auf dem Stahltisch anrichtete, und deutete auf Striemen, die aussahen, als wäre die Haut regelrecht aufgeplatzt. „Stofffetzen in den Wunden belegen, dass das Opfer sein Oberhemd trug, als es ausgepeitscht wurde. Dann haben wir aufgeplatzte Hautstellen, die von Stockschlägen herrühren, wobei das Opfer dabei offensichtlich nackt war. Unterschiedlich verkrustete Wunden dieser Art befinden sich auf dem Gesäß des Toten und im Bereich des unteren Rückens. Der Mann dürfte über einen Zeitraum von etwa drei Tagen immer wieder diesen Schlägen ausgesetzt gewesen sein, wobei die Haut auf unnatürliche Weise gespannt gewesen sein muss, denn sie ist über eine größere Länge regelrecht aufgeplatzt.“

„Das heißt, das Opfer wurde etwa drei Tage lang mit Stock- und Peitschenschlägen gefoltert“, fasste Lenz zusammen, „bevor es schließlich mit dem Stein erschlagen wurde.“

„Richtig. Und in dem Zusammenhang sind Fesselspuren an den Hand- und Fußgelenken von Bedeutung. Dabei handelt es sich nicht um übliche Fesselungsmaterialien wie Seile oder Kabelbinder, sondern um etwa zehn Zentimeter breite Lederriemen.“ Stukenberg hielt eine Hand hoch, von der zerquetschte Fingerreste herabbaumelten, und deutete auf die blau angelaufenen Einblutungen am Handgelenk. „So etwas kennen wir sonst nur von den Fixierungen in psychiatrischen Anstalten. Das Opfer hat heftig an den Fesseln gezerrt, möglicherweise während es geprügelt wurde. Entsprechend finden sich in den Wunden an Hand- und Fußgelenken Lederpartikel, die aber auch erst noch genauer untersucht werden müssen.“ Stukenberg ließ diese Erkenntnisse einen Moment im Raum stehen, als wollte er sicher sein, dass Lenz sie auch vollständig verarbeitet hatte, bevor er fortfuhr: „Kommen wir nun zur Tatwaffe: Der Stein ist etwa fünfzehn Kilogramm schwer und trägt ein paar Fingerabdruckfragmente, die ausschließlich vom Opfer stammen. Soviel konnten wir aus den zertretenen Fingern noch abnehmen.“

„Moment“, unterbrach Lenz, „heißt das, das Opfer hat den Stein selbst an den Tatort getragen?“

„Genau das heißt es", bestätigte Stukenberg. „Sofern wir nicht davon ausgehen wollen, dass die Abdrücke entstanden sind, als er sich selbst erschlagen hat." Der Rechtsmediziner lachte trocken auf. „Und jetzt halten Sie sich fest, denn es kommt noch dicker: Der Stein stammt eindeutig vom Berghang unterhalb der Burg. Das Opfer hat ihn den ganzen Weg hinaufgeschleppt, was für einen Mann in dem hohen Alter eine fast übermenschliche Anstrengung gewesen sein muss. Allerdings hat er das nicht freiwillig gemacht. In der Zusammenschau mit den anderen Wunden liegt es nahe, dass er von Peitschenhieben den Weg hinaufgetrieben worden ist. Oben hat er den Stein dann fallen gelassen und ist selbst einige Minuten vor der Burgmauer am Boden liegen geblieben. Die Blutlache dort belegt das. Doch dann ist er auf allen Vieren an der Mauer entlang bis zum späteren Auffindeort der Leiche gekrochen. Der Stein ist folglich vom Täter hinterhergetragen worden. Es finden sich schwarze Glattlederreste darauf, was auf Handschuhe hindeutet. Am Ende der Mauer hat der Täter dem Opfer in der vorhin beschriebenen Weise die Hände zermalmt und ihm zum guten Schluss den Stein aus etwa zwei Metern Höhe auf den Kopf geworfen. Wenn wir davon ausgehen, dass es sich nicht um einen Riesen gehandelt hat, der den Brocken aus zwanzig Metern Höhe fallen gelassen hat, hat er ihn über seinen Kopf gehoben und dann mit Schwung nach unten geschleudert. Blutspritzer und Gehirnmasse waren rundherum auf dem Kopfsteinpflaster und an der Mauer verteilt. Man kann das wohl letztlich als Hinrichtung bezeichnen."

Ein paar Minuten blieb es still zwischen Stukenberg, Lenz und Gina Gladow. Zu fürchterlich waren die Schilderungen des Leidensweges selbst für die beiden diensterfahrenen Männer. Wie traumatisch mussten sie also erst für die junge Kommissarin sein?

Entsprechend erstaunt war Lenz, als ausgerechnet sie sich als Erste wieder zu Wort meldete, und das auch noch in einem vollkommen unbeeindruckten Tonfall: „Können Sie uns noch etwas über die Bedingungen während der mehrtägigen Folter sagen?"

Stukenberg nickte. „Der Mageninhalt muss noch untersucht werden, aber viel hat der alte Mann nicht zu essen bekommen. Es gibt Anzeichen von beginnender Auszehrung. Nur mit Wasser ist er offenbar gut versorgt worden, sonst hätte er die Tortur den Berg hinauf nicht geschafft."

„Keine Hinweise auf den Ort, an dem er gefangen gehalten wurde?"

„Nein."

„Habt ihr euch die alte Mühle unterhalb der Burg an der Alme näher angesehen?"

„Haben wir. Nichts."

„Gibt es Besonderheiten bei der Kleidung?", klinkte sich Lenz wieder ein, dem die Befragung des Mediziners zu sehr an sich vorbeilief.

„Übliche Straßenkleidung eines Herrn gehobenen Alters: eine beigefarbene Stoffhose von Gardeur, dunkelbraune Strümpfe von Seidensticker, hellbraune Halbschuhe von Clarks, ein weißes Oberhemd von Boss. Sehr gediegen, das alles."

„Gehobene Preislage also", stellte Lenz fest. „Kein Sakko oder Mantel?"

„Wir haben nichts dergleichen gefunden."

„Bei der Kälte heißt das, dass das Opfer von seinem Gefängnis direkt zur Burg gebracht worden sein muss", schloss Gina Gladow.

Lenz nickte.

„So, das war´s", beendete der Rechtsmediziner abrupt das Gespräch und gab seinem Gehilfen, der die ganze Zeit über schweigend abseits gestanden hatte, ein Zeichen, mit der Arbeit fortzufahren. „Mehr kann ich im Moment noch nicht sagen. Alles Weitere entnehmt ihr dann meinem Bericht."

„Eine letzte Frage noch", sagte Lenz. „Gibt es irgendwelche besonderen Kennzeichen, die uns bei der Identifikation des Mannes helfen könnten?"

„Nein." Stukenberg zuckte bedauernd mit den Schultern. „Das heißt, eine Narbe haben wir gefunden, die nicht von den Misshandlungen stammt. Sie ist einige Jahrzehnte alt und befindet sich auf der Innenseite des linken Oberarms. Da muss dem Mann mal etwas wegoperiert worden sein. Ob Ihnen das allerdings weiterhilft, weiß ich nicht. Die Stelle ist nur sichtbar, wenn man besonders darauf achtet."

„Vielen Dank, Herr Stukenberg." Lenz war ehrlich beeindruckt. „Das war weit mehr, als in der Kürze der Zeit zu erwarten war."

„Jederzeit wieder", entgegnete der Rechtsmediziner. „Man freut sich ja, wenn man nicht immer nur Null-Acht-Fünfzehn-Leichen auf den Sektionstisch bekommt. - Und grüßen Sie den Kollegen Schröder von mir."

Das Lachen des Mannes schien noch im Raum zu hängen, als die Kriminalbeamten bereits auf dem Weg nach draußen waren.

7

Den Vorgarten des eingeschossigen Flachdach-Bungalows in der Max-Planck-Straße im Hammer Stadtteil Berge konnte man ohne Übertreibung als die Visitenkarte des eintausend Quadratmeter großen Grundstücks bezeichnen. Allerdings war keine Horde von Gärtnern durch die Anlagen gerobbt und hatte sie akribisch von jedem unerwünschten Pflänzchen befreit, sondern Fabian Hellers Mutter hatte hier einen fast zwanghaften Gartenarbeitstrieb ausgelebt und dem Unkraut den Kampf angesagt. Dabei hatte sie die Haut der Erde immer wieder aufs Neue mit der Harke aufgekratzt und sich arbeitserleichternde Hilfsmittel wie etwa Rindenmulch verbeten. Nun aber, sechs Wochen nach ihrem Tod, deutete das ungehemmt durchbrechende Grün an, wer am Ende in der Natur immer den längeren Atem hatte.

Heller ging langsam und gegen seinen inneren Widerstand kämpfend über die Waschbetonplatten auf die große weiße Haustür aus Holz zu. Zwei Stufen führten hinauf. Als Kind hatte er sie mit einem Sprung genommen, jetzt fiel ihm jeder Schritt schwer, weil er ihn einer Konfrontation mit der Vergangenheit näherbrachte, die er lieber gemieden hätte.

Selbst das Schloss schien nicht einverstanden, als Heller nun mehrfach vergeblich versuchte, den hakenden Schlüssel zu drehen. Er rüttelte leicht daran und stemmte sich schließlich mit der Schulter gegen das Holz des feststehenden Flügels, während er an dem Schlüssel zog. Plötzlich gab das Schloss mit einem Ruck nach und die Tür schwang nach innen auf. Der muffige Geruch unbewohnter Räume schlug Fabian Heller entgegen, als er den kleinen Windfang betrat. Von hier führte eine Tür nach rechts zur Gästetoilette, eine nach links zu seinem alten Jugendzimmer und die geradeaus in den langgezogenen Flur.

Heller ließ die Haustür hinter sich laut krachend zufallen. Das Echo lief dumpf vibrierend durch den Bungalow und machte die Totenstille, die ihn direkt nach dem Betreten umfangen hatte, noch unheimlicher. Dem finsteren Flur vorerst noch ausweichend, betrat er als Erstes sein altes Jugendzimmer mit der breiten Alu-Fensterfront zur Straße hin, der hellbeigen Textiltapete und den weißen Hartfaser-Kassetten unter der Decke.

Hier schien die Zeit eingefroren. Nichts hatte sich verändert, nachdem er vor über zwanzig Jahren während seines Studiums ausgezogen war. Seine Mutter hatte sogar den alten Limba-Schreibtisch mit dem vorsintflutlichen Atari-Computer darauf penibel von Staub freigehalten. Neben dem schmalen Jugendbett stand der beige IKEA-Freischwinger, in dem er als Jugendlicher an verregneten Nachmittagen nach der Schule so oft gesessen und gelesen hatte. Er fühlte den ruhigen Stunden nach, die ihm jetzt fremd und wie aus einem anderen Leben erschienen. Den Kieferntisch mit Glasplatte zierte ein beiger Tischläufer, der ihm unbekannt vorkam. Sicher war er nach seinem Auszug der Vollständigkeit halber hinzugekauft worden und verstärkte nun den musealen Charakter des Raumes. Auf dem Ausziehsofa an der Wand daneben lag eine ebenfalls beige Tagesdecke sorgsam zusammengefaltet.

Sogar die uralte Kompaktanlage von Nordmende mit Plattenspieler, Radio und Doppel-Kassetten-Deck, mit dem er jeden Mittwochabend seine Mitschnitte aus Mal Sondocks Hitparade für seine Freunde kopiert hatte, stand staubfrei auf dem Plattenschrank rechts neben der Tür. Darunter reihten sich in einem Fach die alten Vinyl-Scheiben von Abba, Smokie, Sweet und Queen – mit Dreizehn hatte Fabian Heller das Zeug gehört und BRAVO-Starschnitte gesammelt – und im zweiten Fach The Undertones, Sting und Fischer Z neben Konstantin Wecker, BAP, Hannes Wader und Wolf Biermann, die Musik einer umwelt- und friedensbewegten Generation. So nostalgisch er sich daran zurückerinnerte, so verschwendet schien ihm die damals eingesetzte Energie heute angesichts der zahlreichen Kriege, in die selbst Deutschland wieder involviert war. Die Welt schien in Zeiten ungehemmter Rüstungsexporte und eines nicht nur in der Flüchtlingshilfe auseinanderdriftenden Europa unsicherer denn je. All die Friedenscamps mit Solidaritätsbekundungen an die Unterdrückten überall in der Welt waren für die Katz gewesen. Schwerter zu Pflugscharen? Das Gegenteil schien der Fall zu sein.

Fabian Heller atmete tief durch und trat zurück in den Windfang. Mit einem unbestimmten Druck auf der Brust öffnete er die bleiverglaste Tür zum Flur, der ihn düster empfing mit seinem dunkelroten Teppichboden, der breiten Garderobenwand aus dunklem Nussbaum, der dunklen Nussbaum-Deckenvertäfelung und der braun-beigen Textiltapete. Hier war einfach alles nur finster. Wie ein enger Schlauch führte der Flur, einmal im rechten Winkel geknickt, durch das ganze Haus. Bleiverglaste Türen gingen zum Wohnzimmer, zum Esszimmer und zur Küche ab; dazu je eine geschlossene Holztür zum Bad, zum Büro seiner Mutter, zum Elternschlafzimmer und zum alten Jugendzimmer seines Bruders. Einhundertsiebzig Quadratmeter auf einer Ebene, dasselbe noch mal als Keller untendrunter.

So fremd ihm nun alles erschien, so glücklich waren doch Kindheit und Jugend gewesen, die Fabian Heller in diesem Haus verbracht hatte. Wie oft hatten er und sein Bruder den langen Flur genutzt, um mit ihren Pantoffeln als Schläger und einem Tennisball auf den Knien Hockey zu spielen! Und bei jeder sich bietenden Gelegenheit hatten sie sich dabei in die Wolle gekriegt. Die lebhaften Jahre mit den immer überarbeiteten Eltern und den ständigen Streitereien mit seinem Bruder standen in krassem Gegensatz zu der bedrückenden Atmosphäre, die das leere Haus mit seinen dunklen Möbeln jetzt gefangen hielt.

Heller betrat das großflächige Wohnzimmer, das wegen seiner Tiefe immer etwas schummerig wirkte, obwohl die gesamte Gartenseite aus hohen Aluminium-Fenstern bestand. An der gegenüberliegenden Wand schluckte ein fünf Meter langer Schrank aus Nussbaum das letzte Restlicht, das die dunkle Holzdecke, das dunkelbraune Cordsofa – eine sogenannte Rundecke – und der niedrige Nussbaumtisch in der Mitte des Raumes noch übrigließen.

Heller mied die Schranktüren, hinter denen, wie er wusste, Unmengen von Gläsern für jede Gelegenheit aufgereiht waren. Auch das Barfach mit dem ihm vertrauten Vorrat an Kräuterlikör, Apfel-, Kirsch- und Weizenkorn mied er. Er musste den Trauerschub ja nicht herausfordern. Außerdem gab es noch genügend Schranktüren, hinter denen sich all das verbarg, von dem seine Mutter sich nicht hatte trennen können, weil es für sie mit der Zeit verbunden war, als Fabian und sein Bruder noch Kinder gewesen waren und ihr Mann noch gelebt hatte, der viel zu früh – mit achtundvierzig Jahren – an Lungenkrebs verstorben war. Heller erkannte mit einem Mal, was ihn die ganze Zeit über schon so bedrückte: In diesem Haus war ein vergangenes Menschenleben zu einer Momentaufnahme eingefroren. Und dieses Leben hatte dem Menschen gehört, mit dem er naturgemäß am engsten verbunden gewesen war.

In den Schubladen fanden sich das gute Silberbesteck und eine braune, geflochtene Ledermappe mit Papieren, die Heller herausnahm und auf den Tisch legte. Dann flüchtete er aus der emotionalen Enge des Wohnzimmers durch den Flur ins Büro, weil er sich durch das geschäftsmäßige Ambiente wieder etwas mehr Distanz versprach.

Aber auch hier war seine Mutter allgegenwärtig: in den sauber angespitzten und parallel aufgereihten Bleistiften auf dem Schreibtisch ebenso wie in den per Hand beschrifteten Aktenordnern im Regal. Der alte Schrank mit den Glasscheiben – der erste Wohnzimmerschrank seiner Eltern von vor über fünfzig Jahren – enthielt die Heidi-Bücher aus der Kindheit seiner Mutter. Dieser Raum zeichnete mehr als alle anderen im Haus ihr gesamtes Leben nach. Als dann noch Fabians Blick auf Fotos seiner Eltern an der Wand fiel, war es um ihn geschehen. Er ließ sich auf den Bürostuhl fallen und flennte wie ein kleines Kind. Dabei hatte er sich selbst bei der Beerdigung seiner Mutter auf dem Friedhof als herzlos beschimpft, weil er nicht hatte weinen können. Mit einem Schlag wurde ihm nun bewusst, dass mit seiner Mutter die Letzte aus der Generation vor ihm verschwunden war. Ein Gefühl von Verlassensein und Einsamkeit sorgte dafür, dass sich alle Schleusen öffneten.

Schließlich wischte er sich die Tränen ab und wandte sich dem alten Schrank zu. Was nützte es? Irgendwann musste er sich den Tatsachen stellen und je eher er es tat, desto schneller war es überstanden. In einem der Fächer fand er, was er gesucht hatte: die Fotoalben, deren verschossene hellblaue und orangene Leinenbezüge darauf hindeuteten, dass sie sehr alt waren. Ein erstes zaghaftes Durchblättern bestätigte das, denn es handelte sich auf den von transparentem Seidenpapier getrennten Seiten überwiegend um Schwarz-Weiß-Fotos mit gezackten Rändern in vergilbten Fotoecken. Auf einigen Bildern war das kleine Mädchen zu sehen, an das er sich vorhin im Stau auf der Autobahn erinnert hatte. Glücklich und unbeschwert lächelte es in die Kamera und präsentierte stolz ihre Zöpfe, die bis zu den Hüften hinunterreichten.

Schnell schlug Heller das Album wieder zu, weil er in Sachen Emotionen heute für nichts mehr garantieren konnte. Stattdessen wandte er sich den Schubladen zu und entnahm ihnen alles, was nach wichtigen amtlichen Unterlagen aussah. Zuletzt fand er noch neben einem alten Gesangbuch und einem Rosenkranz aus Holz, die er unberührt ließ, ein in Seidenpapier eingeschlagenes langes Päckchen. Er zog es hervor, wunderte sich über die Flexibilität des Inhalts und wickelte es vorsichtig aus. Es enthielt Zöpfe – die

Zöpfe seiner Mutter, die er eben noch auf den Fotos gesehen hatte. Warum verwahrte eine Frau ein Leben lang die Zöpfe ihrer Kindheit? Fabian Heller schüttelte verständnislos den Kopf und wickelte die blonde Haarpracht wieder ein. Dann griff er nach einer großen, stabilen Stofftasche, steckte das Seidenpapierpäckchen, die Papiere und die Fotoalben hinein und ging zurück ins Wohnzimmer, um auch die dort auf dem Tisch deponierten Unterlagen dazu zu stopfen.

Er blickte sich noch einmal um, fühlte die Enge in seinem Brustkorb und kämpfte wie schon seit Wochen immer wieder mit der Frage, was er mit dem Haus machen sollte. Einziehen würde er hier sicher nicht. Sein Bruder schon gar nicht, denn der lebte in Berlin. Also verkaufen? Sich endgültig davon trennen? Was war das nur, das ihm die Antworten so schwermachte? Was stieß ihn hier so ab, dass er den Aufenthalt in diesem Haus nicht ertrug? Und was fesselte ihn gleichzeitig so sehr, dass er den sauberen Schnitt nicht schaffte?

Heller beschloss, heute nichts mehr zu beschließen und überhaupt keine Entscheidung zu treffen, solange er sich in emotionaler Schieflage befand. Er würde sich mit etwas Abstand Gedanken darüber machen, wie es mit dem Haus weitergehen sollte.

Derart vorerst einer Entscheidung enthoben, verließ er das Mausoleum seiner Kindheit.

8

Lenz hatte seine Leute im Besprechungsraum versammelt und berichtete von den vorläufigen Ergebnissen der rechtsmedizinischen Sektion. Je grausamer die Details wurden, desto betroffener drückte die Stille auf den Raum.

„Das Opfer ist also über einen Zeitraum von etwa drei Tagen gefoltert worden", fasste Lenz zusammen. „Die Folterwerkzeuge sind ungewöhnlich: eine mehrsträngige Lederpeitsche, ein Stock und ein Instrument, von dem wir nur wissen, dass es mit zehn Zentimeter breiten Fesselungsmanschetten versehen ist. Das lässt darauf schließen, dass der Mann an einem abgeschiedenen Ort gefangen gehalten wurde, an dem niemand die Schreie hören konnte. Wir können weiterhin davon ausgehen, dass das Mordopfer etwa neunzig Jahre alt war und in guten Verhältnissen gelebt hat. Darauf müssen wir die Suche eingrenzen."

„Könnte sein, dass ich da schon etwas habe", meldete sich Gisbert Henke zu Wort. Der Kriminalkommissar blätterte in einigen Papieren, die er vor sich liegen hatte, und tippte schließlich auf einen der Zettel. „Ich bin die aktuellen Vermisstenmeldungen durchgegangen und da gibt es tatsächlich eine, die zu unseren Kriterien passt. In der Seniorenresidenz Friedenstal in

Büren ist seit drei Tagen ein vierundneunzigjähriger Mann namens Anton Kottmann abgängig."

„Sehr gut, Kollege", lobte Lenz. „Wissen wir Näheres über die Umstände des Verschwindens?"

„Nur dass der alte Herr nach dem Freigang ..." Henke stutzte kurz und blickte seinen Nebenmann an. „Nennt man das im Altersheim auch Freigang? Na, egal ... Jedenfalls hat der alte Mann zwei Stunden am Nachmittag draußen im Park verbracht und war danach verschwunden."

„Dann sollte umgehend jemand dorthin fahren und der Sache nachgehen", sagte Lenz.

„Die Kollegin Gladow und ich werden gleich im Anschluss nach Büren fahren", brummte Schröder, der bislang schweigend in der Runde gesessen hatte und regelrecht zu schmollen schien.

„Leider ist ja nun von dem Gesicht des Toten nichts mehr zu erkennen", wandte Gina Gladow ein. „Wir müssen sehen, dass wir in der Residenz DNA-Material von Anton Kottmann bekommen, um einen Abgleich mit dem Opfer machen zu können. Aber das dürfte ja kein Problem sein."

„Richtig", bestätigte Lenz und wandte sich wieder Kriminalkommissar Henke zu. „Sonst gibt es keine Meldung, die auf unseren Toten zutreffen könnte?"

„Nein." Henke blätterte noch einmal vor und zurück, als müsse er sich selbst davon überzeugen, und schüttelte dann den Kopf. „Nichts."

„Gibt es schon erste Erkenntnisse bezüglich vergleichbarer Fälle in den letzten Jahren?" Lenz blickte die anderen Beamten direkt an.

„Dafür müssen ja nun erst mal die Akten hier sein", meckerte Oberkommissar Steinkämper zurück.

„Entschuldigung!" Lenz hob beide Handflächen in Richtung des Kollegen. „In Zeiten der Digitalisierung hätte es ja sein können."

„Wir sind hier in der Provinz", wandte Oberkommissar Jakobsmeier ein, dem die harsche Reaktion seines Kollegen sichtlich unangenehm war.

„Nun gut, wir sollten trotzdem keine Zeit verlieren." Lenz erhob sich von seinem Stuhl. „Solange wir keinen weiteren Treffer haben, werden Sie, Kollege Henke, alles über diesen Kottmann in Erfahrung bringen, das Sie finden können. Außerdem brauche ich zur ersten Orientierung möglichst schnell eine kurze Zusammenfassung über die Umgebung des Tatortes. Sprechen Sie sich bitte untereinander ab, wer welche Aufgabe übernehmen will. Also, Kollegen, an die Arbeit." Während die drei Männer den Raum verließen, hielt Lenz die junge Kommissarin und Hauptkommissar Schröder zurück. „Wir beide, Frau Gladow, werden nach Büren in die Senioren-Residenz fahren. Sie, Herr Schröder, bleiben hier und koordinieren die Arbeit."

Ohne sich weiter um den immer noch schmollenden Hauptkommissar zu kümmern, nickte er seiner jungen Kollegin zu, die auch gleich aufsprang und den Raum verließ. Lenz folgte ihr am Aufzug vorbei zur Treppe, deren Stufen sie in einem Tempo nahm, dass er Mühe hatte, ihr zu folgen.

„Moment, Kollegin!", rief Lenz, als sie im Erdgeschoss an der Tür zum Verkehrskommissariat vorbeikamen. Er gab ihr ein Zeichen, betrat die Abteilung für die Verkehrsanzeigenbearbeitung und suchte die Tür des Leiters, neben der auf einem Wandschild KHK Steinbrecher stand.

Das kurze Klopfen an die Tür und das Eintreten waren eine Bewegung. Gina Gladow folgte ihm dicht auf den Fersen. Hinter einem Schreibtisch saß ein Mann mittleren Alters mit Stoppelschnitt und harten Gesichtszügen. Steinbrecher passt, dachte Lenz und ging direkt auf ihn zu. „Kollege Steinbrecher, nehme ich an." Er hielt ihm die Hand entgegen. „Ich bin Stefan Lenz, der neue Leiter des KK1."

„Angenehm", entgegnete Steinbrecher förmlich und ergriff die Hand, ohne sich zu erheben. „Was kann ich für Sie tun? Oder machen Sie nur die Runde, um sich vorzustellen?"

„Nee nee!" Lenz winkte lachend ab. „Ich bin im Grunde noch gar nicht hier. Erst ab Montag. Aber ich habe ein konkretes Anliegen - unter Kollegen sozusagen." Er zwinkerte Steinbrecher verschwörerisch zu und senkte die Lautstärke. „Heute Morgen bin ich auf der B1 in Höhe der Autobahnauffahrten geblitzt worden. Ist ja reichlich unübersichtlich, die Stelle; und dann war da noch so ein aufdringlicher Porsche an meinem Hintern. Kurz und gut: Ich wollte nur Bescheid sagen, wen es da erwischt hat. Damit ihr das Ticket nicht irrtümlich noch rausschickt." Er lachte einmal kurz auf.

Steinbrecher lehnte sich in seinem Stuhl zurück und fragte mit zusammengezogenen Brauen verständnislos: „Wo, bitte schön, wäre da der Irrtum, wenn wir es an Sie versenden würden? Oder möchten Sie, dass wir es persönlich zu Ihnen hochbringen, um der Behörde das Porto zu sparen?"

„Na, ich bitte dich, Kollege. Ich bin einer von euch und war außerdem auf dem Weg hierher."

„Ich verstehe immer noch nicht. Mussten Sie da zu schnell fahren? Waren Sie im Einsatz? War Gefahr in Verzug oder so etwas?"

„Abgesehen davon, dass Kriminaldirektor Heitkamp mich erwartete und ich spät dran war, nicht - wenn du verstehst, was ich meine." Lenz kniff Steinbrecher erneut ein Auge zu und lächelte verschmitzt, bewirkte dadurch aber keinerlei Veränderung der gefühlskalten Beamtenmimik seines Gegenübers. „Soll dein Schaden auch nicht sein", fügte er deshalb vorsichtshalber hinzu. „Was trinkst du? Red Label?"

„Ich bin mir zwar nicht so sicher, ob ich das jetzt verstehen muss, aber eines ist für mich klar: Der Gebührenbescheid geht raus. Ich sehe überhaupt keinen Grund dafür, dass ich in Ihrem Fall eine Ausnahme machen sollte, zumal ich das auch gar nicht darf."

„Sagen Sie mal", wechselte Lenz jetzt ebenfalls in die distanzierte Anredeweise, „wie seid ihr hier eigentlich drauf? Oben verarscht ein Vorgesetzter seine Mitarbeiter und hält sich offenbar für tabu, was Kritik angeht, und ihr hier unten bei der Verkehrswacht haut Kollegen in die Pfanne? In Hamm würde keiner von euch im Dienst auch nur zwei Tage alt. Und in Dortmund würde man euch geteert und gefedert aus der Stadt jagen."

Steinbrecher lächelte breit. „Sie meinen das tatsächlich ernst, was? Sie erwarten wirklich, dass ich Ihre Geschwindigkeitsübertretung nur deshalb unter den Tisch fallen lasse, weil Sie Polizeibeamter sind? Das ist Vorteilsnahme im Amt, Herr Kollege. Dafür sind in Paderborn schon ganz andere einem staatsanwaltlichen Ermittlungsverfahren unterworfen und mit einer Dienstaufsichtsbeschwerde belegt worden. Und jetzt muss ich Sie bitten, mich weiterarbeiten zu lassen. Sie haben ja sicher auch Besseres zu tun, als Ihre Freizeit auf der Dienststelle zu verbringen."

Lenz konnte es nicht fassen. ‚Einem staatsanwaltlichen Ermittlungsverfahren unterworfen', dachte er, ‚mit einer Dienstaufsichtsbeschwerde belegt'. Was ist das denn für ein Kollegenschwein? Kopfschüttelnd drehte er sich zur Tür und verzichtete diesmal selbst auf den Handschlag.

„Und bestellen Sie dem Oberkreisdirektor einen schönen Gruß von mir", hörte er Steinbrecher noch rufen. „So leicht lasse ich mich nicht aufs Glatteis führen."

Einen Moment lang war Lenz versucht, ins Dienstzimmer zurückzukehren und sich die letzte Bemerkung erklären zu lassen, aber dann entschloss er sich anders. Hier schien unter der Oberfläche irgendetwas zu gären, das er noch nicht verstehen konnte. Die trauten sich hier gegenseitig nicht über den Weg. Und er konnte sich nicht vorstellen, dass ausgerechnet Kriminalhauptkommissar Steinbrecher ihm die Sachlage näher erläutern würde.

Seufzend folgte er der grinsenden Gina Gladow über den Flur. „Was ist das denn für ein Sesselfurzer?", fragte er sie auf dem Weg nach draußen.

Sie zuckte mit den Schultern und antwortete grinsend: „Wenn Sie mich so direkt fragen, gibt es da ja wohl zwei Möglichkeiten. Entweder steht er nicht auf Johnny Walker, oder er kann Ihre Schimanski-Tour nicht ab. Ich tippe ja eher auf Letzteres."

Darüber musste Lenz einen Augenblick nachdenken. Unsinn, beschloss er, die haben hier einfach nur alle den Arsch offen!

Auf dem Parkplatz steuerte Gina Gladow einen silberfarbenen VW Passat an, drückte auf die Fernbedienung und ging wie selbstverständlich zur Fahrerseite. Lenz überlegte einen Moment, ob er sie auf den Beifahrersitz verbannen sollte, aber dann ließ er es. Erstens wollte er kein weiteres Ticket riskieren, zweitens verstieß er wohlmöglich schon wieder gegen irgendein ungeschriebenes Paderborner Gesetz, wenn er sich nicht von seiner

Untergebenen chauffieren ließ, und drittens kannte er sich im Kreis Paderborn ja auch gar nicht aus.

Die junge Beamtin fuhr zügig und sicher, während Lenz die wenig einladende Vorstadt mit den Bahngleisen zu seiner Linken an sich vorbeiziehen ließ. Dabei musste er sich zwingen, nicht in den Ausschnitt seiner Kollegin zu starren, der in seiner Blickrichtung prangte und eine magnetische Anziehungskraft auf ihn hatte. Stattdessen konzentrierte er sich auf das Profil seiner Kollegin. Ihr geringes Alter stand für ihn im Widerspruch zu ihrem selbstbewussten Auftreten. Das hätte eher zu einer fünfundzwanzigjährigen Diensterfahrung gepasst. Offenbar hatte Lenz es hier mit einer geborenen Kriminalbeamtin zu tun, die sich ihres Handelns instinktiv sicher war. Und obendrein wurde man in der Polizeiführungsakademie in Münster auch ganz hervorragend ausgebildet.

Die junge Kommissarin räusperte sich vernehmlich und sagte, ohne ihn dabei anzusehen: „Wenn Sie mir weiter so auf die Titten starren, trete ich Ihnen bei nächster Gelegenheit in die Eier."

Lenz war gleichermaßen irritiert wie belustigt. Gina Gladow liebte das Direkte offenbar genauso wie er. Darauf ließ sich doch aufbauen. Grinsend wandte er sich nach vorne und sah durch die Windschutzscheibe auf die Straße. „Entschuldigung, Frau Kollegin. Betrachten Sie das bitte als Kompliment."

„Was?", fuhr sie unbeeindruckt fort. „Dass ein alter Knacker wie Sie seine Augen nicht im Griff hat?"

„Alt? Also bitte! Ich bin Mitte Vierzig."

„Sag ich doch. Sollten Sie allerdings einen Sohn haben, dürfen Sie ihn mir gerne vorstellen."

„Wenn ich einen Sohn hätte, würde ich ihn von Frauen wie Ihnen fernhalten."

„Dann gehen Sie mal mit gutem Beispiel voran, Papi", konterte Gina Gladow unbeeindruckt.

Lenz merkte, wie sich seine Stimmung von Minute zu Minute verschlechterte. Kriminaldirektor Heitkamp spielte den unantastbaren Despoten; Steinkämper fühlte sich auf den Schlips getreten, wenn er nach Ermittlungsergebnissen gefragt wurde. Schröder hatte offenbar beschlossen, für den Rest seiner Dienstzeit zu schmollen, weil Lenz ihm vor die Nase gesetzt worden war; der Verkehrsfuzzi Steinbrecher hatte sich gleich bei ihrer ersten Begegnung als Kollegenschwein entpuppt. Und Gina Gladow nahm jedes Kompliment direkt als Belästigung am Arbeitsplatz auf. Mit diesem Menschenschlag sollte er bis zur Pensionierung in zwanzig Jahren zusammenarbeiten? War der Wechsel hierher in Wirklichkeit eine Strafversetzung und Lenz hatte das bislang nur noch nicht begriffen?

Er wünschte sich schon jetzt ins Ruhrgebiet zurück. Da war alles so einfach: Kollegen waren noch wirkliche Kollegen, auf die man sich jederzeit verlassen konnte und die einem nicht ans Bein pinkelten. Die unübersichtliche Verkehrssituation auf der B1 am Ortseingang war offenbar geradezu sinnbildlich für die ganze Stadt. Scheiß Paderborn!

Grummelnd wandte sich Lenz dem rechten Seitenfenster zu, während sie nun auf der gut ausgebauten Ausfallstraße zügig in Richtung Büren fuhren. Nach etwa zwanzig Kilometern, auf denen sie den Flughafen Paderborn/Lippstadt linkerhand passiert hatten und auch die Auffahrten auf die A44 in die Richtungen Dortmund und Kassel, erreichten sie einen Kreisverkehr. Rechts ging es nach Steinhausen und Geseke, geradeaus nach Rüthen und links nach Büren. Überall um sie herum drehten sich Windräder in einer Art von Niemandsland aus Feldern, die zu dieser Jahreszeit trist und öde in einer diesigen Endlosigkeit versanken. Ein Funkmast stach vor der Silhouette eines Gewerbegebietes in den grauen Himmel. Kein Zweifel, das hier war der Arsch der Welt.

„Das langgestreckte Gebäude da hinten im Industriegebiet ist übrigens der Puff", meldete sich Gina Gladow, ließ aber offen, was sie mit diesem Hinweis bezweckte. Lenz hatte das unbestimmte Gefühl, dass er besser nicht nachfragen sollte. Von den Spitzen seiner Kollegin hatte er vorerst die Nase voll und er konnte auch nicht dafür garantieren, dass er selbst noch lange an sich halten konnte.

Die Kommissarin lenkte den Wagen bergab an einer kleinen Kapelle vorbei. Nun weitete sich der Blick über ein Tal, in dessen Mitte sich das Städtchen Büren ausbreitete. Die Häuser lagen dicht gedrängt wie ins Loch geschüttet zwischen sanften Hügeln und wurden von zwei schlanken Flüsschen in die Zange genommen. Recht malerisch machte sich in der Mitte eine Art Schloss aus, das zusammen mit zwei Kirchen quasi das Zentrum des Talkessels bildete.

„Büren im Loch, wir finden dich doch", verkündete Gina Gladow unvermittelt. „Als ich noch Streife gefahren bin, hatte ich einen Kollegen aus Steinhausen. Der hat das jedes Mal gesagt, wenn wir den Kapellenberg runtergefahren sind."

„Na prima", knurrte Lenz. „Erst lande ich am Arsch der Welt und dann fahre ich auch noch direkt ins Loch." Und das alles an der Seite einer Kampf-Emanze, fügte er in Gedanken hinzu.

Gina Gladow lachte hämisch, als wollte sie sagen: „Jeder so, wie er es verdient."

Nach einer 90-Grad-Kurve erreichten sie schließlich das Ortseingangsschild. Was Lenz nun zu sehen bekam, zerstörte schlagartig den positiven Eindruck, den er von oben aus eben noch gehabt hatte. Schön geht anders, dachte er und betrachtete die gammeligen Häuser, die den Anfang der

Bahnhofstraße säumten. Als er dann nach der Feuerwehr auch noch vier bunte und dicht an dicht gebaute Einfamilienhäuser mit kitschigen Säulen und zusammenstoßenden Veranden erblickte, wusste er, dass es sogar noch hässlicher ging als am Ortseingang. Es folgten ein Getränkemarkt, der obligatorische Lidl, links eine zugegebenermaßen wunderschöne, nostalgisch anmutende Bruchsteinkirche mit knallrotem Ziegeldach und dann, an einen Park mit Teichen anschließend, das Schloss, das er schon vom Hügel aus gesehen hatte.

Gina Gladow folgte der Hauptstraße, die sich geradeaus durch den Ort zog und nun wieder leicht anstieg. Oben machte sie mehrere Windungen, bis rechts ein langgestrecktes Gebäude aus roten Ziegeln auftauchte. „Da sind wir. Das ist die Senioren-Residenz Friedenstal", verkündete die Kriminalkommissarin und parkte den Wagen am Straßenrand.

In der Empfangshalle plätscherte ein kleiner Wasserfall über Schieferplatten in ein Bassin mit Goldfischen, die nach Lenz' Ansicht für ein Altersheim unangemessen lebendig herumschwammen und glubschäugig blöde aus dem Wasser glotzten. Große Fenster und helle Farben sorgten für ein einladend freundliches Ambiente. Am Empfangstresen saß ein etwa zwanzigjähriges Bob-Marley-Double mit verfilzten Haarsträhnen und einem viel zu weiten bunten Hemd und starrte unter rhythmischen Kopfbewegungen auf seinen Computermonitor. Als er Gina Gladow und Stefan Lenz bemerkte, zog er sich einen Stöpsel aus dem linken Ohr und lächelte die Kommissarin entzückt an.

Die schien für derartige Avancen zugänglich zu sein. Vielleicht galt das Knistern, das sie nun zwischen sich und dem Filz-Man zuließ, aber auch einzig als Signal an Lenz. Der konnte darüber nur müde lächeln, denn er war Realist genug, um zu wissen, dass ihm eine Beziehung zu einer derart jungen Frau ohnehin zu anstrengend wäre,

„Was kann ich für Sie tun?" Bob Marley richtete sich an Gina Gladow und ignorierte Lenz völlig.

Mit mir nicht, Bürschchen, dachte der. „Kripo Paderborn", reagierte er in unangemessen autoritärem Tonfall und hielt dem Schnösel seinen Dienstausweis entgegen. „Kriminalhauptkommissar Lenz und Kriminalkommissarin Gladow. Wir möchten mit der Leitung des Hauses sprechen."

„Da steht aber nicht Paderborn", wandte der Knabe altklug ein, „da steht Hamm. Sind Sie hier überhaupt zuständig?"

„Sieh mal an", sagte Lenz erstaunt zu seiner Kollegin. „Der Wackeldackel kann lesen."

Die Kommissarin zwinkerte dem jungen Mann schelmisch zu.

„Dann werde ich Sie mal anmelden." Wieder kein Blick zu Lenz, nur dieses balzende Lächeln in Richtung Gina Gladows. Aber immerhin griff der

Jüngling zum Telefon. „Frau Finke, hier sind zwei Leute von der Polizei für Sie. Eine äußerst attraktive junge Dame und ein …" er taxierte Lenz abschätzend von Kopf bis Tresenoberkante, „… eher unscheinbarer älterer Herr. – Ja, ist gut." Er legte auf und kündigte an: „Frau Finke kommt sofort." Lächeln, balzen, Filzsträhnen präsentieren.

Gina Gladow lachte und schüttelte leicht den Kopf.

Arschloch, dachte Lenz. Er atmete erst auf, als eine Frau von etwa Anfang bis Mitte Vierzig die Treppe herunterkam und ihn aus dem nervigen Geknister erlöste. Sie trug helle Freizeitkleidung, was Lenz, der automatisch in solchen Einrichtungen immer mit Krankenschwesternkitteln rechnete, erfreut zur Kenntnis nahm. Auch die sportliche Art, mit der sie ihnen entgegenfederte, gefiel ihm.

„Kerstin Finke", stellte sich die Frau mit Handschlag vor. „Ich bin die Leiterin dieses Hauses. Kommen Sie wegen Herrn Kottmann?"

„Richtig, Frau Finke. Mein Name ist Stefan Lenz, das ist meine Kollegin Gina Gladow." Lenz drehte dem Bob Marley für Arme betont den Rücken zu. „Können wir uns in Ihrem Büro weiter unterhalten?"

„Natürlich. Kommen Sie." Sie federte ihnen voraus die Treppe hinauf und bog nach links in einen Flur ab, an dessen Glastür in schwarzen Klebebuchstaben Verwaltung stand.

Auch das Büro der Residenz-Leiterin hatte so gar nichts von dem üblichen Krankenhaus- oder Altersheimambiente, wie Lenz es aus dem Ruhrgebiet kannte. Es war hell und farbenfroh und atmete eher die Atmosphäre eines CEO-Büros in einem aufstrebenden Internet-Startup. Vor dem Fenster breitete sich ein Schreibtisch mit einer Glasplatte aus, auf der ein stylischer Apple-PC coole Eleganz repräsentierte. Großformatige, hochglänzende Architektur-Fotos hinter Glasrahmen hingen an den Wänden. Die linke Seite des Raumes wurde von einer schwarzen Ledergarnitur mit Glastisch eingenommen. Dorthin wies Frau Finkes einladende Hand. Offenbar handelte es sich bei der Seniorenresidenz Friedenstal um eine exklusive und sicher sehr teure Einrichtung.

„Kann ich Ihnen etwas anbieten? Cappuccino, Wasser?"

„Ein Cappuccino wäre nett", antwortete Lenz erfreut und nahm auf dem Sofa Platz.

„Für mich bitte ein Glas Wasser." Gina Gladow setzte sich in einen der beiden Sessel und schlug sofort die Beine übereinander.

Lenz, der sich mit körpersprachlichen Signalen auskannte, nahm erfreut zur Kenntnis, dass sich seine Kollegin zwischen Frau Finke und ihm nicht wohlfühlte und hinter einer Mauer verschanzte. Sogar die Arme verschränkte sie nun vor ihrer Brust. Prima, den Moment würde er auskosten. Wer konnte schon wissen, wie oft er noch Gelegenheit dazu bekommen würde?

Kerstin Finke bediente einen Kapselautomaten und während rauschend und zischend nacheinander zwei Cappuccino-Tassen vollliefen, öffnete sie eine Flasche Mineralwasser und stellte sie mit einem Glas vor Gina Gladow auf den Tisch. Nachdem auch Lenz versorgt war, setzte sie sich mit ihrer Tasse in beiden Händen in den anderen Sessel und blickte ihn fragend an.

„Tja, Frau Finke“, begann er vorsichtig. „Wir haben heute Morgen einen alten Mann in Wewelsburg aufgefunden. Ob es sich dabei um Ihren Bewohner Anton Kottmann handelt, wissen wir leider nicht.“

Die Residenzleiterin blickte ihn verständnislos an. „Konnten Sie ihn nicht fragen? Ist etwas mit ihm passiert? - Was heißt überhaupt ‚aufgefunden‘?“

„Nun, der Mann ist tot.“

Frau Finkes Cappuccino schwappte in der Tasse, als sie sie hart auf der Glasplatte absetzte. Mit heiserer Stimme fragte sie: „Was ist passiert?“

„Das wissen wir noch nicht. Fest steht bislang nur, dass es kein natürlicher Tod war.“

„Das heißt …“

„Jemand hat den Mann ermordet.“

„Ermordet?“ Kerstin Finke schüttelte leicht den Kopf, während sie versuchte, das Gehörte langsam zu verarbeiten. „Und wie? Ich meine …“

„Er wurde mit einem Stein erschlagen“, kam es hart von Gina Gladow, während Lenz noch nach einer rücksichtsvollen Formulierung suchte.

„Erschlagen? Mit einem Stein?“ Ungläubig wanderte Kerstin Finkes Blick zwischen Lenz und seiner Kollegin hin und her.

„Nachdem er zuvor ausgepeitscht und gefoltert worden ist“, ergänzte die Kommissarin kalt. „Und der Stein war auch eher ein Felsbrocken. War kein schöner Anblick. Das Gesicht ist nicht mehr zu erkennen.“

Lenz blitzte sie an. Es war nun wirklich nicht nötig, derart ruppig mit der armen Frau umzugehen. Schlimm genug, dass es sich mit einiger Wahrscheinlichkeit um einen ihrer Schützlinge handelte. Diese Details hätte man der Frau doch wohl ersparen können.

Konnte man nicht, fand seine junge Kollegin offenbar und zeigte Kerstin Finke zwei Tatortfotos auf ihrem Handy. Entsprechend schockiert zuckte die Residenz-Leiterin in ihrem Sessel zurück.

Gina Gladow zog mit zwei Fingern ein Foto auf. „Erkenne Sie vielleicht, ob es sich bei der Kleidung um die von Herrn Kottmann handelt?“

„Nein“, antwortete die Residenzleiterin wie paralysiert. Schließlich stand sie auf und ging ein paarmal schnell im Raum auf und ab. Zweimal blieb sie vor Lenz stehen, öffnete den Mund, um etwas zu sagen, konnte das dann aber nicht und nahm ihren Weg wieder auf. Während Lenz der Tigerei besorgt folgte, drückte Gina Gladows Gesicht so etwas wie Belustigung aus, aber sie enthielt sich zu Lenz´ Erleichterung eines Kommentars.

Als Kerstin Finke endlich wieder saß und mit zittrigen Fingern abwesend an ihrem Cappuccino nippte, signalisierte der Hauptkommissar seiner Kollegin mit drohend erhobenen Augenbrauen, dass sie sich nun zurückhalten sollte, und erntete dafür ein Stirnrunzeln. „Hat Herr Kottmann irgendwelche besonderen Merkmale, die uns Sicherheit bringen könnten?", fragte er.

„Besondere Merkmale? Nein."

„Hat er vielleicht eine Narbe an der Innenseite des linken Oberarmes?"

Die Residenzleiterin sah ihn verständnislos an und hob und senkte die Schultern. „Da müsste ich unser Personal fragen. Allerdings bezweifle ich, dass Ihnen jemand diese Frage beantworten kann. Herr Kottmann benötigt nämlich keine Unterstützung bei der täglichen Pflege."

„Tja, dann kann uns nur noch eine DNA-Probe weiterhelfen", stellte Lenz fest, „vielleicht ein Kamm oder seine Zahnbürste. Um keine Zeit zu verlieren, möchten wir uns außerdem schildern lassen, wie Herr Kottmann aus Ihrer Residenz verschwunden ist. Die genauen Umstände und zeitlichen Abläufe könnten für uns gegebenenfalls bei der Suche nach dem Täter von Bedeutung sein."

„Ja, natürlich." Kerstin Finke atmete tief ein und aus und sammelte sich. „Also, das war am Dienstag. Unser Bufdi Mario hat die Bewohner, die noch fit genug sind, nach der Mittagsruhe hinunter in den Park gebracht. Das Wetter war ja für diese Jahreszeit ungewöhnlich schön, nicht zu kalt, kein Wind, die Sonne schien, eigentlich ideal. Das war so gegen fünfzehn Uhr. Als unser Pfleger Wolfgang sie dann gegen siebzehn Uhr wieder reinholen wollte, war Herr Kottmann nicht mehr da."

„Wie: nicht mehr da?", hakte Gina Gladow verständnislos nach. „Einfach weg? Können die hier ein- und ausgehen, wie sie wollen? Guckt denn zwischendurch niemand nach den alten Leuten?"

Lenz hätte sie erwürgen können, als er registrierte, wie Kerstin Finke bleich wurde und betroffen den Blick senkte.

„Doch, natürlich. Wann Herr Kottmann verschwunden ist, wissen wir nicht genau. Mario hat den Rest des Nachmittags am Empfang gesessen. Dort ist er nicht vorbeigekommen."

„Gibt es noch einen anderen Zugang zum Park?", beeilte sich Lenz mit der Nachfrage, weil Gina Gladow schon wieder den Mund öffnete.

„Ja, zur Seite des Gebäudes ist noch eine Zufahrt. Aber das Tor dort ist immer abgeschlossen und das war es auch am Dienstag. Ich habe das sofort kontrolliert."

„Der alte Mann kann ja nicht verdunstet sein", stellte Gina Gladow lapidar fest.

Lenz räusperte sich vernehmlich. Er würde nachher ein ernstes Wort mit seiner Kollegin wechseln. Offenbar musste die doch noch viel lernen. Vor allem, Anweisungen von Vorgesetzten zu folgen; selbst dann, wenn die nur mimisch ausgedrückt wurden. „Dann möchten wir mit Mario und Wolfgang sprechen", stellte er an Kerstin Finke gewandt fest.

„Ja, natürlich." Die Residenz-Leiterin sprang auf, ging zum Schreibtisch und griff nach dem Telefonhörer. „Gitta? Schickst du mal bitte jemanden runter zum Empfang, damit er Mario ablöst? Und dann sollen Mario und Wolfgang in mein Büro kommen. - Nein, nicht gleich, jetzt sofort! Danke."

Lenz gefiel die professionelle Art, in der sie in kürzester Zeit die Fassung wiedergewonnen hatte. Dass er sie bewundernd anstarrte, merkte er erst, als er ihren fragenden Blick auf sich ruhen fühlte. Verlegen lächelte er sie an und konzentrierte dann seine ganze Aufmerksamkeit auf seinen Cappuccino.

Mario war also der Filz-Heini. Bufdi, das war eine passende Bezeichnung, rein phonetisch und völlig unabhängig von der eigentlichen Bedeutung. Das Bild des hämisch grinsenden Jünglings geisterte vor ihm herum und ließ sich zu seinem Ärger nicht wieder vertreiben. Er blickte zur Seite und stellte fest, dass Gina Gladow die Leiterin mit Genugtuung fixierte, die schweigend und mit gesenktem Kopf an ihrem Schreibtisch lehnte.

Nach wenigen Minuten klopfte es kurz an die Bürotür und zwei junge Männer traten ein: Filz-Mario in seinem Schlabberlook und ein etwa fünfundzwanzigjähriger muskelbepackter Hüne mit Bürstenschnitt, T-Shirt, Jeans und weißen Crocs. Der Gegensatz hätte kaum deutlicher ausfallen können. Sie blieben nebeneinander mit etwa zwei Metern Abstand vor ihrer Chefin stehen und warteten schweigend.

„Die Herrschaften von der Polizei haben Fragen zu dem Verschwinden von Herrn Kottmann", erklärte sie mit belegter Stimme.

„Setzen Sie sich bitte", forderte Lenz die jungen Männer auf und deutete auf das Sofa, während er selbst hinüber in den freien Sessel wechselte.

Als sie der Aufforderung gefolgt waren, wandte er sich zunächst an Mario. „Frau Finke hat angegeben, Sie hätten Herrn Kottmann gegen fünfzehn Uhr hinunter in den Park gebracht. Ist Ihnen dabei etwas aufgefallen? War da jemand im Park, der kein Bewohner ist? Ein Besucher vielleicht oder ein Angehöriger?"

„Nein, alles war wie immer. Der Kottmann hat sich auf eine Bank in der Sonne gesetzt."

„Herr Kottmann", korrigierte Kerstin Finke.

„Und ich bin dann gleich wieder rein, um die anderen zu holen", fuhr Mario ungerührt fort.

Lenz fixierte den Filz-Bufdi kalt. „Später hatten Sie Dienst am Empfang?"

Mario nickte.

„Hat während Ihres Dienstes jemand das Haus betreten, der hier nicht wohnt oder arbeitet?"

„Keine Ahnung. Nachmittags kommen häufig Angehörige oder die Sozialtanten von der Caritas. Da achten wir nicht so drauf. Angesprochen hat mich jedenfalls keiner."

„Welche ‚Sozialtanten von der Caritas'?", hakte Lenz bei Kerstin Finke nach und machte dabei schon durch seine Betonung deutlich, dass er den verfilzten Mario für einen Kotzbrocken hielt.

„Er meint die Damen, die sich um unsere alten Leute kümmern, sich mit ihnen unterhalten, ihnen etwas vorlesen und so." Sie wandte sich dem Bufdi zu und blitzte ihn grimmig an. „Ich habe dir schon mehrfach gesagt, Mario, dass deine Ausdrucksweise unangemessen ist. Wenn du nicht ab sofort respektvoller mit anderen Leuten umgehst, werde ich deinen Bundesfreiwilligendienst hier bei uns beenden!"

„Jaja", machte Mario. „Ich werd´s mir merken."

Lenz zwinkerte der Leiterin anerkennend zu. „Und Sie?", fragte er dann den Pfleger. „Wann haben Sie sich um Herrn Kottmann gekümmert?"

„Ich bin um vier Uhr in den Park gegangen und habe nachgesehen, ob alles in Ordnung ist. Sobald die Sonne weg ist, ist es ja noch ziemlich kalt draußen. Da hat Herr Kottmann mit Herrn Merschhaus und Frau Körting an einem der Gartentische gesessen und sich unterhalten. Um fünf habe ich angefangen, die Herrschaften wieder in ihre Zimmer zu begleiten. Da wurde es dunkel und ab halb sechs gibt es Abendessen."

Lenz stellte fest, dass die respektvollere Ausdrucksweise Wolfgang keinerlei Schwierigkeiten bereitete und auch nicht aufgesetzt klang. Der junge Mann hat ein anderes Format als Gammel-Bufdi Mario, dachte er. „Als Sie in den Park kamen, um Herrn Kottmann zu holen, war er nicht mehr da?", fuhr er fort.

„Nein. Ich habe zunächst angenommen, dass er alleine raufgegangen ist. Herr Kottmann gehört zu unseren agilsten Bewohnern, obwohl er schon vierundneunzig ist. Aber als er weder in seinem Zimmer noch im Aufenthaltsraum war, habe ich Frau Finke Bescheid gesagt."

Sie nickte. „Wir haben das ganze Haus abgesucht und ihn nicht gefunden. Ich habe sofort Mario und Wolfgang in die Stadt geschickt. Es kommt schon mal vor, dass der eine oder andere unserer dementen Bewohner unbemerkt am Empfang vorbeikommt und durch die Stadt läuft. Herr Kottmann ist zwar nicht dement, aber es hätte ja sein können, dass er bei Rossmann oder Combi etwas einkaufen wollte. Aber auch da hat ihn niemand gesehen. Also habe ich die Polizei informiert."

„Ist Ihnen irgendetwas komisch vorgekommen, als Sie im Park waren?", fragte Lenz den Pfleger. „Leute, die da nicht hingehörten, zum Beispiel?"

„Nein, alles war wie immer. – Entschuldigen Sie, ist irgendetwas passiert? Ich meine, Sie sind doch nicht hier, weil Sie uns all das noch einmal fragen wollen, was Ihre Kollegen auf der Wache schon gefragt haben."

Kluger Junge, dachte Lenz. Super-Mario ist offenbar schlichter gestrickt und hat nicht so weit gedacht. Oder sollte der Aushilfs-Marley schon wissen, was passiert war? Aufmerksam behielt Lenz den Unsympathen im Auge, als er die jungen Männer über den Leichenfund und die Möglichkeit informierte, dass es sich bei dem Toten um Anton Kottmann handeln konnte. Wenn er auf verräterische Zeichen gewartet hatte, wurde er nun enttäuscht. Beide Männer waren gleichermaßen überrascht und bestürzt.

Für einen Moment verschlug es Mario sogar den Atem. Er keuchte schwer und flüsterte: „Mein Gott."

Entweder ist er ein guter Schauspieler, dachte Lenz, oder seine coole Fassade ist nur aufgesetzt.

Gina Gladow schob Mario ihr Wasserglas hinüber, das noch halb gefüllt war. Dankbar versuchte er ein Lächeln, das aber misslang, und trank in kleinen Schlucken.

„Gut", schloss Lenz, „wenn niemand von Ihnen mehr etwas zu sagen hat, das vielleicht sachdienlich sein könnte, wird meine Kollegin nun draußen Ihre Personalien aufnehmen."

Gina Gladow zog missbilligend die Augenbrauen zusammen, während Mario und Wolfgang aufsprangen und mit gesenkten Köpfen das Büro verließen.

Lenz blickte die Kommissarin direkt an und ließ keinen Zweifel daran, dass es sich um eine Anweisung gehandelt hatte. „Lassen Sie sich bitte von Wolfgang zu Herrn Merschhaus und Frau Körting bringen", fügte er hinzu. „Vielleicht haben die etwas bemerkt. Ich komme dann nach, wenn ich hier fertig bin."

Er verfolgte nun seinerseits belustigt, wie seine Kollegin trotzig den Kopf in den Nacken warf, den beiden jungen Männern folgte und die Tür hinter sich ins Schloss fallen ließ - gerade laut genug, um ein Zeichen zu setzen, ohne eindeutig subordinär zu wirken.

„So, Frau Finke." Lenz deutete auffordernd mit der Hand auf den freien Sessel. „Jetzt erzählen Sie mir mal etwas über Ihre beiden jungen Mitarbeiter."

„Was wollen Sie wissen?" Kerstin Finke nahm Platz.

„Alles. Was sind das für Typen? Wie sind Sie mit ihrer Arbeit zufrieden? Wo liegen ihre Stärken, wo ihre Schwächen?"

„Da weiß ich, ehrlich gesagt, gar nicht, wo ich anfangen soll."

„Wo Sie wollen. Ich habe Zeit." Lenz legte sein charmantestes Lächeln auf und stellte erfreut fest, dass es wirkte.

Kerstin Finke entspannte sich etwas, holte tief Luft und lehnte sich zurück. „Also, der Mario ist seit etwa einem halben Jahr bei uns. Er ist nicht gerade das, was ich unter einem gewissenhaften Bundesfreiwilligendienstler verstehe, aber er macht seinen Job. Sie haben ja selbst erlebt, dass er etwas … sagen wir: unkonventionell auftritt."

„Respektlos", korrigierte Lenz. „Unverschämt und distanzlos."

„Na ja." Kerstin Finke ließ ihren Kopf hin- und herpendeln. „Er wirkt so, das stimmt. Aber unter der coolen Fassade ist er, glaube ich, kein übler Kerl. Wir müssen leider heutzutage nehmen, was wir kriegen können. Wenn wir zu wählerisch wären, wäre der Pflegenotstand noch größer. Und was da in den letzten Jahren vor allem von den Gymnasien kommt … also Leistungsbereitschaft, Selbstdisziplin und Benehmen haben die jungen Leute kaum noch. Zum Glück sind wir ja bei unserer Arbeit nicht darauf angewiesen, dass sie rechnen, schreiben und lesen können. Damit ist es ja selbst bei Abiturienten nicht mehr so weit her." Sie lachte.

„Wolfgang ist ein anderer Typ", formulierte Lenz seine Frage wie eine Feststellung.

„Oh, ja. Wolfgang ist, verglichen mit seinen Altersgenossen, extrem gut erzogen, diszipliniert und sehr beliebt bei den Bewohnern. Die alten Leute halten viel von Respekt und Höflichkeit. Vor allem die, denen ich Wolfgang zugeteilt habe."

„Und sonst gibt es keine Pflegekräfte auf der Station?"

„Doch, Pflegerin Michaela. Aber die hat momentan Urlaub und war nicht im Haus, als Herr Kottmann verschwunden ist. Deshalb muss Mario ja auch aushelfen, wenn Wolfgang Unterstützung braucht. Ab 20 Uhr beschäftigen wir reines Nachtpersonal. Für den Trakt B ist Rotraut Schumacher zuständig. Aber auch die war ja zum Zeitpunkt des Verschwindens von Herrn Kottmann nicht im Haus."

Lenz notierte sich die Namen. „Hat Ihrer Ansicht nach einer von den beiden jungen Männern irgendeinen Fehler gemacht, so dass Herr Kottmann Ihnen verlorengehen konnte?"

„Nein. So etwas lässt sich einfach nicht verhindern. Das ist ja kein Gefängnis hier und keine geschlossene Anstalt. Unsere Bewohner bewegen sich absolut frei und ohne jede Bevormundung, sofern sie noch rüstig genug sind. Nur auf die Demenzkranken haben wir ein besonderes Auge. Natürlich auch nur in dem Rahmen, in dem wir das personell bewerkstelligen können. Ich gehe davon aus, dass Herr Kottmann aus eigenem Antrieb unser Gelände verlassen hat. Erst danach muss irgendetwas passiert sein."

„Also hat auch keiner der anderen Bewohner etwas bemerkt oder gesehen?"

„Nein, wir haben alle befragt. Niemandem ist etwas aufgefallen. Auch nicht, dass Herr Kottmann das Haus verlassen hat."

„Gut, Frau Finke, ich möchte dann gerne noch Herrn Kottmanns Zimmer sehen."

„Wolfgang wird Sie hinführen", entgegnete die Residenz-Leiterin. „Ich muss leider wieder an die Arbeit." Sie griff zum Telefon, ließ sich den Pfleger geben, erteilte ihm die nötigen Anweisungen und wandte sich Lenz wieder zu. Ihr geschäftsmäßiges Lächeln machte deutlich, dass das Gespräch für sie damit beendet war.

„Wenn Ihnen doch noch etwas einfallen sollte, rufen Sie mich an." Lenz reichte ihr seine Visitenkarte. „Die Festnetznummer stimmt nicht mehr. Ich bin erst seit heute bei der Kripo in Paderborn. Aber über die Handynummer erreichen Sie mich immer." Er stand auf und gab Kerstin Finke die Hand.

„An ihrem ersten Tag haben Sie schon so einen unangenehmen Fall?" Sie hielt Lenz´ Hand einen Augenblick länger fest als notwendig.

„Unangenehm sind meine Fälle eigentlich immer", blieb Lenz ungenau und freute sich über ihr Mitgefühl. „Schließlich arbeite ich im Dezernat für Kapitalverbrechen." Er nickte ihr noch einmal lächelnd zu und verließ das Büro.

Kerstin Finke schloss die Tür hinter ihm. Schade, dachte Lenz. Wenn sie mich zu Kottmanns Zimmer begleitet hätte …

Wolfgang erwartete ihn bereits auf dem Flur und führte ihn an einer Sitzgruppe vorbei, auf der einige alte Leute saßen und gerade von Gina Gladow befragt wurden. Dann bog der Pfleger nach links ab. Auch auf diesem Flur wirkte alles chic und viel freundlicher, als Lenz es von den Altersheimen gewohnt war, die er bisher gesehen hatte. Der Bodenbelag bestand aus hellem Vinyl in Holzoptik und an den weißen Wänden hingen farbenfrohe Drucke verschiedener Künstler. Lenz erkannte darunter auch ein signiertes Bild von Otmar Alt, dem Star der Hammer Kunstszene. Geldmangel schien in diesem Haus wohl eher unbekannt.

Schließlich hielt Wolfgang vor einer Zimmertür. „Hier wohnt Herr Kottmann."

Lenz öffnete die Tür und deutete in den Raum. „Sehen Sie sich bitte genau um. Ist irgendetwas anders als sonst? Jetzt, da Sie wissen, dass Herr Kottmann möglicherweise ermordet wurde, fällt Ihnen vielleicht etwas auf, dem Sie vorher keine Beachtung geschenkt haben."

Der Pfleger betrat das Zimmer, blieb in der Mitte stehen und drehte sich langsam um seine eigene Achse, während Lenz die Aussicht durch das Fenster auf die tief unter ihm liegenden Flussauen bewunderte.

„Nein, alles wie immer", sagte Wolfgang schließlich.

„Gut, dann warten Sie bitte draußen", ordnete Lenz an.

In diesem Moment tauchte seine Kollegin hinter ihm auf. „Und?", erkundigte er sich. „Haben dieser Merschhaus und die Frau – wie hieß die doch gleich?"

„Körting."

„Frau Körting, richtig. Haben die Beiden etwas über das Verschwinden von Anton Kottmann aussagen können?“

„Nein. Kottmann ist gegen halb fünf reingegangen, weil es ihm zu frisch wurde. Danach haben sie ihn nicht mehr gesehen.“

„Hmh“, machte Lenz nachdenklich. „Nicht schön, das. Gar nicht schön.“

Gina Gladow musterte ihn belustigt.

Lenz ignorierte den Blick. „Sehen Sie im Bad nach, ob Sie einen Kamm oder eine Zahnbürste für den DNA-Abgleich finden.“

Er selbst wandte sich dem Kleiderschrank zu und öffnete ihn. Hosen und Hemden hingen über Kleiderbügeln und entsprachen den Marken, die der Tote getragen hatte. Die Unterhemden in einem der kleineren Fächer waren penibel ausgerichtet und selbst die Stofftaschentücher lagen glattgebügelt und auf Kante gestapelt da. So etwas hatte Lenz zuletzt während seiner Ausbildung in der Polizeikaserne gesehen, allerdings auch nur als Beispiel für die korrekte Ordnung und nicht in seinem eigenen Spind.

Gina Gladow kam mit einem Plastikbeutel aus dem Badezimmer und zeigte Lenz die Zahnbürste, bevor sie sich an die Durchsuchung des Nachtschränkchens neben dem Bett machte.

„Oh, was haben wir denn hier?“ Sie hielt ein zusammengefaltetes hellrotes Stück Pappe hoch, auf dem die Hälfte eines Hakenkreuzes zu sehen war. Seine Kollegin faltete es auseinander und schnalzte laut. „SS-Sturmmann Anton Kottmann“, las sie vor. „Konzentrationslager Niederhagen. - Sieh mal einer an, ein alter Nazi. Wenn das unsere Leiche ist, minimiert es mein Mitgefühl allerdings deutlich.“

Lenz nahm ihr den Fund aus der Hand. Tatsächlich, es handelte sich um den Dienstausweis eines SS-Mannes. Das Passbild zeigte einen jungen, schneidigen Soldaten in schwarzer Uniform, der ohne jede Gefühlsregung in die Kamera blickte.

„Womit dann auch die Narbe am linken Oberarm geklärt wäre“, stellte Lenz fest und erklärte auf den fragenden Blick seiner jungen Kollegin: „Die Mitglieder der Waffen-SS hatten ihre Blutgruppe auf der Innenseite des linken Oberarms eintätowiert. Nach 1945 haben sich viele diese Tätowierung wegoperieren lassen, weil sie ein offensichtlicher Beweis für ihre SS-Mitgliedschaft war.“

Sie nickte und wandte sich der nächsten Schublade zu. Diesmal zog sie ein braunes Lederbuch hervor, das sich als Fotoalbum entpuppte. Vor Lenz' Augen blätterte sie es schnell durch. Die Schwarz-Weiß-Fotos entstammten allesamt der Dienstzeit Anton Kottmanns und zeigten Häftlinge mit gestreifter Kleidung in einem Steinbruch. Sie schoben Karren mit Felsbrocken, manche schleppten sie einfach mit den Händen. Am Rand standen rauchende SS-Männer in schwarzen Uniformen mit Gewehren über den Schultern.

„Diese Dreckschweine!“, schimpfte Gina Gladow leise.

Andere Bilder zeigten Häftlinge auf einem Gerüst beim Aufbau eines Burgturmes. Auf einem Foto war das etwas verblasste Portrait eines jungen Mannes mit SS-Mütze zu sehen. Er lächelte in die Kamera und machte einen freundlichen, geradezu sympathischen Eindruck. Typ Schwiegermutters Liebling, dachte Lenz. Wenn man auf Faschos steht.

„Anton Kottmann." Gina Gladowd tippte mit dem Zeigefinger darauf. „Stimmt mit dem Foto im Dienstausweis überein." Sie schlug das Album zu und blickte Lenz fragend an.

„Das ist ja ein Ding", brachte der nur heraus und fuhr nach kurzer Pause fort: „Wenn unser Toter Anton Kottmann ist, handelt es sich also um einen ehemaligen SS-Mann, der in einem Konzentrationslager gearbeitet hat."

„Nicht in irgendeinem Konzentrationslager", widersprach Gina Gladow. „Das KZ Niederhagen befand sich in Wewelsburg, also in der Nähe des Auffindeortes der Leiche. Und der Turm auf dem Bild eben ist der Nordturm der Wewelsburg, die von Häftlingen des KZ wiederaufgebaut worden ist."

„Mein lieber Scholli", sagte Lenz. „Bis eben hatten wir noch einen brutal zu Tode gefolterten alten Mann ohne Namen, jetzt handelt es sich wahrscheinlich um einen hingerichteten ehemaligen KZ-Wärter." Während er das sagte, wurde ihm die ganze Tragweite bewusst: Aus einem gewöhnlichen Mord, wenn auch mit ungewöhnlichen Mitteln, wurde von einer Sekunde auf die andere ein hochbrisanter politischer Fall. In diesem Moment hoffte er inständig, dass der Tote nicht Anton Kottmann war.

„Da wird uns Ihre Frau Finke aber einiges zu erklären haben", ätzte Gina Gladow.

Lenz ging nicht auf die Formulierung ein. „Sehen Sie nach, was Sie sonst noch finden", ordnete er an.

Während die Kommissarin sich die letzte Schublade des Nachtschränkchens vornahm, trat er wieder vor den Kleiderschrank, durchwühlte rücksichtslos alle Fächer und tastete auch die Hosen, Hemden und Jacketts ab, ohne jedoch irgendetwas zu finden.

„Nichts weiter", meldete Gina Gladow. „Nur der Personalausweis und der Führerschein."

„Gut. Wir versiegeln das Zimmer. Die Spusi soll sich hier einmal gründlich umsehen."

Während Lenz auf dem Flur die Zimmertür zuzog, schlug ihnen von der Sitzecke aufgeregter Lärm entgegen. Wolfgang stand vor einer Gruppe alter Männer und Frauen und versuchte, sie mit pumpenden Handbewegungen zu beruhigen. Während Lenz umständlich ein Siegel aus einer Tasche hervorkramte, lief Gina Gladow schon einmal vor. Schließlich näherte sich auch Lenz dem Tumult, der immer lauter und ungehaltener wurde.

„Sagen Sie mal", schmetterte ihm ein alter Mann mit Glatze entgegen, der sich schwer auf einen Krückstock stützte, „klärt uns jetzt vielleicht einmal jemand auf, was das alles hier soll? Was ist mit dem Kameraden Kottmann? Wolfgang und die Politesse hier wollen uns nichts sagen!"

Lenz seufzte und informierte die alten Leute mit knappen Worten sachlich über den Leichenfund in Wewelsburg. „Ob es sich dabei um Ihren Mitbewohner handelt, müssen wir aber erst noch abschließend klären."

„Wie lange wollen Sie sich das eigentlich noch mit ansehen?", giftete der alte Mann. „Sie glauben wohl, nur weil wir alt sind …" Er ließ in der Schwebe, was die Polizeibeamten seiner Ansicht nach genau glaubten.

„Das ist doch Unsinn", entgegnete die junge Kommissarin wenig taktvoll und rief entsprechende Entrüstung in den faltigen Gesichtern hervor. „Wir sind sogar verpflichtet, jedem Hinweis nachzugehen. Vor allem, wenn es sich um den Verdacht eines Kapitalverbrechens handelt."

„Kapitalverbrechen?", krächzte eine alte Frau. „Hier geht es nicht um Geld, Kindchen, hier geht es um Mord."

„Das ist doch dasselbe!", belehrte sie der Glatzkopf ungeduldig von oben herab.

„Was? Geld und Mord?" Die alte Dame war entsetzt.

„Nein. Kapitalverbrechen und Mord."

„Was sollen wir uns nicht länger ansehen?", bemühte sich Lenz in sachlichem Ton um eine Beruhigung der Lage.

„Die Politesse hier nimmt uns nicht ernst", schimpfte ein Mann mit stattlicher Statur, griechisch anmutender Kopfform und weißem Lockenschopf. „Nur weil wir alt sind und alte Leute Geld kosten, ist unser Leben in diesem Staat nichts mehr wert. Wir können ruhig sozialverträglich umgebracht werden. Dafür bekommt der Mörder dann am Ende noch das Bundesverdienstkreuz."

Inzwischen hatte der Lärm auch Kerstin Finke aus ihrem Büro gelockt. „Was ist denn nun schon wieder los, Herr Merschhaus?"

„Ja, Sie wollen von alldem natürlich nichts wissen", giftete der. „Das schadet nur dem Ruf des Hauses, nicht wahr? Aber Mord ist Mord, da ändern auch Sie nichts dran."

„So", ging Lenz nun mit autoritär erhobener Stimme dazwischen. „Jetzt beruhigen wir uns alle mal wieder und setzen uns hin." Als Merschhaus widersprechen wollte, brachte er ihn mit einer schneidenden Handbewegung zur Ruhe. „Wir sind hier, um Sie nach Ihren Beobachtungen und Befürchtungen zu fragen. Und ich erwarte, dass Sie uns nach Kräften unterstützen."

Das beruhigte nicht nur Merschhaus. Lenz beobachtete gleichermaßen erstaunt wie erfreut, dass ihm sein Befehlston augenblicklich Respekt eingebracht hatte. Auch die anderen alten Leute murmelten zustimmend und nach und nach ließen sich alle in der Sitzecke nieder.

„Was ist denn nun passiert?", fragte Lenz jovial und vollführte eine einladende Geste. „Herr Merschhaus, bitte."

„Wir haben dieser jungen Dame hier ...", er wies mit abfälliger Mimik auf Gina Gladow, „gesagt, dass das nicht der erste Mord in diesem Haus ist."

„Herr Kottmann wurde nicht hier ermordet!", ging Kerstin Finke dazwischen. „Niemand ist hier jemals ermordet worden!"

Lenz gab ihr gestisch zu verstehen, dass sie ihn einfach mal in Ruhe machen lassen sollte, und hakte nach: „Was wollen Sie damit andeuten, Herr Merschhaus?"

„Andeuten will ich gar nichts", stellte der alte Mann herrisch klar. „Ich klage an. Vor drei Monaten ist eine weitere Mitbewohnerin in diesem Haus vergiftet worden. Für mich deutet das ohne jeden Zweifel auf einen Serientäter hin."

„Langsam, Herr Merschhaus. Was ist genau passiert?"

„Elfriede Gerken", rapportierte Merschhaus zackig. „Lag morgens tot in ihrem Bett. Angeblich Herzversagen." Er lachte laut auf. „Ha! Elfi und Herzversagen! Von wegen. Am Abend vorher haben wir noch getanzt und am Morgen war sie plötzlich tot. Vergiftet worden ist die Elfi! Darauf verwette ich mein Ritterkreuz!"

Kerstin Finke war inzwischen vor Wut rot angelaufen und tigerte mit vor der Brust verschränkten Armen und gesenktem Blick vor der Sitzecke auf und ab. Die platzt gleich, dachte Lenz. Noch fünf Minuten und sie bekommt einen Herzinfarkt.

„Frau Finke", sprang er ihr zur Hilfe, „was sagen Sie denn zu der Sache?"

Die Residenz-Leiterin hatte sichtbar Mühe, zumindest nach außen hin Ruhe zu bewahren. Sie atmete mehrmals tief durch, bevor sie mit gepresster Stimme antwortete: „Frau Gerken war 93 Jahre alt. Als wir sie morgens in ihrem Bett gefunden haben, haben wir gleich unsere Hausärztin gerufen. Die hat sie gründlich untersucht ..."

„Ha!", rief Merschhaus dazwischen. „Gründlich untersucht! Elf Minuten war sie in Elfis Zimmer. Elf Minuten! Ich habe auf die Uhr gesehen. Von wegen: gründlich untersucht! Die wusste doch schon vorher, was sie diagnostizieren sollte."

„Herr Merschhaus, bitte!", wies Lenz ihn zurecht und blickte dann Kerstin Finke aufmunternd an.

„Frau Dr. Reuther ist eine ausgewiesene Notfallärztin", erklärte die Residenzleiterin bestimmt. „Sie hat eindeutig Herzversagen festgestellt. Ohne jeden Zweifel. Und genau so steht es auch im Totenschein."

„Ihr steckt doch hier alle unter einer Decke." Merschhaus sprang auf. „Einen nach dem anderen bringt ihr von uns um die Ecke. Und ich weiß auch warum: Weil wir euch lästig sind. Ihr habt Angst, dass wir euren guten Ruf gefährden. Deshalb müssen wir weg. Aber damit ist jetzt Schluss. Ab sofort lassen wir uns nur noch von Wolfgang helfen." Die anderen Alten nickten und murmelten zustimmend. „Alle anderen Pflegekräfte haben absolutes Verbot, unsere Zimmer zu betreten."

„So geht das nicht, Herr Merschhaus!" Kerstin Finke richtete sich auf und wurde mit einem Mal geschäftlich. „Ich leite dieses Haus und ich lasse mir von niemandem vorschreiben, wie ich das mache. Auch von Ihnen nicht, Herr Merschhaus. Glauben Sie mir, gerade bei den Bewohnern aus Trakt B täte es mir leid, wenn ich sie verlieren würde. Aber wenn es nicht anders geht, werde ich Ihnen allen kündigen!"

Nun richtete sich das aufgeregte Gemurmel der Alten gegen Merschhaus. Der japste entrüstet nach Luft und drehte sich schließlich zu den anderen um. „Krisensitzung!", ordnete er an. „In fünf Minuten im Aufenthaltsraum. Wir lassen uns doch nicht drohen, Kameraden!" Gefolgt von den anderen marschierte er voraus und stieß eine Glastür so heftig auf, dass sie laut vor die Wand schlug. Der Pfleger Wolfgang wechselte einen unsicheren Blick mit seiner Chefin und folgte den alten Leuten dann mit besorgter Miene. Augenblicklich war die Sitzecke bis auf die Polizeibeamten und Kerstin Finke verwaist.

„Was war das denn jetzt?", fragte Gina Gladow fassungslos. „Und was hat es mit dem Trakt B auf sich?"

Kerstin Finke ließ sich in einen der Sessel fallen und schnappte ebenfalls nach Luft. „Da wohnen unsere besonders zahlungskräftigen Bewohner. Deshalb fordern die auch immer eine besondere Zuwendung. Und die bekommen sie auch, aber in diesem Fall kann ich unmöglich nachgeben."

„Und was hat Herr Merschhaus damit gemeint, dass die Bewohner des Traktes B dem Ruf des Hauses schaden?", erkundigte sich Lenz. „Zahlungskraft ist doch nicht rufschädigend – eher im Gegenteil."

Kerstin Finke rang mit sich und setzte mehrfach zu einer Antwort an. Schließlich sagte sie: „Also gut, Sie werden es ja sowieso herauskriegen. Alle Bewohner im Trakt B haben eine Vergangenheit, die nicht jedem gefällt."

„Waren das Nutten und Zuhälter, oder was?", zeigte sich Gina Gladow verständnislos.

„Unsinn!" Die Residenz-Leiterin sah Lenz direkt in die Augen. „Dann hätten wir sie nicht aufgenommen. Sie waren im Dritten Reich bei der SS und haben in Wewelsburg gearbeitet." Als wäre sie geradezu erleichtert, nachdem sie das ausgesprochen hatte, lehnte sie sich nun in ihrem Sessel zurück.

„Wie bitte?" Gina Gladow blickte zwischen Lenz und Kerstin Finke hin und her. „Der Kottmann war nicht der einzige Nazi hier?"

Auch Lenz hatte Mühe, das Gehörte richtig einzuordnen. „Und warum haben die sich ausgerechnet hier bei Ihnen versammelt?"

„Die Zeit in Wewelsburg war für alle die schönste Zeit ihres Lebens. Nach dem Krieg ..."

„Sie meinen, nach dem Dritten Reich", fiel ihr Gina Gladow ins Wort. „Das sollte man nicht in einen Topf werfen."

„Nach dem Dritten Reich", fuhr die Residenz-Leiterin fort, „waren sie in ganz Deutschland verstreut, hatten dort ihre Familien und ihre Berufe. Aber jetzt, im Alter, sind sie alle allein. Und da zieht es sie eben wieder in die Nähe des Ortes zurück, an dem sie sich so wohlgefühlt haben. Hier bei uns haben sie sich wiedergetroffen. In dieser Gemeinschaft fühlen sie sich zu Hause."

„Und das lassen Sie sich auch besonders bezahlen." Gina Gladows Tonfall ließ offen, ob das eine Feststellung oder ein Vorwurf war.

„Die alten Leute können es sich leisten. Und diejenigen, die selbst nicht so viel Geld haben, werden aus einem Fond unterstützt."

„Ein Fond für Altnazis? Das wird ja immer schöner!" Gina Gladow schüttelte angewidert den Kopf. „Und da regen Sie sich über Nutten und Zuhälter auf."

„Warum vertrauen die alten Leute nur Wolfgang?" Lenz bemühte sich im Gegensatz zu seiner jungen Kollegin um Ruhe und Beschwichtigung.

„Weil er ihre Vergangenheit nicht verurteilt, sondern ..."

„Sondern?", kam es lauernd von Gina Gladow.

„Na ja, er bewundert die alten Leute und begegnet ihnen mit Respekt."

„Ein Neonazi?", spuckte die junge Kriminalbeamtin förmlich aus.

„So würde ich ihn nicht bezeichnen. Er hat ... na ja ... eher konservative Ansichten."

„In was für einem Sumpf sind wir hier eigentlich gelandet? Altnazis, ein Fond für Alte Kameraden und ein Neonazi als Pfleger." Gina Gladow schüttelte heftig den Kopf. „Ich könnte kotzen!"

Lenz konnte ihre Reaktion nachvollziehen. Gleichzeitig tat ihm Kerstin Finke leid, die wie ein begossener Pudel in ihrem Sessel hockte. „Wir möchten dann bitte noch das Zimmer von Frau Gerken sehen", sagte er.

„Das geht nicht", entgegnete sie. „Das Zimmer ist schon wieder belegt. Da ist nichts mehr so wie bei Frau Gerken. Unsere Bewohner bringen ihre eigenen Möbel mit, verstehen Sie?"

Wolfgang kam wieder aus dem Beratungsraum der alten Leute und stellte sich neben Gina Gladow, die augenblicklich einen großen Schritt von ihm weg machte.

„Sind die Zimmer alle gleich aufgebaut?", setzte Lenz seine Befragung fort.

„In Trakt B ja", antwortete die Residenz-Leiterin.

„Haben Sie selbst Frau Gerken aufgefunden?"

„Nein, Wolfgang hatte Dienst und war dafür zuständig, die Bewohner in diesem Trakt bei ihrer Morgentoilette zu unterstützen."

Lenz wandte sich dem Pfleger zu. „Beschreiben Sie uns bitte, wie Sie Frau Gerken aufgefunden haben."

„Na ja, sie lag ganz normal im Bett, als ich hereinkam. Ich dachte zuerst, sie würde noch schlafen, auch wenn das ungewöhnlich war. In diesem Trakt sind fast alle Bewohner Frühaufsteher. Ich habe versucht, sie zu wecken, und dabei festgestellt, dass sie nicht mehr lebte."

„Was heißt ‚ganz normal'? Lag sie auf dem Rücken oder auf der Seite?"

„Auf dem Rücken."

„Und die Hände?"

„Die hatte sie auf der Bettdecke … wie sagt man? … verschränkt." Wolfgang legte seine Hände wie zum Gebet zusammen und zeigte sie Lenz.

„Hm. Haben Sie noch selbst etwas unternommen oder gleich Frau Finke informiert?"

„Ich habe den Notknopf betätigt und der Stationsleiterin gesagt, sie soll sofort die Notärztin alarmieren. Die kam dann auch kurz darauf und hat den Tod festgestellt."

„Können Sie sich sonst an irgendetwas Ungewöhnliches erinnern?"

„Nein, wie gesagt: Alles war wie immer."

„Lag vielleicht etwas auf dem Nachttischchen? Oder auf dem Boden?"

Wolfgang dachte einen Moment nach. „Da waren nur Frau Gerkens Herztabletten auf dem Nachttischchen und ein halb ausgetrunkenes Glas Wasser, sonst nichts."

„Frau Gerken hatte doch Herzprobleme?"

„Na ja, das haben doch die meisten in dem Alter. Wahrscheinlich war einfach die Tanzveranstaltung am Abend vorher zu viel für sie. Aber dazu kann Ihnen Frau Dr. Reuther Näheres sagen."

„Wie kommt Herr Merschhaus auf die Idee, dass es sich um einen nicht natürlichen Tod gehandelt hat?"

„Keine Ahnung. Es ist eben einfach schwer, zu sehen, wie in diesem Alter ein Weggefährte nach dem anderen stirbt. Wenn da irgendetwas faul gewesen wäre, hätte Frau Dr. Reuther das gemerkt."

„Danke", schloss Lenz die Befragung. „Sie können jetzt gehen."

Gina Gladow hatte die ganze Zeit über wie unbeteiligt danebengestanden. Nun blickte sie Lenz herausfordernd an.

„Ich denke, wir kommen hier jetzt nicht weiter", sagte der und wandte sich Kerstin Finke zu. „Die Kollegen von der Spurensicherung werden sich heute noch Herrn Kottmanns Zimmer ansehen. Sorgen Sie bitte dafür, dass niemand es bis dahin betritt. Sobald der DNA-Abgleich gemacht wurde und wir Klarheit haben, melde ich mich bei Ihnen." Er reichte ihr noch einmal die Hand und nickte ihr freundlich zu. Dann folgte er seiner Kollegin, die schon die Treppe hinablief, ohne sich von der Leiterin zu verabschieden.

Unten in der Halle winkte Gina Gladow Mario lächelnd zu.

„Bis bald?", rief der Marley-Darsteller hinter ihnen her.

„Vielleicht!" Die Kommissarin lachte.

Als Lenz auf dem Beifahrersitz Platz nahm und sie sich hinter das Steuer schwang, sagte der Hauptkommissar grimmig: „So etwas will ich nicht noch einmal erleben!“

„Was genau meinen Sie?“, hakte die Kommissarin unbeeindruckt nach, startete den Motor und wendete den Wagen routiniert in einem einzigen Anlauf.

„Dass Sie so mit Zeugen umgehen, wie Sie das mit Frau Finke gemacht haben.“

„Die hat Ihnen gefallen, was?“

„Jetzt werden Sie nicht auch noch unverschämt! Frau Finke ist für die Bewohner der Senioren-Residenz verantwortlich. Da ist es ja wohl ganz normal, dass sie Schuldgefühle entwickelt, wenn einer mir nichts, dir nichts verschwindet und drei Tage später ermordet aufgefunden wird.“

„Von Schuldgefühlen habe ich bei der Dame nichts bemerkt“, widersprach Gina Gladow. „Obwohl die ja wirklich angebracht wären. Im Übrigen muss man schon verdammt abgebrüht sein, wenn man alte Nazis beherbergt.“

„Nein, als Leiterin eines Altersheimes muss man sehen, dass man die Kosten deckt. Da sind alle zahlungskräftigen Kunden ein Segen. Und was die Alten angeht: Wenn die sich etwas hätten zuschulden kommen lassen, wären sie nach 1945 verurteilt worden.“

Nun lachte Gina Gladow laut auf. „Wo leben Sie eigentlich? Glauben Sie etwa auch noch an den Klapperstorch? Von denen ist doch kaum einer vor Gericht gekommen. Und wenn doch, dann wurden die Verfahren verschleppt. Die gesamte Justiz und selbst die Adenauer-Regierung waren braun verseucht. Die alten Kameraden haben schon dafür gesorgt, dass keinem von ihnen etwas passiert.“ Sie schüttelte den Kopf und schnaufte grimmig. „Das ist ja selbst heute noch nicht anders. Sehen Sie sich doch die Prozesse der letzten Jahre an. Welcher der alten Verbrecher wird denn noch nennenswert verurteilt? Sogar Neonazis können jahrelang ungehindert und gedeckt durch unsere Verfassungsschutzorgane morden. Und wenn sie dann vor Gericht stehen, wie Beate Zschäpe, dauert so ein Prozess Jahre, weil der Rechtsstaat den Tätern die Füße leckt. Wir machen uns doch lächerlich!“

„Was vor Gericht passiert, liegt nicht in unserer Verantwortung“, sagte Lenz so gleichmütig wie möglich. „Wir sind für die Strafverfolgung zuständig. Und Frau Finke hat sich nichts zuschulden kommen lassen. Deshalb ein für alle Mal: So einen Auftritt wie heute erlauben Sie sich nicht noch einmal. Habe ich mich da klar ausgedrückt?“

„Glasklar, Chef.“ Gina Gladow grinste ihn spöttisch von der Seite an. „Von jetzt an kusche ich und mache Männchen, wenn Sie den Raum betreten.“

Lenz hatte Mühe, nicht laut zu werden, als er sich ihr nun ganz zuwandte. „Sie behandeln Ihre Vorgesetzten ab sofort respektvoll und akzeptieren die dienstliche Hierarchie. Sonst werde ich persönlich dafür sorgen, dass Ihre

Karriere bei der Kriminalpolizei ein schnelles Ende findet. Und das täte mir aufrichtig leid, denn Sie scheinen im Grunde eine sehr gute Polizistin zu sein."

Gina Gladow starrte von nun an stur geradeaus, während Lenz aus seinem Seitenfenster blickte und die Landschaft an sich vorbeiziehen ließ, ohne wirklich etwas wahrzunehmen. Er brauchte Zeit, bis seine Wut verraucht war. Was war nur mit ihm los, dass er sich derart aus der Reserve locken ließ?

Die letzte Szene in der Empfangshalle der Senioren-Residenz drängte sich wieder in sein Gedächtnis. Marios Grinsefresse tauchte vor ihm auf und er dachte über die unterschiedlichen Reaktionen seiner jungen Kollegin auf ihn während der Hinfahrt und auf Filz-Mario nach. Daraus sollte mal einer schlau werden. Das ließ sich tatsächlich allenfalls durch den Altersunterschied erklären.

„Sie können ruhig laut denken", ätzte Gina Gladow vom Fahrersitz aus. „Ich durchschaue Sie sowieso."

Verfluchte Hexe, dachte Lenz. Statt zu antworten, biss er sich auf die Zunge und für einen Augenblick loderte vor seinem geistigen Auge ein Scheiterhaufen auf. Aber wirklich nur für einen ganz kurzen Augenblick.

9

Fabian Heller
- freier Journalist -
- Recherchen aller Art -

Das Messingschild neben der Tür des Mehrfamilienhauses im Pählenweg im Hammer Stadtteil Westtünnen war halb von einem weiß-grünen Pläddersschiss verdeckt. Bevor Heller die Haustür aufschloss, wischte er den Vogeldreck mit einem Papiertaschentuch ab. Er betrat den Hausflur und öffnete seinen Briefkasten. Ein Stapel Briefe und jede Menge Werbung quollen ihm entgegen. Er stöhnte leise auf, sortierte die Hochglanzbroschüren aus, die überwiegend von Discountern stammten, verteilte sie auf die benachbarten Briefkästen und erklomm mit seiner Stofftasche und den Briefen in der Hand die Treppe bis in den dritten Stock.

Bereits auf halber Höhe roch er das muffige Wischwasser und als er die letzte Biegung genommen hatte, kroch seine Etagennachbarin ihm auf den Knien rückwärts die Treppe herab entgegen. Es würde nichts nützen, sie darauf hinzuweisen, dass dies eigentlich seine Wisch-Woche war. Sie wusste das ganz genau und dies war ihre Art, ihn auf seine Pflichtvergessenheit aufmerksam zu machen. Heller hatte den Eindruck, dass sie ihm hinter ihren Fenstern auflauerte und immer genau in dem Moment zu wischen begann, in dem er das Haus betrat. Wie üblich beantwortete sie seinen Gruß auch heute nur mit einem vorwurfsvollen Schweigen und leidend zusammengekniffenen Lippen. Die Frau war noch keine Dreißig und schon verbiestert wie eine alte Jungfer. So hat jeder seine eigene Art, sich selbst und anderen das Leben zu vermiesen.

In der Küche warf er die Briefe auf den Tisch und stellte die Stofftasche auf einen Stuhl. Dann holte er sich eine Flasche Bier aus dem Kühlschrank, öffnete sie und ließ Flaschenöffner und Kronkorken achtlos auf der Arbeitsplatte zurück. Während er die Flasche mit einem langen Zug halb leerte, schlurfte er durch den kleinen Flur hinüber in sein Büro und ließ sich auf den Drehstuhl fallen. Das rote Lämpchen des Anrufbeantworters auf dem Schreibtisch blinkte. Statt die entgangenen Anrufe sofort abzurufen, erhob er sich unruhig wieder, trat an das Fenster in der Dachgaube und blickte hinaus über die Weiden auf den Hüls, dem kleinen Wäldchen ein paar hundert Meter entfernt. Ein Turmfalke stand rüttelnd in der dunstigen Luft über dem matten Grün. Plötzlich flog er ein paar Meter weiter und nahm dort erneut seinen Beobachtungsposten ein. Die blattlosen Baumkronen drüben am Wald wiegten sich leicht im Wind. Darüber kündigte sich in den Wolkenschlieren im Übergang von Gelb nach Orange die Dunkelheit an.

Fabian Heller fühlte sich wie ausgelöscht. Langsam leerte er die Bierflasche und sah zu, wie der Falke, der offenbar aus seiner schwindelerregenden Höhe eine Maus da unten im Gras entdeckt hatte, sich pfeilschnell in die Tiefe stürzte. Triumphierend sicherte das Tier seine Umgebung, bevor es mit schnellen Stößen auf die Beute zwischen seinen Fängen einzuhacken begann.

Heller ließ die leere Bierflasche auf dem Fensterbrett stehen, auf dem bereits drei andere standen, und wandte sich erneut seinem Schreibtisch zu. Er betätigte mehr aus Pflichtgefühl als aus einem inneren Antrieb heraus die Abruftaste des Anrufbeantworters, die hektisch blinkte.

Hartmut Brenner, der Chefredakteur des Westfälischen Anzeigers, hatte erstmals am Mittag und dann in immer kürzeren Abständen den ganzen Nachmittag über versucht, ihn zu erreichen. Von Anruf zu Anruf wurde die Stimme ungeduldiger und die für ihn charakteristischen Flüche nahmen zu. Brenner war wohl der größte Proll, dem Heller jemals begegnet war.

Zum letzten Mal hatte der Chefredakteur es um 19 Uhr versucht: „Verdammt, Heller, wo steckst du denn? Kannst du nicht einmal dein Handy mitnehmen, verflucht noch mal? Wir warten hier auf deinen Bericht vom Prozess. Wenn du dich bis morgen Mittag nicht meldest, rufe ich Rogalski an. Dann kannst du dir den Auftrag in den Arsch schieben, verlass dich drauf. Immer so ein Affentheater mit dir! Scheiße, Mann!"

Heller musste grinsen, als er sich vorstellte, wie Brenner als Rumpelstilzchen um seinen Schreibtisch herumgesprungen und immer wütender geworden war. Allein um das jeden Tag sehen zu können, hätte er gerne eine

Festanstellung bei der Zeitung gehabt. Nebenbei wäre er dann endlich abgesichert gewesen. Aber heutzutage konnte man froh sein, wenn man hin und wieder als freier Mitarbeiter einen Auftrag über den Zaun geworfen bekam. Er griff zum Telefonhörer und wählte die Nummer der Redaktion.

„Na endlich", schnauzte Brenner. Offensichtlich hatte er Hellers Telefonnummer auf dem Display erkannt. „Wo steckst du denn den ganzen Tag? Ich sitze hier auf heißen Kohlen, während der Herr sich fröhlich irgendwo die Eier schaukelt. Demnächst wird das Nazischwein in Detmold verurteilt und wir kriegen das nicht mit. Scheiße, Mann!"

Heller ignorierte die Pöbelei, weil Widerspruch bei Brenner eh zu nichts geführt hätte. Stattdessen erinnerte er den Chefredakteur daran, dass heute der erste Prozesstag gewesen war, von Urteil also weit und breit noch keine Spur. Dann berichtete er kurz von den Ereignissen im Gerichtssaal, die nach der ersten Zeugenaussage ein jähes Ende gefunden hatten, da die für den Angeklagten zumutbare Zeit abgelaufen war.

„Na bitte, da hattest du ja Zeit genug, den Bericht zu schreiben."

Heller überlegte, ob er von seinem Besuch im Haus seiner Mutter erzählen sollte, aber das hätte Brenner nicht verstanden. „Ich bin da noch einer anderen Sache nachgegangen", flunkerte er stattdessen. „Heute Morgen hat eine alte Holocaust-Leugnerin versucht, in den Sitzungssaal zu kommen. Eine junge Aktivistin hat das verhindert. Tolle Geschichte, sagt viel über das Umfeld aus, in dem der Prozess stattfindet."

„Und das hat den ganzen Nachmittag gedauert, oder was?"

„Jedenfalls habe ich jetzt etwas, das die anderen Zeitungen so nicht bringen werden."

„Na ja, abwarten, ob das was taugt. Wann habe ich es in meinem Postfach?"

„Gib mir eine Stunde."

Brenner schnaufte ungehalten. „Was ist mit Bildern? Ich hoffe, du hast Fotos von Hanning gemacht."

Mist, dachte Heller, jetzt hatte Brenner ihn an der Gurgel. „Nein, keine Fotos", gab er betreten zu.

„Wie bitte? Keine Fotos? Verfluchte Scheiße, Heller, ich will, dass das Grauen ein Gesicht bekommt. Eine Fresse, in die man reinschlagen möchte, wenn man deinen Bericht liest."

„Das funktioniert aber nicht. Du hättest den Alten sehen sollen. Typ lieber Opa. Wenn unsere Leser den sehen, bekommen sie am Ende noch Mitleid mit dem Dreckskerl. Da ist es besser, man zeigt seine Visage erst gar nicht."

Einen Moment blieb es still am anderen Ende. Heller konnte nicht entscheiden, ob Brenner seine Argumente langsam verarbeitete, oder ob er einfach nur sprachlos war über so viel Unverfrorenheit.

„Also gut, ich lasse dir das ausnahmsweise durchgehen", kam es unerwartet zurück. „Aber dann will ich demnächst Fotos von den Opfern. Wenn wir schon keine Wut gegen den Täter erzeugen können, will ich bei unseren Lesern wenigstens Mitleid mit den Opfern. Leser, die nichts fühlen, wenn sie unser Blatt lesen, laufen uns weg zur Blöd-Zeitung. Und das kannst ja wohl selbst du nicht verantworten."

Was heißt hier ‚selbst ich nicht', wollte Heller schon fragen, aber dann entschied er sich dagegen. Manchmal war Schweigen besser, vor allem im Umgang mit Cholerikern wie Brenner. Sollte der Idiot doch glauben, dass er das letzte Wort behielt.

„Ich mache mich dann mal an die Arbeit", sagte er stattdessen und bemühte sich um einen reuigen Tonfall.

„Moment. Verflucht, jetzt hätte ich das Wichtigste fast vergessen", beeilte sich Brenner. „Scheiße, Mann, ich werde alt. Also, pass auf: Du bist ja sowieso ständig auf dem Weg nach Ostwestfalen. Da gibt es so ein Kaff in der Nähe von Paderborn, das heißt Wewelsburg. Sagt dir das was?"

Irgendwas klingelte da bei Heller. Er kramte in seinen Gehirnwindungen, bis schließlich ein Schild an einer Autobahnabfahrt auf der A 33 zwischen Paderborn und dem Kreuz Wünnenberg-Haaren in seiner Erinnerung auftauchte. „Deutschlands einzige Dreiecksburg", rezitierte er, als müsse das jeder wissen, weil man es in der Schule eingebimst bekam – so wie ‚Drei drei drei, bei Issos Keilerei' oder ‚tensixtysix, William the Conquerer conquers England'.

„Genau. Himmlers Burg", verkündete Brenner. „Und die steht, wenn man den Annalen glauben will, auf nicht weniger als dem Mittelpunkt der Welt. Genau da ist letzte Nacht ein alter Knacker über die Wupper gegangen – beziehungsweise über die Alme, die da fließt."

„Momentchen. In einem Kaff in Ostwestfalen stirbt ein alter Mann, richtig? Kannst du mir mal verraten, was daran so besonders ist? Wenn das schon eine Meldung wert ist, brauche ich Hamm nicht zu verlassen; hier stirbt jeden Tag irgendjemand an Altersschwäche."

„Da hättest du recht", ging Brenner scheinbar auf das Argument ein, „wenn der Alte einfach so entschlafen wäre."

„Ist er aber nicht?"

„Ist er aber nicht. Der wurde von einem Felsen erschlagen. Soll kein schöner Anblick gewesen sein." Brenner lachte leise meckernd.

„Ich verstehe immer noch nicht", wandte Heller ein. „Auch das soll auf Butterfahrten und Seniorenausflügen gelegentlich vorkommen. Sind ja nicht mehr ganz so rüstig, die alten Leute, und klettern überall rum, wo sie nicht sollen. Da kommt dann schon mal ein Steinchen ins Rutschen. Und wenn du dann ungünstig stehst …"

„Jetzt warte doch erst mal ab, Mann!", wurde Brenner ungehalten. „Der Alte hatte in dem Kaff gar nichts zu suchen. Der war auf keiner Butterfahrt, sondern er ist drei Tage vorher mit seinen über neunzig Jahren aus einem Altersheim im Nachbarort Büren verschwunden. Das liegt immerhin 10 Kilometer entfernt."

„Bisschen weit mit dem Rollator", gab Heller zu. „Erklärt aber, warum er drei Tage gebraucht hat."

„Quatsch! Meine Spione bei der Kripo in Paderborn haben mir zugeflüstert, dass der Alte vor seinem Tod gefoltert worden ist. Der Felsen soll auch nicht irgendwo auf morsche Knochen geprallt sein, sondern seine Rübe zermalmt haben. Regelrecht zermatscht hat es den. Und ordentlich ausgepeitscht worden soll er vorher auch noch sein." Brenner lachte dreckig. Für Heller wurde nicht ersichtlich, was daran so lustig war.

Er pfiff leise durch die Zähne. „Ich fasse mal zusammen: Der ist nicht einfach nur aus seiner Seniorenresidenz abgehauen, um auf seine alten Tage noch einmal durchs Paderborner Land zu krauchen, bevor der Deckel über ihm zuklappt. Der ist entführt und grausam gemeuchelt worden."

„Na bitte, so langsam scheinst du zu begreifen. Und es kommt noch besser: In letzter Zeit ist die Sterberate in dem Greisengehege in Büren sprunghaft angestiegen. Nachtigall, ick hör dir trapsen! Also, Heller, was ist? Übernimmst du den Job, oder soll ich Rogalski die Kohle zuschieben? Der kriegt dann aber auch den Prozess, damit das mal klar ist. Ich zahle doch nicht zweimal Fahrtkosten und Spesen."

„A pro pos Kohle: Ich bekomme den üblichen Tagessatz – zusätzlich zu der Prozess-Sache."

Heller hatte schon das Gefühl, sein Blatt nun endgültig überreizt zu haben und die Story los zu sein, als Brenner zu seinem Erstaunen antwortete: „Kriegst du, Alter, kriegst du. Aber dafür will ich auch etwas haben. Reicher mir die knochige Brühe mit reichlich Fleisch an. Du weißt schon, was ich brauche. Ich verlasse mich da auf deinen Riecher; lang genug ist der ja. Und diesmal will ich Fotos haben – je unappetitlicher, desto besser. Miete dich in Wewelsburg ein, schnupper Dorfluft. Mach ein paar Tage Urlaub am Mittelpunkt der Welt auf meine Kosten. So kommst du wenigstens mal raus aus deiner Muffbude und hast es bis Detmold nicht immer so weit."

Heller überlegte kurz. So ganz spektakulär hörte sich das ja nicht an. Irgendwer hatte sich einen Spaß daraus gemacht, einen alten Mann ein bisschen zu piesacken. Genug Bekloppte liefen ja heute überall rum. Und wer weiß, vielleicht hatte der Mörder ja auch allen Grund dazu gehabt, weil der Alte ein Stinkstiefel gewesen war. Und dass in Altersheimen gelegentlich Abgänge zu verzeichnen waren, noch dazu im Winter, wenn die Fluktuation in der Gesellschaft allgemein besonders hoch war, schien auch nicht außergewöhnlich. Außerdem stand das Thema Tod momentan bei Heller nicht hoch im Kurs.

Andererseits: Was hielt ihn davon ab, Brenners ungewöhnliche Großzügigkeit auszunutzen und die zusätzliche Kohle abzugreifen? Sonderlich kompliziert konnte der Fall ja nicht sein. Und so schnell würde er eine solche Gelegenheit nicht wieder bekommen. Ein paar Tage an der frischen Luft auf dem Lande, umgeben von Burgruinen und Kühen - das würde ihn auf andere Gedanken bringen. Wenn da nicht dieses Misstrauen gewesen wäre, denn Brenner hatte noch nie etwas verschenkt.

„Was ist los, Heller? Lebst du noch?“, riss die ungeduldige Stimme des Chefredakteurs ihn aus seinen Gedanken. „Oder bist du eingeschlafen, verdammt noch mal? - Ich fasse es nicht: Da biete ich dem Kerl eine echte Chance und der pennt einfach weg!“

Heller musste grinsen. Er kannte Brenner inzwischen zu gut, um ihm diese Theatralik abzunehmen. „Also gut, ich mach´s. Mail mir alles, was du hast. Morgen fahre ich los und suche mir ein Zimmer in dem Kaff.“

„Guter Junge. Und in einer Stunde habe ich deinen Bericht auf dem Schirm, sonst war das der letzte Auftrag, den ich dir zugeschoben habe. Scheiße, Mann!“

Bevor Heller darauf antworten konnte, hatte Brenner das Gespräch beendet. Nachdenklich legte er den Hörer ab. Wenn Brenner so wenig fluchte wie in diesem Gespräch, musste man vorsichtig sein. Dann lag der Verdacht nahe, dass er etwas von einem wollte und noch einiges in petto hatte.

Er trat wieder an das Fenster und blickte hinaus. Die Dämmerung war dabei, den Wald zu verschlucken. Die Bäume hatten deutlich an Kontur verloren. Auch von dem Turmfalken war nichts mehr zu sehen. Dunst lag wabernd über der Weide und erinnerte an Nebel über dem Moor in den alten Edgar-Wallace-Filmen. Heller fröstelte bei dem Anblick.

Vielleicht war es wirklich ganz gut, sich in einen Auftrag zu stürzen, der ihn nicht immer nur alle paar Tage für ein paar Stunden beschäftigte. Besser, als zu Hause rumzuhängen und Trübsal zu blasen, war das allemal. In Wewelsburg entging er auch seinen Freunden und Verwandten, die ihn seit dem Tod seiner Mutter an den letzten Wochenenden immer fürsorglich belagert hatten. Je mehr er darüber nachdachte, desto besser gefiel ihm die Idee. Er würde niemandem Bescheid geben und einfach abtauchen. Allenfalls eine kurze Meldung auf dem AB, ohne Kontaktadresse. Nur eine Woche Auszeit. Höchstens zwei, falls Brenners Geld so lange ungehindert fließen würde.

Heller schlurfte zum Schreibtisch, schaltete seinen PC ein, atmete tief durch, holte seine Aufzeichnungen heraus und begann den Bericht über den Prozessauftakt in Detmold mit der Schilderung der nordrhein-westfälischen Kavallerie.

Oranienburg, 24. Oktober 1939

Geliebtes Muttchen!

Ich sende Dir herzliche Grüße aus dem KZ Sachsenhausen. Jetzt bin ich schon wieder fünf Wochen fern von Dir und den Kindern und so sehr im Lagertrott, als hätte es den Heimaturlaub gar nicht gegeben.

Das Wetter ist hier nun sehr herbstlich, feucht und kalt und das ist wahrlich kein Vergnügen bei der Arbeit im Freien. Ich muß zum Glück erst in der kommenden Woche wieder mit hinaus in die Kälte und den Regen. Den Häftlingen macht das nichts, die sind das gewohnt und fühlen auch nicht so wie wir. Zu bedauern sind allerdings die Kameraden, die jetzt Urlaub haben bei dem schlechten Wetter.

Am Freitag hatten wir einige Aufregung im Lager, denn in der Ziegelei war ein Mann verschwunden. Ich habe ihn von 2000 Häftlingen suchen lassen. Und was soll ich sagen? Der Aufwand hat sich gelohnt. Ich habe ihn gefunden. Er hatte sich unter einer Maschine eingegraben, um später zu entkommen. Ich habe kurzen Prozess gemacht und ihn vor den Augen der anderen Häftlinge sofort erschossen, damit niemals wieder einer auf den Gedanken kommt, in meinem Dienst einen Fluchtversuch zu wagen.

Du wirst das nun grausam finden, weil Du eine so feinfühlige Person bist, aber ich muß Dir sagen, daß man die Gefangenen nicht als Menschen betrachten darf. Sie sind Staatsfeinde, mit denen wir uns täglich im Überlebenskampf befinden. Und Du wirst ja nun einsehen, daß wir den gewinnen müssen, nicht wahr? Außerdem hätte es sicher Nachteile für mich zur Folge, wenn bei meiner Wache jemand verschwinden würde. Da heißt es: hart sein gegen sich und die Feinde des Reiches!

Aber das ist noch nicht alles an Neuigkeiten! Ich werde nämlich am Montag, den 11. Dezember, nach Ostwestfalen abkommandiert. Mein hartes Vorgehen und meine Unnachgiebigkeit gegenüber dem Häftlingsabschaum hier in Sachsenhausen hat sich endlich ausgezahlt und der Reichsführer ist auf mich aufmerksam geworden.

Ich werde als Wachsturmführer mit 35 Kameraden und 85 Häftlingen im Auftrag Heinrich Himmlers nach Wewelsburg gehen. Der Reichsführer besitzt dort eine Ordensburg, die in sehr schlechtem Zustand ist und die wir ausbauen sollen. Das ist natürlich eine große Ehre für mich und Du darfst recht stolz sein auf deinen Vati, daß der Reichsführer ihm eine solche Aufgabe überträgt.

Außerdem verkehren auf der Burg die höchsten Würdenträger der SS und ich werde ihnen zumindest hin und wieder begegnen.

Sturmführer entspricht dem Leutnant bei den kämpfenden Truppen. Wenn ich bedenke, daß ich bei der Wehrmacht nicht einmal Unteroffizier war, bin ich doch froh, zur SS gegangen zu sein, denn hier habe ich schon den höchsten Unteroffiziersdienstgrad erreicht und werde nun sogar Offizier. Da siehst Du einmal, wie wichtig mein Dienst im KZ ist, daß er so belohnt wird.

Aber nun etwas anderes: Was wünschen sich die Kinder und mein Muttchen denn vom Weihnachtsmann? Noch bin ich in Oranienburg und kann mich darum kümmern, sofern es nichts ist, wofür ich Bezugsscheine brauche. Wer weiß, ob es in Wewelsburg das zu kaufen gibt, was Ihr Euch wünscht.

An Weihnachten bekomme ich Heimaturlaub. Ich kann es gar nicht erwarten, Dich, mein Hausmütterchen, und die Kinder wieder in die Arme zu schließen. Natürlich muß es zum Weihnachtsmahl Karpfen geben! Weihnachten ohne Karpfen ist doch nichts. Ich bringe schon seit Längerem kleine Portionen Butter beiseite und werde bis zum Urlaub sicherlich ein halbes Pfund beisammenhaben. Kaufen kann man Butter hier schon länger nicht mehr und auch andere Lebensmittel sind streng rationiert. Und Grünkohl mit Bratkartoffeln mußt Du mir einmal kochen, wenn ich zu Hause bin.

Nun, liebe zukünftige Frau Sturmführerin, muß ich mich wieder auf die Bewachung der Staatsfeinde konzentrieren.

Also, Muttchen, behalte deinen Vati recht lieb! Es grüßt und küßt Dich

Dein Dir immer treuer Vati!

10

Im Besprechungszimmer herrschte abwartendes Schweigen, als Stefan Lenz eintrat. Schröder hatte vorsorglich seitlich am Tisch Platz genommen, gegenüber von Gina Gladow, und stierte auf den unbeschriebenen Notizblock, der vor ihm lag. KK Henke klopfte mit dem Bleistiftrücken im Takt auf die Tischplatte und die Oberkommissare Jakobsmeier und Steinkämper wechselten gelangweilte Blicke.

„So, Kollegen." Lenz setzte sich ans Kopfende des Tisches. „Dann lasst uns zügig anfangen, damit wir alle in den Feierabend kommen. Frau Gladow, setzen Sie das Team bitte über unseren Besuch in Büren ins Bild."

Erstaunt blickte die Kriminalkommissarin ihn an, begann aber dann mit einem flüssigen Vortrag. Lenz war beeindruckt von der Sicherheit, mit der sie ihren Bericht so ganz ohne Vorbereitung strukturierte. Als sie die Lebenshintergründe Anton Kottmanns und der anderen alten Leute in Trakt B referierte, erntete sie ungläubiges Gemurmel aus der Runde. Ihre Beschreibung des Pflegers Wolfgang, von dem Lenz nun erstmalig erfuhr, dass er mit Nachnamen Kaup hieß und in Niederntudorf wohnte, rief schließlich allgemeines Kopfschütteln hervor.

KOK Jakobsmeier urteilte: „Das darf doch nicht wahr sein. Was ist denn das für ein brauner Sumpf?"

„Genau das müssen wir klären", stimmte Lenz zu. „Ich glaube zwar noch nicht daran, dass wir es wirklich mit einem Serientäter zu tun haben, aber die Todesumstände des Opfers Kottmann könnten ja durchaus im Zusammenhang mit seiner früheren Lagertätigkeit stehen. Der Auffindeort der Leiche spricht jedenfalls dafür."

Gina Gladow legte das Fotoalbum, das sie mitgenommen hatten, unter ein Projektionsgerät, blätterte es langsam durch und warf die Bilder so nacheinander auf das Smartboard.

„Kann jemand von Ihnen etwas mit den Motiven anfangen?", erkundigte sich Lenz.

„Das müsste der Wewelsburger Steinbruch sein, in dem die Häftlinge schuften mussten", antwortete KOK Jakobsmeier.

„Dass man so etwas in einem privaten Album aufbewahrt", zeigte sich Steinkämper verständnislos. „Ob der Alte die Fotos damals selbst geschossen hat? Wie Urlaubsfotos oder so? Blättert man das Album dann mit den alten Kameraden durch und erfreut sich an den schönen Erinnerungen, oder was?"

„Offensichtlich", antwortete Lenz. „Wir haben das Album jedenfalls im Nachtschränkchen des alten Mannes gefunden."

„Vielleicht ist das die Parallele zu dem Felsbrocken, mit dem der Alte erschlagen wurde", überlegte Jakobsmeier. „Auch die Peitschenhiebe passen in das Bild. Und wenn die Nazi-Täter so alt werden, gilt das auch für die Überlebenden unter ihren Opfern. Vielleicht übt einer von denen nun Rache." Auf das skeptische Gemurmel seiner Kollegen hin ergänzte er: „Na ja, es muss ja keiner der Alten selbst sein. Vielleicht ist es ein Nachfahre eines Opfers."

„Sehr guter Ansatz, Kollege", lobte Lenz. „Verfolgen Sie das bitte weiter. Frau Gladow wird Ihnen im Anschluss die Dokumente des Toten geben, die uns vielleicht weiterhelfen. Und versuchen Sie auch herauszubekommen, welche Funktion die andere Verstorbene aus der Residenz seinerzeit hatte, diese … wie hieß die doch gleich?" Er blickte Gina Gladow hilfesuchend an.

„Elfriede Gerken."

„Richtig. Kollege Schröder, Sie und Herr Steinkämper nehmen alle anderen Bewohner aus Trakt B unter die Lupe. Wir müssen jeder Überraschung in dem Fall vorbeugen. Falls es wirklich kein einzelner Mord gewesen sein sollte, haben wir eine Menge aufzuarbeiten. Außerdem wird der Täter dann möglicherweise weitermachen und ich möchte vorbereitet sein." Schröder verzog keine Miene, während KOK Steinkämper eifrig nickte und sich Notizen machte. „Frau Gladow geht auf die Suche nach überlebenden Opfern, die hier in der Nähe wohnen, und nimmt Kontakt zu der Ärztin auf, die Frau Gerkens Totenschein ausgestellt hat. Ich will alles über die Krankengeschichte und die genauen Todesumstände wissen. Haarklein. Im Zweifel buddeln wir sie wieder aus und obduzieren selber noch einmal. Wir können es uns nicht leisten, dass uns ein paar alte Nazis vorwerfen, wir würden einem Mordverdacht nicht hinreichend nachgehen. Ich will den Fall absolut wasserdicht haben."

„Zu Befehl", erwiderte Gina Gladow und vermied den direkten Blickkontakt.

„Gut, Kollegen." Lenz schlug mit der flachen Hand auf den Tisch. „Morgen ist Samstag, da müssen Sie alle ran. Mordermittlungen kennen zwar eigentlich kein Wochenende, aber den Sonntag gönne ich Ihnen. Am Montag erwarte ich erste Ergebnisse."

„Und was machen Sie in der Zeit?", entwischte es KHK Schröder in angefressenem Tonfall.

„Ich habe noch zwei Tage Urlaub", entgegnete Lenz. „Aber Sie können beruhigt sein. Ich werde die Umgebung des Tatortes mal genau unter die Lupe nehmen. Immerhin bin ich der Einzige hier, der bis heute völlig ahnungslos war, auf was für einem historischen Boden ich in Zukunft tätig werde. Ich habe also einiges aufzuarbeiten." Er schob seinen Stuhl zurück, stemmte sich auf der Tischplatte hoch und blickte unternehmungslustig in die Runde. „Wie sieht´s aus? Sie kennen doch sicher eine nette Kneipe in der Nähe, in der ich Ihnen zum Einstand einen ausgeben kann. Nur auf ein Stündchen."

„Tut mir leid, Chef", sagte KOK Jakobsmeier. „Ich muss nach Hause und auf die Kleine aufpassen. Meine Frau hat heute Mädelsabend. Einmal im Monat zieht sie mit ihren Freundinnen um die Häuser. Der Abend ist ihr heilig."

„Ich kann auch nicht", schloss sich KOK Steinkämper an, ohne das näher zu erläutern.

KHK Schröder murrte: „Auf mich müssen Sie auch verzichten. Hat ja schließlich keiner damit rechnen können, dass Sie hier heute aufkreuzen."

Gina Gladow schwieg, allerdings sah Lenz ihr an, dass ihr in der Situation nicht ganz wohl war. Vielleicht konnte er bei ihr Punkte sammeln, wenn er sie nicht auch noch persönlich ansprach.

„Gut, Kollegen, dann holen wir das ein anderes Mal nach", schloss Lenz so beiläufig wie möglich. „Dann mit etwas mehr Vorlauf. Schönen Feierabend!"

Stühle wurden geschoben, Papier raschelte, Schröder stürmte hinaus, die anderen Kollegen unterhielten sich leise, während sie ebenfalls den Besprechungsraum verließen. Lenz ging zu seinem Vorzimmer, wo Frau Gellert mit einem Headset vor ihrem PC-Bildschirm saß.

Als er eintrat, nahm sie die Kopfhörer ab und blickte ihn lächelnd an. „Sie haben sich Ihren Einstand auch anders vorgestellt, was? Noch bevor Sie richtig da sind, schon das volle Programm."

Lenz winkte ab. „So ist das nun mal in unserem Job. Wenn ich es anders haben wollte, wäre ich zum Finanzamt gegangen. Aber ich fürchte, beliebter wäre ich dann auch nicht."

Frau Gellert lachte.

„Sagen Sie", Lenz bemühte sich um einen angemessen hilflosen Gesichtsausdruck, „Sie haben heute Abend wohl keine Zeit, mir das eine oder andere lohnende Lokal in Paderborn zu zeigen? Ich kenne mich ja noch nicht aus und habe keine Lust, einsam durch die Stadt zu irren."

Wieder lachte Frau Gellert, schüttelte aber den Kopf dabei. „Ich bin sicher, dass Sie sich auch ganz schnell alleine zurechtfinden werden."

Lenz seufzte theatralisch und verließ mit hängenden Schultern den Raum.

Die Wohnung in der Kiesau empfing ihn düster und kalt. Lenz warf seine Reisetaschen, in denen sich seine gesamte Kleidung befand, gleich im Flur in eine Ecke und drehte erst einmal eine Runde durch die Räume. Er hatte die Wohnung gemietet, ohne sie sich vorher angesehen zu haben, und so war er einigermaßen erschrocken über die Möblierung in Eiche Brutal, die sich durch alle Zimmer zog. Am schlimmsten war die Schrankwand im Wohnzimmer, die seine Augen neben der kackebraunen Farbe auch noch mit der goldschimmernden Bleiverglasung einer Vitrine traktierte. Übertroffen wurde das allenfalls von der Sitzgarnitur, deren beiger Bezug geradezu stachelig wirkte. Alles im Raum atmete den Verwesungsbrodem der alten Frau, die hier jüngst verstorben war.

Das Schlafzimmer war ähnlich grauenhaft. Lenz ärgerte sich, dass er den Kollegen für den kommenden Tag einen Besuch in Wewelsburg versprochen hatte. Wenn er das alles hier sah, hätte er besser einen Möbelwagen gemietet, den ganzen Schrott abgerissen und zur Müllkippe gebracht und wäre dann direkt zu IKEA gefahren. Es schüttelte ihn, wenn er daran dachte, auch nur eine Nacht in dem Mördertrumm von Ehebett schlafen zu müssen.

Die Küche war erwartungsgemäß klein, aber umfänglich ausgestattet. Das Bad schreckte mit glänzenden dunkelgrün-braun-marmorierten Fliesen ab, aber immerhin gab es in der Badewanne sogar einen Duschvorhang, wenn auch mit lila Blütenmuster. Der würde sich schnell auswechseln lassen. Und dann gab es noch ein kleines Zimmer mit Fenster zur Straße, in dem Lenz einen alten Sekretär vorfand. Dieses Möbelstück würde er, abgesehen von der Küche, wohl als einziges behalten.

Lenz trat an das beschlagene Fenster, drehte den Heizkörper darunter auf und blickte hinunter auf die Straße. Die Wohnung befand sich im zweiten Stock. Nebenan lag das Deutsche Haus, ein Restaurant der gutbürgerlichen Art. Daneben befanden sich Studentenkneipen. Direkt gegenüber lag der Lockvogel, eine Art Bistro, das von hier aus so modern wie gemütlich wirkte. Etwas weiter die Straße hinauf, das hatte Lenz beim Einparken gesehen, gab es ein Paderborner Brauhaus mit angrenzendem Biergarten. Die vielfältige Gastronomie in direkter Nähe und die zentrale Lage am Pader-Quell-Gebiet, nur fünf Minuten Fußweg von der Innenstadt entfernt, waren durchaus geeignet, ihn zumindest vorübergehend mit dem Umzug nach Paderborn zu versöhnen.

Lenz gab sich einen Ruck. Was sollte er den Abend in der Tristesse seiner Wohnung verbringen, wenn da draußen das Leben tobte? Er stieß sich von der Fensterbank ab und verließ seine Eichegruft, um das Brauhaus einer intensiven ersten Recherche zu unterziehen.

Stade, den 30. Oktober 1939

Mein lieber stolzer Offizier!

Nun liegt wieder ein lieber Brief von Dir vor mir auf dem Tisch, den ich gleich beantworten will.

Was habe ich mich über Deine Beförderung gefreut! Ich habe gleich den Kindern davon erzählt, dass der Vati nun Sturmführer ist und sogar den Reichsführer persönlich kennt, und da ist der Anton durch die Stube marschiert und war auch Sturmführer. Der Junge vermisst Dich ganz besonders.

Was Du von dem Fluchtversuch geschrieben hast, hat mich schon erschreckt, aber Ihr habt den Verbrecher ja zum Glück wieder eingefangen. Und wenn Du Dir Sorgen darüber machst, was ich über die Härte denke, die Du ihm angedeihen lassen hast, so unterschätzt Du Dein Mütterchen aber gewaltig. Es ist nur gut, daß Du ihn gleich erschossen hast. Das hat er nicht besser verdient und wird den anderen Häftlingen eine Lehre sein. Nicht auszudenken, wenn jeder einfach so ausbrechen und im Volk sein Unwesen treiben könnte!

Ich stelle mir vor, dass Dein Dienst hart ist mit all den Verbrechern, die Du dort bewachen mußt. Laß ihnen die nationalsozialistische Erziehung nur recht deutlich angedeihen.

Als ich dem Anton von Deiner Versetzung nach Ostwestfalen erzählt habe, hat er gleich mit dem Baukasten Vatis Wewelsburg nachgebaut. Und dann hat er mit dem Lastwagen und den Soldaten KZ gespielt und gar viele Gefangene auf der Flucht erschossen. Der Junge ist mir eine rechte Freude und erinnert mich immer sehr an Dich. Nun steht es für ihn fest, daß auch er zur SS will.

Mein lieber Vati, nun steht auch bald der Winter vor der Tür, bei Dir in Oranienburg wohl sicher eher als hier bei uns im hohen Norden. Zieh Dich nur immer warm an, wenn Du nach draußen zur Arbeit gehst. Hast Du auch genügend warme Unterwäsche, soll ich Dir etwas schicken?

Nun haben wir gerade einmal zwei Monate Krieg und schon wird bei uns an der Heimatfront die Versorgungslage immer schlimmer. Im Moment ist die Butter knapp und es gibt keine Seife mehr zu kaufen. Nur die Frauen mit Säuglingen bekommen noch welche. Im ‚Völkischen Beobachter' hat aber gestanden, daß es bald eine Einheitsseife geben soll. Der Führer hat das Problem erkannt und angeordnet, daß Abhilfe geschaffen wird. Da siehst Du es: Er will ein reinliches Volk haben, nicht nur im Blut, auch äußerlich.

Sag mal, lieber Vati, warum bekommt Ihr im KZ eigentlich nur 50 Pfennige pro Tage für die Verpflegung? An der Front haben sie eine Mark. Da bleibt was übrig, das sie nach Hause schicken können. Das ist doch ungerecht, wo doch Dein Dienst so wichtig ist, damit uns die Juden und die Politischen nicht in den Rücken fallen wie im Ersten Weltkrieg.

Zum Glück wird das mit Deiner Beförderung nun anders. Ich habe mich erkundigt: Als Offizier bekommst Du 350 Reichsmark Bekleidungsgeld. Musst Du davon nur die Uniform kaufen oder auch die Unterwäsche? Wenn man bedenkt, dass Du dazu täglich 2 Reichsmark ausgezahlt bekommst! Das läppert sich.

Die letzte Woche war auch bei uns sehr ereignisreich. Ich war mit den Kindern bei Oma und Opa. Es gab Kaffee und Kuchen, Obst und Apfelsaft und auch Rumgrog gegen die Kälte. Überhaupt war wieder alles, als wäre gar kein Krieg. Zu Weihnachten wird Opa wieder schlachten und dann kriegen auch wir unseren Teil ab.

Für Gretchen habe ich auf dem Speicher eine alte Puppenküche und einen kleinen Herd gefunden. Das wird sie nun zu Weihnachten bekommen. Nur muss ich es erst noch in Ordnung bringen.

Wenn Du an Weihnachten nach Hause kommst, wirst Du Deine Kinder bestimmt nicht wiedererkennen. Sie haben sich im Wesen so verändert. Anton und Gretchen streiten immerzu. Nur die kleine Marie ist mir eine Freude, der kleine Hosenscheißer. Es wird Zeit, daß auch sie bald stubenrein wird. Aber nein, ich bin ungerecht. Auch Anton und Gretchen können ganz lieb sein, wenn wir am Abend zusammensitzen, vom Weihnachtsmann und vom Vati im KZ erzählen und Weihnachtslieder singen.

Schreib mir, wenn Du etwas brauchst. Und schick ein Telegramm, wenn Du auf Urlaub kommst. Ich hole Dich dann am Zug ab, auch wenn Du in der Nacht eintriffst. Du fehlst uns schon sehr. Möge der Führer dafür sorgen, daß unsere Feinde im Innern und auch außerhalb recht bald bekommen, was sie verdienen, damit wir Frauen unsere Männer zurückbekommen und die Kinder ihre Väter.

So, mein lieber Hausvater, nicht nur die Butter wird knapp, auch Packpapier und Paketband sind kaum noch zu kriegen und selbst das Schreibpapier ist Mangelware und so werde ich Dir von nun ab nicht mehr so lange Briefe schreiben.[1]

Aber eine Frage will ich Dir dann doch noch schnell beantworten: Was soll ich mir wohl vom Weihnachtsmann wünschen, außer daß der Krieg bald aus ist und alle Muttis ihre Vatis wieder zu Hause haben? Sonst weiß ich wirklich nicht, was ich mir wünschen könnte, außer vielleicht 4711 und ein paar Pralinen und vielleicht Parfum und Schüsseln und Töpfe für die Küche.

Die Kinder wünschen sich nur, daß Du zu Weihnachten zu Hause bist.

Ich umarme und küsse Dich in Gedanken!

Auf immer Dein Muttchen!

11

Es gibt Dörfer, in denen die Zeit stillgestanden zu sein scheint. Wewelsburg war ein solches Dorf, das sich nur vordergründig durch Richtungsschilder wie Fernverkehr oder eine Volksbankfiliale aus viel Glas als modernes Städtchen zu tarnen versuchte. Das Umfeld der Burg sprach eine ganz andere Sprache und entlarvte den Verkehr und die modernen Fassaden entlang der beiden Hauptstraßen als Kulisse eines großangelegten Fakes. Angesichts der historischen Gebäude fühlte sich Fabian Heller augenblicklich in die Dreißigerjahre des letzten Jahrhunderts, wenn nicht gar ins Mittelalter zurückversetzt.

---

1 Das Deutsche Reich war zu Kriegsbeginn wirtschaftlich am Ende. Bereits am 25. September 1939 wurden Lebensmittelkarten eingeführt, mit denen die Zuteilung der knappen Nahrungsmittel gesteuert werden sollte. Am 14. November folgte der Verkauf von Kleidung nur noch über Bezugskarten.

Die Burgfassade bestand aus Bruchstein, wie er früher in dieser Region üblich gewesen war, ebenso das ehemalige Kommandantur-Gebäude der SS, in dem sich heute das Kreismuseum befand. Eine gemauerte Brücke mit hüfthoher Balustrade führte vom Vorplatz über den Burggraben, allerdings ohne Wasser. Machte das alte Gemäuer angesichts seiner geringen Größe auf Heller einen eher gemütlichen Eindruck, so wirkte der Innenhof geradezu beengend auf ihn. Der eingekesselte Platz war ohnehin schon sehr schmal und lief dann auch noch vor einem in Relation zur Burggröße mächtigen Rundturm spitz zu, so dass er insgesamt eine dreieckige Form hatte. Über eine kleine Freitreppe gelangte man zur Eingangstür im linken Seitenflügel, neben der das Schild der Jugendherberge an der Mauer hing, die seit Jahrzehnten hier untergebracht war. Zu allem Überfluss befand sich an der stumpfen Seite des Hofes auch noch ein Eingang zum Heimatmuseum.

Unschlüssig blickte Heller sich um. Bei so viel Geschichte wusste man ja gar nicht, wo man anfangen sollte. Außerdem war das definitiv nichts für einen nüchternen Magen. Heller hatte noch nicht gefrühstückt und beschloss, erst einmal auf die Suche nach einer Tasse Kaffee und ein oder zwei belegten Brötchen zu gehen, bevor er sich die Burg ansehen würde. Zudem musste er sich um eine Unterkunft kümmern, bevor hier alles vom Dornröschenschlaf nahtlos ins lethargische Wochenende übergehen würde.

Also ließ er sein Auto auf dem Parkplatz zurück und erkundete zu Fuß die nähere Umgebung. Zwei Straßen weiter stieß er auf einen kleinen Gemischtwarenladen mit Stehtischen, eine Fusion aus Bistro und Tante-Emma-Laden. Bei der jungen Verkäuferin bestellte er zwei Körnerbrötchen mit Käse und einen Cappuccino und bekam auch noch ein freundliches Lächeln gratis dazu.

„Sind Sie wegen der Ausstellung hier?“, fragte die Frau neugierig. „Oder machen Sie Urlaub in Wewelsburg?“ Sie lachte leichthin, als sei Letzteres so undenkbar wie witzig.

„Wie man´s nimmt“, antwortete Heller. „Ich bin Journalist und wegen des Mordes hier.“ Er reichte ihr über die Theke hinweg die Hand. „Fabian Heller.“

„Freut mich. Julia Grote.“ Dann drehte sie sich zu dem Vollautomaten um und schob eine Cappuccino-Tasse unter die Düsen. „Schlimme Sache“, kommentierte sie über ihre Schulter hinweg, während sie den Kaffeeautomaten bediente, der zischend vor sich hin sprotzte, und nickte die volllaufende Tasse an. „Der Mann soll ja ganz furchtbar ausgesehen haben. Überall Blut und Gehirnmasse und so.“ Mit den letzten Worten schob sie die Tasse über die Theke. Dann machte sie sich daran, die Körnerbrötchen aufzuschneiden, mit Lätta zu bestreichen und zu belegen. „Der Mörder soll den Mann ja sogar ausgepeitscht haben.“

„Kannten Sie das Opfer?“ Heller nippte vorsichtig an dem heißen Cappuccino.

„Nein, der war nicht von hier.“

„Er soll früher im Konzentrationslager gearbeitet haben, als Wachmann“, kramte Heller die spärlichen Informationen hervor, die er von Brenner bekommen hatte. Der Chefredakteur war wie immer sehr gut informiert. Heller hatte sich schon oft darüber gewundert, dass er offenbar überall seine Quellen und Informanten hatte und nicht selten mehr wusste als die ermittelnde Polizei. Aber das machte einen guten Journalisten wohl aus und irgendwie musste Brenner ja an seinen Posten gekommen sein.

„Davon, dass er hier Wachmann gewesen sein soll, weiß ich nichts.“

Kam es Heller nur so vor, oder klang das schon wieder etwas verschlossener? „Wo war das Lager denn eigentlich genau?“

„Hinter dem Dorf.“ Julia Grote wedelte mit der Hand ungenau aus dem Laden hinaus. „Davon ist aber heute nichts mehr übrig. Nur den Appellplatz mit dem Mahnmal gibt es noch. Wenn das nicht wäre, würden Sie nichts mehr von dem Lager sehen.“

Heller überlegte, was sie wohl mehr bedauerte: dass von dem Lager fast nichts mehr übrig war, oder dass man die Reste nicht auch spurlos beseitigt hatte. „Kommt es öfter vor, dass ehemalige SS-Männer das Dorf besuchen?“

Julia Grote zuckte mit den Schultern. „Nicht dass ich wüsste. Früher hat es oft Ärger mit Neonazis gegeben. Aber seit die im Museum aufpassen und die Glatzen immer gleich rausschmeißen, ist es ruhig im Dorf. Bei Gedenkveranstaltungen sind manchmal ehemalige Häftlinge dabei, aber Nazis …“ Sie schob den Teller mit den Brötchen über die Theke und deutete auf Hellers Tasse, die inzwischen leer war. „Noch einen?“

„Ja, gerne. Der Cappuccino ist prima.“

„Bleiben Sie länger hier?“ Sie stand wieder mit dem Rücken zu ihrem Kunden und bediente den Vollautomaten.

„Wenn ich eine Unterkunft finde, ja. Gibt es hier eine Zimmervermittlung oder so was?“

„Hm, das nicht. Aber meine Tante Gerda vermietet Zimmer. Wenn Sie wollen, rufe ich sie mal an und frage. Zu dieser Jahreszeit hat die garantiert noch was frei.“

„Das wäre super.“ Heller nahm die Tasse entgegen und stellte sich mit seinem Frühstück an einen der Stehtische.

Die junge Frau verschwand in einem angrenzenden Raum. Heller hörte, wie sie leise telefonierte. Dann kam sie zurück. „Geht klar. Nur frühstücken müssten Sie dann bei mir hier im Laden. Das schafft meine Tante in ihrem Alter nicht mehr. Sie hätten es auch gar nicht weit. Das Haus liegt an der Straße direkt unterhalb der Burg, in der Waldsiedlung.“

„Ist doch super. Dann bekomme ich jeden Morgen so einen hervorragenden Cappuccino." Heller blinzelte Julia Grote zu und freute sich über den leichten Anflug von Rosa auf ihren Wangen.

Als er eine Viertelstunde später bezahlt hatte, machte er sich auf den Weg zurück zum Parkplatz und steuerte seinen Wagen über den Burghof und dann am Museum vorbei den Berg hinunter. Julia Grote hatte nicht zu viel versprochen. Am Hang unterhalb der Burg reihten sich schmucke Häuschen im Dreißigerjahre-Stil mit kleinen Gärten aneinander, in denen zu einer anderen Jahreszeit sicher die buntesten Staudengewächse blühten. Gleich gegenüber weitete sich der Blick über das Almetal. Heller stellte seinen Wagen ab und ließ seine Augen noch einen Moment über das Flüsschen, eine Brücke mit Bruchsteinbalustrade, eine alte Wassermühle und die ausladenden Wiesen bis hinüber zum Wald auf der anderen Seite des Tales streifen. Das hier war nun wieder Idylle pur. Vielleicht war Wewelsburg ja doch der ideale Ort für ihn, um ein oder zwei Wochen die Seele baumeln zu lassen.

Wewelsburg, den 17. Dezember 1939

Mein liebes, treues Hausmütterchen!

Nun bin ich also auf dem neuen Posten und will Dir berichten, wie ich mich hier eingerichtet habe.

Wewelsburg ist ein kleines Dorf mit etwa 1000 Einwohnern, so richtig ostwestfälisch und fast wie aus dem Märchenbuch. Und dann die Burg! Was hat unser Reichsführer doch für einen guten Geschmack! Das gewaltige Bauwerk erhebt sich in 50 Metern Höhe über dem ganzen Land und wird nun von einer privaten Firma vollständig überholt.

Unsere Baracken liegen etwa 500 Meter von der Burg entfernt. Zum Essen gehen wir immer in die Burg, aber das ist nicht einfach nur ein Essen, das man uns hier serviert, das ist ein Diner. Ich sage Dir, mein Muttchen, wenn Du Dich in Zukunft nicht anstrengst mit dem Kochen, bleibe ich für immer hier. Noch dazu wird uns das Essen in diesen gewaltigen Räumlichkeiten von niedlichen BDM-Mädchen serviert, da schmeckt es gleich doppelt so gut. So lässt sich der Krieg aushalten!

Neben dem SS-Wachdienst kommt nun auch noch die Verwaltungsarbeit dazu. Da werde ich in Zukunft wohl nicht mehr so viel Zeit zum Briefeschreiben haben wie in Sachsenhausen. Es gibt eben doch immer wieder auch negative Seiten, wenn man seinen Dienst ernst nimmt.

Gestern Abend hatten wir unsere Julfeier. Wir haben uns aus dem Wald einen herrlichen, vier Meter großen Baum besorgt und auch

Lichter und Schmuck waren schnell zur Stelle. Nach einem ergreifenden offiziellen Teil kam die Fidelitas. Zum Essen gab es Kartoffelsalat und Eier. Die Baufirma, die die Burg überholt, hat Rauchwaren und Moselwein gestiftet. Die Stimmung war hervorragend. Wir haben gesungen und völkische Vorträge gehört.

Heute haben wir einen Rundgang durch die Umgebung der Burg und des Lagers gemacht. Danach hatte ich eine Menge Bürokram. Am Abend bin ich wieder auf der Burg eingeladen. Zum Glück habe ich meine neue Uniform, denn ich verkehre nun in den besten Kreisen.

Ach, Du mein Hausmütterchen, wie freue ich mich auf die paar Tage über Weihnachten, wenn ich bei Euch sein kann und Du mich so recht verwöhnen darfst!

Behalt mich lieb bis dahin.

Dein treuer Vati

12

Stefan Lenz hing durch, und das in mehrfacher Hinsicht: Die Matratze, auf der er aufwachte, bildete eine Kuhle wie eine Hängematte und schien direkt auf dem Boden zu enden; in seinem Schädel kippte gerade ein Lastwagen Schottersteine ab; seine Augenlider wurden von Lichtspeeren durchbohrt und ließen sich nicht öffnen; und direkt neben ihm wütete ein Grizzly. Letzteres kam ihm seltsam vor.

Lenz zwang sich, den Kopf in Richtung der größten Bedrohung zu wenden, ihn leicht anzuheben und wenigstens durch einen Sehschlitz von vielleicht einem halben Millimeter zu blinzeln. Dass er beides besser nicht getan hätte, wurde ihm schlagartig klar, als der Schmerz in seinem Schädel derart explodierte, dass er auf das Kopfkissen zurückgeworfen wurde. Sturmerprobt und schicksalsergeben wartete er auf das Abbranden der Pein, die - seine Erfahrung ließ gar keinen anderen Schluss zu - nur von allzu engagierter Alkoholvernichtung herrühren konnte.

Mit geschlossenen Augen versuchte er, sich an irgendetwas zu erinnern, das diese Schlussfolgerung bestätigen konnte. Aber da war nichts als dröhnende Leere, die in seinem Schädel von Wand zu Wand widerhallte. Und dann ging der Grizzly dem Brummen nach zu urteilen auch noch zum Angriff über. Lenz trotzte dem Schmerz und riss die Augen auf. Zwanzig Zentimeter von sich entfernt erblickte er an Stelle des erwarteten Bären einen Hinterkopf mit dunklem Kurzhaarschnitt. Von dort kam der bedrohlich tiefe Laut, der sich nun als Schnarchen identifizieren ließ. Das konnte ja wohl nicht wahr sein! War er irgendwann in der Nacht so besoffen gewesen, dass er einen Kerl mit nach Hause genommen hatte? Oder schlimmer noch: eine Transe? Die bärtige Fratze von Conchita Wurst tauchte vor seinem geistigen Auge auf und erzeugte augenblicklich so etwas wie Panik in dem Hauptkommissar. Hätte nicht der Schmerz in seinem Kopf davor gewarnt, wäre Lenz mit einem Satz aus dem Bett gesprungen und hätte den größtmöglichen Abstand zwischen sich und das Grauen gebracht.

So aber blieb ihm nichts anderes übrig, als sich dem Furchtbaren zu stellen. Möglicherweise spielte ihm ja auch nur eine Art von Delirium einen Streich. Lenz fasste allen Mut, den er in einer solchen Lage aufbringen konnte, und beschloss, der Sache auf den Grund zu gehen. Vorsichtig tastete er sich zu der Decke seines Bettgenossen vor und hob sie sanft an. Was er sah, erfüllte seine schlimmsten Befürchtungen. Ein nackter Rücken wandte sich ihm zu, splitterfasernackt bis hinunter zu den Arschbacken. Entsetzt ließ Lenz die Decke fallen und hangelte sich langsam rückwärts aus der Liegekuhle seines Bettes. Mit wackeligen Beinen umrundete er das rustikale Trumm, während sich das Schnarchen seines Bettgenossen zu einem furioso brutale steigerte.

Als er die andere Seite des Bettes erreichte, erblickte er auf dem Kissen wenigstens nicht die bärtige Conchita, sondern ein schlankes, fein geschnittenes Gesicht. Der Lidschatten war etwas verlaufen und aus dem halboffenen Mund rann ein Speichelfaden, der das Kopfkissen mit zuverlässig ständig nachströmender Feuchtigkeit versorgte. Ein Schauer lief über Lenz' Rücken. Da hatte er doch tatsächlich eine Transe in sein Bett gelassen! Und dass auch er selbst splitterfasernackt war, wie er nun feststellte, machte die Sache nicht besser. Das hatte er nun von seinem ausufernden Lebenswandel. Scheiß Alkohol! Lenz stöhnte hingebungsvoll.

Sein Bettkumpan röhrte noch einmal auf, brach dann mitten in dem Ton ab, schnorchelte Speichel, drehte sich auf den Rücken und war schlagartig kein Grizzly mehr, sondern ein Krokodil, das nach einem unvorsichtigen Pavian schnappte, der sich zu nah an den Fluss herangetraut hatte. Dann schnarchte er einige Dezibel leiser, dafür aber mindestens noch eine Oktave tiefer weiter. Im Widerspruch dazu wirkte das Gesicht nun deutlich weicher und irgendwie weiblich.

Dies war der Moment, in dem ein kleiner Funken Hoffnung in Lenz aufflackerte. Vorsichtig hob er die Bettdecke an und schlug sie weit zurück. Wohlgeformte, straffe Brüste gerieten in sein schräges Blickfeld. Nun gut, das musste ja nichts heißen. Die plastische Chirurgie kannte schließlich nicht nur in ihrem Preis keine Grenzen. Aber auch weiter unten wurde Lenz angenehm überrascht. Dass dort ebenfalls nur weibliche Geschlechtsmerkmale zu entdecken waren, ließ einen Stein von der Größe des Watzmanns von seiner Brust fallen und ebnete prompt den Weg zu einer ausgeprägten ersten Erektion an diesem Tag, was Lenz erfreut zur Kenntnis nahm.

Einen Moment lang rang er mit sich, angesichts der greifbaren Verlockungen wieder in sein Bett zu kriechen, aber dann bahnte sich die Vernunft ihren Weg in sein Gehirn. Also schlich er aus dem Zimmer, um erst einmal aufs Klo und unter die Dusche zu gehen. Alles Weitere würde sich dann schon ergeben.

Als er fünf Minuten später in der Wanne unter dem heißen Wasserstrahl stand, öffnete sich die Badezimmertür. Durch die beschlagene Duschfolie und im Wasserdampf, der durch den Raum waberte, identifizierte Lenz lediglich einen Schattenriss, der sich vor seine Toilette stellte. Verflucht, also doch eine Transe! Wie hatte er das eben übersehen können? Der Schatten löste sich vom Klo, während die Spülung rauschte, und kam auf den Duschvorhang zu. Eine Hand langte in den Spalt und schob die Folie auf. Lenz wich automatisch zurück, bis sein Rücken die kalten Fliesen berührte.

„Mach ma Platz", forderte der Typ und schob sich ebenfalls unter die Dusche.

Lenz hatte es die Sprache verschlagen. Mit offenem Mund starrte er den Kerl an, der seelenruhig nach dem Duschgel griff und damit begann, sich ausgiebig einzuseifen.

„Ich bin übrigens der Bernie", stellte er sich vor. „Du warst so zu letzte Nacht, da glaube ich nicht, dass du dich an mich noch erinnern kannst, oder?"

Lenz schüttelte fassungslos den Kopf. Und dann registrierte er etwas, das ihn erleichtert aufatmen ließ: Bernie hatte lange, dunkelblonde Haare und nicht den geringsten Ansatz von Brüsten. Wer auch immer Bernie war, die dunkle Schönheit aus seinem Bett war er nicht.

„Natascha schläft noch?", erkundigte sich Bernie.

„Äh, ja, ich glaube schon." Natascha – Puh!

„Respekt, Alter." Bernie schlug Lenz patschend auf die Schulter. „Ich bagger seit Jahren an ihr rum, aber von mir hat sie sich noch nie flachlegen lassen. Und dann kommst du und schleppst sie gleich am ersten Abend ab. Ehrlich, Mann: Respekt!"

„Wenn ich mich nur daran erinnern könnte, ob überhaupt etwas passiert ist", wandte Lenz ein. „Ich habe einen Filmriss."

„Das wundert mich überhaupt nicht", verkündete Bernie lachend, drückte ihm die Geltube in die Hand und nahm den Duschkopf aus der Halterung, um den Schaum gründlich abzuduschen. „Als du bei uns aufgeschlagen bist, warst du schon ziemlich breit. Dann bist du Natascha in die Fänge geraten und am Ende hattest du bestimmt fünfzehn Tequila intus. Aber ich kann dich beruhigen. Da ist ne Menge passiert zwischen euch. Ich war froh, als das Stöhnen aufgehört hat und ich endlich schlafen konnte."

Bernie hängte den Duschkopf wieder ein und verließ die Kabine. Erst jetzt wurde Lenz bewusst, dass er die ganze Zeit einfach nur danebengestanden und Bernie beim Duschen zugesehen hatte. Fünfzehn Tequila? Ja, klar, nur so war das alles zu erklären. Aber wo, verdammt noch mal, hatte Bernie geschlafen?

Wieder öffnete sich die Badezimmertür. Natascha kam direkt auf die Dusche zu, schob den Vorhang zurück, murmelte „Mach ma Platz!" und nahm ihm das Duschgel aus der Hand.

Während Natascha im Schlafzimmer ihre Klamotten zusammensuchte, saßen Bernie und Lenz am Küchentisch und tranken eine tiefschwarze Brühe, die Bernie Kaffee nannte.

„Schnarcht die immer so?" Lenz deutete mit dem Kopf in Richtung Schlafzimmer.

„Nur wenn sie Tequila getrunken hat", antwortete Bernie leichthin. „Da musst du drauf achten. Wenn du nachts schlafen willst, gib ihr keinen Tequila."

Lenz nickte und war einen Moment versucht, ihn zu fragen, woher er das denn wusste, wenn er doch bislang nicht bei ihr hatte landen können. Aber so genau wollte er es dann doch nicht wissen.

Natascha kam herein, öffnete den Kühlschrank, ließ die Tür angesichts der gähnenden Leere wieder zufallen und fragte: „Wozu verschwendest du eigentlich den Strom? Schalt die Kiste doch einfach aus."

„Ich bin noch nicht zum Einkaufen gekommen. Schließlich wohne ich erst seit gestern Abend hier."

„Das erklärt´s natürlich."

„Also los", rief Bernie und setzte mit seiner Lautstärke wieder den Schotterlaster in Lenz´ Kopf in Gang. „Bei mir drüben ist der Kühlschrank voll. Lasst uns rübergehen." Er wuchtete sich von seinem Stuhl hoch.

„Bei dir drüben?", hakte Lenz vorsichtig nach.

„Im Lockvogel. Da wo du gestern versackt bist." Er schüttelte den Kopf. „Mannmannmann, du erinnerst dich ja wirklich an gar nichts mehr."

Eine Stunde später, unter dem Einfluss mehrerer Tassen eines starken Kaffees aus der Espressomaschine und eines reichhaltigen Frühstücks, sah Lenz klarer. Sein Zug durch die Paderborner Gastronomie hatte im Brauhaus begonnen, dann an mehreren nicht mehr zu rekonstruierenden Stationen Zwischenstopps eingelegt und zu vorgerückter Stunde im Lockvogel ihr Ende gefunden. Lenz hatte bei der Bedienung Natascha offenbar den richtigen Ton gefunden, so dass sie nach Lokalschluss ein Wettsaufen mit Tequila veranstaltet hatten. Wer den Vorschlag gemacht hatte, blieb strittig. Am Ende hatten beide gleichermaßen kapituliert und waren in sportlicher Eintracht Arm in Arm zu Lenz´ Wohnung hinübergetaumelt. Bernie, der Inhaber des Lockvogels, hatte zwar nur jeden zweiten Tequila mitgetrunken, war aber nach eigener Auffassung nicht mehr in der Lage gewesen, nach Hause zu finden, und hatte sich kurzerhand dem torkelnden Paar angeschlossen. Lenz rechnete es dem Wirt hoch an, dass er Anstand genug besessen hatte, nicht auch das Bett mit Natascha und ihm zu teilen, sondern auf der altmodischen Eckbank in der Küche zu schlafen.

Als Lenz gegen Mittag den Lockvogel verließ, waren die drei dicke Freunde und er freute sich auf eine Fortsetzung mit Natascha.

Wewelsburg, den 7. Januar 1940

Mein liebes Muttchen!

Nun ist mein kurzer Urlaub schon wieder einige Tage vorbei und ihr fehlt mir so sehr. Manchmal wünsche ich mir doch, ich wäre bei der Wehrmacht geblieben. Nach dem schnellen Sieg über Polen wäre ich nun schon längst wieder ganz bei Euch. Stattdessen bleibt mir nichts, als auf meinem schweren Posten fern von Euch nach Abwechslung vom Lagerleben zu suchen.

Heute bin ich draußen in dieser herrlichen Schneelandschaft spazieren gewesen. Es herrscht ein so tiefer Frieden hier in den Tälern und Wäldern. Nur das Knirschen der Schritte im Schnee ist zu hören. Und wenn man sich dann dem Dorfe wieder annähert, schweben plötzlich die fröhlichen Gesänge der Häftlinge, die den ganzen Tag im Steinbruch arbeiten und mit dem Schneeräumen auf den Straßen beschäftigt sind, über der Landschaft.

Nun will ich dir aber von Silvester erzählen, denn das ist mit den Kameraden hier in Wewelsburg eine sehr schöne Angelegenheit.

Wir haben eine kleine Hütte an den Berghang gebaut, in der wir uns bei unserem Dienst aufwärmen können. Wir nennen sie scherzhaft unsere „Skihütte“. Darin steht ein Ofen und es gibt Radio, Licht und Sitzgelegenheiten. Wenn jetzt die schneebedeckten Tannenzweige weit herabhängen und dann noch der Mond darauf scheint, gibt es wohl keinen schöneren Ort, um seine Kameradschaft zu feiern. Dort haben wir auch an Silvester einen Kasten Bier geleert.

Erst nach Neun sind wir Führer in die Burg gezogen. Wir stiegen im gewaltigen Nordturm bis in den vierten Stock hinauf, wo die Feier schon in vollem Gange war. Dort wurden wir mit großem Hallo begrüßt und ich hatte gleich mehrere weibliche Wesen der Burgbesetzung neben mir. Da geht einem dann ja auch das Herz auf.

Bei der Feier waren die SS-Männer mit ihren Frauen und Bräuten anwesend und die Burgmaiden mit ihrer Burgdame, die sie bemuttert und immer nach dem Rechten sieht. Es gab Bowle und Butterbrote. Später wurde dann zur Quetschkommode getanzt.

Als ich um halb zwei Uhr ins Lager kam, lag alles in tiefstem Frieden.

An Neujahr hing der Schnee auf den Zweigen und unser kleines Bächlein, die Alme, war halb zugefroren. Die Kinder aus dem Dorf rodeln den ganzen Tag den Burgberg hinunter. Ich muß immer an unsere Kleinen denken, wenn ich sehe, wie viel Spaß sie dabei haben.

Die Arbeit im Steinbruch paßt sich nun der Witterung an. Wenn die Felsschichten zu hart sind, unterstützen wir die Häftlinge mit etwas Sprengstoff, sonst schaffen sie ihr Tagespensum nicht und die Arbeiten an der Burg dürfen nicht verzögert werden. Für die Wachen ist es harter Dienst, stundenlang in der Kälte zu stehen. Nachdem wir bereits minus 30 Grad gehabt haben, sind es nun nurmehr minus 14, aber der Dienst im Steinbruch geht auch bei diesen Temperaturen ununterbrochen weiter. Und wir SS-Männer haben es nicht so gut wie die Häftlinge, die sich mit ihren Spitzhacken und Schaufeln und beim Steineschleppen warmarbeiten können. Ich würde im Dienst gerne einen Schal tragen, aber wie sähe das denn aus zur Uniform?

Noch lieber würde ich in der warmen Stube bleiben, aber die Häftlinge brauchen ja Beschäftigung. Fast täglich haben wir nun Opfer unter den verweichlichten Kerlen. Ist aber nicht schade drum, wenn einer von denen sein Leben lässt. Der Winter hat schon immer Auslese gehalten und das Schwache ausgemerzt, damit das Starke im Frühjahr umso stärker aufblühen kann. So leisten wir hier unseren Teil zu einem starken und gesunden Volkskörper.

Nun aber zu uns: Was hältst Du davon, wenn Du im Frühjahr Oma und Opa für eine Woche bei uns einhütest und zu mir nach Wewelsburg kommst? Bring unseren Anton mit, dann bekommst Du auch kein Heimweh nach den Kindern und der Junge kann sich schon einmal Appetit holen auf den Dienst bei der SS.

In Erwartung auf eine positive Antwort!
Dein Vati

13

Fabian Hellers Pensionszimmer bot einen tollen Ausblick über das Almetal und die alte Mühle, die direkt am Fluss lag. „Fantastisch“, lobte er und dreht sich zu seiner Vermieterin um, die erwartungsvoll in der Tür stehen geblieben war.

„Toilette und Bad finden Sie auf dem Flur", erklärte Gerda Grote. Sie hatte die achtzig Jahre sicher schon überschritten und war auf der Treppe schwer hinter Heller her geschnauft. „Aber die haben Sie ganz für sich, Sie sind momentan mein einziger Gast."

Heller nickte freundlich und folgte der alten Dame im Schneckentempo wieder die Treppe hinunter.

Er verließ das Haus und schlenderte die Straße hinauf zurück zum Kreismuseum. Der Eintritt war frei. Ein Mann von etwa fünfundvierzig Jahren empfing ihn und fragte ihn nach seiner Postleitzahl, die er in eine Liste am Computer eintrug, während seine jüngere Kollegin Prospekte sortierte und auf der Theke zurechtrückte.

Heller stellte sich vor und fragte nach einem möglichst schnellen Überblick über die Nazigeschichte des Dorfes. „Eine Zusammenfassung in zehn Minuten würde mir reichen."

„Dr. Elling", stellte sich der Mann vor. „Ich bin Historiker und helfe Ihnen gerne, wenn ich kann." Er umrundete den Tresen und baute sich vor Heller auf. „Eine Zusammenfassung, sagen Sie? Tja, da bietet sich natürlich unsere Ausstellung an. Aber die schaffen Sie nicht in zehn Minuten. Als zweite Möglichkeit kann ich Ihnen unseren Katalog anbieten. Den können Sie durchblättern."

Heller hatte keine Lust darauf, Museumsräume zu durchwandern und Exponate zu studieren, und so entschied er sich für Letzteres. Dr. Elling führte ihn achselzuckend in die angrenzende Bibliothek und legte ihm den Katalog vor. Der entpuppte sich allerdings als ein großformatiges und mehrere hundert Seiten dickes Buch mit dem Titel Endzeitkämpfer.

Dr. Elling grinste, als er Hellers Seufzen vernahm. „Wie gesagt, wenn Sie Hilfe brauchen - jederzeit gerne." Er drehte sich um und verließ die Bibliothek.

Heller setzte sich an einen der Tische und machte sich an die Lektüre. Das Buch war eine Abhandlung über die Geschichte der Wewelsburg, bildete die gesamten Museumsexponate ab und zeigte alle Dokumente und Informationstexte der Ausstellungstafeln. Wenigstens ersparte sich Heller damit tatsächlich den Weg durch die Stockwerke und Räume. Er blätterte über die frühe Geschichte hinweg und landete schließlich in dem Kapitel über das Dritte Reich und die Übernahme der Burg durch die SS. Heller beugte sich vor und begann mit der Lektüre.

Stefan Lenz laborierte noch leicht an seinem Kater herum, als er die Dauerausstellung im Kreismuseum betrat. Dem Drang, sich einfach seinem Zustand zu ergeben und ziellos durch den Tag zu schlendern, war er nicht gefolgt. Schließlich musste er am Montag informiert im Büro auftauchen, sonst würde er von Anfang an bei seinen Kollegen als Drückeberger dastehen, der nur seine Leute für sich arbeiten ließ. Und wo, wenn nicht im Museum, konnte er in destillierter Form einen Überblick über den historischen Grund bekommen, auf dem er ermittelte?

Als er das Gebäude betrat, wunderte er sich über die kühl-moderne Empfangshalle, denn angesichts der rustikalen Bruchsteinfassade des Hauses hatte er etwas anderes erwartet. Hinter einer breiten Theke warteten ein Mann und eine junge Frau auf Besucher. Er steuerte direkt auf sie zu und zückte seinen Dienstausweis. „Stefan Lenz, Kripo Paderborn. Ich ermittel in dem Mordfall, der sich direkt hier vor Ihrer Tür zugetragen hat."

Die Beiden nickten synchron und machten betretene Gesichter.

„Dr. Elling, Historiker", stellte sich der Mann vor. „Das ist Marion Hagen, sie leistet ihr Freiwilliges Soziales Jahr bei uns ab."

Die junge Frau reichte Lenz die Hand über die Theke. Sie hatte dunkle, glatte, lange Haare und einen Pony, der Lenz an die Siebziger Jahre erinnerte. So eine Frisur hatte seine erste Freundin in der Schule gehabt.

Während er noch in die Betrachtung Marion Hagens vertieft war, die sich nun etwas unangenehm berührt wegdrehte und sich den Broschüren auf der Theke zuwandte, fragte der Historiker: „Wie können wir Ihnen denn helfen?"

„Dr. Elling, sagten Sie?" Irgendetwas klingelte da bei Lenz. Dann fiel es ihm wieder ein: „Sie haben die Leiche gefunden."

Der Mann nickte.

„Können wir irgendwo in Ruhe sprechen?"

„Kommen Sie", antwortete Dr. Elling und ging voraus. „Wir gehen in einen unserer Seminarräume. Da werden wir nicht gestört."

Sie liefen durch ein Treppenhaus in den ersten Stock und passierten dort einen Vortragsraum. In dem anschließenden Gang blieb Dr. Elling vor einer Tür stehen und schloss sie auf. „So. Hier haben wir Ruhe."

Er ließ Lenz vorbei und deutete auf die Stuhlreihe vor den in U-Form ausgerichteten Tischen. Lenz zog sich einen Stuhl zurecht und setzte sich. Als auch Dr. Elling saß, forderte der Hauptkommissar ihn auf, noch einmal zu schildern, wie er den Toten aufgefunden hatte.

„Was soll ich da groß erzählen?" Der Historiker machte ein Gesicht, als wehre er sich innerlich gegen die Erinnerung. „Ich parke immer direkt vor dem Museum, drüben an der Burgmauer. Gestern Morgen war ich früher hier als sonst. Ich leite momentan einen Workshop im SS-Schießstand. Das ist so ein Projekt für Schulklassen, wissen Sie? Na ja, und da musste ich noch Material zusammensuchen. Das ist eine sehr wichtige Sache, müssen Sie wissen. Die Schüler lernen da …"

Musste er gar nicht wissen, fand Lenz. „Sie kamen also mit ihrem Wagen angefahren“, unterbrach er den Redefluss des Historikers. „Und dann?“

„Na ja, da lag der Tote mitten auf dem Kopfsteinpflaster. Es war ja noch dunkel und ich habe ihn im letzten Moment gesehen. Gar nicht auszudenken, wenn ich ihn auch noch überfahren hätte.“ Dr. Elling schüttelte sich wie unter einem frostigen Schauer.

Lenz nickte und stellte sich vor, was dann wohl noch von der Leiche übriggeblieben wäre. „Haben Sie irgendjemanden gesehen? Ich meine, war da außer Ihnen und dem Toten noch jemand?“

„Nein. Es war dunkel, wie gesagt. Und ich stand zunächst auch unter Schock. Es hat schon etwas gedauert, bis ich in der Lage war, die Polizei anzurufen.“

Lenz erkannte, dass von der Aussage des Historikers zum Leichenfund wohl keine Erkenntnisse zu erwarten waren, und wechselte das Thema. „Wir haben Grund zu der Annahme, dass es sich bei dem Opfer um den ehemaligen Wachmann Anton Kottmann aus dem Konzentrationslager Niederhagen handelt. Deshalb hoffe ich, dass Sie mir mit Informationen weiterhelfen können.“

Dr. Elling nickte erstaunt. „Anton Kottmann also? Das ist ja ein Ding. Über den haben wir einiges in unserem Archiv.“

„Und Sie können mir da Auskunft geben?“

„Dazu gehen wir am besten runter in die Ausstellung.“ Dr. Elling sprang auf und lief wieder voran in Richtung Treppenhaus, ohne sich weiter zu vergewissern, dass Lenz ihm auch tatsächlich folgte.

Es ging drei Stockwerke abwärts. Unten angekommen, befanden sie sich in einem Raum, an dessen Wänden großformatige Panoramatafeln mit Fotos von der Burg und einem Zeitstrahl mit den wichtigsten historischen Daten des Gemäuers angebracht waren. Die Zeitspanne erstreckte sich auf die Jahre des Dritten Reiches, in denen die Wewelsburg eine besondere Rolle gespielt hatte.

„Die SS hat bereits 1933 in Ostwestfalen nach einer Burg gesucht, die zum Schulungszentrum ausgebaut werden sollte.“ Dr. Elling deutete auf die Bilder an der Wand.

„Warum ausgerechnet Ostwestfalen?“, wunderte sich Lenz. „Ich meine, verstehen Sie mich nicht falsch, aber das ist nun wirklich nicht der Nabel der Welt, oder?“

„Tja, da irren Sie sich – jedenfalls nach Ansicht Himmlers.“ Der Historiker hob mit einem ironischen Grinsen den rechten Zeigefinger. „Wir befinden uns hier im angeblichen Kernland Germaniens, in dem Arminius die Römer besiegt hat. Himmler hat gezielt im Umfeld des Hermanns-Denkmals und der mystischen Externsteine nach einer Burg gesucht.“

„Germanien, soso.“

„Genau. Der Germanenkult spielte für die Nazis eine große Rolle." Dr. Elling war ganz in seinem Element. „In der Burg sollten SS-Offiziere ideologisch geschult werden und sie sollte als Treffpunkt der SS-Führer dienen. Bis heute ranken sich abenteuerliche Deutungen um die wirklichen Pläne Himmlers. Im Zentrum steht immer der Nordturm mit dem Obergruppenführer-Saal und der Gruft." Er deutete auf einen großformatigen Riss vom Aufbau des Turmes. „Himmlers Architekt Hermann Bartels hat ihn auf die Wewelsburg aufmerksam gemacht. Vor allem die außergewöhnliche Dreiecksform und die Lage auf einem Bergsporn haben ihn fasziniert. Für die symbolische Summe von einer Reichsmark hat die SS die Burg von der Stadt Büren gepachtet."

„Das ist ja geschenkt", warf Lenz ironisch ein.

„Wie man´s nimmt. Das Gemäuer war damals ziemlich verfallen, der Nordturm war eingestürzt. Himmler hat sich verpflichtet, alles wiederaufzubauen." Dr. Elling deutete auf ein Foto, das Lenz schon aus Anton Kottmanns Album kannte. Es zeigte Männer, die an der Burgmauer arbeiteten und laut Bildunterschrift Angehörige des Freiwilligen Arbeitsdienstes waren. „Himmlers Pläne wurden im Laufe der Zeit immer gewaltiger, je weiter die Arbeiten an der Burg voranschritten, und sind ein gutes Beispiel für den Größenwahn, der damals herrschte. Anfangs wollte er das ganze Dorf zu einem Musterdorf der nationalsozialistischen Volksgemeinschaft umbauen. Später plante sein Architekt Bartels sogar, große Teile des Dorfes abzureißen und die Burganlage zu einer Festung zu erweitern. Selbst der Flughafen Paderborn-Lippstadt war damals schon projektiert."

„Wie stand die Dorfbevölkerung zu diesen Plänen?" Lenz verkniff sich ein Grinsen. „Ich meine, die Leute sind doch quasi vom bäuerlichen Dorfleben direkt ins Zentrum Germaniens katapultiert worden."

„Oh ja, das stimmt." Dr. Elling nickte heftig und schien den ironischen Unterton gar nicht herausgehört zu haben. „Der Kreis Paderborn im Allgemeinen und Wewelsburg ganz besonders waren durch die Landwirtschaft geprägt und erzkatholisch. Die Menschen waren alles andere als begeistert vom Auftauchen der SS. Um die Dorfbevölkerung einzubeziehen, ließ Bartels ein Dorfgemeinschaftshaus errichten. Das war Anfang 1937. Heute ist darin das Restaurant Ottens Hof untergebracht." Dr. Elling wies auf das Foto eines schmucken Fachwerkhauses mit hochgezogenem Holzgiebel. „Da müssen Sie mal hingehen. Das ist zwar mehrfach abgebrannt, aber immer wieder im alten Stil neu aufgebaut worden. Sehr beeindruckend! Das Haus sollte zum Mittelpunkt des Dorflebens werden und dafür sorgen, dass eine nationalsozialistische Volksgemeinschaft wie im Nazi-Bilderbuch entstand." Zum ersten Mal grinste der Historiker. „Hat aber nicht funktioniert. Die Wewelsburger haben sich von der SS ferngehalten, soweit sie das konnten. Vor allem die Dorfjugend war sauer auf die schicken Offiziere in ihren schwarzen Uniformen, weil die ihnen die hübschen Dorfmädchen streitig machten."

Lenz lachte. „Das kann ich mir lebhaft vorstellen."

„Bei Schützenfesten soll es mitunter hoch hergegangen sein und bei Karnevalsfeiern auch", erzählte Dr. Elling, ebenfalls lachend. Er freute sich sichtlich, einen so interessierten Zuhörer zu haben. „1937 sind sogar ein paar Wewelsburger nach ihrem Protest gegen den Burghauptmann von Knobelsdorff und die SS für ein paar Monate ins Gefängnis gegangen, später aber freigelassen und sogar rehabilitiert worden." Dr. Elling grinste leicht, wurde aber sofort wieder ernst. „Als 1938 der Reichsarbeitsdienst abgezogen wurde, ließ Himmler ein Konzentrationslager am Ortsrand bauen. Anfangs war es ein Außenlager von Sachsenhausen bei Oranienburg, später wurde es Buchenwald in Weimar zugeordnet. Von da an haben Häftlinge die Arbeiten an der Burg ausgeführt. Von 1939 bis 1945 waren hier etwa 3900 Häftlinge untergebracht. Mehr als 2000 waren sowjetische Kriegsgefangene, die übrigen kamen aus Polen oder waren Zeugen Jehovas, die im Dritten Reich ja auch verfolgt wurden. 1285 Menschen sind hier in Wewelsburg nachweislich umgekommen, die meisten wegen der unmenschlichen Lebens- und Arbeitsbedingungen, aber auch einige durch Exekutionen und Misshandlungen. Heute sprechen wir in dem Zusammenhang von ‚Vernichtung durch Arbeit'. Das hier ist ein Foto vom Lager." Sein Zeigefinger tippte auf ein Bild mit Stacheldrahtzäunen und Holzhütten auf einer Wiese vor einem Waldstück.

Lenz fand, dass das Konzentrationslager ohne die dazugehörige Geschichte gar nicht so bedrohlich aussah. Er trat einen Schritt näher heran und betrachtete die Bilder, die dieser Zeitspanne zugeordnet waren: Häftlinge im Steinbruch; die Wachmannschaft mit Gewehren zum Appell in Reih und Glied angetreten; die eingerüstete Burg; ein Riss der Pläne von Hermann Bartels, auf denen die gewaltige, in mehreren Ringen verlaufende Wehranlage eingezeichnet war, mit der dreieckigen Wewelsburg als Speerspitze in der Mitte. Der gesamte Bereich des Dorfes war in die Planungen einbezogen.

„Gab es denn dann wenigstens offenen Widerstand der Dorfbewohner?", erkundigte sich Lenz. „Ich meine, ein Konzentrationslager dürfte sich ja nicht mit dem Katholizismus vertragen haben."

„Eher nein." Dr. Elling schaukelte zweideutig den Kopf. „Der Pastor Tusch hat zwar gerne gegen die SS gepredigt, aber ernsthaften Widerstand hat keiner geleistet. Einige haben ja sogar von den Arbeiten und dem Lager profitiert. Der örtliche Zimmermann zum Beispiel hat das Fachwerkgerüst für das Dorfgemeinschaftshaus gebaut und sogar die Holzwangen der Sitzbänke mit Totenkopfornamenten verziert. Andere Handwerker haben Arbeiten im Lager ausgeführt." Einen Moment wurde der Historiker sehr nachdenklich. „Wissen Sie", fuhr er dann fort, „ich frage mich manchmal, was wohl der Bezirksschornsteinfegermeister so alles mitbekommen hat. Schließlich mussten auch die Öfen im Lager gereinigt werden. Immerhin gab es ein Krematorium und da sind Leichen verbrannt worden. Na, und die Dorfbewohner haben alle gesehen, wie die Häftlings-Trecks durch das Dorf zum Steinbruch gezogen sind und wie abends die Toten zurückgeschafft wurden."

Dr. Elling blickte in die Ferne, als zögen dort gerade die langen Reihen abgemagerter Männer in gestreifter Häftlingskleidung vorbei, bepackt mit Spitzhacken und Schaufeln, Leiterwagen hinter sich herziehend, auf denen die Leichen lagen, deren Arme und Beine herabhingen.

„Schon 1943 mussten die Arbeiten an der Burg eingestellt werden", fuhr er fort, „weil der Krieg in Russland anders verlief, als sich die Nazis das gedacht hatten. Das KZ wurde aufgelöst, die Häftlinge auf andere Konzentrationslager verteilt. Nur ein Restarbeitskommando von 42 Männern blieb übrig. Aus dem Arbeitslager wurde ein Umsiedlungslager für sogenannte ‚Volksdeutsche' aus Süd-Ost-Europa und ein Wehrertüchtigungslager für die HJ. Nach dem Endsieg sollte das Projekt allerdings fortgeführt werden, deshalb plante Bartels auch unbeeindruckt weiter. Kurz vor dem Eintreffen der amerikanischen Soldaten am 2. April 1945 ließ Himmler die Burg schließlich sprengen." Ein Foto zeigte die Ruine und die letzten überlebenden Häftlinge, die von den amerikanischen Soldaten befreit worden waren. „Übriggeblieben ist die ehemalige Kommandantur, in der sich heute dieses Museum befindet."

„Von dem Konzentrationslager ist nichts mehr zu sehen?", fragte Lenz nach.

„Der Appellplatz, das Torhaus und die Küchenbaracke", bekam er zur Antwort. „Das Torhaus ist allerdings kaum noch zu erkennen. Es wurde kurz nach dem Krieg zum Wohnhaus umgebaut. Den Appellplatz konnten wir jedoch erhalten. Dort ist heute das Mahnmal angelegt. Mit der Errichtung einer Gedenkstätte und eines Museums haben sich die Wewelsburger übrigens sehr schwergetan." Der Historiker lächelte süffisant. „Mehrere Anläufe sind gescheitert, zum Teil am Widerstand der CDU und ihrer Mehrheit im Kreistag. Schließlich wurde eine Plakette an der Burg angebracht, aber die ist kurz darauf wieder verschwunden – sie ist einfach gestohlen worden, können Sie sich so etwas vorstellen?" Er schüttelte ernst den Kopf. „Als wir in der Anfangszeit unserer Museumsarbeit hier unsere ersten Führungen durch das Dorf veranstaltet haben, haben viele Dorfbewohner sich dagegen gewehrt, indem sie zum Beispiel ihre Radios mit voller Lautstärke aufgedreht haben. Oder sie haben die Motoren ihrer Autos und Motorräder so laut aufheulen lassen, dass wir unsere Vorträge abbrechen mussten."

„Erstaunlich, wie viel Widerstand dann doch möglich ist", warf Lenz ironisch ein. „Zumindest wenn er nicht gefährlich ist."

„Ja ja, Zivilcourage ist nicht jedermanns Sache." Dr. Elling nickte. „Das Mahnmal, so wie es heute ist, verdanken wir einer Gruppe junger Menschen und einem Verein, die sich dafür lange Zeit starkgemacht haben. Ohne deren Hartnäckigkeit würde in Wewelsburg heute nichts mehr auf die Existenz des Konzentrationslagers hinweisen. Reicht Ihnen das als Grundinformation?"

„Ja, vielen Dank", beeilte sich Lenz, bevor Dr. Elling in seinem reichen Wissensfundus kramte und endlos weitererzählte. „Genauso habe ich mir das gewünscht." Er nickte dem Historiker zu. „Was können Sie mir nun über Anton Kottmann sagen?"

„Kommen Sie!"

Lenz folgte Dr. Elling in den nächsten Raum, in dem graue viereckige Säulen mit Schaukästen und Schubladen Informationen über die SS-Angehörigen enthielten, die in der Burg und im Lager eingesetzt gewesen waren.

„So, hier finden Sie alles über Anton Kottmann." Dr. Elling zog eine Schublade auf und deutete auf das Ausweisfoto, das Lenz schon kannte und das hier vergrößert abgedruckt war. „In den Schubladen haben wir alle Informationen gesammelt, die wir über ihn zusammentragen konnten. - Brauchen Sie mich noch, oder kann ich wieder nach oben gehen und meine Kollegin unterstützen?"

„Ich komme schon klar", antwortete Lenz etwas überrascht. „Wenn ich Fragen habe, melde ich mich."

Dr. Elling nickte und entschwand in seinem üblichen Sturmschritt durch den vorherigen Raum in Richtung Treppe. Lenz blickte sich um und seufzte. Auf so viele Informationen hatte er überhaupt keine Lust - schon gar nicht am Samstag. Aber es nützte ja nichts, er hatte hier und jetzt eine Chance, sich auf den Kenntnisstand zu bringen, den er für den Fall benötigte. Außerdem musste er zugeben, dass ihn der Bericht eben tatsächlich fasziniert hatte. Bisher hatte er immer gedacht, die Konzentrationslager seien weit weg gewesen, die Vernichtungslager sogar in Polen. Dass hier in Ostwestfalen, quasi vor der Haustür des Ruhrgebietes, ein Vernichtungsprogramm mit Hilfe von Arbeit im Steinbruch durchgeführt worden war, hatte er nicht gewusst. Und er musste widerwillig zugeben, dass ihn die Aura des Dorfes, das ihm bis vor Kurzem noch völlig unbekannt gewesen war, allmählich in ihren Bann zog. Also wandte er sich den Schubladen zu, um die Lebensgeschichte eines der Täter, Anton Kottmann, zu ergründen.

Fabian Heller konnte kaum glauben, was er da im Ausstellungskatalog gelesen hatte. Paderborn war Bischofssitz, der ganze Kreis schwarz wir die Nacht. Und ausgerechnet hier, wo das christliche C noch heute so großgeschrieben wurde, dass die CDU theoretisch auch einen schwarzen Besenstil zur Wahl stellen konnte, ohne ihre Mehrheit zu gefährden, hatten die Nazis mit ihrer eigenen Polit-Pseudo-Religion ihr ideologisches Zentrum errichten wollen.

Er schob den dicken Wälzer zur Seite und ging zu einem der Regale, in denen weitere Literatur über das Dritte Reich angeboten wurde. Zwischen Biografien über Adolf Eichmann und andere Nazigrößen und Publikationen über Rassenforschung und Germanenkult stieß er auf ein dünnes Heftchen aus der Schriftenreihe der Forschungsstelle Wewelsburg: Frauen in der SS. Heller zog es heraus und blätterte locker durch die wenigen Seiten. An einem Foto blieb er hängen. Es zeigte SS-Männer in ihren schwarzen Uniformen und junge Frauen in hellen Sommerkleidern. Sie standen nebeneinander an der niedrigen Mauer vor dem Burgtor und lachten in die Kamera. Ohne Kenntnis der Geschehnisse im Dritten Reich hätte man sie für harmlose Pärchen auf einem Sonntagsausflug halten können.

Die Männer waren vielleicht zwanzig Jahre alt oder knapp darüber. In ihren Uniformen und mit den strahlenden Augen unter den schicken Schirmmützen wirkten sie vertrauenerweckend. Da störte nicht einmal der Totenkopf. Ihr Charme nahm die jungen Frauen sichtlich gefangen, die stolz an ihren Armen hingen und sie anlächelten. Diese glücklichen jungen Leute hatten ihr ganzes Leben noch vor sich und wollten es offenbar genießen.

Der Begleittext zu den Fotos verriet Heller, dass es sich bei den SS-Männern um Angehörige der Burgmannschaft handelte und bei den jungen Frauen um sogenannte ‚Burgmaiden' und um Sekretärinnen der Lagerverwaltung. Schlagartig wurde ihm klar, dass die hier abgelichtete Idylle die Kehrseite des Schreckens war, den das Konzentrationslager für die Häftlinge bedeutet hatte. Zwei miteinander nicht zu vereinbarende Parallelwelten. Für die Bediensteten war die Organisation des mörderischen Treibens ein Job gewesen, neben dem es auch eine unbeschwerte Freizeitgestaltung gab. Aber wie konnten sie fröhlich und glücklich sein und zugleich mit ihrer Arbeit einen Beitrag zu so viel Leid und Elend und sogar zum Tod so vieler Menschen leisten? Als nun auch noch das Bild Reinhold Hannings vor seinem geistigen Auge auftauchte, lief ihm ein Schauer über den Rücken.

Und dann erkannte Heller plötzlich, was ihn schon die ganze Zeit über an den Bildern unbewusst ganz besonders irritiert hatte: Die lächelnden Mädchen hatten allesamt blonde Haare, die zu langen Zöpfen geflochten waren - Zöpfe wie die, die er in Seidenpapier gewickelt im Haus seiner Mutter gefunden hatte.

„Haben Sie gefunden, was Sie gesucht haben?" Dr. Elling stand plötzlich neben dem Journalisten und lächelte ihn offen an.

Heller nickte automatisch. „Ja, danke."

„Unglaublich, nicht wahr?" Der Historiker deutete auf die Fotos, die Heller immer noch vor sich liegen hatte. „Eine teuflische Idylle."

„Das trifft es ganz genau", antwortete Heller. „Teuflische Idylle. Wie gehen Sie als Historiker damit um? Kriegen Sie das irgendwie zusammen?"

Dr. Elling hob und senkte die Schultern. „Im Grunde ist das die Frage, die alle Historiker immer aufs Neue fasziniert und die man wohl nie zufriedenstellend beantworten kann. Wie können Menschen, die einerseits liebevolle Familienväter und Mütter waren, gleichzeitig so grausame Dinge mit anderen Menschen anstellen? In den Vernichtungslagern ja sogar mit Frauen und Kindern, wie sie sie selbst zu Hause hatten!" Er schüttelte leicht den Kopf, als spüre er dem Unfassbaren nach. „Ich glaube, an der Frage werden wir noch lange herumkauen."

Wewelsburg, den 23. Januar 1940

Mein liebes Muttileinchen!

Ich hoffe, es geht Euch allen gut. Mir geht es hervorragend. Mein Leben hier in Wewelsburg gestaltet sich allmählich recht angenehm. Sonntags sind wir zwei Führer nun immer zum Kaffee bei den Burgmaiden eingeladen. Da gibt es frisches Gebäck und richtigen Bohnenkaffee. Die Mädels begrüßen uns mit großem Hallo und sind so voller Leben! Sie handarbeiten den ganzen Nachmittag und singen Lieder, bis es uns dann um 6 Uhr wieder auseinandertreibt. Für uns Mannsleute ist das immer ein besonders schöner Nachmittag und sind wir ganz geblendet von der Jugend. Nach dem Abendessen so gegen halb 10 gehe ich dann immer gleich ins Bett und schlafe den Schlaf des Gerechten.

An diesem Sonntag aber wollten mich die Verbrecher nicht schlafen lassen, denn trotz der eisigen Kälte hat sich doch wieder ein Fluchtversuch ereignet.

Ich wurde um kurz vor 3 Uhr von Gewehrschüssen geweckt. Ganze Salven aus der Maschinenpistole wurden da abgefeuert, denn es waren zwei Häftlinge über das Tor entkommen. Nach acht Minuten nahmen wir mit zwanzig Mann die Verfolgung auf, was nicht schwer war, denn die Spuren waren im tiefen Schnee gut zu erkennen. Die Verfolgung ging über freies Feld, durch einen Wald und dann die Bahnlinie entlang.

Als nach einigen Kilometern die Spuren auseinanderliefen, teilte ich die Gruppe. Auf dem Bahnhof lief die Spur dann ins Leere. Also ging ich mit meinen Leuten ins Dorf und weckte die gesamte Bevölkerung auf. Die zweite Gruppe, die auch die Spur verloren hatte, fand sich ebenfalls im Dorfe ein. In Dreiergruppen alarmierten wir die Dorfbewohner, bis nach zwei Stunden die Wehrmacht zu uns stieß.

Nun durchsuchten wir alle Häuser, Gehöfte und Scheunen. Inzwischen war es längst hell geworden. Bald waren 100 Mann

Wehrmacht im Einsatz und weitere riegelten alle Straßen im weiten Umkreis ab. Als nach drei Stunden noch keine Spur von den Flüchtigen zu finden war, ließ ich meine Männer ausruhen und sich auftauen und alarmierte die Burg über den Vorfall.

Man schickte uns Lastwagen, so daß ich mit meinen Männern gegen 18 Uhr wieder in Wewelsburg eintraf.

Am nächsten Morgen bekamen wir einen Telefonanruf aus dem Dorf, in dem wir zuletzt gesucht hatten. Dort war eingebrochen worden. Die Einbrecher hatten männliche Kleidungsstücke und Nahrungsmittel gestohlen. Das konnten nur die beiden Flüchtigen gewesen sein.

Gegen neun Uhr kam dann endlich die Nachricht, daß die Wehrmachtssoldaten unsere beiden Galgenvögel festgenommen hatten, einen allerdings mit einem Bauchschuß, weil er sich zur Wehr gesetzt hatte. Unser Kommandoführer fuhr hin, um die beiden Männer abzuholen. Er ließ sich von dem Unverletzten den Fluchtweg erklären. Der war dumm genug, die erste Chance für einen weiteren Fluchtversuch zu nutzen. Aber wir sind gut geschult an unseren Pistolen und so schoß unser Kommandoführer zweimal und da war der Traum von der Freiheit auch schon zu Ende.

Ich war sehr erleichtert, als ich die Nachricht bekam, das kannst Du Dir ja denken, mein Mütterchen. Aber die Sache hatte ein Nachspiel. Der Obersturmführer aus Oranienburg kam persönlich, um uns einzeln zu verhören und ein Protokoll anzulegen, wie es denn möglich sein kann, aus einem deutschen KZ zu entfliehen. Auch der Kommandoführer mußte noch einmal ran: Er mußte dem Obersturmführer den Tatort zeigen und die Fluchtwege erläutern. Ich hoffe, daß die Sache nun für uns ausgestanden ist. Mein Gott, was hätten die beiden Verbrecher da draußen anrichten können, wenn wir sie nicht erwischt hätten!

Aber ein Gutes hat so eine Sache dann ja doch, denn unsere anderen Häftlinge wissen nun, wo sie dran sind, und mucken nicht mehr auf. Wollen wir hoffen, daß im Frühling nicht erneut ihr Wandertrieb erwacht und sie nach Chancen für eine Flucht Ausschau halten. Das wird ihnen dann aber übel bekommen, das kann ich Dir versprechen! Ich habe für jeden Ausbrecher eine Kugel auf Nummer Sicher und die wird ihr Ziel nicht verfehlen!

So, nun werde ich den Schlaf nachholen, den mir die Galgenvögel geraubt haben.

Ich drücke und küsse Dich und die Kinder!

Dein Vati

14

Heller verließ das Museum mit einem dumpfen Schmerz unter der Schädeldecke. Nun hatte er den ganzen Nachmittag dort verbracht und historische Quellen studiert, die für ihn mehr Fragen aufgeworfen als Antworten geboten hatten. Bislang hatten eiskalte Herrenmenschen sein Nazibild geprägt und nun hatte er angesichts der Biografien, die er da gelesen hatte, den Eindruck, dass in Wahrheit kleingeistige, jämmerliche Karrieristen diese grausamsten Verbrechen der Menschheitsgeschichte verübt hatten. Sie hatten ihre eigenen kleinbürgerlichen Spießigkeiten gepflegt und sich darüber hinaus schadlos gehalten, wo immer sie Gelegenheit dazu gehabt hatten. Das Heldenbild, das die überlebenden Täter bis heute vor sich hertrugen, war durch nichts gedeckt, schon gar nicht durch die Realität.

Nachdenklich schlenderte Fabian Heller über die Brücke auf den Burghof. Es wurde allmählich dunkel im Dorf und so spiegelte sich das gelbliche Licht aus den Burgfenstern glänzend auf dem Kopfsteinpflaster. Heller drehte sich langsam um seine Achse und fühlte sich nach Burg Schreckenstein in seinen Jugendbüchern zurückversetzt. Merkwürdig, dachte er, wie unpassend dieser Vergleich für das ideologische Zentrum der SS war und wie gut er dennoch zu diesem Gebäude hier passte. Da war es fast schon konsequent, dass sich heute hinter diesen Fenstern, hinter denen vor achtzig Jahren Mörder in schwarzen Uniformen ihr germanisch verbrämtes Burgleben geführt hatten, unschuldige Kinder bei ihrem Jugendherbergsaufenthalt vergnügten.

Heller verließ den historischen Ort und schlenderte auf den Vorplatz zurück. Vor der Mauer, die den Burggarten umgab, hatten die Kriminaltechniker den Leichnam Anton Kottmanns grob in seinen Konturen nachgezeichnet. Von den Blutlachen waren nur noch Schatten zu sehen, man hatte versucht, sie zu entfernen. Heller blickte die Straße entlang bis zum Waldhang. Ein verflucht langes Stück, wenn man so gequält worden war wie der alte Mann. Erstaunlich, dass er es in seinem hohen Alter überhaupt so weit geschafft hatte. Zäh wie Leder, hart wie Kruppstahl, dachte Heller, nur eben nicht mehr flink wie ein Windhund.

Es war inzwischen so dunkel geworden, dass nur die Straßenlaternen noch Licht spendeten. Zum Glück war es nicht auch noch windig. Der nasskalte Dunst hing nebelig zwischen den Häusern und sorgte dafür, dass Hellers Atem wie eine Rauchfahne vor ihm in der Luft stand. Er fröstelte. Sein Magen erinnerte ihn mit einem langgezogenen Knurren daran, dass er seit dem Frühstück nichts mehr gegessen hatte. Also machte er sich zwischen Kirche und Kommandantur hindurch auf den Weg zu Ottens Hof, dem ehemaligen Dorfgemeinschaftshaus, das Dr. Elling ihm beim Abschied noch empfohlen hatte.

Und er hatte nicht zu viel versprochen: Das Fachwerkgebäude sah urig aus, mit geschnitzten Schmuckbrettern am Giebel, die über den First hinausragten. Heller zog die schwere Eichentür auf und durchstieß einen dicken grünen Vorhang, der als Windfang diente. Die Gaststube erinnerte an eine zweigeschossige Deele. Links erstreckte sich ein langer Tresen, in der Mitte füllten Tische und Stühle den Raum, rechts standen in breiten Nischen Tische mit schweren Holzplatten zwischen groben Bänken, in deren Wangen germanische Runen und Totenköpfe geschnitzt worden waren. Eine Wange war oben als Pferdekopf ausgearbeitet, eine andere zeigte das germanische Sonnenrad, den abgerundeten Vorläufer des Hakenkreuzes. Der Boden bestand aus abgeflachtem Kopfsteinpflaster und verstärkte den Deelencharakter. An den verputzten und weiß gestrichenen Gefachen waren alte landwirtschaftliche Geräte angebracht und mitten im Raum hing ein gewaltiger Erntekranz aus Stroh von der Decke. Holzbalken und -stützen überall im Raum vervollständigten das bäuerliche, fast schon mittelalterliche Ambiente.

Spooky, dachte Heller und atmete tief durch. Alles hier passte irgendwie nicht zusammen und verströmte eine so unheimliche Atmosphäre, dass er sich augenblicklich in das Dorfgemeinschaftshaus der Dreißigerjahre zurückversetzt fühlte und sich nicht gewundert hätte, wenn in diesem Moment SS-Männer in ihren schwarzen Uniformen mit lachenden, Trachten tragenden Burgmaiden an den Armen hereingekommen wären.

Mit einem leichten Schütteln kehrte Heller in die Realität zurück und blickte sich um. Für diese Uhrzeit an einem Freitagabend war erstaunlich wenig Betrieb in dem Gasthof. Ein Pärchen saß in einer Nische vor seinem Essen und unterhielt sich leise. An der Theke hing ein Mann von Mitte Fünfzig schräg auf seinem Hocker und studierte ausgiebig sein halbvolles Bierglas, als wäre er auf der Suche nach dem Wesen der Dinge, das nur irgendwo in dem feinwandigen Zylinder zwischen Hopfen und Malz erhalten geblieben sein konnte.

Heller bestellte bei dem Wirt die Karte und ein Bier und setzte sich etwas abseits in die hinterste Nische. Von hier aus hatte er den größten Teil des Raumes und den Eingang im Blick – eine Angewohnheit, seit er einmal in Hamm in einer Pizzeria auf der Südstraße davon überrascht worden war, dass in seinem Rücken maskierte Männer durch die Tür gestürmt kamen, ein paarmal in die Luft schossen und schon wieder verschwunden waren, als er sich von seinem Schock halbwegs erholt hatte. Später hatte sich herausgestellt, dass der Wirt nicht bereit gewesen war, Schutzgeld zu bezahlen. Der Überfall war eine letzte Warnung gewesen. Am darauffolgenden Wochenende hatte das Lokal gebrannt. Dergleichen war zwar hier in Wewelsburg aller Voraussicht nach nun wirklich nicht zu erwarten, aber Heller war seitdem geprägt und beugte automatisch vor.

Der Wirt brachte die Karte und stellte ein Pils vor seinem Gast auf den Tisch.

„Ist hier immer so wenig los?“, erkundigte sich Heller wie beiläufig und schlug die Karte auf.

„Abends meistens“, antwortete der Wirt in einem Tonfall, als sei ihm das vollkommen egal. „Wir leben von den Ausflüglern, die die Burg besichtigen, und vom Kaffee am Sonntagnachmittag. Die Dorfbewohner kommen nicht hierher.“

Erstaunt ließ Heller die Karte sinken und blickte ihm direkt in die Augen. „Warum nicht? Es ist doch nett hier bei Ihnen. Da fühlt man sich glatt einige Jahrzehnte zurückversetzt, wenn nicht Jahrhunderte.“

„Gerade deswegen“, entgegnete der Wirt und schlurfte ohne weitere Erklärung davon.

Merkwürdig, dachte Heller. Hauptsache, das hatte nichts mit der Qualität des Essens zu tun. Skeptisch studierte er die Karte, in der überwiegend rustikale Gerichte verzeichnet waren. Als der Wirt zurück war, entschied Heller sich für die Filetpfanne mit Fleisch von Rind, Schwein und Pute und Bratkartoffeln. Damit konnte man kaum etwas falsch machen. Nur die Sauce Hollandaise bestellte er zur Pfeffersoße um. Regungslos nahm der Wirt die Bestellung entgegen, griff nach der Karte, deutete wortlos auf das fast leere Bierglas und nahm das Nicken des Gastes ebenfalls als Bestellung auf.

Neben der Eingangstür entdeckte Heller eine Tafel, auf der für ein Rittermahl im Gewölbekeller geworben wurde. ‚Gewölbekeller‘ hörte sich spannend an, also beschloss er, die Wartezeit auf das Essen mit einem Rundgang durch das Haus zu verkürzen. Zwischen Tür und Theke ging es durch eine weitere kleine Gaststube und dann die Treppe hinunter. Heller landete in einem schmalen, langgezogenen Kellerraum mit einer niedrigen Gewölbedecke. Der Boden war zur Hälfte mit Fliesen und zur anderen Hälfte mit Holzdielen ausgelegt. Vor runden Tischen standen alte Bierfässer aus Holz mit grünen Kissen und dienten als Sitzmöbel. Ein verrußter offener Kamin an der gegenüberliegenden Wand ließ erahnen, wie urig das Rittermahl sein musste. Das Gewölbe verströmte den Charme des Mittelalters, den der Architekt Hermann Bartels ihm vor achtzig Jahren gekonnt eingehaucht hatte.

Als Heller wieder zu seinem Tisch zurückkam, stand sein Essen schon dort. Die waren aber fix in der Küche. Auch ein frisches Pils stand bereit. Das nicht ganz leergetrunkene Glas hatte der Wirt ohne zu fragen mitgenommen. Heller stach vorsichtig mit der Gabel in die Bratkartoffeln und probierte: heiß, knusprig, mit Speck und in Schmalz gebraten – lecker! Auch das Fleisch war auf den Punkt gegrillt und schmeckte fantastisch. Am Essen konnte es schon mal nicht liegen, dass die Dörfler das Lokal mieden.

Das Pärchen, das sich so leise unterhalten hatte, dass kein Wort bis zu Heller durchgedrungen war, bezahlte und verließ den Gasthof. Nun gab es nur noch den Philosophen am Tresen, den die anstrengende Suche nach Erkenntnis inzwischen so niedergeschlagen hatte, dass er sich nur noch mühsam auf dem Hocker halten konnte. Mit dem würde Heller kein Gespräch mehr führen können. Und da auch der Wirt von der eher ostwestfälischen Sorte war, schwand die Hoffnung, den Abend noch etwas ausdehnen und seine Recherchen zur Dorf-Atmosphäre vervollständigen zu können. Er wollte schon ein Zeichen geben, dass er zahlen wolle, als die Tür aufgerissen wurde und eine lautstarke Horde hereinstürmte.

Es handelte sich offenbar um eine Motorradgang, denn sowohl die jungen Männer als auch die Frauen trugen schwarze Kutten und Helme in den Händen. Einen Moment lang verschlug es Heller den Atem, als er die Aufschrift in Frakturschrift entzifferte: Nationale Offensive OWL, halbrund um ein gerade so weit zum germanischen Sonnenrad stilisiertes Hakenkreuz gesetzt, dass es wahrscheinlich nicht gesetzwidrig war. Hinzu kamen ein Sonnenrad auf der linken und ein Reichsadler auf der rechten Brustseite. Eine Neonazi-Gang, kein Zweifel.

Vorweg gingen ein stoppelhaariger Hüne und eine sehr selbstbewusst wirkende blonde Schönheit, die im Gegensatz zu der lachenden und lärmenden Truppe ernste Mienen zur Schau trugen und schwiegen. Der Hüne gab dem Wirt, der augenblicklich zum Leben erwachte und zum Zapfhahn stürmte, ein Zeichen und steuerte dann eine Nische an, die sich in größtmöglicher Entfernung zu Heller befand. Lachend und polternd ließen sich die Motorradnazis auf die Bänke fallen.

„Den linken Schweinen haben wir es gegeben", freute sich ein Pickelgesicht und klatschte die Hände der Männer links und rechts neben sich ab.

Die junge Frau an der Seite des Hünen hatte inzwischen ihre Kutte abgelegt. Sie trug ein T-Shirt mit einem Symbol, das Heller noch nie gesehen hatte. Es handelte sich um ein schwarzes Dach in einem schwarzen Kreis auf gelbem Grund. Darunter stand: Identitäre Bewegung: Eine Generation. Ein Schicksal. Eine letzte Chance. Sie blieb trotz der ausgelassenen Stimmung und des allgemeinen Jubels, der ausbrach, als der Wirt Bierkrüge auf den Tisch stellte, ernst und wirkte fast schon missmutig.

Der Wirt stellte zwei dicke Kerzen in schwarzen gusseisernen Leuchtern mitten auf den Tisch und entzündete sie. Offenbar waren die Nazirocker hier Stammgäste und hatten ein Ritual eingeführt, das unaufgefordert umgesetzt wurde, sobald sie eintrafen. Die Gesichter der Männer wurden nun von unten her angeleuchtet, während die schummerige Beleuchtung des Raumes an Wirkung verlor. Augenblicklich beherrschte das Flackern der auflodernden Flammen die Atmosphäre in der Nische und weit darüber hinaus. Ohne ein Wort entfernte sich der Wirt wieder und zog sich hinter seine Theke zurück.

Der Hüne ergriff sein Bierglas, hob es an und donnerte in den Lärm hinein: „Männer!“ Augenblicklich wurde es still und alle Augen richteten sich auf ihn. „Wir haben mit unserer heutigen Aktion deutlich gemacht, dass es an diesem Ort keine andere Ideologie als die nationale geben kann. Das waren wir unseren Vorkämpfern schuldig.“ Er rutschte aus der Bank und stellte sich vor den Tisch. „Auf ein nationales Deutschland …“ Er machte eine kurze Pause und blickte die Blondine an. „… in einem Europa der Nationen: Sieg …“

„Heil!“, brüllte die Meute. „Sieg Heil! Sieg Heil!“

Der Hüne setzte sich wieder und stieß mit seiner Freundin an, die nun zum ersten Mal lächelte. Mit lautem Poltern beförderten die Neonazis ihre Krüge wieder auf den Tisch. Augenblicklich brach die ausgelassene Stimmung wieder los.

Heller war zunächst wie paralysiert gewesen, weil die Atmosphäre des Raumes und die Neonazis im Kerzenschein in einer Art und Weise zusammenpassten, als hätte es die Jahrzehnte der Bundesrepublik gar nicht gegeben. All das knüpfte nahtlos an das Dritte Reich an. Genauso musste es hier drin gewesen sein, als die SS ihr Unwesen in Wewelsburg getrieben hatte. Tagsüber hatten die Männer im Steinbruch wehrlose Häftlinge zu Tode gequält, abends hatten sie ihre Heldentaten hier im Dorfgemeinschaftshaus und drüben in der Burg lautstark gefeiert.

Mit einem Mal wurde Heller klar, dass sich ihm heute Abend die Chance bot, dieser Verbindung auf den Grund zu gehen. Er konnte darüber hinaus ein Stimmungsbild einfangen, das jeden einzelnen von Brenners Euros zu einer lukrativen Investition machen würde. Der Chefredakteur würde außer sich sein, wenn Heller ihm einen Hintergrundbericht aus dem Burgdorf lieferte, der aus jeder Pore den alten Geist der Nazizeit atmete. Dafür musste der Journalist nur den Mut aufbringen, an den Tisch der Nazirocker zu wechseln und sie zu interviewen. Und genau hier lag das Problem. So fasziniert Heller von der unheimlichen Atmosphäre in Ottens Hof war, seit die Nazihorde hier eingefallen war, so beängstigend fand er sie auch.

Während er noch mit sich kämpfte, wurden die leeren Bierkrüge drüben in der Nische gegen volle ausgetauscht und die Stimmung wurde immer ausgelassener. Irgendjemand stimmte „Die Fahne hoch, die Reihen fest geschlossen“ an und augenblicklich grölte die ganze Truppe mit Ausnahme der Blondine das Horst-Wessel-Lied.

Aus dem Augenwinkel nahm Heller wahr, wie der Philosoph von seinem Hocker rutschte. Irgendwann, spätestens aber bei der unheimlichen Wiederauferstehung des Dritten Reiches in den dissonanten Klängen, die nun das ehemalige Dorfgemeinschaftshaus füllten, musste er zum Leben erwacht sein. Erstaunlich geradlinig für seine ausgedehnten Bierstudien ergriff er die

Flucht und war Sekunden später durch den schweren grünen Vorhang verschwunden.

Vielleicht sollte Heller es ihm gleichtun. Aber damit würde er eine Chance verstreichen lassen, die sich ihm so bestimmt nicht wieder bieten würde. Außerdem war gerade er doch einer von den Journalisten, die sich ständig darüber beklagten, dass das Investigative in seinem Beruf heutzutage keine Rolle mehr spielte zwischen all den Berichten von Schützenfesten, CDU-Ortsgruppensitzungen und Vorstandswahlen in Kaninchenzüchtervereinen. Hier und jetzt konnte er seine Vorstellung von Qualitäts-Journalismus in die Tat umsetzen.

Halbherzig gab er sich einen Ruck, griff nach seinem Bierglas und rutschte aus der Bank. Um einen entschlossenen Eindruck bemüht, ging er mit großen Schritten auf die Gruppe zu, postierte sich direkt vor dem Kopfende des Tisches und klopfte zur Begrüßung auf den Tisch. Die Stimmung der Männer schlug augenblicklich um. Es wurde totenstill. Feindselige Blicke spießten Heller auf.

„Guten Abend", begann er vorsichtig. Keine Reaktion. „Ich habe von dort drüben aus" - er wies zu seinem Tisch hinüber - „Ihre ausgelassene Stimmung beobachtet und dachte, Sie wären vielleicht bereit, mir ein Interview zu geben."

„Verpiss dich!", kam es von dem Pickelgesicht zurück, der dafür murmelnde Zustimmung erntete.

Der Hüne brachte seine Kameraden mit einer Geste seiner rechten Hand zum Schweigen und blickte Heller direkt in die Augen. „Wir geben keine Interviews."

„Verstehen Sie mich bitte nicht falsch", versuchte Heller einen neuen Anlauf. „Ich bin freier Journalist und schreibe einen Bericht über die Geschichte Wewelsburgs und den heutigen Umgang damit. Na ja, und da scheinen Sie mir doch äußerst interessante Gesprächspartner zu sein."

„Habe ich mich nicht klar genug ausgedrückt?" Eiskalte, stahlblaue Augen bohrten sich in die Hellers. „Wir möchten hier einfach nur ungestört unser Bier trinken. Und dabei können wir keine Presse gebrauchen."

„Genau", meldete sich das Pickelgesicht nun wieder mit einem unsicheren Seitenblick auf den Hünen. „Ihr seid doch alle nur linke Schmierfinken und wollt uns vorführen. Verpiss dich, du Wichser."

Diesmal widersprach der Hüne nicht. Nur die Blondine senkte ihren Blick und hatte sichtlich Mühe, ihre Wut im Zaum zu halten. Vielleicht hätte Heller hier eine Verbündete gehabt, aber das wollte er lieber gar nicht erst ausprobieren.

„Nichts für ungut", sagte er also. „Vielleicht ein anderes Mal."

Er kehrte nicht zu seinem Tisch zurück, sondern ging direkt zur Theke hinüber und bezahlte seine Rechnung. Am Tisch der Nazi-Rocker war es inzwischen wieder laut geworden, vielleicht sogar noch lauter als vorher. Sie feierten offenbar den zweiten Sieg an diesem Abend. Als Heller den Gasthof verließ, spürte er den bohrenden Blick des Hünen in seinem Rücken.

Auf dem Rückweg durch das Dorf, das um diese Zeit ausgestorben zu sein schien, mied er die Burg. Für diesen Abend hatte er genug lebendige Geschichte geatmet. Außerdem genügte der frostige Nebel, der sich tief zwischen die Häuser gesenkt hatte, um der tiefen Beklemmung, die von ihm Besitz ergriffen hatte, ausreichend Raum zu geben.

Kaum hatte er die Haustür in der Waldsiedlung aufgeschlossen, öffnete sich auch die Tür zur Vermieterwohnung und seine Wirtin stand vor ihm, als hätte sie auf ihn gewartet. „Ich bin mir nicht mehr sicher: Habe ich Ihnen gesagt, dass Sie zum Frühstück zu meiner Nichte gehen müssen?"

„Haben Sie." Heller nickte nachdrücklich und wartete auf den wahren Grund dafür, dass Frau Grote ihm aufgelauert hatte.

Die wand sich ein wenig unter ihrer grauen Betondauerwelle und suchte offenbar nach einem unauffälligen Kommunikationsweg. Als sie jedoch erkannte, dass sie durchschaut war, gab sie sich einen Ruck: „Sie sind doch von der Presse. Meine Nichte sagt, Sie sind wegen des grausamen Mordes hier?"

„Richtig, Frau Grote. Haben Sie etwas beobachtet, oder wissen Sie etwas über die Hintergründe der Tat?"

„Nein." Die Wirtin wirkte ein wenig zerknirscht. „Allerdings macht man sich so seine Gedanken. Der Tote soll ja ein ehemaliger Wachmann aus dem Lager gewesen sein."

„Auch das ist richtig", bestätigte Heller. „Was für Gedanken macht man sich da denn so?"

„Na ja, das ist ja alles schon so lange her", versuchte Frau Grote, ihr Anliegen einzuleiten. „Aber wollen Sie nicht reinkommen? Im Flur redet es sich doch nicht so gut."

Heller folgte dem ausgestreckten Arm der Frau, der in ihre Wohnung deutete, und wartete dann, bis sie sich an ihm vorbei ins Wohnzimmer gequetscht hatte. Er nahm das Angebot an, sich auf die Couch zu setzen, während Frau Grote ihm gegenüber stehen blieb und die Hände rang.

„Likörchen?", fragte sie. „Ich habe einen selbstgemachten Kirsch-Aufgesetzten."

„Gerne." Heller hatte ein solches Angebot schon seit zwanzig Jahren nicht mehr bekommen, seit seine Oma nicht mehr lebte, die immer einen Aufgesetzten im Schrank gehabt hatte. Vielleicht war der Likör ja dazu geeignet, den schalen Geschmack zu vertreiben, den die Begegnung in Ottens Hof bei ihm hinterlassen hatte. Er sah zu, wie sie vorsichtig das rote Getränk in trichterförmige Likörgläser füllte. „Was möchten Sie denn nun genau loswerden, Frau Grote?"

„Also, wie gesagt, das ist ja alles schon so lange her." Die Wirtin ächzte leise, als sie sich schwerfällig ihm gegenüber in einen Sessel sinken ließ. „Wir sind so froh, dass im Dorf wieder Ruhe herrscht, nachdem das alles vor Jahren hochgewühlt worden ist."

Lange her? Heller rechnete innerlich nach, kam auf fünfzehn Minuten und zog die Augenbrauen hoch. „Wovon sprechen Sie?"

„Von der Gedenkstätte und dem Mahnmal. Das hat viel böses Blut im Dorf gegeben damals."

„Ich komme nicht aus dem Kreis Paderborn, Frau Grote. Können Sie mir bitte genau erzählen, was da los war?"

Die alte Dame nickte und atmete schwer durch, bevor sie zu ihrem Bericht ansetzte. „Es gibt hier so einen Verein, der jahrelang für Unruhe gesorgt hat. Lauter junge Leute, die von nichts eine Ahnung haben. Die wollten unbedingt ein Mahnmal errichten." Frau Grote schüttelte den Kopf, als sei das ein völlig unsinniges Anliegen gewesen. „Dabei waren wir doch froh, dass wir nicht mehr jeden Tag mit den Nazis in einen Topf geworfen wurden. Es reicht ja wohl, wenn jeden Tag Schaulustige von überall her zu unserer Burg kommen. Die Wewelsburger hatten doch mit alldem nichts zu tun. Das Lager war außerhalb des Dorfes, da hat doch keiner was mitbekommen. Und jetzt haben wir dieses Mahnmal quasi mitten im Ort und werden von den Touristen angeguckt, als wären wir schuld an dem Lager gewesen." Vor lauter Aufregung hatte sie ganz vergessen, an ihrem Aufgesetzten zu nippen, holte dies aber nun mit zittrigen Fingern und flackerndem Blick auf Heller nach.

Der suchte in seiner Erinnerung nach einem Bild von der Lage des Konzentrationslagers im Ortsplan. „Wurde das Mahnmal denn nicht im Bereich des Lagers errichtet?", wunderte er sich.

„Doch, auf dem ehemaligen Appellplatz."

Merkwürdige Wahrnehmung, dachte Heller. Das Lager ist weit weg, aber das Mahnmal auf dem Lagergelände mitten im Dorf. „Und nun haben Sie Angst, dass die Geschichte durch den Mord wieder hochkocht", stellte er fest.

„Genau. Können Sie das nicht irgendwie verhindern?"

„Ich fürchte: nein. Der Tote war Wachmann im Lager und dadurch, dass er hier im Dorf ermordet wurde, besteht der Verdacht, dass sein Tod im Zusammenhang damit steht. Die Presse muss darüber berichten, das ist unsere Aufgabe."

Frau Grote zog verzweifelt den Kopf zwischen die Schultern.

„Haben Sie die Befürchtung, dass jemand aus dem Dorf der Täter sein könnte?" Heller beugte sich vor und beobachtete aufmerksam die Reaktion der alten Frau. „Haben Sie vielleicht sogar einen konkreten Verdacht?"

„Nein, natürlich nicht." Sie hob abwehrend ihre freie Hand. „Von uns war das keiner!"

„Wenn Sie sich da so sicher sind, haben Sie ja auch nichts zu befürchten." Heller hatte sein Gläschen längst geleert und wartete vergeblich darauf, dass die alte Dame nachschenkte. Aber die machte keine Anstalten. Genau wie seine Oma: Die hatte auch immer nur eins rausgerückt. Also erhob er sich und wandte sich der Tür zu. „Sollten Sie allerdings im Ort etwas hören, das der Polizei weiterhelfen könnte, sind Sie verpflichtet, es der Mordkommission mitzuteilen. Sie können es aber auch gerne mir erzählen, wenn Ihnen das lieber ist. Gute Nacht, Frau Grote."

Er war schon halb im Flur, als ihm noch etwas einfiel. „Sagen Sie, ich habe heute in Ottens Hof zu Abend gegessen. Da war zuerst sehr wenig Betrieb und der Wirt hat mir gesagt, dass die Wewelsburger das Lokal meiden. Warum ist das so? Es ist doch sehr gemütlich da und das Essen ist gut."

„Das Haus ist von der SS gebaut worden, als Dorfgemeinschaftshaus." Frau Grote klang ehrlich entrüstet. „Da sollte sich die Dorfbevölkerung treffen und Kontakt zur SS bekommen. Wir Wewelsburger wollten mit denen aber nichts zu tun haben. Unser Pastor hat offen gegen die gepredigt und wir sind ja hier fast alle katholisch. Außerdem haben die SS-Männer die Mädchen im Dorf belästigt und da hat es oft Probleme mit unseren jungen Leuten gegeben."

„Und deshalb gehen Sie bis heute nicht dort essen? Sagten Sie nicht eben noch, das sei doch alles schon so lange her?"

„Das Haus ist und bleibt das Dorfgemeinschaftshaus der SS", beharrte Frau Grote störrisch. „Da geht keiner von uns hin."

Heller nickte, verließ Frau Grotes Wohnung und stieg nachdenklich zu seinem Zimmer hinauf. Dass Dörfler stur sein konnten, wusste er. Aber die Wewelsburger schienen da ein ganz besonderes Extrem zu sein.

Wewelsburg, den 15. Februar 1940

Meine liebe Mutti!

Daß ich Dir erst jetzt schreibe, liegt daran, daß ich in der letzten Woche alle Hände voll zu tun hatte, denn unsere Berufsverbrecher sind gegen Bibelforscher ausgetauscht worden. Als stellvertretender Kommandoführer mußte ich das alles alleine regeln. Mit solchen Organisationsaufgaben kann ich mich sicher für Größeres empfehlen und wer weiß, vielleicht werde ich einmal mein eigenes Konzentrationslager leiten, wenn man höheren Ortes auf mich aufmerksam wird. Meine unerbittliche Härte bei Fluchtversuchen hat sich jedenfalls schon bis nach Oranienburg herumgesprochen. Mich erreichen Briefe von dortigen Kameraden, die voll des Lobes sind.

Wir haben nun 100 neue Häftlinge dazubekommen und 18 neue Posten. Wenn ich die Bibelforscher mit dem Pack vergleiche, das wir gegen sie eingetauscht haben, dann muß ich sagen, daß sie sehr fleißig, ordentlich und sauber sind. Allerdings haben sie einen ganz großen Vogel. Ihr Gott heißt Jahawe und der verbietet ihnen, am Krieg teilzunehmen. Deshalb sind sie ja nun hier. Sie dürfen nicht töten und keine Waffen bearbeiten und nicht einmal anfassen. Die sind so besessen, daß sie ihre Haft hier als gottgefällig annehmen. Außerdem glauben sie, daß Gott sie bald erlösen wird. Wie kann man nur so wahnsinnig sein?

Du kannst dir sicher vorstellen, was ich alles zu regeln und zu organisieren hatte. Unser Lagerkommandant aus Oranienburg war für zwei Tage auf Inspektion hier und sehr zufrieden mit meiner Arbeit. Allerdings hat er angekündigt, daß das Arbeitskommando nochmal verdoppelt werden soll. Dann müssen Unterkünfte gebaut werden, sonst geht das nicht mehr.

Vom Besuch des Reichsführers kann ich Dir leider nicht viel berichten, denn ich habe ihn gar nicht zu Gesicht bekommen, weil er unser Lager nicht betreten hat. Der Reichsführer ist schnell weitergefahren nach Paderborn. Allerdings hat er noch angeordnet, daß wir mehr Häftlinge und Wachpersonal bekommen. Ich ahne, daß da große Aufgaben auf uns zukommen. Am Ende werden wir sicher in die großen Aktionen zur Reinerhaltung unserer Rasse einbezogen, von denen man nun aus dem Osten hört. Da werde ich mich erst recht bewehren können, wenn ich weiterhin hart und gnadenlos alle Befehle aus Oranienburg und Berlin umsetze.

Unsere Kaffeestunden in der Burgschenke finden nicht mehr statt, denn wir haben keinen Bohnenkaffee mehr. Dafür bekommt hin und wieder einer der Kameraden Kaffeebohnen und einen Napfkuchen von zu Hause geschickt und dann lädt er mich zu Kaffee und Kuchen ein. Das ist dann jedes Mal wie im Frieden bei Dir in der Küche.

Wenn ich Deine Briefe lese, bin ich Dir so nah, daß ich Dich riechen kann. Auch wenn die Kohlen knapp sind, bin ich doch froh, daß es Dir und den Kindern gut geht. Und der Winter ist bestimmt bald vorbei. Wenn dann der große Sieg eingefahren wird, haben wir im nächsten Winter auch wieder genügend Feuerung, wie es sich für den verdienten Frieden gehört.

Leider mußte ich wegen des Besuches des Reichsführers eine Menge Geld ausgeben: Eine neue Mütze kostete 12 Reichsmark, eine neue lange Hose 45, ein Kleppermantel 50. Zum Glück bekomme ich jeden Monat genügend Bekleidungsgeld und unter dem Strich macht der Krieg mich sogar reich.

Erst gestern habe ich wieder gesehen, wie gesund ich bin, denn alle unsere 38 Mann haben irgendetwas, nur ich nicht. Und mein Appetit wird auch immer größer. Ich lasse mir schon immer das Essen alleine in meiner Stube servieren, damit ich auch so richtig zulangen kann. Ein Kamerad hat mir zwei Pfund Landschinken aus dem Urlaub mitgebracht, die habe ich ganz alleine verputzt. Mit dem Paket, in dem dieser Brief liegt, schicke ich Dir Wurst und Butter, die ich für Euch organisieren konnte. Von dem Landschinken ist ja nun leider nichts mehr übrig.

Inzwischen habe ich auch einen Photoapparat und mache viele Bilder im Lager und im Steinbruch. Die lasse ich dann in Paderborn entwickeln. Hoffentlich sieht man darauf, wie groß die Leistung für das Vaterland und das ganze Volk ist, die wir hier erbringen.

So, nun muß ich aber Schluss machen. Der Bogen ist voll und das Papier ist knapp.

Grüße und Küsse!

Dein Vati

15

Den Sonntag verbrachte Lenz damit, seine Wohnung auszumisten. Natascha half ihm dabei. Er hatte den Samstagabend wieder im Lockvogel verbracht und sich diesmal vor ihrem Angebot gehütet, Tequila zu trinken. Stattdessen hatte er sich ganz gegen seine Gewohnheit sogar beim Bier zurückgehalten, um die Nacht mit Natascha diesmal bewusst erleben zu können. Am Morgen unter der Dusche hatte er sich zu diesem Entschluss beglückwünscht.

Natascha war nicht zimperlich, wenn es darum ging, das Eigentum anderer Leute zu entsorgen. Sie wirbelte aus den Schränken, was nicht niet- und nagelfest war, und stopfte es in dicke graue Müllsäcke. Lenz freute sich über ihre Hilfe. Wenn er auf sich allein gestellt gewesen wäre, hätten die Sachen hier sicher noch Jahre vor sich hin gegammelt.

„Meinst du, der Keller ist groß genug, um das alles da reinstopfen zu können?", zweifelte er.

„Wieso Keller?", zeigte sich Natascha erstaunt. „Das bringst du morgen nach Elsen zur Müllkippe. Soweit kommt das noch, dass du mir zum Messi wirst." Sie lachte ihr tiefes und doch glockenreines Lachen und fuhr unbeirrt fort, tabula rasa zu machen.

Seufzend verzurrte Lenz einen vollen Müllsack und wuchtete ihn zur Seite, während Natascha den nächsten von der Rolle wickelte und auffummelte.

„Wann hast du Zeit zum Möbelkaufen?", fragte sie wie beiläufig.

„Wieso ‚Möbelkaufen'?", imitierte Lenz ironisch ihren vorher noch so erstaunten Tonfall. „Findest du nicht, dass die Wohnung voll genug ist?"

„Du willst doch diesen finsteren Schrott nicht behalten!" Natascha unterbrach für einen Moment ihre Wirbelei, um sich zu ihm umzudrehen. „Ehrlich, wenn du willst, dass ich wiederkomme und in deinem Bett schlafe, dann gehst du mit mir zu Finke und kaufst neue Möbel." Sie deutete mit der rechten Hand um sich. „Das ist keine Wohnung, sondern eine Gruft." Sie machte sich entschlossen an das nächste Fach im Kleiderschrank. „Ich bin doch nicht aus Kasachstan abgehauen, um dann in Deutschland zu leben wie meine Babuschka!"

Schlagartig dämmerte Lenz, auf was er sich da eingelassen hatte.

16

Gina Gladow hasste Sonntage. Sie hatte durchaus gern dienstfrei, aber die Atmosphäre am Sonntag war für sie seit Kindertagen negativ belastet: Da war morgens Kirche Pflicht gewesen, und nachmittags langweilige Ausflüge in die Umgebung mit Mama, Papa, Oma, Opa und wenn es ganz schlimm kam, auch noch mit Tanten und Onkeln.

Zwar war sie der aufgezwungenen Spießigkeit entwachsen und musste sich auch keinen eigenen familiären Verpflichtungen mehr unterordnen, aber da sonntags alle Freunde auf Familie machten und die Geschäfte geschlossen blieben, hatte sich die Atmosphäre dieses Wochentages für sie nicht wesentlich geändert.

Nach dem Frühstück aus Kaffee und Knäckebrot hatte sich Gina mit ihrem Laptop aufs Sofa zurückgezogen. Hier saß sie nun mit angezogenen Beinen und scrollte durch die Suchergebnisse bei Google. Die waren mehr als dürftig. Sie hatte nach Überlebenden des KZ Niederhagen gesucht, aber fast ausschließlich Treffer bezüglich der jährlichen Gedenkveranstaltungen in Wewelsburg gelandet. Die dort aufgeführten Namen gehörten von weither angereisten Polen und Ukrainern. Nur der Name Franz-Joseph Füser war deutsch.

Eine entsprechende Namenssuche führte nun zu knapp siebzigtausend Treffern. Gina seufzte. Entweder gab es zu wenige oder zu viele Links, um damit auf Anhieb etwas anfangen zu können. Sie nahm sich vor, gleich am Montag eine Abfrage über die Melderegister Paderborns und der umliegenden Städte laufen zu lassen, um herauszubekommen, ob jemand dieses

Namens im näheren Umfeld wohnte oder in den letzten Jahren gewohnt hatte. Vielleicht gab es dann auch Nachfahren, die man in die Tätersuche einbeziehen konnte.

So kam sie jedenfalls im Moment nicht weiter. Resigniert klappte Gina ihren Laptop zu und blickte ziellos aus dem Fenster. Als sie sich die Ereignisse von Freitag in Erinnerung rief, waren auch gleich die Bilder des völlig zerstörten toten Körpers und der Spuren auf dem Wewelsburger Kopfsteinpflaster wieder da – all das Blut und die Hirnmasse. Offenbar konnte sie sich nicht davon freimachen. Dabei war sie zu Beginn ihrer Berufslaufbahn erstaunt gewesen, wie leicht sie die nötige professionelle Distanz aufbauen und Erlebnisse an Leichenfundorten in ihrer Freizeit ausblenden konnte. Sie hatte anfangs sogar an ihrer emotionalen Kompetenz gezweifelt. Nach drei Jahren Todesfallermittlung war sie jedoch davon überzeugt, dass es sich um eine besondere Qualifikation handelte. Sie hatte so manches gesehen, das sie niemals hätte wegstecken können, wenn sie es an sich herangelassen hätte.

In diesem Fall kam allerdings etwas hinzu, das widerstreitende Gefühle in ihr auslöste und das sie nicht so leicht auf die professionelle Ebene schieben konnte: die Tatsache, dass es sich bei dem Opfer um einen ehemaligen KZ-Wachmann der SS handelte. Bisher waren die Verbrechen des Dritten Reiches für sie immer sehr weit weg gewesen. Auch die räumliche Nähe zur Wewelsburg hatte daran nichts geändert, obwohl sie natürlich in der Schule die grausamen Fakten gelernt hatte. Nun bekam das Grauen Gesichter: Anton Kottmann, Julius Merschhaus und all die anderen Bewohner des Nazi-Traktes in der Seniorenresidenz Friedenstal.

Wenn sie an das Auftreten des Ritterkreuzträgers Merschhaus dachte, hätte sie kotzen können. Und von diesen Unbelehrbaren gab es in Büren eine ganze Altenheimetage voll! Die Vorstellung, dass der Nachfahre eines ihrer Opfer sie nun kurz vor Toresschluss noch zur Rechenschaft ziehen könnte, war ihr dagegen fast schon sympathisch. Nichtsdestotrotz war sie Kriminalbeamtin und hatte Mörder zu jagen und ihnen kein Verdienstkreuz umzuhängen.

Und noch ein Kotzbrocken tauchte nun in ihren Gedanken auf: dieser junge Fascho Wolfgang Kaup mit seinen Feiner-Pinkel-Manieren. Solche Typen fand sie besonders widerlich, denn die reklamierten genau das für sich, wofür sie als Polizeibeamtin einstand: Recht und Ordnung. Wenn es nach denen ging, würde Deutschland bald wieder von einer Willkürjustiz beherrscht und das Land für alle, die nicht im Gleichschritt mitmarschierten, zu einem Gefängnis werden. Die Drahtzieher waren keine tumben Skins, die außer Alkohol und Dünnschiss nichts in der Birne hatten. Die Vordenker der Neuen Rechten waren in der Regel intelligente und gut ausgebildete Frauen und Männer, die mit ihrem bürgerlichen Auftreten inzwischen ja sogar für eine große Gruppe der Bevölkerung wählbar wurden.

Zum Glück waren die anderen zumindest momentan noch die Mehrheit.

Gina hätte selbst nicht sagen können, warum, aber plötzlich hatte sie Mario Hülsmann vor Augen. Sie musste grinsen, als sie an sein albernes Gebalze dachte. Normalerweise hätte sie ihn eiskalt abprallen lassen. Aber sie hatte die Reaktion von Lenz bemerkt, und so war es ihr ein Vergnügen gewesen, auf das Geflirte des Bufdis einzugehen.

Lenz. Auch wieder so ein selbstherrlicher Macho, den man nicht früh genug auflaufen lassen konnte. Der würde er sich noch öfter eine blutige Nase holen. Die Ostwestfalen hatten eine komplett andere Mentalität als die Kumpel an der Ruhr. Steinbrecher hatte ihm das gleich zu verstehen gegeben. Das hatte ihr Spaß gemacht, auch wenn Steinbrecher selbst ein Arsch war.

Gina war sich nicht sicher, ob Schröder, der Erbsenzähler und Prinzipienreiter, nicht doch eine bessere Wahl für den Posten des Kommissariatsleiters gewesen wäre. Zumindest wusste sie nach drei Jahren ganz genau, wie sie ihn zu nehmen hatte. Und er hatte sich mit ihrer flapsigen Art arrangiert, weil er offenbar erkannt hatte, dass ihre Fähigkeiten eine Lücke in der Abteilung füllten, die man sich heute in der modernen, digital bestimmten Ermittlungsarbeit nicht mehr leisten konnte.

Sie fluchte leise, weil sie sich eingestehen musste, dass digitale Kompetenz eben doch nicht alles war. Gott Google hatte sie jedenfalls gerade eben bestenfalls in die Wüste geführt.

Da fiel ihr der zweite Auftrag ein, den Lenz ihr erteilt hatte und der absolut überschaubar war. Also klappte sie den Laptop wieder auf und gab Frau Dr. Reuthers Namen in die Suchmaske ein. Auf der Seite der Notfallambulanz Büren erfuhr sie, dass die Ärztin an diesem Wochenende Notdienst hatte. Also griff Gina zu ihrem Smartphone. Bereits nach dem zweiten Klingeln hatte sie Frau Dr. Reuther in der Leitung. Sie schilderte der Ärztin kurz ihr Anliegen und verabredete sich mit ihr in der Notfallpraxis.

Mit neuem Elan sprang Gina vom Sofa und lief ins Badezimmer. Zwanzig Minuten später bugsierte sie ihr Auto aus der engen Parklücke. Während Gina Kurs auf die B1 nahm, fasste sie noch einen weiteren Entschluss: Wenn sie schon einmal in Büren war, konnte sie später einen Abstecher in die Seniorenresidenz machen und Mario am Empfang ein bisschen Gesellschaft leisten. Vielleicht erfuhr sie von dem Bufdi ja noch etwas, das sie weiterbrachte, über die alten Nazis und über Wolfgang Kaup.

Auf der Bahnhofstraße pfiff Gina einen Song im Radio mit. Ihre Laune hatte sich in der letzten halben Stunde um einhundertachtzig Grad gedreht, weil dieser Sonntag nun wohl doch nicht ganz so öde wurde, wie sie befürchtet hatte.

17

Am Abend schob Lenz Natascha gegenüber vor, in seinem aktuellen Fall recherchieren und dringend nach Wewelsburg fahren zu müssen. Das führte ihn aus der Eichengruft und bewahrte ihn vor einem direkten Wechsel zusammen mit ihr hinüber in den Lockvogel. Nach der gemeinsamen Wühlerei brauchte er dringend etwas Abstand. Er musste ihr allerdings versprechen, im Lokal vorbeizuschauen, bevor er ins Bett ging. Lenz hatte Natascha erst vor zwei Tagen kennengelernt und fühlte sich schon jetzt derart von ihr eingenommen, dass sich der Fluchtreflex regte.

Während die zupackende Kasachin also im Bistro ihren Dienst antrat, fuhr Lenz in das Burgdorf und stellte sein Auto auf dem Parkplatz neben dem Tatort ab. Bis auf die Kreidezeichnungen der KTU erinnerte nichts mehr an den Mord.

Auf der Fahrt hierher hatte er sich an Dr. Ellings Rat erinnert, im ehemalige Dorfgemeinschaftshaus zu essen. So betrat er wenig später durch die massive Eichentür und einen schweren Vorhang Ottens Hof. Ein Zecher von Mitte Fünfzig hing schräg auf seinem Hocker vor der Theke und sinnierte in sein Glas. Lenz setzte sich mit Sicherheitsabstand daneben und bestellte ein Bier. Der Wirt linste auf die Uhr und zapfte gleich drei Gläser an.

Lenz sah zu, wie bei jedem Zapfgang die Kronen wuchsen. Das schien ihm für den Abend genug Abwechslung, zumal hier offenbar tatsächlich noch sieben Minuten für ein gutes Pils eingeplant wurden. Gute alte Traditionen sollte man nicht ohne Not infrage stellen.

Die Tür öffnete sich und ein älterer Mann in Cordhose und Cordjacke in Straßenköter-Braun betrat den Gastraum mit kurzem Gruß in Richtung Wirt: „Kurt ,,," Der antwortete mit mit „Rolf …" und stellte je ein Pils vor den Philosophen und den leeren Platz direkt neben ihm. Dort ließ Rolf sich nieder. Lenz bekam sein Bier als Letzter.

„Und?", fragte Rolf und hob sein Bierglas an.

Während Lenz noch darüber nachdachte, wem diese präzise Frage wohl gegolten haben mochte, antwortete der Zecher: „Muss." Auch er hob sein Bierglas an, trank es halb leer und schob mit kurzer Verzögerung nach: „Selbst?"

„Auch", antwortete Rolf, nickte zufrieden und setzte das Glas an die Lippen.

„Hauptsache", kam der Zecher zu einer stimmigen Synthese und ließ dann genüsslich den Rest seines Bieres in die Kehle laufen, ohne dass Lenz eine Schluckbewegung hätte wahrnehmen können.

Fast gleichzeitig setzten die beiden Männer ihre leeren Gläser auf der Theke ab und wischten sich synchron den Schaum von den Oberlippen. Wirt Kurt hatte inzwischen zwei neue Gläser angezapft, so dass die Beiden in den kommenden Minuten hoch konzentriert das langsame Werden der nächsten Runde studieren konnten. Das Ganze schien derart eingespielt zu sein, dass es geradezu etwas Rituelles hatte.

Lenz fragte sich, wo er hier eigentlich hingeraten war. Im Fernsehen wimmelte es von Bayern, die in Lederhose durch Hamburg taperten, und sogar von Fischköppen, die als Kommissare in Rosenheim ermittelten. Das ging erwartungsgemäß nicht ohne Konflikte ab. Diesen clash of cultures hatte Lenz zwar immer als arg konstruiert empfunden, aber dass der Sprung über den Weißwurst-Äquator Probleme einbringen konnte, ließ sich nachvollziehen. Zwischen dem Kreis Paderborn und Hamm jedoch lagen gerade einmal fünfundsiebzig Kilometer. Und doch waren die Unterschiede in der Mentalität der Menschen frappierend.

Offenheit wurde hier als Frontalangriff gewertet. Vor-sich-hin-Schweigen war die übliche Form der Kommunikation und wenn dann doch einmal geredet werden musste, schienen Zweiwortsätze schon zu lang. Wie anders ging es da in Hamm zu! Lenz sehnte sich schon jetzt nach der Knolle, seiner Stammkneipe, zurück. Gemessen an der Atmosphäre hier an der Theke war da schon High Life, wenn er mit dem Wirt alleine war. Und wenn seine Kumpels erst dazukamen …

Gut, es kam auch schon mal vor, dass die ungebremste Kommunikation in der einen oder anderen blutigen Lippe gipfelte, vor allem zu fortgeschrittener Stunde und mehr als zehn Strichen auf dem Deckel. Aber am Ende war dann auch immer alles klar und man konnte in innigster Freundschaft das nächste Bier zusammen trinken. Das war Geselligkeit. So ging Freundschaft. Die beiden Dörfler an der Theke in Ottens Hof hingegen waren gemeinsam einsam. Seufzend trank Lenz sein Bier aus und schob das Glas schweigend in Kurts Richtung, damit der die Luft herausließ. Derart klare Signale verstand der auch umgehend. Das war ja schon mal besser als nichts.

Die Zöpfe lagen ausgewickelt auf dem Tischchen, während Fabian Heller langsam das orangefarbene Fotoalbum durchblätterte.

Die kleine Gisela lachend in geblümter Spitzenbluse und ebensolchem Rock an ihrem Pult in der Schule, als Hintergrund die Karte des Großdeutschen Reiches. – Das kleine, zur Straßenseite hin verschieferte Fachwerkhaus ihrer Großmutter im sauerländischen Medebach. Dorthin war die damals Siebenjährige vor den alliierten Fliegerangriffen evakuiert worden. – Gruppenfoto mit vier lachenden Mädchen auf einer Wiese mit Schafherde im Hintergrund; alle Mädels blond mit langen Zöpfen. – Gisela lachend im Trachtenkleid vor dem Schaufenster des Modegeschäftes ihres Onkels Fritz in Medebach. Zu dem Zeitpunkt fielen im Ruhrgebiet die Bomben, Menschen rannten mit ihren Habseligkeiten um ihr Leben in die Hochbunker, in Hamm wurde der größte Verschiebebahnhof Europas dem Erdboden gleichgemacht.

Das gesamte Ruhrgebiet wurde wegen seiner Zechen und Stahlwerke in eine Trümmerwüste verwandelt. Aber in der ländlichen Idylle des Sauerlandes gab es keine Industrie, dort waren die Kinder in Sicherheit.

Heller erinnerte sich daran, dass die Augen seiner Mutter immer gestrahlt hatten, wenn sie von ihrer glücklichen Kindheit erzählt hatte. Ihre älteren Geschwister dagegen kannten nur Geschichten von Fliegerangriffen, Brandbomben, verschütteten Toten und Angst. Die älteren Schwestern Irmgard und Margret hatten darüber hinaus ihre Pflichtjahre auf Bauerngütern irgendwo im Osten mit harter körperlicher Arbeit ableisten müssen.

Als die Fotos aus den Fünfziger Jahren kamen, die ersten mit seinem Vater, dem Fiat 500, dem kleinen Zelt im Campingurlaub im Allgäu, schlug Heller das Album zu. Das war ihm zu nah und die Zeit noch nicht reif für so viel Emotion. Er lehnte sich zurück und blickte aus dem Fenster seines Pensionszimmers, ohne draußen etwas wahrzunehmen.

Seine Mutter war ein Kind gewesen damals, zu jung, um sich schuldig zu machen und auch um die Freuden des unbeschwerten Kinderlebens nicht zu genießen. Die Burgmaiden in Wewelsburg hingegen waren erwachsen gewesen. Aber wie erwachsen war man mit achtzehn oder zwanzig Jahren? Außerdem waren die jungen Frauen ja selbst nicht betroffen gewesen. Weshalb sollten sie sich mehr mit den Häftlingen in Sträflingskleidung befassen - den Feinden des Reiches - als mit den schmucken Soldaten in schwarzen Uniformen, die ihnen Avancen machten?

Das Leben war anders gewesen damals, enger. Man wuchs in großen Familien und winzigen Wohnungen auf; mit vielen Geschwistern, mit denen man sich das Zimmer teilen musste. Volljährig war man mit Einundzwanzig, obwohl man mit Vierzehn schon die Volksschule verließ und in die Lehre ging. Bis dahin stand man unter der strengen Knute prüder Eltern. Wenn man also mit achtzehn Jahren als lebenslustiges Mädchen die Chance bekam, aus der Enge zu fliehen und noch dazu eine Anstellung auf einer Märchenburg zu bekommen, mit Rittern in schwarzen Uniformen - war es dann nicht verständlich, dass man das genoss und als schönste Zeit des Lebens in Erinnerung behielt? War es, dachte Heller. Wenn da nicht die gequälten Häftlinge und die vielen Toten gewesen wären, die die Burgmaiden und erst recht die Sekretärinnen der Lagerverwaltung und der Bauleitung ja tagtäglich gesehen haben mussten! Wie konnte man die nur ausblenden?

Heller packte Zöpfe und Fotoalben weg und beschloss, eine Runde durch das Dorf zu drehen und etwas frische Luft in seine Hirnwindungen zu lassen.

Wieder öffnete sich die Kneipentür und Lenz machte sich schon auf einen dritten Schweiger gefasst, als er mit ungläubigem Staunen Fabian Heller erkannte, der im Windfang stehen blieb und seinen Augen Zeit ließ, sich an das Schummerlicht zu gewöhnen. Dann entdeckte er Lenz und zuckte leicht zusammen. Einen Moment lang schien er zu überlegen, ob er sofort den Rückzug antreten sollte, aber schließlich gab er sich sichtlich einen Ruck und steuerte auf die Theke zu, wo er sich auf dem Hocker neben ihm niederließ.

„Kurt", rief der Kommissar dem Wirt zu, „zwei Bier für meinen Freund und mich."

Der störte sich nicht an der distanzlosen Anrede und zapfte gleichmütig los, während Lenz und Heller schwiegen und auf die zuverlässig wachsenden Pilskronen starrten.

„Ist lange her", wandte sich der Kommissar schließlich an den Journalisten, als ihm das Schweigen zu laut wurde.

„Mhm."

„Viel Zeit vergangen seitdem", versuchte Lenz es weiter.

„Hm." Das klang wie ‚nicht genug'.

„Wie lange ist das jetzt?" Langsam wurde es zäh.

Der Wirt stellte die Gläser vor ihnen ab und tauschte auch die vor Rolf und dem Zecher aus.

Heller trank einen langen Zug und ließ sich Zeit dabei. Schließlich stellte er das Glas vor sich auf den Bierdeckel, richtete den Schriftzug penibel nach vorne aus, wischte sich den Schaum von der Oberlippe und antwortete: „Über zwanzig Jahre."

„Über zwanzig Jahre …" Lenz schüttelte den Kopf. „Verflucht, wo ist die Zeit geblieben?!"

Heller nickte schweigend.

Mit einem Ruck drehte sich Lenz schließlich ganz zu ihm um. „Immer noch sauer?"

Statt einer Antwort griff Heller wieder nach seinem Glas und trank mit kleinen Schlucken.

„Ehrlich, Kumpel", insistierte Lenz, „das war nicht so gemeint damals. Wenn ich gewusst hätte, dass du …"

„Du hast es gewusst."

„Ja, aber ich habe das nicht so ernst genommen."

„Lass gut sein. Ist wirklich schon lange her." Heller winkte dem Wirt, der aus wenigen Metern Entfernung dem Gespräch gelauscht hatte. „Tauschen Sie mal das Leergut aus?"

Sieben Minuten Zapfen, sieben Minuten geballtes Schweigen. Hier hätte man Gleichmut lernen können – wäre da nicht die ungemütliche Spannung zwischen ihnen gewesen.

Als das Bier schließlich vor ihnen stand, hatte Lenz das Gefühl, für etwas Auflockerung sorgen zu müssen, wenn der Abend nicht in völlige Depression abrutschen sollte. „Weißt du, woran mich diese Situation erinnert?"

„Nee. Woran?"

„An einen Witz, den mir neulich irgendwer erzählt hat. Willst du ihn hören?"

„Nee."

„Egal, ich erzähl ihn dir trotzdem." Lenz feuchtete sich vorsorglich die Kehle mit einem Schluck Bier an. „Pass auf: Sitzen zwei Männer nebeneinander an der Theke und schweigen. Der eine guckt den anderen immer wieder von der Seite an und fragt schließlich: Sag mal, bist du nicht der Sohn von dem Ziegenficker? Darauf der andere entrüstet: Nääääääh!"

Lenz nahm erneut einen Schluck und verzog keine Miene, während Heller sich vor Lachen am Bier verschluckte und heftig husten musste.

„Du bist so ein blöder Hund, weißt du das?", keuchte er schließlich und wischte sich die Tränen ab.

„Weiß ich", antwortete Lenz beiläufig und gab dem Wirt ein Zeichen, noch zwei Gläser Bier zu zapfen. „Ich geb mir ja auch Mühe."

Wieder öffnete sich die Kneipentür und alle Köpfe drehten sich synchron dorthin. Gina Gladow trat durch den Vorhang und blickte sich im Lokal um. Lenz wollte schon die Hand zum Gruß heben, als direkt nach der jungen Kollegin Zottel-Mario den Gastraum betrat. Scheiße! Hatten sich heute alle gegen ihn verschworen?

Auch Gina Gladow schien wenig erfreut, ihn hier zu sehen, und nickte ihm nur kurz zu. Dann tuschelte sie mit Mario, der mit den Schultern zuckte. Schließlich machte auch sie eine Geste der Resignation und ließ sich mit ihrem jungen Begleiter in einer der Nischen nieder, weit genug entfernt von der Theke.

„Was machst du eigentlich hier?", erkundigte sich Heller plötzlich. „Wohnst du etwa in dem Kaff?"

„Oh Gott, nein!" Lenz wehrte die Unterstellung mit beiden Händen ab. „Ich ermittele in dem Mordfall hier an der Burg."

Jetzt schien Heller aufzuwachen. Interessiert drehte er sich auf dem Hocker Lenz zu. „Das heißt, du bist bei der Paderborner Kripo?"

Lenz nickte. „Und du? Lehrer geworden?"

„Nee."

„Wolltest du das nicht immer?"

„Doch, schon, aber nach dem Referendariat habe ich erst mal eine Auszeit genommen, bin rumgereist, habe Reiseberichte geschrieben und Reportagen. Und dabei bin ich dann hängengeblieben."

„Du bist Pressefuzzi?", fasste Lenz erstaunt zusammen und plötzlich verstand er: „Ach so, du bist auch wegen des Mordfalls hier. Für welche Zeitung arbeitest du?"

„In diesem Fall für den Westfälischen Anzeiger. Sonst bin ich freier Journalist."

Lenz nickte verstehend. „Und die Schule war nichts für dich?"

„Nee. Zu eng und unflexibel. Und die Schüler sind in der Regel auch nicht so motiviert, wie man sich das als idealistischer Anfänger so vorstellt."

„Also Praxisschock", meinte Lenz und gab dem Wirt ein Zeichen, nachzuzapfen. „Aber Respekt, dass du den Job dann nicht einfach durchgezogen hast. Jetzt bist du dein eigener Herr."

„Stimmt schon, allerdings ist das nicht gerade eine sichere Lage. Als Beamter kommt regelmäßig das Gehalt, egal wie viel du arbeitest. Und am Ende gibt es eine satte Pension obendrauf." Hellers Blick war halb neidisch, halb spöttisch.

„Was nützt das, wenn dir der Job keinen Spaß macht?", meinte Lenz.

„Und dir macht er Spaß?"

„Meistens. Die Leichen sind zwar immer tot, aber jeder Fall ist anders. Ich puzzle halt gerne. Außerdem befriedigt die Arbeit meinen Jagdinstinkt."

Heller lachte und prostete ihm mit seinem frischen Bierglas zu. „Dann erzähl doch mal. Was habt ihr denn schon?"

„Stopp, mein Lieber. Der ermittelnde Kommissar und die Presse, das wird bei uns nicht gerne gesehen. Morgen zitierst du mich und ich kriege von meinem Vorgesetzten was aufs Maul. Wende dich an die Pressestelle."

„Nun hab dich nicht so", wandte Heller schmunzelnd ein. „Den Anzeiger liest in Paderborn doch kein Schwein. Ihr habt hier eigene Provinzblätter." Und als Lenz immer noch den Kopf schüttelte, schob er nach: „Um der alten Zeiten willen." Das klang wie: ‚Das bist du mir schuldig.'

Lenz zierte sich pro forma noch ein bisschen, dann rang er Heller das Versprechen ab, im Gegenzug ebenfalls alles zu erfahren, was der Journalist herausfand. Er berichtete nun ausführlich von dem Toten, den Bewohnern der Seniorenresidenz und den Hinweisen darauf, dass der Mord in Zusammenhang mit Kottmanns Dienst im KZ Niederhagen stehen könnte.

Heller pfiff durch die Zähne. „Nicht schlecht. Dann hat Brenner mal wieder den richtigen Riecher gehabt."

„Wer ist Brenner?"

„Mein Chefredakteur beim Anzeiger." Heller erzählte, wie er auf die Story angesetzt worden war und dass er eigentlich momentan über den Auschwitz-Prozess berichtete. „Du kannst dir das nicht vorstellen: Hanning sitzt einfach nur da und lässt die bewegendsten Zeugenaussagen an sich vorbeilaufen, als ginge ihn das Geschehen in Auschwitz nichts an. Da ist kein Ansatz von Schuldgefühl zu erkennen, keinerlei Einsicht."

Lenz nickte. „So ist das in dem Greisengehege in Büren auch. Für die alten Knacker sind das Erinnerungen an die schönste Zeit ihres Lebens. Was ist schon das Leid damals rechtmäßig verurteilter Volksfeinde gegen Ruhm und Ehre in einer glorreichen Zeit? Außerdem sind die meisten von ihnen ja auch niemals juristisch zur Rechenschaft gezogen worden."

„Scheiße." Heller leerte sein Bierglas, während Lenz zustimmend nickte. „Gestern Abend hatte ich hier übrigens ein Erlebnis, das dich vielleicht interessiert."

Lenz lauschte nun dem Bericht über Neonazi-Rocker, die dem ehemaligen Dorfgemeinschaftshaus wieder altes Leben eingehaucht hatten. Angewidert blickte er sich im Gastraum um und hatte plötzlich kein so harmonisches Bild mehr vor Augen.

„Hast du eine Ahnung, was für eine Aktion die braune Meute da gefeiert hat?", erkundigte sich der Jounalist.

Lenz schüttelte den Kopf. „Ich hatte am Wochenende dienstfrei und hab die Meldungen nicht verfolgt."

„Dienstfrei während einer Mordermittlung?"

„Ich kann mir das erlauben", tat Lenz gleichmütig. „Ich habe gute Mitarbeiter." Er deutete mit dem Kopf auf die beiden Gäste in der Nische.

„Das sind deine Leute?" Hellers Stimme war deutlich anzuhören, dass er das für unmöglich hielt.

„Nicht der Rasta-Arsch, nur die aufreizend gekleidete junge Dame. Aber Vorsicht, die ist nicht nur eine erstklassige Polizistin, die hat auch Haare auf den Zähnen und verputzt einen wie dich zum Frühstück."

„Verlockende Vorstellung." Hellers Blick unter hochgezogenen Augenbrauen verriet, dass er Lenz´ Darstellung für wenig überzeugend hielt. Schließlich wandte er sich wieder dem Tresen und seinem Glas zu.

Die Zeit ging dahin, das Bier floss ohne größere Nachschubprobleme und Lenz beobachtete, wie auch in der Nische bei Gina Gladow und Zottel-Mario die Stimmung immer gelöster wurde.

„Komm", forderte er Heller schließlich auf, als der Alkohol die Hemmschwelle endgültig eingerissen hatte, „ich stelle dir meine Kollegin vor. Aber Vorsicht: Die hat eine Art Allergie gegen Männer in unserem Alter."

„Das klingt ja vielversprechend", meinte der Journalist skeptisch.

Lenz rutschte leicht strauchelnd von seinem Hocker, gab dem Wirt den Auftrag, alle Getränke am Tisch in der Nische zu erneuern, und wankte voraus. Heller folgte ihm zögernd und auch nicht mehr ganz sicher auf den Beinen.

Hatte Lenz zunächst befürchtet, von Gina Gladow abgewiesen zu werden, so wurde er nun überrascht. Fast freundschaftlich begrüßte die junge Kommissarin ihren Vorgesetzten und dessen angeheiterten Kumpel und rutschte sofort zur Seite, um für sie Platz zu machen. Offenbar war sie heute Abend ausnahmsweise einmal nicht auf Krawall gebürstet. Schadenfroh beobachtete Lenz, dass der Zottel-Bufdi eine Schnute zog, aber nicht wagte, seiner attraktiven Begleiterin zu widersprechen.

Interessiert betrachtete Gina Gladow Fabian Heller. „Sie sind ein Freund von Herrn Lenz?"

„Das kann man so nicht sagen", relativierte der Journalist. „Wir sind zusammen zur Schule gegangen. Nach dem Abi haben wir uns irgendwann zum Glück aus den Augen verloren."

„Genau", tönte Lenz, nahm die Gläser entgegen, die der Wirt an den Tisch brachte, und verteilte sie vor den anderen. „Und heute Abend sind wir uns nach über zwanzig Jahren wiederbegegnet."

„Wenn das kein Grund zum Feiern ist", nörgelte Mario mit angefressener Miene.

„Ist es, Kumpel, ist es!" Lenz klopfte ihm aufmunternd auf die Schulter. „In diesem Sinne: Prost!"

Gina Gladow blickte grinsend zwischen ihrem jungen Begleiter und ihrem Vorgesetzten hin und her. Sie hatte an dieser Konfrontation offenbar als Einzige ihre Freude. „Wir sind doch jetzt rein privat hier, oder Chef?", wollte sie dann mit unschuldigem Gesichtsausdruck von Lenz wissen.

„Sind wir." Irgendetwas ließ bei Lenz die Alarmglocken schrillen, aber der Alkohol hatte offenbar die Verbindung zwischen dem langsamen Gehirn und der vorschnellen Zunge gekappt.

„Also gut", wandte sie sich an Heller. „Sagen Sie mal …"

„Ich heiße Fabian, und du?", unterbrach der Journalist sie feuchtfröhlich grinsend.

„Gina", entgegnete sie lachend. „Also, sag mal, war dein Schulkamerad schon immer so ein Arschloch?" Sie deutete mit dem Kopf auf ihren Vorgesetzten.

Heller nickte übertrieben. „War er. Ein Super-Riesen-Arschloch sogar."

„Sieht so aus, als könnte Sie da noch jemand so gut leiden wie ich." Gina Gladow grinste Lenz frech an.

Der fühlte, dass seine gute Stimmung in Gefahr geriet, und biss sich auf die Unterlippe.

„Was hat er dir denn angetan?", hakte Gina bei ihrem neuen Freund Fabian in vertraulichem Tonfall nach und beugte sich zu ihm vor.

Der zierte sich zunächst, antwortete aber dann doch: „Er hat mir die Freundin ausgespannt."

„Ich konnte doch nicht wissen …", versuchte Lenz einen Einwand.

„Ach, konntest du nicht? Wir waren fast drei Jahre zusammen, das wusste jeder in der Stufe. Und dann hast du sie angebaggert, du Arsch."

„Scheißkerl!", urteilte Gina Gladow.

„Da gehören ja wohl immer noch zwei dazu", verteidigte sich Lenz. „Sie hätte mich ja auch abblitzen lassen und bei Fabian bleiben können." Er trank einen Schluck und schob dann triumphierend nach: „Hat sie aber nicht!"

„Arschloch", meldete sich nun auch Mario, der bisher schweigend die beleidigte Leberwurst gegeben hatte.

„Du hältst dich da raus!“, befahl Lenz. „Mit Fabian hab ich schon als Kind ins selbe Schulschwimmbecken gepinkelt, der darf mich so nennen. Aber du nicht, du Hiphop-Kasper!“

„Raggae“, korrigierte Mario ungerührt.

Gina Gladow hatte sichtlich Spaß an dem, was sie da angezettelt hatte, und prostete Heller zu. Mario erkannte offenbar, dass er heute Abend nicht mehr bei ihr landen konnte, und forderte Lenz auf, ihn aus der Bank zu lassen.

„Ach, willst du schon gehen?“, tat der erstaunt. „Das ist aber schade.“

„Wirt! Zahlen!“, rief Mario wütend zur Theke hinüber.

„Lass nur, ich habe dich eingeladen“, widersprach Gina Gladow. „Du kannst dich ja beizeiten revanchieren.“

„Aber dann ohne die beiden Arschlöcher“, antwortete Mario und verließ wütend den Gasthof.

„Ich fürchte, den hast du jetzt verprellt“, freute sich Lenz und nahm erstaunt zur Kenntnis, dass Gina Gladow diesmal nichts gegen die distanzlose Anrede einzuwenden hatte. Vielleicht wurde dieser Abend doch noch der Anfang einer wundervollen Freundschaft.

Da hatte er die Rechnung jedoch ohne seine Kollegin gemacht. „Du hast ihm also die Freundin ausgespannt“, stellte sie mit einer Kopfbewegung in Hellers Richtung fest und beugte sich interessiert zu Lenz vor.

Der lachte und nickte. „Wie hieß die Perle übrigens noch?“, fragte er Heller.

„Michaela. Sie hieß Michaela und war nicht meine ‚Perle‘, sondern meine Freundin.“

„Oh, Entschuldigung!“ Lenz hob beide Handflächen. „Stimmt, Michaela. Das war echt ’ne scharfe Braut.“

Gina Gladow blickte zwischen den Beiden hin und her. Schließlich blieb sie bei Heller hängen. „Was ist damals passiert?“

„Vergiss es“, wehrte der ab. „Ist schon lange her.“

„Ich möchte es aber wissen.“

Heller sah sie zweifelnd an, kam aber offenbar zu dem Schluss, dass sie es ernst meinte. „Es war in den Sommerferien. Ich hatte einen Ferienjob im Mineralmahlwerk und konnte mich immer erst am Nachmittag ab Vier mit ihr treffen. Einmal kam ich bei ihr zu Hause an und sie war nicht da. Ihre Mutter sagte, ein Freund habe sie mit dem Fahrrad zum Schwimmen abgeholt. Ich bin dann zur Lippe rausgefahren. Da gab es eine Stelle mit tiefen Becken zwischen den Sandbänken. Wir waren oft zum Schwimmen dort. Tja, und da habe ich sie dann gesehen.“

„Michaela und Lenz“, vergewisserte sich Gina Gladow.

„Genau. Sie haben mich nicht bemerkt. Ein paar Meter von mir entfernt haben sie es im Wasser miteinander getrieben.“

„Spanner“, bemerkte Lenz gekünstelt vorwurfsvoll.

„Scheiße“, urteilte Gina Gladow. „Du bist echt ein Arschloch, Lenz.“

Der blickte sie entzückt an und erinnerte sich: „Das Wasser war unglaublich warm da."

Heller nickte. „Ein paar Kilometer flussaufwärts war das Kernkraftwerk. Die haben ihr Kühlwasser aus der Lippe gezapft und warm zurückgeleitet."

„Deshalb", meinte Lenz. „Ich hab mich schon gewundert damals."

„Ihr habt es im Kühlwasser eines Kernkraftwerks getrieben?" Gina Gladow war entsetzt. „Deshalb bist du so verstrahlt!"

„Wenigstens habe ich eine logische Erklärung für meinen Zustand", entgegnete Lenz und griff gleichmütig nach seinem Bierglas.

Die drei verließen Ottens Hof erst, als Rolf schon lange gegangen war und der Zecher seit mindestens zwei Stunden auf einer Bank in einer Nische schnarchte.

„Wie kommst du jetzt nach Paderborn?", fragte Lenz Gina Gladow lallend.

„Gar nicht. Ich habe Verwandtschaft hier, da kann ich schlafen. Und du?"

Scheiße!, dachte Lenz. „Tja ..." Er zuckte theatralisch mit den Schultern, als ihm plötzlich die Rettung einfiel. „Meinst du, ich könnte vielleicht auch bei deiner Verwandtschaft ...?"

„Keine Chance." Gina Gladow hob den rechten Zeigefinger. „Die sind alle erzkatholisch hier."

„Scheiß Katholiken", grummelte Lenz.

„Also los", warf Heller genervt ein. „Dann kommst du eben mit zu mir. Ich hab einen Sessel frei. Aber benimm dich, sonst werfe ich dich meiner Vermieterin zum Fraß vor."

„Vermieterin?", horchte Lenz auf. „Wie alt ist die denn?"

„Über Achtzig", triumphierte Heller. „Die erschlägt dich mit ihrer Betonfrisur."

„Scheiße!", fluchte Lenz erneut.

Ginas Lachen hörten sie noch, als sie längst um die nächste Ecke verschwunden war und Heller und Lenz Arm in Arm durch die kleine Gasse in Richtung Burgplatz wankten.

18

Nachdem Heller und Lenz in dem kleinen Kiosk gefrühstückt hatten, machte sich der Journalist auf den Weg nach Detmold zum nächsten Verhandlungstermin und der Kriminalhauptkommissar stieg in sein Auto und fuhr zum Dienst nach Paderborn – in der Hoffnung, in keine Alkoholkontrolle zu geraten.

Als er das Kommissariat betrat, herrschte eine auffallend gelöste Stimmung. Hämische Seitenblicke trafen ihn, während er durch den Flur zu seinem Büro ging. Die Kollegen standen zusammen und betrachten etwas, das

Schröder in der Hand hielt. Als Lenz sich näherte, schlichen sie grinsend auseinander. Feige Bande, dachte er.

Nur Schröder blieb stehen und hielt Lenz ein Foto hin: „Respekt, Herr Hauptkommissar. So ein charakteristisches Portrait hat hier noch keiner vorzuweisen gehabt. Gut getroffen, wirklich."

Das Bild stammte aus einer Blitzkamera und zeigte ihn hinter dem Steuer seines Autos, wie er triumphierend zur Seite blickte und seinen Stinkefinger hochhielt. Das Foto war so scharf und das Profil so eindeutig geschnitten, dass er sich nicht herausreden konnte. Mist, dachte er, das wird teuer.

Zu Schröder sagte er grinsend: „Na bitte, da kann ja wohl niemand behaupten, dass ich nicht fotogen wäre."

Frau Gellert trat aus ihrem Vorzimmer und nahm Schröder das Foto aus der Hand. „Ich regel das für Sie. Der Steinbrecher ist mir noch was schuldig." Sie kehrte in ihr Büro zurück. Schröder blickte ihr mit offenem Mund nach.

„Kopf hoch", sagte der Kommissariatsleiter und klopfte seinem Stellvertreter auf die Schulter. „Man muss auch verlieren können."

Fabian Heller parkte wieder im Gewerbegebiet und ging die wenigen Straßen zum Gebäude der IHK zu Fuß. Der Andrang war genauso groß wie am Tag der Prozesseröffnung. Auch die kampfeslustige Frau Hesse erkannte er in der Besucherschlange wieder.

Als er sich bei seinen Reporterkollegen einreihte, bogen drei schwere Motorräder mit imposanten Motorengeräuschen auf den kleinen Parkplatz und hielten auf dem angrenzenden Grasstreifen. Die Fahrer trugen die Kutten, die Heller schon in Ottens Hof Schauer über den Rücken gejagt hatten, mit großen Schriftzügen in den Farben Schwarz, Weiß und Rot: Nationale Offensive OWL. Verstärkt wurde der Eindruck durch eine aufgenähte Reichskriegsflagge auf dem Rücken, die Heller im Gasthof nicht bemerkt hatte, das Sonnenrad auf der linken und den Reichsadler auf der rechten Brustseite. Die martialisch tätowierten Oberarme bei zweien der Männer passten nach Hellers Meinung wie Arsch auf Eimer.

Sie stiegen von ihren Maschinen und hängten ihre Helme an die Lenker, ohne sie darüber hinaus zu sichern. Niemand würde es wagen, sie zu stehlen, während ihre Besitzer im Gericht waren. Dann flanierten sie zur Besucherschlange hinüber – vorweg der stoppelhaarige Hüne, den Heller in Ottens Hof als Anführer ausgemacht hatte, die beiden anderen links und rechts leicht versetzt dahinter. Für Heller war augenblicklich klar, dass es sich bei dem Hünen nicht nur um eine lokale Gang-Größe, sondern um den regionalen Neonazi-Führer handeln musste, der sich hier von seinen Adjutanten eskortieren ließ. Diese beiden tätowierten Männer waren nach seiner Erinnerung im Gasthof nicht dabei gewesen.

Sie schlenderten wie selbstverständlich an den Wartenden vorbei und bezogen die Warteposition, die ihnen automatisch ganz vorne freigemacht wurde. Sämtliche Gespräche waren einem bedrückten Schweigen gewichen. Selbst Frau Hesse blickte nur peinlich berührt zu Boden und wagte keinen Widerstand.

Heller rückte mit der nächsten Gruppe ins Gebäude vor, ließ die übliche Sicherheitsüberprüfung über sich ergehen und betrat den Verhandlungssaal. Die Kollegen erkannten einander wieder und nickten sich wortlos zu, bevor sie ihre Geräte hochfuhren und sofort damit begannen, ihre Tastaturen zu bearbeiten.

Die drei Neonazis betraten als erste Besucher den Raum und setzten sich in die vorderste Reihe, ganz in der Nähe des Tisches, an dem Hanning gleich Platz nehmen würde. Das gab Heller Gelegenheit, sie sich im hellen Licht des Verhandlungssaals genauer anzusehen und sogar unbemerkt ein Foto mit der Kamera seines Tablets zu schießen. Während die Adjutanten grob und mit ihren Tattoos auf den Oberarmen und Narben in den Gesichtern klischeehaft brutal aussahen, wirkte der Anführer trotz seines Stoppelschnitts unauffällig glatt und geschniegelt. Er hatte seine Kutte ausgezogen und auf die Stuhllehne gehängt. In seinem schwarzen Hemd und ohne seine Begleiter hätte er leicht als Jurastudent und Mitglied einer studentischen Verbindung durchgehen können.

Das war, wie Heller wusste, die aktuelle Taktik der Neonazis: Während die mitunter tumben Fußtruppen die Drecksarbeit machten und für Angst in der Bevölkerung sorgten, gerierten sich ihre Anführer bürgerlich, freundlich, vertrauenerweckend. Sie wählten ihre Worte vorsichtig, vermieden jede Form von Angreifbarkeit und formulierten Sorgen, die viele Menschen in Deutschland hatten, völlig unabhängig davon, ob sie berechtigt waren. So wurden sie für breite Bevölkerungsschichten wählbar, weil der klare Bezug zur Geschichte fehlte. Wer denkt schon noch an Auschwitz, wenn er in prekären Arbeitsverhältnissen beschäftigt oder gar arbeitslos ist und so ein vertrauenswürdiger junger Mann Pseudozusammenhänge konstruiert und ihm verspricht, die Asylbewerber und Flüchtlinge abzuschieben und die Deutschen wieder in Lohn und Brot zu bringen?

Der Anführer dieser Nationalen Offensive OWL war genau so ein aalglatter Typ. Und er war sich seiner Wirkung offensichtlich bewusst. Entspannt blickte er geradeaus, seine Gesichtszüge waren ebenmäßig, seine Mimik drückte Selbstsicherheit aus. Die Rambos links und rechts von ihm scannten hingegen mit stahlharten Augen die Zuschauerreihen ab, die sich allmählich füllten.

Die gesamte Atmosphäre im Gerichtssaal hatte sich mit dem Eintreten der drei Neonazis verändert. Heller erwartete mit Spannung, wie Reinhold Hanning auf sie reagieren würde.

19

Hauptkommissar Schröder betrat den Besprechungsraum und wedelte mit einem Ausdruck in der Luft herum. „Jetzt ist es offiziell. Das hier ist das Ergebnis des DNA-Abgleichs zwischen der Zahnbürste aus der Seniorenresidenz und unserem Toten: Es handelt sich eindeutig um Anton Kottmann."

„Na, bitte. Dann können wir jetzt wenigstens zweifelsfrei in diese Richtung ermitteln." Lenz wartete, bis Schröder sich gesetzt hatte, dann fragte er Oberkommissar Steinkämper: „Was haben Sie denn über ihn herausgefunden, Herr Kollege?"

„Anton Kottmann hat seinen Dienst im Lager Niederhagen 1938 als SS-Sturmmann angetreten." Steinkämper deutete auf das Konterfei des jungen Soldaten auf dem Smartboard. „Er war in Wewelsburg quasi ein Wachmann der ersten Stunde und hat sich im Laufe der Jahre durch besonders rücksichtsloses Verhalten den Gefangenen gegenüber hochgearbeitet, wenn man das so nennen darf."

„Darf man nicht", brummte Gina, allerdings ohne die übliche Durchschlagskraft. Sie wirkte angeschlagen, blickte aus schmalen Schlitzen in die Runde und legte ihre Stirn in Falten, als tobe dahinter ein Orkan.

„Brutale Übergriffe gegenüber den Häftlingen waren an der Tagesordnung", fuhr Steinkämper unbeeindruckt fort. Er schien instinktiv zu merken, dass ihm von seiner Kollegin heute keine Gefahr drohte. „Man konnte damals als Wachmann Sonderurlaub bekommen, wenn man Fluchtversuche vereitelte. Ich bin auf einen Vorfall gestoßen, der beispielhaft für das Spiel mit Menschenleben ist. 1941 wollte der Kottmanns vorgesetzter Wachsturmführer namens Kaup Sonderurlaub haben, um trotz Urlaubssperre zu Weihnachten nach Hause fahren zu können. Also beschlossen sie, einen Fluchtversuch zu fingieren."

„Perfide", ließ sich der Kollege Henke vernehmen.

„Kaup teilte sich selbst zum Dienst auf dem Wachturm ein, obwohl das eigentlich nicht die Aufgabe eines Wachsturmführers war. Kottmann riss unten auf dem Appellplatz einem Häftling namens Hertel die Kappe vom Kopf und warf sie in den Todesstreifen vor dem Lagerzaun. Das Betreten des Todesstreifens war natürlich verboten, aber was sollte der Häftling machen? Ohne Mütze drohte ihm eine Strafe wegen ´eigenmächtiger Veränderung der Häftlingskleidung´ und die Strafen waren brachial damals. Zwanzig Schläge auf dem Prügelbock konnten bei einem ausgezehrten Häftling gleichsam die Todesstrafe sein. Zudem befahl Kottmann ihm, seine Mütze zurückzuholen. Wegen Befehlsverweigerung konnte ein Häftling auf der Stelle erschossen werden. Beim Sprint in den Todesstreifen und zurück hatte er wenigstens die Chance, zu schnell für den Mann auf dem Wachturm zu sein. Kaup war natürlich darauf vorbereitet und hat ihm in den Rücken geschossen. Er bekam drei Tage Sonderurlaub, weil er einen Fluchtversuch vereitelt hat. Wie er sich bei Kottmann revanchiert hat, habe ich nicht herausgefunden, aber als Wachsturmführer wird er seine Möglichkeiten gehabt haben."

„Drecksbande!", fluchte Oberkommissar Jakobsmeier.

„Dieses sogenannte Mützenschießen soll häufiger praktiziert worden sein", ergänzte Steinkämper seinen Bericht. „Übrigens nicht nur in Wewelsburg."

„In solchen Geschichten könnte der Schlüssel für den Mord liegen", schlussfolgerte KHK Schröder. „Das Motiv wäre dann Rache. Hast du etwas über Nachfahren des Häftlings Hertel herausgefunden?"

Steinkämper nickte, was bei den Kollegen zu hoffnungsvoller Aufmerksamkeit führte und bei Gina Gladow zu Stirnrunzeln. „Es gibt keine. Hertel war einer der wenigen Juden hier im KZ und wohl nur in Wewelsburg interniert, weil er auch Kommunist war, also als politischer Häftling. Seine gesamte Familie ist in den Vernichtungslagern umgekommen."

„Schade", meinte Schröder und zog sich für das mangelhafte Einfühlungsvermögen ein paar giftige Blitze aus Ginas Augen zu. Das kannte er schon und so fuhr er lapidar fort: „Das wäre ein guter Ansatz gewesen."

„Kottmann war ein gefühlloses Schwein", nahm Steinkämper seinen Bericht wieder auf und ignorierte auch Schröders mahnendes Räuspern. „Er war bei der Auflösung des Lagers 1943 so etwas wie die rechte Hand des Kommandeurs der Wachmannschaft. Deshalb ist er in Wewelsburg geblieben und hat das Restkommando beaufsichtigt. Vielleicht lag darin der Lohn für derartige Gefälligkeiten, denn dadurch musste er nicht mehr an die Front. Auch in der Zeit bis zum Einmarsch der Amerikaner am 2. April 1945 ist es zu besonders brutalen Übergriffen seinerseits gekommen. Allerdings konnte ich auch bei den anderen Opfern bisher keine Nachfahren ermitteln, die wir ins Visier nehmen könnten."

„Was nicht heißt, dass es keine gibt", wandte Lenz ein.

„Was nicht heißt, dass es keine gibt", stimmte Steinkämper etwas pikiert zu.

Lenz bekam allmählich ein Gespür für die besondere Empfindsamkeit der Paderborner Kollegen und stellte deshalb ergänzend fest: „Mehr hätte in der Kürze der Zeit niemand herausfinden können. Gute Arbeit, Herr Kollege."

„Kommen wir also zu Elfriede Gerken", fuhr Steinkämper besänftigt fort. „Sie gehörte zu den Bewohnern in der Residenz, die einen direkten Bezug zum Konzentrationslager in Wewelsburg haben. Sie stammt aus Moers, wo sie beim Bund deutscher Mädel bis zur Jungmädelführerin aufgestiegen ist. Der BdM hat ihr dann eine Anstellung als Sekretärin der Lagerverwaltung im KZ Niederhagen in Wewelsburg vermittelt."

„Wie muss ich mir die Arbeit konkret vorstellen?", hakte Lenz nach.

„Sie war für die Buchführung zuständig", berichtete Steinkämper, „das heißt, sie hat die Bilanzen der Arbeiten im Steinbruch geführt und den des Einsatzes von Arbeitskräften."

Lenz überlegte einen Moment, was das auf die damaligen Verhältnisse übertragen hieß. „Sie hat also auch die Zu- und Abgänge im KZ protokolliert. Also hatte sie vollen Einblick in den Umfang dieser ‚Vernichtungsaktion durch Arbeit'."

„Richtig." Steinkämper blätterte in seinen Unterlagen. „Sie hat allerdings die Todesursachen der Opfer gefälscht. Alle sind angeblich an Herzinfarkten, Lungenentzündungen oder anderen schweren Krankheiten verstorben. Niemand wurde laut Lagerkartei erschossen oder zu Tode gequält."

„Die Buchhalterin des Todes im KZ Niederhagen", brachte Lenz es auf den Punkt. „Wir müssen unbedingt mit der Ärztin reden, die den Totenschein ausgestellt hat."

„Das habe ich schon getan", warf Gina ein. „Gestern Nachmittag. Für Frau Dr. Reuther steht fest, dass es ein Herzinfarkt war. Nichts deutet für sie auf eine Überdosis der Medikamente hin oder auf eine andere Tötungsart."

„Tja", entgegnete Lenz, „ein eindeutiger Verdacht wäre mir zwar lieber gewesen, aber auch so müssen wir die alte Dame wieder ausbuddeln."

„Wieso das denn?", wunderte sich KK Henke. „Wenn die Ärztin doch eindeutig Herzinfarkt diagnostiziert?"

„Weil wir uns nicht vorwerfen lassen dürfen, dass wir nicht jedem Ansatz gefolgt sind und nicht jeden noch so abwegigen Verdacht der alten Nazis ausgeräumt haben. Das fehlte noch, dass wir uns von den Dreckskerlen am Ende vorführen lassen müssten", erklärte Lenz und fuhr an Gina gewandt fort: „Kümmere du dich bitte um die Genehmigung für eine Exhumierung."

Die Kommissarin nickte. Lenz stellte erfreut fest, dass sie sich nicht gegen das Du wehrte. Entweder war sie noch nicht in der Stimmung für eine Auseinandersetzung, oder auch bei ihr galten Vereinbarungen selbst dann, wenn sie unter Alkoholeinfluss getroffen worden waren.

„Kollege Schröder", fuhr Lenz fort, „was haben Sie über die anderen Bewohner der Residenz herausgefunden?"

Schröder räusperte sich und richtete sich auf. „Noch nicht viel. Im Trakt B leben nur Leute, die ähnliche Lebensgeschichten haben wie Kottmann und Gerken. Die meisten stehen in irgendeiner Verbindung zur Wewelsburg und zum KZ Niederhagen. Ich habe die Akten angefordert. Sie müssten spätestens morgen hier sein, dann kann ich Genaueres sagen."

Die Tür wurde aufgerissen und Frau Gellert steckte den Kopf herein. „Entschuldigung, aber es ist dringend. Gerade ist ein Anruf von einer Frau Finke aus dem Seniorenstift Friedenstal in Büren gekommen. Eine weitere Bewohnerin ist verschwunden."

20

Eine halbe Stunde nach dem offiziellen Sitzungsbeginn hatte Reinhold Hanning den Gerichtssaal noch nicht betreten. Längst hatte sich Unruhe bei den Zuschauern und Pressevertretern breitgemacht und auch die Nebenklageanwälte unterhielten sich zunehmend erhitzter miteinander. Der Staatsanwalt, der wiederholt auf die Uhr blickte, schickte schließlich einen Mitarbeiter hinaus, um sich zu erkundigen, warum es zu dieser Verzögerung kam. Der Mann kehrte nach wenigen Minuten zurück und flüsterte dem Staatsanwalt etwas zu, das sichtlich Unmut bei dem Juristen erregte.

Er räusperte sich hart und informierte alle Anwesenden schließlich mit heiserer Stimme: „Herr Hanning fühlt sich nicht in der Lage, den Gerichtssaal zu Fuß zu betreten. Das Gericht bemüht sich zurzeit beim Roten Kreuz um einen Rollstuhl. Bis der vor Ort ist, wartet Herr Hanning draußen in seinem Wagen."

Unwilliges Gemurmel erfüllte den Raum. „Hoffentlich zieht die Verteidigung das nicht wieder von der Verhandlungszeit ab", rief ein Zuschauer und erntete dafür eine Belehrung eines der Verteidiger, dass auch ein Tatverdächtiger ein Anrecht auf menschliche Behandlung habe. Schließlich lebe man zum Glück in einem Rechtsstaat. Das führte zu hämischem Gelächter im Publikum und zu heftigen Tastatur-Klappergeräuschen, die von den Laptops der Journalisten ausgingen.

Als Reinhold Hanning schließlich nach nahezu einer Stunde von einem Justizbeamten in den Saal geschoben wurde, wirkte er gebrechlicher auf Heller als am letzten Sitzungstag. Er hing geradezu in seinem Rollstuhl und richtete sich erst etwas auf, als er mit einem vorsichtigen Seitenblick die Neonazis bemerkte. Heller glaubte kurz einen Anflug von Unsicherheit bei dem Angeklagten erkennen zu können. Sobald er aber seine Position am Tisch der Verteidigung bezogen hatte, bohrten sich seine Augen wieder unbeteiligt in die Holzplatte. Auch das Gesicht des Anführers der drei Männer zeigte keinerlei Regung, während seine Adjutanten grimmig miteinander tuschelten.

Die Richterin betrat mit ihren Schöffen den Raum und machte sofort durch das Tempo bei der üblichen Eröffnungszeremonie klar, dass sie keinerlei weitere Verzögerung wünschte. Entsprechend übergangslos rief sie den ersten Zeugen auf.

Max Eisen wirkte für sein hohes Alter sehr vital und kräftig. Er war für die Aussage extra aus Kanada angereist und berichtete über seine Arbeit in Auschwitz. Da er nur Englisch sprach, wurde seine Aussage simultan von einem Dolmetscher übersetzt.

Als Fünfzehnjähriger war er deportiert und in Auschwitz in einem landwirtschaftlichen Arbeitskommando eingesetzt worden. Lediglich 300 Kalorien habe er pro Tag zu essen bekommen. Davon habe man kaum überleben können. Die Zustände im Lager seien unmenschlich gewesen, das Auftreten der Wachen bestialisch. Er berichtete von ungarischen Juden, denen SS-Männer gleich nach ihrer Ankunft die Goldzähne ausgebrochen hätten; von einem jungen Juden, der sich unter der Dusche gebückt habe, um seine Brille aufzuheben, und der daraufhin von einem SS-Mann zu Tode getreten worden sei; von einem Schlag, den er selbst mit dem Gewehrkolben auf den Kopf bekommen habe, weil er einen Moment lang aufgehört hatte zu arbeiten; von seiner anschließenden Arbeit im Lazarett als Operationsassistent, wobei niemand lange genug dort habe bleiben können, um wirklich zu genesen; von Lastwagenfahrern, die regelmäßig die Kranken aus dem Lazarett holten und später mit blutigen Taschentüchern zurückkamen, in denen sie die Goldzähne der Menschen aufbewahrten, die sie eben in die Gaskammern gefahren hatten.

Es war totenstill im Saal, während Max Eisen sachlich, fast schon nüchtern von dem alltäglichen Grauen in Auschwitz berichtete. Nur bei der Erwähnung der Goldzähne hatte einer der Neonazis kurz aufgelacht, war aber sofort mit einer schneidenden Handbewegung von seinem Anführer zum Schweigen gebracht worden.

„Ich möchte dem Gericht und Reinhold Hanning sagen“, schloss der Zeuge seinen Bericht, „dass ich bis zum heutigen Tage mit diesen entsetzlichen Erinnerungen leben muss, mit dem unaussprechlichen Trauma von Auschwitz.“

Nach kurzem Schweigen wandte sich einer der Verteidiger Hannings an Max Eisen: „Herr Zeuge, sind Sie meinem Mandanten zu irgendeinem Zeitpunkt in Auschwitz begegnet? Kennen Sie ihn?“

„Nein“, antwortete Max Eisen mit ruhiger Stimme. „Herrn Hanning habe ich in Auschwitz nicht kennengelernt. Aber jeder SS-Mann ist dort ein Rädchen einer gut geölten Maschine der Zerstörung gewesen.“

„Ich stelle also fest, dass der Zeuge Reinhold Hanning weder kennt, noch eine Straftat meines Mandanten bezeugen kann“, schloss der Verteidiger und setzte sich.

Wieder erklang ein kurzes triumphierendes Lachen von einem der Neonazis, während ihr Anführer sich mit versteinerter Miene zurücklehnte und auf Hannings Profil starrte. Der Angeklagte selbst zeigte wie üblich keinerlei Regung.

21

In der Seniorenresidenz Friedenstal herrschte helle Aufregung. Die alten Leute standen in der Gemeinschaftsecke um Herrn Merschhaus herum und redeten heftig auf ihn ein. Eine junge Pflegerin hielt sich eingeschüchtert abseits und beobachtete das Geschehen.

„Nun beruhigt euch doch mal", rief der alte Mann gerade, als Lenz und Gina die Station betraten. „Ich werde dafür sorgen, dass wir Personenschutz bekommen. Die Finke kann jetzt ja gar nicht mehr anders. Sonst würde sie ihre Fürsorgepflicht verletzen."

„Da ist ja endlich die Polizei", rief eine alte Dame dazwischen. „Das wurde aber auch Zeit."

Herr Merschhaus wandte sich um und machte einen Schritt auf Lenz zu. „Das ist jetzt der dritte Fall innerhalb weniger Wochen", bellte er den Hauptkommissar an. „Was gedenken Sie eigentlich zu tun, damit das aufhört?"

„Meine Arbeit", antwortete er gleichmütig. „Und bei Ihnen fange ich gleich mal damit an: Wer ist verschwunden?"

„Renate Körting", antwortete Merschhaus im Rapportton.

Lenz zog seinen kleinen Spiralblock und einen Kugelschreiber aus der Tasche. „Können Sie Angaben zum Verschwinden Ihrer Mitbewohnerin machen?"

„Nein. Sie war heute Morgen einfach nicht mehr da. Als Mario sie wecken wollte, war sie nicht in ihrem Zimmer. Ich habe ja gleich gesagt, dass wir nur noch von Wolfgang betreut werden wollen."

„Der hätte auch nur ein leeres Zimmer vorgefunden", wandte eine alte Dame besänftigend ein. „Das ist doch nicht Marios Schuld, wenn die Renate verschwindet."

„Ist Frau Körting dement?", warf Gina Gladow ein. „Vielleicht ist sie heute Nacht einfach abgehauen, rennt jetzt irgendwo da draußen rum und findet nicht mehr zurück." Und im Tonfall Kerstin Finkes ergänzte sie: „Das ist ja schließlich kein Gefängnis hier."

„Renate ist nicht dement!", donnerte Herr Merschhaus und warf der Mitbewohnerin, die es gewagt hatte, ihm in die Parade zu fahren, einen wütenden Seitenblick zu, bevor er sich wieder der jungen Kriminalbeamtin zuwandte. „Das ist ja wohl eine Unverschämtheit. Die Renate ist wacher im Kopf als Sie, Mädchen." Dann richtete er seine ganze Wut auf Lenz: „Und das nennen Sie ‚ihre Arbeit machen', ja? So was wie Sie wäre unter meinem Befehl nicht mal Wachtmeister geworden."

„Unter Ihrem Befehl? Damit meinen Sie die SS, oder?" Gina Gladow schob sich zwischen ihren Vorgesetzten und Julius Merschhaus und blitzte den zwei Köpfe größeren Mann an.

„Ich war nicht bei der SS!", empörte sich der alte Mann.

Die Kommissarin ging nicht auf diese Behauptung ein. „Zum Glück haben Nazis wie Sie so etwas heute nicht mehr zu entscheiden." Als er sich bedrohlich noch weiter aufrichtete und gerade antworten wollte, schnitt sie ihm das Wort ab: „Jetzt ist Schluss, Opa! Entweder haben Sie sachdienliche Hinweise zu machen, oder Sie verschwinden sofort in Ihr Zimmer und warten da, bis wir Sie holen lassen. Und wenn Sie meinem Befehl jetzt nicht sofort Folge leisten, werde ich Sie wegen Behinderung unserer Ermittlungen festnehmen." Ohne Herrn Merschhaus weiter zu beachten, richtete sie sich an die Umstehenden: „Das gilt auch für Sie. Also Abmarsch, aber sofort!"

Eingeschüchtert trollten sich die alten Leute. Julius Merschhaus blieb noch eine symbolische Sekunde stehen und folgte seinen Mitbewohnern dann in ihren Trakt. „Das wird Konsequenzen haben", wütete er über seine Schulter. „Darauf können Sie sich verlassen."

Gina atmete tief durch und drehte sich um. Da begegnete sie Lenz´ Blick. „Was?", fuhr sie ihn an.

„Ich habe doch gar nichts gesagt", entgegnete der leichthin.

„Ist auch besser so!", fauchte sie und wandte sich dem Verwaltungsflur und Kerstin Finkes Büro zu.

Lenz folgte ihr mit auf dem Rücken verschränkten Armen und war froh, dass sie sein Grinsen nicht sehen konnte.

Die Leiterin des Seniorenstifts stand am Fenster und blickte über das Almetal, als die Kriminalbeamten nach einem kurzen Klopfen eintraten. Sie wandte sich nur mit Verzögerung und langsam den Besuchern zu. Lenz registrierte mit einem Anflug von Mitleid, wie blass sie war und dass sie regelrecht ausgelaugt wirkte. Wortlos deutete sie auf die Sitzecke und wartete, bis sich die Polizeibeamten dort niedergelassen hatten.

„Renate Körting", sagte sie tonlos und ließ sich mit vorgebeugtem Oberkörper in einen Sessel sinken. Dabei sah sie unendlich müde aus. „Mario hatte heute Frühdienst und hat die Bewohner geweckt und ihnen bei der Morgentoilette geholfen. Frau Körting war nicht in ihrem Zimmer und auch nirgendwo sonst in der Residenz."

„Ist der Empfang in der Nacht besetzt?", fragte Stefan Lenz.

„Nein, wozu? Die Tür ist nachts abgeschlossen. Wir haben dann nur eine Nachtbesetzung auf den Stationen. Dafür haben wir Pflegerinnen, die nur Nachtdienst machen."

„Wer war in der letzten Nacht für den Trakt B zuständig?"

„Rotraut Schumacher. Um Sechs übernimmt dann die Frühschicht, in diesem Fall Mario."

Lenz notierte sich den Namen in seinen Spiralblock. „Haben Sie schon mit Frau Schumacher gesprochen, ob sie irgendetwas bemerkt hat?"

„Sie geht nicht ans Telefon. Das ist aber nichts Ungewöhnliches. Nach der Nachtschicht stellen viele Pflegekräfte ihr Telefon ab, um ausschlafen zu können."

Lenz nickte. „Wir brauchen dann Frau Schumachers Adresse."

„Die gibt Ihnen meine Sekretärin gleich."

„Haben Sie irgendeine Vermutung? Könnte Frau Körting in einem Anfall von Demenz das Haus selbstständig verlassen haben?"

„Nein. Frau Körting war nicht – ich meine, ist nicht dement." Kerstin Finke räusperte sich und richtete sich leicht auf, als gebe sie sich nun einen Ruck. „Sie gehört nicht zu den Bewohnern, auf die wir besonders aufpassen müssen. Außerdem ist das Haus, wie gesagt, nachts abgeschlossen."

„Also muss sie jemand entführt haben", schloss Lenz.

„Das wäre dann schon der zweite Fall." Die Residenzleiterin schüttelte den Kopf, als sei das alles nur ein schlechter Traum.

„Oder der dritte", warf Gina kalt ein. „Mindestens."

Lenz fiel auf, dass sie bis jetzt ungewöhnlich lange geschwiegen hatte. Anscheinend hatte sie sich seinen Rüffel vom letzten Besuch zu Herzen genommen.

Umso brutaler traf ihr plötzlicher Einwand Kerstin Finke. „Was wollen Sie damit sagen?"

„Wir werden Frau Gerken exhumieren. Sollte sich herausstellen, dass auch sie keines natürlichen Todes gestorben ist, werden wir Ihr Haus hier gründlich auf den Kopf stellen. Darauf können Sie sich verlassen."

Die Blicke der Leiterin rasten fassungslos zwischen Lenz und der jungen Kommissarin hin und her. Sie war offensichtlich nicht in der Lage, auf die Androhung spontan zu reagieren.

„Sie sollten sich überlegen, ob Sie uns diesmal nicht gleich unterstützen", fuhr Gina fort. „Es erspart uns eine Menge Arbeit und Zeit, wenn wir die Biografien Ihrer Bewohner und vor allem ihre Rolle im Dritten Reich nicht immer erst selbst recherchieren müssen." Mit diesen Worten schwang sie sich aus ihrem Sessel. An Lenz gewandt, sagte sie: „Ich sage den Kollegen von der Spusi Bescheid, damit sie sich Frau Körtings Zimmer vornehmen. Und dann gehe ich zu Mario hinunter und befrage ihn. Hier werde ich ja jetzt nicht mehr gebraucht."

Der letzte Satz wirkte auf den Kriminalhauptkommissar so selbstzufrieden wie anzüglich.

„Lass dir im Vorzimmer Rotraut Schumachers Adresse geben", rief Lenz ihr nach.

Die Residenzleiterin atmete tief durch. „Das ist ja wohl …"

„Frau Finke", unterbrach Lenz sie in beruhigendem Tonfall, „ich verstehe Ihre Aufregung. Aber falls Frau Körting von demselben Täter entführt wurde, der Herrn Kottmann ermordet hat, haben wir möglicherweise nur drei Tage Zeit. So lange hat er sein Opfer beim letzten Mal gefoltert, bis er es umgebracht hat. Jede Stunde überflüssiger Recherchearbeit macht einen weiteren Mord wahrscheinlicher."

Kerstin Finke rang mit sich selbst, sah aber offenbar schließlich ein, dass Lenz Recht hatte. „Sie ist mit achtzehn Jahren aus Moers im Rheinland nach Wewelsburg gezogen, weil sie eine Anstellung als Burgmaid bekommen hat. Zu ihren Aufgaben gehörte die Reinigung der Burg, aber auch des

Wachgebäudes und der Büros der Bauleitung. Sie hat mir einmal erzählt, dass sie Distanz zu den Dorfbewohnern gehalten hat, während sie intensive Freundschaften zu den anderen Burgmaiden geknüpft und ihr Leben lang aufrechterhalten hat. Von Misshandlungen an Häftlingen hat sie angeblich nichts mitbekommen, weil sie den Lagerbereich nie betreten und nicht gewusst hat, was da passiert ist."

„So ein Quatsch!", entfuhr es Lenz. „Sie muss doch die Häftlinge an der Burg und auf dem Weg zum Steinbruch und zurück gesehen haben."

Kerstin Finke zuckte mit den Schultern.

„Hm", machte Lenz. „Wenn das alles stimmt, ist ihr außer der Tatsache, dass sie die Vorteile des Regimes bestmöglich genutzt und nichts hinterfragt hat, wohl nichts vorzuwerfen. Und damit ist sie ja kein Vergleich zu Anton Kottmann. - Es sei denn, es gibt in ihrer Vergangenheit ein Geheimnis, das jemand kennt, der sie deshalb zur Rechenschaft ziehen will."

„Tja", die Residenzleiterin verzog wie entschuldigend das Gesicht, „jedenfalls ist Frau Körting niemals angeklagt worden. Sie ist nach 1945 direkt nach Moers zurückgekehrt, hat den Sohn eines Printenfabrikanten geheiratet und sich ihr Leben lang bedienen lassen. Dabei war sie all die Jahre aktiv in einem Revisionisten-Verein tätig, der die Existenz von Todeslagern im Dritten Reich geleugnet und sich die Vorbereitung eines neuen Großdeutschen Reiches zum Ziel gesetzt hat. Nach dem Tod ihres Mannes hat sie Villa und Firma an ihren Sohn weitergegeben. Der ist eine lokale Größe bei Pro NRW. Sie selbst ist zu uns in die Senioren-Residenz Friedenstal gezogen."

Lenz war froh, dass Gina Gladow das nicht hören konnte. Er wusste genau, was sie zu der Tatsache gesagt hätte, dass jemand wie Renate Körting einen Platz in der Residenz bekam: Ich könnte kotzen!

„Wissen Sie nichts Genaueres über Frau Körtings Zeit in der Burg? Jeder Hinweis ist nützlich, denn jeder noch so kleine Vorfall kann der Anlass für die Entführung sein."

„Sie denken an Rache?" Kerstin Finke nickte leicht, während sie darüber nachdachte. Dann hob sie bedauernd die Hände. „Von konkreten Vorfällen weiß ich wirklich nichts. Nur, dass es für sie die schönste Zeit ihres Lebens gewesen ist. Sie hat oft von den Dorffesten erzählt und von den Hochzeiten der SS-Angehörigen, die in der Burg stattgefunden haben. Am beeindruckendsten war für sie das Ritual, bei dem die Jungvermählten nach heidnischem Ritus über ein Feuer gesprungen sind."

„Angenommen, da war wirklich nichts Besonderes: Dann sieht es so aus, als würde jemand systematisch alle Leute umbringen, die in einer Beziehung zur Wewelsburg gestanden haben, unabhängig von begangenen Straftaten."

„Aber weshalb sollte jemand so etwas tun?"

„Wenn wir das wüssten, wären wir einen entscheidenden Schritt weiter. Zunächst einmal müssen wir aber tatsächlich von Rache ausgehen. Ist Ihnen etwas über Opfer aus der Zeit bekannt? Wohnt vielleicht jemand hier in Ihrem Haus, der seinerzeit im Lager interniert war?"

„Nein." Kerstin Finke legte in angestrengtem Nachdenken die Stirn in Falten. „Allerdings hat sich vor etwa zwei Jahren ein alter Herr unser Haus angesehen, der tatsächlich Häftling in Wewelsburg gewesen ist. Ich erinnere mich deshalb daran, weil er das Haus wütend wieder verlassen hat, nachdem er im Park Herrn Kottmann begegnet ist. Er wolle nie wieder mit Nazis unter einem Dach leben, hat er gesagt."

„Erinnern Sie sich an den Namen?"

„Moment." Sie sprang auf und ging zum Telefon auf ihrem Schreibtisch. „Gitta? Sieh doch mal bitte im Kalender von vor zwei Jahren nach, wer sich im Sommer unser Haus angesehen hat. Das muss im Juli oder August gewesen sein. Ruf mich sofort zurück, wenn du die Namen hast. Danke."

„Kommt es oft vor, dass sich Besucher oder Bewohner über die Herrschaften in Trakt B beschweren?", erkundigte sich Lenz, während Kerstin Finke wieder ihm gegenüber Platz nahm.

„Nein. Die anderen gehen den alten Leuten aus Trakt B aus dem Weg. Außerdem distanzieren die sich auch selber von den übrigen Bewohnern und bilden so etwas wie einen elitären Kreis. Ich bin ganz froh darüber, weil es das Miteinander erleichtert und Ärger verhindert."

Das Telefon klingelte. Kerstin Finke eilte wieder an ihren Schreibtisch und notierte sich die Namen, die ihre Sekretärin ihr durchgab. Dann kam sie mit dem Zettel in der Hand in die Sitzecke zurück. „Hier, das muss er sein. Franz-Joseph Füser. Den Termin hat seine Tochter gemacht, Gabriele Hülsmann." Sie stutzte und blickte Lenz erstaunt an.

„Was ist?", hakte der nach.

„Das ist merkwürdig", antwortete Kerstin Finke. „Mario heißt auch Hülsmann."

„Interessant. Hat Mario in allen drei Fällen Dienst gehabt? Als Frau Gerken gestorben ist und Herr Kottmann und Frau Körting verschwunden sind?"

„Ich denke schon. Mario und Wolfgang sind eigentlich immer tagsüber im Haus. Sie haben allenfalls unterschiedliche Schichten. Aber das können wir ja aus dem Dienstplan erfahren."

Sie wollte schon wieder zum Telefon gehen, als Lenz ihr zuvorkam. „Danke, Frau Finke. Das kläre ich am besten sofort mit Ihrer Sekretärin selbst. Und dann werde ich Mario noch einmal befragen." Er sprang auf und gab der Residenzleiterin die Hand. „Ich melde mich, sobald ich etwas weiß. Lassen Sie bitte niemanden in Frau Körtings Zimmer, bis die Spurensicherung da durch ist. Und falls Ihnen noch etwas einfällt ..."

Kerstin Finke nickte und blieb mitten im Raum stehen, während Lenz das Büro verließ.

In der Tür drehte er sich noch einmal um und führte den Zeigefinger an die Stirn. „Das hätte ich jetzt fast vergessen: Da stand vorhin eine Pflegerin auf dem Flur, so ein nett und ordentlich aussehendes Mädel."

„Michaela", antwortete Kerstin Finke. „Sie hatte Urlaub und ist seit heute wieder im Dienst. Ausgerechnet am ersten Tag muss sie schon so ein Durcheinander erleben. Sie müssen verstehen, Herr Lenz, Michaela ist eine sehr ordentliche und disziplinierte Mitarbeiterin."

„Dann versteht sie sich ja sicher besonders gut mit Pfleger Wolfgang." Das sollte ironisch klingen, aber offenbar war es ein Schuss ins Schwarze.

„Oh ja, die Beiden sind sogar ein Paar."

„Na prima", stöhnte Lenz und ergänzte in Gedanken: Der Neonazi und sein sauberes deutsches Mädel.

Er verkniff sich aber, das laut zu sagen und verließ nun endgültig mit einem Gruß über die Schulter das Büro der Residenz-Leiterin.

Gina und Mario saßen in einer Sitzecke gegenüber dem Empfang und unterhielten sich lachend wie zwei alte Freunde, die sich nach langer Zeit wiedergetroffen hatten. Die Beiden wirkten so vertraut auf Stefan Lenz, dass er gleich wieder schlechte Laune bekam. Die Schnepfe sollte den Mann verhören und nicht mit ihm flirten. Sollte sich Lenz doch in den fachlichen Qualitäten seiner Mitarbeiterin getäuscht haben?

Lenz ließ sich dem Bufdi gegenüber in einen Sessel fallen und kam gleich zur Sache: „Sagt Ihnen der Name Franz-Joseph Füser etwas?" Dabei fixierte er Mario wie einen Schwerverbrecher, um von Anfang an den nötigen Druck aufzubauen.

„Das ist mein Großvater", antwortete der leichthin und nickte. „Meine Mutter ist eine geborene Füser."

Gina, die offenbar bemerkte, dass sie nicht auf dem neuesten Stand war, beugte sich interessiert vor.

„Dann wissen Sie ja auch", fuhr Lenz fort, „dass Ihr Großvater dieses Haus besichtigt und es wegen der Bewohner von Trakt B abgelehnt hat, hier einzuziehen." Lenz machte eine kleine Kunstpause und schob dann das Entscheidende nach: „Weil er selbst als Häftling im KZ Niederhagen gewesen ist."

„Natürlich." Mario zeigte sich völlig unbeeindruckt. „Ich war ja bei der Besichtigung dabei. Dadurch bin ich doch erst auf die Idee gekommen, hier meinen Bundesfreiwilligendienst abzuleisten. Das Haus hat mir gefallen und die Situation mit den alten Nazis hat mich interessiert – so als Antifaschist. Meine Eltern wollten damals, dass er seine Wohnung aufgibt und hier einzieht, aber er hat sich strikt geweigert. Seitdem lebt mein Großvater übrigens bei meinen Eltern in Salzkotten."

„Was sagen Sie denn dazu, dass Sie immer genau dann Dienst hatten, als die beiden alten Leute verschwunden sind?"

„Das hat mich Ihre nette Kollegin hier auch schon gefragt." Er blinzelte Gina grinsend zu, wurde aber sofort wieder ernst, weil der Blick der jungen Kommissarin nun auch deutlich machte, dass der Spaß vorbei war und sie dienstlich wurde. „Was soll ich dazu sagen? Wenn ich nicht gerade Urlaub habe, bin ich immer tagsüber hier im Einsatz."

„Sie sind meistens mit Ihrem Freund Wolfgang zusammen eingeteilt?", ignorierte Lenz den Einwand.

„Wolfgang ist nicht mein Freund. Wir arbeiten nur zusammen."

„Wie würdest du Wolfgang charakterisieren?", hakte die Kommissarin nach und ergänzte, als Mario sie nur erstaunt ansah: „Ist er ein Neonazi?"

„Allerdings!" Seine Stimme machte deutlich, wie sehr er seinen Arbeitskollegen verabscheute. „Außerhalb der Residenz stehen wir auf verschiedenen Seiten. Da draußen würde ich mit so einem Fascho nicht einmal reden!"

Gina schien zufrieden mit der Antwort. Sie nickte dem Bufdi freundlich zu.

„Bist du mit deiner Befragung durch?", wandte sich Lenz an seine Kollegin. Als die nickte, stand er auf und befahl dem Bufdi: „Sie halten sich zu unserer Verfügung!"

„Nichts lieber als das." Mario kniff Gina noch einmal ein Auge zu. „Wir sehen uns dann heute Abend, ja?"

„Das hättest du wohl gerne!", antwortete sie lachend und boxte Mario vor die Schulter.

„Aua, das ist Polizeigewalt."

„Seit wann ist ein Antifaschist so ein Weichei?", entgegnete die Kommissarin. „Meiner Erfahrung nach mögt ihr es doch gerade hart."

Sie hörten Marios Lachen noch, als sie das Gebäude schon verlassen hatten.

22

Gleißendes Flutlicht, leere Viehwaggons, lässige SS-Männer halten Stöcke in ihren auf dem Rücken zusammengelegten Händen, Schäferhunde blecken wütend ihre Zähne – die Rampe von Auschwitz in Schwarz-Weiß.

Kahlgeschorene Frauen in Häftlingskleidung, ausgemergelte Menschen hocken an Barackenwänden, Totenjuden karren leblose Skelette zum Krematorium, Leichenberge vor den Öfen, SS-Männer in schicken Uniformen stehen lachend in Gruppen zusammen – der Arbeitsalltag im Lager.

Während die Fotos auf der Leinwand als grausige Diashow in einem festen Rhythmus wechseln, ist es totenstill im Gerichtssaal. Nicht selten glänzen die Augen der Zuschauer feucht, manche haben die Arme vor der Brust verschränkt, als wollten sie sich vor dem Grauen schützen. Gelegentlich schnäuzt hier und da jemand verhalten in ein Papiertaschentuch.

Reinhold Hanning blickt teilnahmslos auf die Tischplatte, führt ein Glas Wasser an die Lippen, trinkt mit ruhigen Händen - er hat mit all dem, das da präsentiert wird, nichts zu tun. Auch heute ist er wieder im Rollstuhl in den Saal geschoben worden, von einem Enkel diesmal, das soll Mitleid wecken.

Der Anführer der Neonazis ist nicht im Saal, nur seine beiden Adjutanten sitzen dort, bemühen sich um ein hämisches Grinsen - sie fallen auf diese Feindpropaganda nicht herein. Für sie hat es den Holocaust nicht gegeben. Es darf ihn nicht gegeben haben, weiß Fabian Heller, denn die Vergangenheit steht ihrer Zukunft im Weg.

Als das letzte Foto von der Leinwand verschwunden ist, dauert es eine Weile, bis die Grabesstille bricht. Zu diesem Sachverhalt ist alles klar, jedes Wort wäre nun zu viel. Mit rauer Stimme ruft die Richterin die nächsten Zeugen auf.

William ‚Bill' Glied ist fünfundachtzig Jahre alt und aus Toronto angereist. Er wurde in Jugoslawien geboren und am 28. Mai 1944 zwei Tage lang im Viehwaggon nach Auschwitz transportiert. „Es war ein schöner sonniger Tag", berichtet der alte Mann. Und dann schildert er das Grauen, das der damals Dreizehnjährige erlebt hat: Er erzählt, wie sein starker Vater von einem SS-Offizier beschimpft und geschlagen wurde und sein unterwürfiges Verhalten die frühere Bewunderung des Sohnes schlagartig zunichtemachte; er erzählt, dass sie schon nach zwanzig Tagen nach Dachau verlegt wurden, wo sein Vater an Typhus starb; er erzählt, dass seine Mutter und seine Schwester in Auschwitz ermordet wurden; und er erzählt von dem vergeblichen Versuch des siebzehnjährigen Waisen, in Toronto das Grauen hinter sich zu lassen.

Mordechai Eldar ist sechsundachtzig Jahre alt und hat den weiten Weg von Israel nach Detmold auf sich genommen, um von seiner siebenmonatigen Leidenszeit in Auschwitz zu berichten. Mit vierzehn Jahren war er in das Todeslager verschleppt worden, zusammen mit seinen Eltern, zwei kleineren und einem älteren Bruder. Nach der Selektion an der Rampe gab es nur noch den achtzehnjährigen Bruder und ihn. Seine Eltern und die beiden Kleinen seien „durch den Schornstein in den Himmel gestiegen", erfuhr er von älteren Häftlingen. Nach der nächsten Selektion war er auch von seinem letzten Bruder getrennt und wusste bis 1946 nicht, dass der nicht getötet worden war. Der Vierzehnjährige musste fortan alleine versuchen, den mörderischen Lageralltag zu überleben, in dem Kapos Jugendliche missbrauchten, misshandelten und Schaukämpfe ausführen ließen. Schließlich wurde auch Mordechai Eldar zur Gaskammer gebracht. Mit fünfzig anderen Häftlingen stand er nackt vor der Tür zum angeblichen Duschraum, nur wenige Minuten vom Tod entfernt, als alle wieder hinausgerufen wurden, um eine Kartoffellieferung zu entladen. Ein Wunder: Mordechai Eldar war für den

Moment gerettet. Als die Alliierten vorrückten, wurde er zusammen mit anderen Häftlingen in einem Leichenzug in Richtung Westen ins KZ Mauthausen deportiert. Nach einem Bombenangriff drohten die Häftlinge zu verhungern. Sie sammelten Leichenteile und aßen sie. So überlebte Mordechai Eldar den Holocaust.

Bevor er den Zeugenstand verlässt, bedankt er sich bei der deutschen Justiz dafür, dass seine Leidensgeschichte nun doch noch gewürdigt wird.

Fabian Heller war wie gerädert, als er den Gerichtssaal verließ. In den letzten zwei Stunden hatte das Leid, das er theoretisch gekannt und zigmal in Hollywood-Produktionen und grobkörnigen Dokumentarfilmen gesehen hatte, authentische Gesichter bekommen. Gesichter von alten Menschen, die ein Leben lang keine Chance hatten, der Hölle von Auschwitz zu entkommen. Dankbar für die Chance, zu berichten, und ohne Hass und Rachegefühle waren sie nach Detmold gereist, um vor einem deutschen Gericht auszusagen und einem der Täter von Angesicht zu Angesicht zu begegnen. Wie unglaublich stark musste der Lebenswille dieser Menschen sein.

Gelächter riss Heller aus seiner Trance, als er zu seinem Auto ging. Die beiden Neonazis standen bei ihren Motorrädern, zogen die Kutten über und machten sich über die „verlogenen Drecksjuden" lustig. Aber auch ihr Lachen klang verräterisch laut und aufgesetzt.

23

Die Altenpflegerin Rotraut Schumacher wohnte auf der anderen Seite Bürens in einer Wohnsiedlung oberhalb des Sportplatzes. Die Straße führte steil den Berg hinauf und dann nach rechts in eine Ansammlung von Ein- und Mehrfamilienhäusern, die allesamt rote Dächer hatten. Die überwiegend verklinkerten Häuser stammten aus den 90er Jahren und wirkten hinter ihren gestutzten Hecken und von aufgeräumten Gärten umgeben auf Lenz eher spießig als einladend.

Sie hielten vor einem der wenigen Mehrfamilienhäuser an der Kreuzung Baruther Straße/Charentoner Straße, in dem die Nachtpflegerin im Dachgeschoss wohnte. Gina musste dreimal klingeln, bevor die Tür per Drücker geöffnet wurde. Über eine kalt glänzende Treppe mit Stahlgeländer gelangten die Kommissare nach oben.

In viel zu weitem T-Shirt und enger Radlerhose blickte eine Frau von Anfang Dreißig ihnen entgegen und gähnte erst einmal ausgiebig, bevor sie fragte: „Was gibt´s denn so früh? Ich hatte Nachtdienst."

Lenz zückte seinen Dienstausweis und stellte auch seine Kollegin vor.

„Polizei?" Rotraut Schumacher war schlagartig hellwach. „Ist etwas passiert?"

„Können wir das vielleicht drinnen besprechen?", fragte Lenz.

„Natürlich. Kommen Sie rein." Sie trat zur Seite und ließ die Beamten vorbei. „Geradeaus ins Wohnzimmer. Ich ziehe mir schnell etwas über."

Der Wohnraum war klein, aber durch ein breites Fenster und eine Tür, die zu einem Balkon führte, recht hell. Während sie sich auf das orangefarbene Sofa setzten, verglich Lenz die einladenden Farben mit der finsteren Eichengruft, in dem er gerade hauste, und beschloss endgültig, Nataschas Rat zu folgen und neue Möbel zu kaufen.

„Was ist denn nun passiert?" Rotraut Schumacher hatte sich Jeans und T-Shirt übergezogen und sich offensichtlich auch etwas Wasser ins Gesicht geworfen. Jedenfalls wirkte sie nun frischer als eben an der Wohnungstür.

„Frau Körting ist aus der Seniorenresidenz verschwunden", eröffnete Lenz offensiv das Gespräch. „Heute Morgen war sie nicht mehr in ihrem Zimmer. Wir müssen also davon ausgehen, dass sie während Ihres Dienstes das Haus verlassen hat."

„Oder entführt wurde", ergänzte Gina wie beiläufig.

„Entführt? In meinem Dienst?" Rotraut Schumacher blickte von einem zum anderen. „Das kann nicht sein."

„Wieso kann das nicht sein?" Gina ließ keinen Zweifel daran, dass sie die Frau nicht schonen würde.

„Weil auf der Station alles ruhig war. Niemand hat den Trakt betreten und Frau Körting hat ihn auch nicht verlassen. Bei der Übergabe heute Morgen um Sechs war meine Kollegin Michaela die Erste, die die Station betreten hat."

„Sind Sie nur für den Trakt B zuständig, oder müssen Sie mehrere Stationen betreuen?", hakte Lenz nach.

„Nachts ist bei uns in der Regel nichts los. Deshalb betreut eine Pflegerin alle Stationen auf ihrer Ebene."

„Frau Körting könnte ihr Zimmer also verlassen haben, als Sie auf einer anderen Station waren", stellte Lenz fest.

„Nein. Das Dienstzimmer ist im Trakt B und ich musste in der letzten Nacht den Flur nicht verlassen."

„Sie machen keine Kontrollrunden?", zweifelte Gina.

„Die alten Leute haben Klingeln, falls etwas ist. Und die Zimmer betreten wir nachts niemals ohne akuten Grund. Schließlich sind das Privaträume, wenn Sie so wollen."

„Hm", machte Lenz. „Dann kann man bei Ihnen ja offenbar nachts auch ungestört sterben. Ich meine, Sie würden das erst am Morgen nach dem Dienstwechsel merken, oder?"

Pflegerin Rotraut zuckte mit den Schultern, als wollte sie sagen: Na und? Tot ist tot, oder?

„Sie sind Raucherin?“ Gina deutete auf den Aschenbecher, der auf dem Wohnzimmertisch stand.

„Ja.“ Das klang eher wie eine vorsichtige Frage.

„Dann machen Sie doch nachts sicher regelmäßig Raucherpausen.“ Die Stimme der Kommissarin klang unverfänglich. „Oder rauchen Sie im Dienstzimmer?“

„Natürlich nicht, im Haus ist das Rauchen nicht erlaubt.“

„Wo gehen Sie denn dann hin? Vor die Haustür oder nach hinten zum Parkausgang?“

„Nach hinten“, räumte Rotraut Schumacher widerwillig ein.

„Jede Stunde oder öfter?“ Noch immer klang die Stimme der Kommissarin beiläufig und geschäftsmäßig.

„Nicht öfter.“

„Also jede Stunde. Wie lange dauert das in der Regel?“

„Fünf oder zehn Minuten.“

„Also zehn Minuten jede Stunde.“

Lenz musste über die tumb anmutende Befragungsart seiner Kollegin grinsen, was die Pflegerin offensichtlich zusätzlich verunsicherte.

„Aber die Türen zu den Stationen sind dann zu“, beeilte sie sich. „Da kann niemand rein.“

„Sofern er keinen Schlüssel hat“, wandte Lenz ein und dachte an Schmuddel-Mario.

Rotraut Schumacher kramte in ihrer Jeans, fand nicht, was sie suchte, und sprang auf, um in die Küche zu laufen. Mit einer roten Gauloises-Schachtel und einem Feuerzeug kam sie zurück und zündete sich mit zittrigen Fingern eine Zigarette an. Hastig machte sie mit flatternden Lippen die ersten Züge und inhalierte tief. Der Rauch, den sie dann ausstieß, war dünn und hell. Offenbar waren die Straßen in ihre Lunge gut geteert.

„Worauf wollen Sie eigentlich hinaus?“, fragte sie dann mit fester werdender Stimme.

„Das ist doch ganz einfach“, antwortete Gina und klang mit einem Mal sehr ungehalten. „Frau Körting hatte sehr wohl die Gelegenheit, die Station zu verlassen, ohne dass Sie es mitbekommen. Und jeder, der die Station betreten wollte, konnte das ebenfalls unbemerkt machen. Er musste nur Ihre regelmäßige Abwesenheit nutzen.“

„Und einen Schlüssel haben“, erinnerte Lenz.

Gina wusste offenbar ganz genau, worauf er hinauswollte, und zog genervt die Augenbrauen hoch.

„Scheiße“, stieß die Pflegerin plötzlich aus. „Das gibt Ärger.“

„Davon können Sie ausgehen“, stimmte die Kommissarin hart zu und nickte.

„Haben Sie in der letzten Nacht vielleicht doch etwas bemerkt?", versuchte Lenz es nun in besänftigendem Tonfall. „Irgendein Geräusch, das Ihnen da noch nicht verdächtig erschien. Oder sind Sie jemand anderem von einem anderen Trakt begegnet?"

Rotraut Schumacher dachte angestrengt nach. „Nein. Nichts. Alles war wie immer."

„Wie heißt Ihre Kollegin?" Ginas Frage traf Rotraut Schumacher genauso unvorbereitet wie Stefan Lenz.

„Wie jetzt - Kollegin?", stammelte die junge Frau.

„Frau Schumacher", fuhr Gina sie heftig an, „Sie stellen sich doch nicht jede Stunde für zehn Minuten alleine da draußen in den Park, wenn im Haus auch noch andere Nachtpflegerinnen Dienst haben."

„Linda Gretenkort", hauchte Rotraut Schumacher. „Aber die kann nichts gehört oder gesehen haben. Ihr Trakt liegt auf der anderen Seite des Hauses."

„Schreiben Sie mir ihre Adresse auf", befahl Gina und schob der Pflegerin ihren Spiralblock zu.

Die junge Frau gehorchte umgehend und notierte Namen und Adresse ihrer Kollegin mit zitternden Fingern.

„Na gut." Lenz stand auf. „Falls Ihnen doch noch etwas einfallen sollte, rufen Sie uns bitte an. Frau Gladow lässt Ihnen ihre Karte hier. Alles könnte wichtig sein, auch wenn Sie ihm keine Bedeutung beimessen."

Gina erhob sich ebenfalls und ließ ihre Visitenkarte wortlos auf den Wohnzimmertisch segeln.

Hektisch paffend brachte die Pflegerin die Kriminalbeamten zur Tür und schloss sie sofort, als die beiden hindurchgegangen waren. Wortlos stiegen Lenz und Gina die Treppe hinab und ließen die Haustür hinter sich ins Schloss fallen.

„Wie schätzt du die Frau ein?", fragte Lenz und wartete, bis seine Kollegin das Auto umrundet hatte. „Besonders gastfreundlich war die ja nicht."

„Was erwartest du?" Die Kommissarin bediente die Zentralverriegelung. „Erstens hat niemand gern die Bullen im Haus und zweitens hat sie eine Nachtschicht hinter sich. Eine stinklangweilige noch dazu. Stundenlang im Dienstzimmer eines Altenheimes rumzuhängen, ohne dass etwas zu tun ist, stelle ich mir nicht gerade vergnügungssteuerpflichtig vor. Außerdem ging ihr der Arsch auf Grundeis."

Lenz wunderte sich über das plötzliche Verständnis seiner Kollegin, während er sich auf den Beifahrersitz fallen ließ. Eben war sie noch kalt wie eine Hundeschnauze gewesen, jetzt plötzlich wirkte sie regelrecht warmherzig.

„Wie bist du denn darauf gekommen, dass sie sich nachts regelmäßig mit einer Kollegin trifft?", hakte er nach.

„Ist doch logisch. In Medizinerberufen wird überdurchschnittlich viel gequalmt. Und Raucher sind nun einmal gesellige Menschen."

„Dann können wir das mit den zehn Minuten ja wohl auch knicken", schlussfolgerte Lenz. „Wenn Frauen erst einmal ins Quatschen kommen ..." Vorsichtig schielte er zur Seite und rechnete mit einer wütenden Antwort.

Aber Gina nickte nur. Dann grinste sie ihn hämisch an „Du blickst bei mir nicht so ganz durch, was? Das ist gut so. In dir kann man allerdings lesen wie in einem offenen Buch."

Sie lachte, als sie Lenz' grimmiges Gesicht sah, startete den Wagen und fuhr ruckartig los. Trotz der zahlreich einmündenden Stichstraßen machte sie keinerlei Anstalten, sich an die Begrenzung auf Tempo 30 zu halten. Lenz hütete sich, sie darauf aufmerksam zu machen.

„Jedenfalls dürften wir Rotraut Schumachers Schlaf für heute wohl beendet haben", verkündete Gina und lächelte zufrieden.

Wewelsburg, den 5. Mai 1940

Mein liebes Muttchen!

Das Wetter ist ganz wunderbar. Wenn meine Männer keinen Dienst haben, liegen sie draußen im Steingarten und aalen sich in der Sonne, obwohl es noch so früh im Jahr ist. Den Ofen mache ich nur noch abends an, sonst steht mein Fenster weit offen. Wir genießen die Wärme und daß die Aufstockung des Wachpersonals uns stark entlastet bei den Wachen.

Ich habe mir in den letzten Tagen etwas im Rücken zugezogen, wahrscheinlich Ischias, denn es zieht bis ins Bein. Nun sitze ich mit dem Heizkissen alleine hier. Da siehst Du mal, wie hart mein Dienst für das deutsche Volk ist!

Das Wetter ist hier nun anhaltend schön. Wenn ich aus meinem Fenster über das Lager hinweg auf die Wälder sehe, dann grünt und blüht es überall. Ich achte darauf, daß ich immer blühende Rosen im Blickfeld habe. Dafür sind mir zwei Häftlinge persönlich verantwortlich und ich würde nicht zögern, sie an Ort und Stelle zu erschießen, wenn sie einmal das Gießen vergessen würden. So weit kommt das noch, daß ein SS-Offizier im harten Lagerdienst nicht einmal diese kleine Freude haben könnte.

Momentan bin ich der alleinige Herrscher im Lager, denn Lagerkommandant Haas ist mal wieder in Oranienburg. Einerseits ist das eine große Ehre für mich und die Stimmung im Lager ist phantastisch, vor allem bei meinen SS-Männern, aber andererseits sitze ich abends stundenlang an den Berichten und Meldungen, für die man als Kommando-Führer nun einmal zuständig ist. Entsprechend komme ich kaum zum Briefeschreiben.

Mein Tag ist angefüllt mit Arbeit. Am Vormittag nutze ich das schöne Wetter und gehe die Einsatzstellen ab. Die Kolonnen arbeiten jeden Tag ab 7 Uhr und kommen im Steinbruch und auf der Baustelle gut voran. Wenn dort alles in Ordnung ist, und das ist es immer, denn die Männer wissen, daß ich ihnen nichts durchgehen lasse, muß ich häufig auf die Burg, denn auch dort gibt es viel zu besprechen. Anschließend mache ich einen Rundgang durchs Lager und kontrolliere die Sauberkeit und Ordnung in den Baracken der Wachmänner und Häftlinge.

Und dann ist auch schon wieder Mittag und Essenszeit. Um 13 Uhr zieht die neue Lagerwache auf und die Posten für die Ablösung an den Außenstellen rücken ab. Nun habe ich endlich Zeit, mich ein wenig hinzulegen. Am Nachmittag mache ich meine Runde durch sämtliche Arbeitsstellen noch einmal. So gut ich auch mit meinen Männern auskomme, so wichtig ist doch immer auch die Kontrolle. Nur wenn sie wissen, daß ich alles im Blick habe, nehmen sie ihre Aufgabe ernst genug. Und die Häftlinge brauchen ohnehin immer die Peitsche im Rücken.

Dreimal in der Woche kommt der Lagerarzt und behandelt die Kranken. Auch da habe ich ein strenges Auge, denn Simulanten kann ich nicht dulden. Auch auf eine zu sanfte Behandlung bei Häftlingen, die sich bei der Arbeit verletzt haben, passe ich auf. Wer halbwegs aufrecht gehen kann, kann auch arbeiten. Unser Lagerarzt neigt da schon einmal zu einem weichen Herzen. Wenn das einreißt, meldet sich demnächst das halbe Kommando krank.

Um 18 Uhr ist Dienstschluß. Die Häftlinge kehren ins Lager zurück und stellen sich zum Appell auf. Ich nehme alle Meldungen entgegen, gehe dann zum Abendessen und sitze ab 18 Uhr 30 in der Schreibstube an den Meldungen und Berichtungen.

Die Erziehungsarbeit an den Häftlingen überlasse ich meinem Kameraden Kottmann, solange mich mein Rücken plagt. Der hat Spaß am nächtlichen Antreten auf dem Appellplatz und dem Überwachen der Liegestütze. Unter meiner Leitung haben wir ausgefeilte Methoden entwickelt, um die faulen Kerle zu sportlichen Höchstleistungen anzutreiben. Und auf Kottmann ist Verlass. Es beruhigt, wenn man als Wachsturmführer solche Kameraden hat, die im Ernstfall für einen einspringen können.

So, nun reicht es auch mit dem Sitzen auf dem harten Stuhl. Ich muss den Rücken schonen, wenn ich bald wieder im Dienst sein will.

Grüße und küsse die Kinder von ihrem tapferen Vati!

24

Lenz überließ es wieder seiner Kollegin, die anderen bei der Dienstbesprechung zu informieren. Dabei erfuhr er auch, dass Renate Körting nach Marios Aussage eine ruhige und nette alte Dame war, die im Gegensatz zu anderen Mitbewohnern keine besonderen Ansprüche stellte. Das hatte Pflegerin Michaela, die heute Morgen den Dienst übernommen hatte, ebenfalls bestätigt.

„Die ist übrigens irgendwie komisch", kommentierte die junge Kommissarin.

„Was heißt das?" Lenz sah sie skeptisch an.

„Ich weiß nicht." Gina wand sich sichtlich. „Sie ist irgendwie so … brav. Anders kann ich das gar nicht ausdrücken. So bieder und ordentlich."

Die Oberkommissare Jakobsmeier und Steinkämper lachten und zwinkerten sich zu. Lenz wusste genau, was sie dachten: Klar, dass einer Kampfziege wie der jungen Kollegin so ein Mädchen nicht gefiel. Gemessen an Gina war jede Frau brav.

Die ignorierte das und setzte ihren Bericht fort: Am Abend zuvor hatte Frau Körting über Kopfschmerzen geklagt und war von Wolfgang noch einmal in den Park begleitet worden. Mario hatte Gina aus dem Tagesbericht, der immer vor der Dienstübergabe geschrieben wurde, vorgelesen, dass Wolfgang die alte Dame gegen 20 Uhr in ihr Zimmer gebracht und ihr noch eine Paracetamol 600 gegeben hatte. Von da an hatte Rotraut Schumacher Dienst gehabt und sich nicht mehr um Renate Körting gekümmert. Am Morgen, als Mario sie wecken wollte, war sie nicht mehr da. Das Bett war benutzt, ihre Kleidung vom Vortag hing nicht wie gewohnt auf dem Herrendiener. Folglich hatte sich Frau Körting alleine angekleidet, was für die gebrechliche Frau durchaus eine große Anstrengung bedeutet haben musste.

Lenz ärgerte sich darüber, dass Gina ihm all das nicht bereits im Auto berichtet hatte. Wie sollte er Zeugen vernehmen, wenn er nicht im Besitz aller Informationen war? Dabei ging es ihm ums Prinzip und nicht darum, dass das Gespräch mit Rotraut Schumacher anders verlaufen wäre.

„Und Frau Körting kann das Haus nicht ohne Schlüssel verlassen haben?", hakte Gisbert Henke nach.

„Nein. Sofern es stimmt, dass am Abend alles ordnungsgemäß verschlossen worden ist. Wir müssen uns da auf die Angaben von Frau Schumacher und Frau Finke verlassen." Letzteres begleitete die Kommissarin mit einem schiefen Grinsen in Lenz´ Richtung.

Der registrierte das durchaus und ergänzte grimmig: „Und Frau Finke ist darauf angewiesen, dass ihre Mitarbeiter gewissenhaft arbeiten und sie vollständig und wahrheitsgemäß informieren. Das ist im Grunde wie bei uns."

KHK Schröder räusperte sich vernehmlich, enthielt sich aber eines Kommentars. Gina hingegen lächelte zufrieden.

„Also, Kollegen", übernahm Lenz nun endgültig die Gesprächsführung, „Anton Kottmann war drei Tage verschwunden, bevor wir ihn in Wewelsburg tot aufgefunden haben. Wenn wir davon ausgehen, dass es sich auch hier um eine Entführung handelt und der Täter einem Muster folgt, haben wir folglich Zeit bis übermorgen, also Mittwoch."

„Wie kommen Sie denn darauf, dass er einen festen Zeitplan hat?", erkundigte sich Oberkommissar Jakobsmeier erstaunt. „Haben wir dafür irgendwelche Anhaltspunkte?"

„Nein. Es ist im Grunde meine optimistische Ader, der das entsprungen ist."

„Entschuldigung." Jakobsmeier senkte den Blick. „Ich wollte nicht …"

„Neinnein, schon gut", nahm Lenz sich zurück, weil der Kollege ja nichts dazu konnte, dass Gina Gladow ihren Chef bis aufs Blut reizte. „Ich meine das ganz ernst. Wir können nur hoffen, dass wir drei Tage Zeit haben. Eine Garantie haben wir dafür nicht. Genauso gut kann es sein, dass der Täter sich nach den früheren Verbrechen seiner Opfer richtet und nicht jeden tagelang foltert. Deshalb müssen wir uns auch ranhalten und dürfen keine Minute auf Nebensächlichkeiten verwenden. Also: Renate Körting." Er berichtete in groben Zügen, was er von Kerstin Finke erfahren hatte, und fasste es schließlich mit dem Satz zusammen: „Das heißt, sie war eine zuverlässige Erfüllungsgehilfin."

„Hat es irgendeinen Vorfall gegeben, der heute zu einem Racheakt führen könnte?", meldete sich Hauptkommissar Schröder zu Wort.

„Davon hat Frau Finke nichts erzählt", antwortete Lenz. „Aber die Frage könnte tatsächlich von zentraler Bedeutung sein. Sobald die Akten da sind, muss jemand danach suchen."

„Ich habe noch einen anderen Ansatz, den wir in Betracht ziehen sollten." Franz-Georg Jakobsmeier beugte sich vor und legte seine Hände auf dem Tisch aufeinander. „Renate Körting war nach 1945 weiterhin für ideologische Treffen der alten Nazis zuständig. Sie hat das Geld ihres Mannes dafür genutzt, die alten Seilschaften zu pflegen und dafür zu sorgen, dass der Führungszirkel nicht auseinanderfiel. Sie haben ja bereits von den Revisionisten-Treffen berichtet, Chef. Auch die Akquise von Spenden und die Finanzierung der Unterbringung alter Kameraden in der Seniorenresidenz gehörten zuletzt zu ihren Aufgaben, bis sie dann selbst dort eingezogen ist."

„Eine wirklich nette alte Dame", zitierte Lenz. „Jedenfalls nach Meinung von Mario Hülsmann. Entweder ist unser Bufdi nicht ganz auf dem Laufenden, oder er führt uns an der Nase herum."

Gina kniff missbilligend die Nasenflügel zusammen. Ihr Blick sagte: Spielverderber.

„Für mich hört sich das an", fuhr Jakobsmeier fort, „als gehörte sie zu den Ewiggestrigen, die die nationalsozialistischen Verbrechen, an denen sie selbst beteiligt waren, nicht nur leugnen, sondern auf eine Wiederauferstehung des Dritten Reiches hinarbeiten. Damit müsste sie doch zu einem Hauptziel antifaschistischer Gruppen geworden sein."

„Gibt es dafür irgendeinen Anhaltspunkt?", zweifelte Jochen Steinkämper, der den Eindruck machte, als ginge ihm dieses Gestochere im Nebel fürchterlich auf den Geist.

„Den gibt es vielleicht wirklich." Hauptkommissar Schröder blätterte durch ein paar Zettel, die er vor sich liegen hatte. „Ich habe mich mal über die beiden Pfleger informiert. Dabei bin ich auf sehr interessante Details gestoßen. Sowohl Mario Hülsmann als auch Wolfgang Kaup sind bei uns aktenkundig."

„Aha", machte Gina und tauschte mit Lenz erstaunte Blicke.

Der nickte Schröder aufmunternd zu und beugte sich interessiert vor.

„Also", setzte der Kriminalhauptkommissar an, „Mario Hülsmann ist aktives und mehrfach auffällig gewordenes Mitglied der Paderborner Antifa. Er neigt bei Demonstrationen gegen Rechts zu Körperverletzungen gegen Polizeibeamte und rechte Demonstranten und wurde zuletzt in Düsseldorf wegen Verstoßes gegen das Vermummungsverbot und Landfriedensbruchs festgenommen. Bei einer FPA-Demo hat er mit einer Horde anderer Linker eine Polizeisperre durchbrochen und die Straße blockiert, durch die die Rechten marschieren wollten."

„Löblich", warf Gina grimmig ein. „Wenn unsere Kollegen schon die Nazis schützen, muss es wenigstens einige Bürger geben, die nicht auf dem rechten Auge blind sind."

Schröder fuhr in seinem ruhigen Tonfall fort, als hätte es den Einwand seiner aufbrausenden Kollegin gar nicht gegeben: „Außerdem hat er eine sehr interessante Familiengeschichte. Sein Großvater war, wie wir eben von Gina gehört haben, als Kommunist politischer Häftling im KZ Niederhagen. Das ist aber nicht alles. Er gehörte zum Restkommando, das bis zur Befreiung durch die Amerikaner in Wewelsburg geblieben ist. Sein Vater ist Mitbegründer der Sozialistischen Plattform in Paderborn und war enger Mitarbeiter des jüngst verstorbenen Soziologie-Professors Arno Klönne hier von der Gesamthochschule."

„Lauter rote Socken also", fasste Oberkommissar Steinkämper zusammen. „Der Apfel fällt nicht weit vom Stamm."

„Ich weiß nicht, Kollege", fuhr Gina ihn an. „Für mich spricht es eher für einen Menschen, wenn er sich dem braunen Gesocks entgegenstellt und nicht einfach nur wegguckt."

„Geschenkt." Steinkämper winkte ab. „Zumindest haben wir jetzt einige sehr interessante Übereinstimmungen: Anton Kottmann war Wachmann im

Restkommando, Kommunist Füser war Häftling im Restkommando und Renate Körting war Lagersekretärin. Für mich stinkt das förmlich nach einem Rachemotiv im Umfeld der Familie Füser / Hülsmann."

Bevor Gina wieder vorpreschen konnte, fuhr Lenz ihr mit einem grimmigen Blick in die Parade: „Das ist in der Tat eine Spur, der wir selbstverständlich folgen werden. Wir sind hier nämlich weder auf dem rechten noch auf dem linken Auge blind." Dabei blitzte er seine junge Kollegin warnend an.

Die Kommissarin senkte den Blick und lehnte sich auf ihrem Stuhl zurück, was Lenz gleichsam freute und erstaunte. Es war das erste Mal, dass sie sich wirklich zurückzog.

„'Braunes Gesocks' ist dann auch das Stichwort für unseren zweiten Kandidaten", fuhr Schröder ungerührt fort und nahm den nächsten Zettel zur Hand. „Der Pfleger Wolfgang Kaup hat quasi die genaue Gegensozialisation. Sein Großvater, Johann Kaup, war einer der Top-Nazis im Kreis Paderborn. Er war bis zum Überfall auf die Sowjetunion Wachsturmführer im KZ Niederhagen und hat das Lager quasi mit aufgebaut. Dann wurde er zum Frontdienst abkommandiert und hat im Gefolge des Unternehmens Barbarossa hinter der Front eine Einsatzgruppe geleitet. Zusammen mit baltischen Einsatzkräften hat er sogenannte ‚Säuberungen' durchgeführt. Was das heißt, wissen wir ja: Massenexekutionen angeblicher Partisanen und das Aufspüren versteckter Juden. Schon im Oktober 1941 hat er sich bei der Offensive auf Moskau einen Knieschuss zugezogen und wurde nach dem Lazarettaufenthalt zurück an die ‚Heimatfront' in Wewelsburg versetzt. Er übernahm den Posten des Kommandanten der Wachmannschaft im KZ Niederhagen und war damit Anton Kottmanns Vorgesetzter. Bis zum Schluss ist er dort eingesetzt gewesen und hat das Restkommando befehligt. Sein Glück war, dass er von den Amerikanern gefangen genommen wurde und nicht von den Russen. Sonst wäre er garantiert zum Tode verurteilt worden oder mindestens zu fünfundzwanzig Jahren Gulag - was letztlich auf dasselbe hinausgelaufen wäre."

„Das wäre ja auch nur gerecht gewesen", warf Gina störrisch ein.

Lenz fragte sich, ob sie einfach nur besonders hartnäckig und konfliktfreudig war, oder ob vielleicht ein Vulkan in ihr brodelte und ständig vor einem Ausbruch stand. Im letzten Fall wäre sie geradezu zu bedauern, denn eine derartige innere Unruhe konnte auch ihr selbst nicht gefallen.

„Da stimme ich dir ausnahmsweise sogar zu", wandte sich Schröder an seine junge Kollegin. „Stattdessen haben ihn die Amerikaner nach dem Krieg an Litauen ausgeliefert. Dort ist er Anfang der Fünfziger zu fünf Jahren Gefängnis verurteilt und bereits nach zwei Jahren von der Adenauer-Regierung wieder freigekauft worden."

„Wen wundert´s", warf Jakobsmeier ein. „Das halbe Kabinett in der Adenauer-Regierung bestand aus alten Nazis."

„Bis heute ist er überzeugter Nationalsozialist geblieben", fuhr Schröder fort. „Aber der Mann ist nicht nur unbelehrbar, der hat auch genau wie Renate Körting zeitlebens daran gearbeitet, das Dritte Reich neu zu errichten. Und er hat alles darangesetzt, seinen Enkel zu einer Führungspersönlichkeit zu erziehen. Das gesamte Programm nationalsozialistischer Erziehung hat der Bengel durchlaufen." Hauptkommissar Schröder blätterte einen Zettel weiter und atmete tief durch. „Wolfgang Kaups Vater Erich ist aktives Mitglied bei Pro NRW und tritt neuerdings auch bei regionalen FPA-Kundgebungen in Erscheinung. Auch wenn er nicht besonders durch rechte Aktionen hervorgetreten ist, ist doch die ganze Familie ein brauner Sumpf. Und damit sind wir dann bei unserem Pfleger Wolfgang Kaup, der bei den alten Leuten so beliebt ist. Er leitet die Nationale Offensive OWL und ist Anführer einer Neonazi-Rockergang."

„Hah!", rief Gina triumphierend aus.

„Straffällig geworden ist er bisher nicht, wenn man mal von Verstößen gegen das Versammlungsverbot absieht", schloss Schröder seinen Vortrag. „Zumindest hat der Staatsschutz ihm bislang nichts nachweisen können. Die Kollegen haben ihn aber seit Längerem im Auge und stufen ihn als extrem intelligent und daher gefährlich ein." Der Hauptkommissar ließ seine Zettel sinken und blickte in die Runde.

„Interessant." Gina nickte mit grimmig gerunzelter Stirn und wandte sich an Lenz: „Davon hat uns deine Frau Finke aber nichts erzählt."

Der ignorierte den Seitenhieb und nickte Schröder anerkennend zu. „Verdammt gute Arbeit, Herr Kollege. Wir sollten uns auf diese beiden Personen konzentrieren. Falls Renate Körting entführt wurde, muss der Täter einen Schlüssel zur Station haben. Das gilt zwar für beide Pfleger, aber Mario Hülsmann scheint mir von beiden der interessanteste Kandidat zu sein."

„War ja klar", brummte Gina hämisch.

„Die alten Nazis im Seniorenheim müssen für ihn eine allgegenwärtige Provokation sein", erläuterte Lenz seine Position in Richtung der anderen Kriminalbeamten. „Damit ist seine Motivation zumindest theoretisch klar. Wolfgang Kaup dagegen hat von seiner politischen Ausrichtung her gar keinen Grund, die alten Gesinnungsgenossen umzubringen. Allerdings sollte er gut für weitere Informationen sein, weil sein Großvater in enger Verbindung zu den Alten in Büren stehen dürfte."

Er erntete mit einer Ausnahme zustimmendes Gemurmel und Kopfnicken aus der Runde und kam zum nächsten Punkt: „Haben wir schon etwas Neues über Elfriede Gerken?"

„Die Exhumierung ist genehmigt und wird morgen Vormittag um Elf stattfinden", antwortete Henke. „In der Rechtsmedizin stehen wir ganz oben auf der Liste. Der Staatsanwalt hat offenbar Druck gemacht. Kriminaldirektor Heitkamp war vorhin hier und hat angedeutet, dass man ‚an höchster Stelle äußerst beunruhigt über die Vorfälle' sei. Mit Ergebnissen aus der Obduktion ist allerdings frühestens übermorgen zu rechnen."

„Soso, ‚an höchster Stelle'", kommentierte Lenz. „Wer auch immer das dann sein mag. Gut, Kollegen, wir gehen jetzt folgendermaßen vor: Kollege Schröder, Sie begleiten mich zur Familie Hülsmann. Wir werden den linken Granaten mal auf die Füße treten."

Während Schröder zufrieden nickte, kämpfte Gina sichtlich mit ihrem Widerspruch. Lenz nahm das befriedigt zur Kenntnis. Sie sollte ruhig denken, dass er sie wegen ihrer freundschaftlichen Beziehung zu Mario kaltstellte. Entsprechend ließ er sie einen Moment schmoren, bevor er fortfuhr: „Und die Kollegen Gladow und Jakobsmeier fahren zur Familie Kaup. Gerade bei den alten Kameraden brauche ich jemanden mit dem gehörigen Biss." Er kniff dem Oberkommissar ein Auge zu.

Gina Gladow rang offenbar mit sich, weil sie nicht einschätzen konnte, wie ernst die Begründung zu nehmen war. Schließlich nickte sie Jakobsmeier zu, der zufrieden grinste.

„Kollege Henke", wandte sich Lenz an den verbleibenden Beamten, „Sie nehmen Kontakt zu der anderen Nachtpflegerin auf, die mit Rotraut Schuhmacher ihre Raucherpausen geteilt hat. Sekunde ..." Er zog seinen Spiralbloch hervor und schlug ihn auf. „Linda Gretenkort. Die Telefonnummer besorgen Sie sich in der Seniorenresidenz. Stellen Sie fest, ob sie die Aussagen von Frau Schumacher bestätigt und ob sie in der letzten Nacht irgendetwas bemerkt hat."

Gisbert Henke nickte und notierte sich den Namen.

„Gibt es sonst noch etwas?", fragte Lenz in die Runde.

Oberkommissar Steinkämper räusperte sich. „Sollten wir nicht über Personenschutz für die anderen Bewohner der Seniorenresidenz nachdenken?"

„Genau", warf Gina gehässig ein. „Wir machen das, was der Staat immer macht: Wir schützen die Nazis und verdächtigen die Demokraten, die sich gegen die braune Brut wehren."

„Ich meine", entgegnete Steinkämper verlegen, „was wir am wenigsten gebrauchen könnten, wären weitere abgängige Alte."

Lenz dachte einen Moment über den Vorschlag nach. Einerseits hatte der Oberkommissar nicht Unrecht, andererseits hatten sie nun wirklich keine Kapazitäten für wechselschichtige Observationsteams frei. Und Kriminaldirektor Heitkamp wollte er nicht um Unterstützung bitten, bevor sie Ergebnisse vorzuweisen hatten. Der wartete bestimmt nur darauf, dass sein neuer Kommissariatsleiter angekrochen kam. „Ich glaube nicht, dass wir mit einer weiteren Entführung rechnen müssen, bevor Renate Körting aufgefunden worden ist", entgegnete er deshalb. „Solange wir keine Erkenntnisse darüber haben, dass wir es mit mehr als einem Täter zu tun haben, konzentrieren wir unseren personellen Einsatz auf die Ermittlungen."

Die Kriminalbeamten wechselten teils zustimmende, teils skeptische Blicke.

„So, Kollegen, das war´s? Dann an die Arbeit!", befahl Lenz. „Der Countdown läuft."

Als er zusammen mit Schröder den Besprechungsraum verließ, kam ihnen Frau Gellert entgegen. Die Sekretärin lächelte ihren Chef an und sagte: „Die Sache mit der Geschwindigkeitsübertretung ist geregelt." Augenzwinkernd schob sie nach: „Dafür darf ich das Foto aber behalten."

Lenz war so erleichtert über diese Nachricht, dass er seine Sekretärin spontan in den Arm nahm.

„Huch", machte Frau Gellert.

„Sie müssen mir bei Gelegenheit verraten, wie Sie den Eisklotz da unten zum Schmelzen gebracht haben", sagte Lenz und ließ sie wieder los. „Ich heiße übrigens Stefan."

Frau Gellert errötete leicht und entgegnete lächelnd: „Du kannst Conny zu mir sagen."

Lenz gab seiner Sekretärin mit dem Kopf ein Zeichen, ihm in ihr Büro zu folgen, und zog die Tür halb zu, als sie hinter ihm eingetreten war. „Sag mal, Conny, ich bin ja nicht von hier und weiß nicht, was da alles im Hintergrund läuft. Der Kollege Steinbrecher hat da so eine Bemerkung gemacht, die du mir vielleicht erklären kannst."

Sie blickte ihn schmunzelnd an. „Nämlich?"

„Nach seiner Weigerung, mein Ticket unter den Tisch fallen zu lassen, hat er gesagt, ich solle den Oberkreisdirektor von ihm grüßen. So leicht lasse er sich nicht auf´s Glatteis führen. Hast du eine Ahnung, was das sollte?"

Conny Gellert lachte laut auf. „Und ob ich das habe! Also, das war so: Wir hatten vor ein paar Jahren einen Oberkreisdirektor, der nicht nur in unserer Behörde extrem unbeliebt war. Der hatte nämlich nicht nur die Körpergröße von Napoleon, er hat sich auch genauso aufgeführt. Tja, und der hatte nun die Angewohnheit, zu nächtlich vorgerückter Stunde und nicht selten unter dem Einfluss von Alkohol mit hoher Geschwindigkeit durch die Stadt zu rasen. Einmal ist er mit hundertzwanzig Sachen in der geschlossenen Ortschaft geblitzt worden. Daraufhin hat er am nächsten Morgen die Leitstelle angerufen und gefragt, welche Einsätze zu dem Zeitpunkt gefahren worden sind. Mit der Information hat er Steinbrecher angerufen und behauptet, er sei in der Nacht als oberster Dienstherr der Kreispolizeibehörde im Einsatz gewesen und habe die Kollegen am Einsatzort unterstützen wollen."

„Und damit ist der durchgekommen?", wunderte sich Lenz.

Conny Gellert nickte. „Steinbrecher hat die Geschwindigkeitsübertretung als Dienstfahrt deklariert und so eine Anzeige verhindert. Der OKD wäre natürlich seinen Führerschein losgewesen, wenn alles ordnungsgemäß gelaufen wäre. Du kannst dir sicher vorstellen, was hier los war, als die Presse den Fall aufgedeckt hat. Unser netter Kollege da unten hat den Ärger seines Lebens bekommen. Und seitdem vermutet er hinter jeder Ecke jemanden, der ihm das nächste Disziplinarverfahren anhängen will."

„Jetzt verstehe ich. Der hat gedacht, ich hätte den Auftrag, ihn noch einmal in Versuchung zu führen." Er lachte. „Und wie hat die Presse von der Sache Wind bekommen?"

„Ganz einfach: In allen Kreisbehörden hat es viele Kolleginnen und Kollegen gegeben, die nur darauf gewartet haben, dem OKD mal so richtig eins auswischen zu können. Tja, da hat sich offenbar auch bei uns einer gefunden, der die Sache an die Presse durchgestochen hat."

„Dumm gelaufen", befand Lenz grinsend. „Es hat dich hoffentlich nicht zu viel gekostet, Steinbrecher davon zu überzeugen, dass ich kein Spitzel bin."

Die Sekretärin zuckte mit den Schultern. „Sagen wir mal so: Das war´s mir wert."

Lenz knuffte ihr leicht mit der Faust vor die Schulter und zwinkerte ihr zu. „Danke, Conny."

Als er wieder auf den Flur trat, erkannte er, dass der Vorfall nicht unbemerkt geblieben war. Nicht nur Schröder hatte mit offenem Mund draußen gewartet, auch Jakobsmeier und Gina hatten die Szene aus der Tür zum Besprechungsraum beobachtet und harrten nun der Fortsetzung.

Lenz zwinkerte ihnen zu und meinte lässig: „Gewusst wie, Kollegen."

Jakobsmeier schüttelte grinsend den Kopf. „Was sagst du dazu, Gina? Jetzt knackt der auch noch die Eiserne Lady."

Die Kriminalkommissarin enthielt sich eines Kommentars und zwängte sich mit verkniffenem Mund an den anderen vorbei.

25

Der Bericht ging Heller diesmal nicht so leicht von der Hand. Die professionelle Distanz wollte sich bei der Wiedergabe der Zeugenaussagen einfach nicht einstellen und so entschied er sich für das Einbauen zahlreicher Zitate. Als er Hannings demonstrative Ignoranz der Opfer des Holocaust darstellte, formulierte er bewusst wertend. Für dieses Verhalten gab es seiner Ansicht nach weder eine Entschuldigung noch irgendein wie auch immer geartetes Verständnis. Sollte Brenner doch sehen, was er damit anfing.

Die Neonazis schoben sich in die Erinnerung des Journalisten. Er hatte sie bislang in seinem Bericht mit keinem Wort erwähnt und würde sie auch nicht nachträglich einbauen. Einerseits wollte er ihnen keine Öffentlichkeit verschaffen, andererseits wusste er einfach viel zu wenig über die Nationale Offensive OWL. Blöd, dass er keine Fotos geschossen hatte, als der Anführer im Gerichtssaal gewesen war! Heute hatte er nur seine Adjutanten ablichten können, aber vielleicht fand er den Oberidioten ja mit Hilfe von Gott Google im Internet.

Einen Moment lang dachte er darüber nach, ob er die Begegnung mit den Neonazis in Ottens Hof für einen atmosphärischen Hintergrundbericht nutzen sollte, aber irgendetwas hielt ihn davon ab, das schon jetzt zu machen. Vielleicht war es das Gefühl, das Dorf erst besser kennenlernen zu müssen, bevor er es derart in die rechte Ecke stellte. Jedenfalls schien ihm die Zeit noch nicht reif dafür.

Heller las seinen Bericht sicherheitshalber noch einmal Korrektur, fügte zwei Fotos von den Zeugen ein, versah sie mit prägnanten Bildunterschriften und schickte das Ganze dann per E-Mail an Brenner. Sollte er von seinem Chefredakteur nichts mehr hören, würde der Artikel so durchgehen und in der morgigen Ausgabe des Westfälischen Anzeigers erscheinen.

Dann wechselte er zu Google und suchte nach Informationen über die Nationale Offensive OWL. Er stieß auf Artikel der regionalen Zeitungen, in denen die rechtsextreme Szene in Ostwestfalen-Lippe als eine kleine beschrieben wurde, deren Gewaltbereitschaft aber nicht zu unterschätzen sei. Fotos von Neonazi-Aufmärschen in Bielefeld und Gütersloh dokumentierten das Auftreten grölender Glatzen. Vorweg marschierte der junge Mann, den Heller im Gerichtssaal zwischen seinen beiden Bodyguards erlebt hatte. Während die beiden Adjutanten brüllend und feixend rechts und links von ihm liefen und auf den Bildern noch mehr als im Gerichtssaal dem Klischee rechter Dumpfbacken entsprachen, drückte seine Mimik absolute Kontrolle und Überlegenheit aus. Die Bildunterschrift verriet, dass er Wolfgang Kaup hieß und Anführer der Nationalen Offensive OWL war. Der junge Mann wirkte souverän und strahlte eine Autorität aus, die Heller Schauer über den Rücken trieb. Kein Zweifel: Wolfgang Kaup hatte ein klares Ziel vor Augen und wusste ganz genau, wie man die dumpfen Massen kontrollierte.

Einer der Berichte beschrieb die Organisationsstruktur der Nationalen Offensive OWL als eine dem Führerprinzip gehorchende Freie Kameradschaft, die in engem Kontakt zur 2008 verbotenen Bildungseinrichtung Collegium Humanum und zur 2009 verbotenen Heimattreuen Deutschen Jugend gestanden habe. Letztere habe in Ostwestfalen-Lippe wie die HJ im Dritten Reich zahlreiche Zeltlager für Kinder und Jugendliche durchgeführt, um rechtsradikales Gedankengut in möglichst jungen Köpfen zu verankern. Dazu passte auch die enge Verbindung zur Identitären Bewegung, die es sich offenbar zum Ziel gesetzt hatte, eine neue völkische Jugend nach historischem Muster zu erziehen. Ihr Symbol war eine Art schwarzes Dach in einem schwarzen Kreis auf gelbem Grund, wie Heller es auf dem Shirt der Nazisse in Ottens Hof gesehen hatte. Na prima, dachte er, am Ende kommen dann solche Zeitbomben wie Kaup dabei heraus und der demokratische

Staat schaut sich das an und wundert sich am Ende darüber, wie diese Idioten unbemerkt zur Gefahr werden konnten.

Bilder von den Externsteinen und dem Hermannsdenkmal sowie von der Wewelsburg rundeten Hellers Recherche ab und beschrieben die Kultstätten als beliebte Aufmarschorte für Neonazis aus dem gesamten Bundesgebiet. Zum Beispiel fänden Gruppenreisen zur Sonnenwendfeier an den mystisch verbrämten Externsteinen statt oder zur Wewelsburg, in deren Obergruppenführersaal im Nordturm die Schwarze Sonne einen besonderen Anziehungspunkt darstelle. Gespenstisch, was man fand, wenn man nur ein wenig im Internet danach suchte!

Heller klappte seinen Laptop zu und beschloss, sich die Kulträume in der Burg einmal selbst anzusehen. Vielleicht fand er da genügend Material für einen atmosphärisch dichten Bericht über Wewelsburg, in den sich auch die Nazirocker sinnvoll einbauen ließen.

Wewelsburg, den 18. August 1940

Liebstes Muttilein!

Daß ich so lange nichts an Dich geschrieben habe, ist einzig und allein die Schuld der Engländer. Wir hatten jede Nacht Auslandsbesuch, allerdings nur im Überflug, denn die Bomber werfen ihre Last weiter im Inland ab. Das ist jedes Mal ein Spektakel, wenn die Flak in unserer Gegend denen einheizt! Jede Nacht war ich bis drei Uhr auf und habe natürlich in meinen freien Stunden am Tag den versäumten Schlaf nachgeholt, anstatt mich an den Schreibtisch zu setzen. Das wirst Du sicher verstehen. Außerdem will ich Dich mit meinen Briefen ja auch nicht von der Haus- und Gartenarbeit abhalten.

Vielen Dank für den Apfelkuchen, den Du mir geschickt hast. Leider hat er schon am nächsten Tag zu schimmeln angefangen. Ich habe den Schimmel entfernt und den Kuchen gegessen, aber ich bitte Dich, schick mir lieber keinen Apfelkuchen mehr. Napfkuchen ist besser.

Am Sonnabend habe ich mir beim Fußballspielen den Fuß verstaucht. Den ganzen Nachmittag habe ich kalte Wickel bekommen und nun geht es schon ein bißchen besser. Seitdem bin ich vom Dienst befreit. Das kann man sich gefallen lassen, auch wenn man wegen der Schmerzen die ganze Zeit die Stube hüten muß.

Von überall her bekommen wir nun Nachricht, daß Kameraden der Wehrmacht und der Waffen-SS bereits entlassen wurden. Das läßt hoffen! Deshalb mache ich auch ab morgen wieder Dienst, damit ich wieder ans Laufen komme. Falls ich entlassen werde, muß ich doch laufen können.

In den letzten Wochen habe ich viele Photos vom Lager und den Außeneinsatzstellen gemacht und natürlich von der Burg. Es entwickelt sich ein reges Geschäft damit. Allein gestern habe ich 220 Abzüge an Kameraden verkauft. So macht das Knipsen richtig Spaß.

Du brauchst mir übrigens keine Tomaten und Gurken mehr zu schicken. Unser Gemüsegarten läßt sich gut an und wir haben nun selbst reiche Ernte. Sogar Rettich haben wir angepflanzt. Und wer weiß, vielleicht bin ich ja auch schon bald wieder bei Dir zu Hause.

1000 Grüße und Küsse!

Dein Vati

26

Gina hatte schlechte Laune und überhaupt keine Lust, das zu verheimlichen. Auf dem Weg zur Familie Kaup in Niederntudorf fühlte sie immer wieder Franz-Georg Jakobsmeiers vorsichtigen Seitenblick auf sich gerichtet. Offenbar traute er sich nicht, sie anzusprechen. Und dann wurde ihre Aggression noch durch den Lahmarsch verstärkt, der seit Minuten mit seinem Golf vor ihnen her gurkte und immer genau fünf Stundenkilometer unter der erlaubten Geschwindigkeit blieb. So etwas machte Gina schon an Tagen rasend, an denen sie keine schlechte Laune hatte.

„Du magst ihn nicht, oder?", kam es plötzlich verhalten von dem Kollegen. „Lenz meine ich."

„Er ist ein arrogantes, selbstherrliches Arschloch!"

Als sie keine Antwort bekam, schielte Gina zu dem Kollegen hinüber und sah sein breites Grinsen. „Was?", fuhr sie ihn an.

„Och, nichts." Das Grinsen wurde breiter.

„Nun sag schon!"

Jakobsmeier gab sich sichtlich einen Ruck, als gehöre so etwas wie Todesmut dazu, Gina gegenüber offen und ehrlich seine Meinung zu sagen. „Es würde mich auch wundern, wenn ihr nicht auf Kollisionskurs wärt. Ihr seid euch einfach viel zu ähnlich."

Es fehlte nicht viel und Gina hätte eine Vollbremsung hingelegt. Sie biss sich auf die Unterlippe und presste schließlich mühsam hervor: „Du hältst mich also auch für ein arrogantes, selbstherrliches Arschloch?"

„Das habe ich nicht gesagt. Ich halte nämlich auch Lenz nicht dafür. Selbstgerecht vielleicht. Aber er scheint ein verdammt guter Bulle zu sein, so wie er innerhalb kürzester Zeit das Ruder bei uns übernommen hat. Von dir scheint er trotz deiner abweisenden Art übrigens auch sehr viel zu halten. Und frisches Blut von außerhalb tut uns doch bestimmt gut. Oder hättest du lieber Schröder als neuen Kommissariatsleiter?"

Gina dachte einen Moment über die Erklärung des Kollegen nach und fand, dass sie sich damit notfalls arrangieren konnte. „Schröder? Nee. Der ist zu soft."

„Na bitte. Gib Lenz eine Chance. Dass der auch mit uns erst einmal warm werden muss, ist doch klar. Und die Eiserne Lady hat er ja offenbar schon überzeugt."

Das hätte Jakobsmeier nicht sagen sollen. Gina fühlte, wie es erneut unter ihrem Solar Plexus zu brodeln begann. „Jetzt reicht´s!" Sie setzte ungeachtet der unübersichtlichen Kurvenstrecke zum Überholen des verfluchten Lahmarsches an.

Das Städtchen Salzkotten lag in einer offenen Landschaft, die von weiten Ackerflächen bestimmt war. Verflucht viel Gegend, dachte Lenz. Zu dieser Jahreszeit sahen die gepflügten Flächen unter ihrer schmutzigen Frostkruste einfach nur öde aus und unterschieden sich eigentlich in nichts von der Soester Börde, die östlich an Hamm angrenzte. Dieser Eindruck bestätigte sich, als Schröder, der den Wagen steuerte, erklärte, dass hier im Übergang von der Paderborner Hochfläche zum Delbrücker Land hauptsächlich Gemüseanbau betrieben wurden.

Überhaupt war der Hauptkommissar seit der Dienstbesprechung außerordentlich gesprächig. Er schien den Entschluss gefasst zu haben, seine Nichtbeachtung bei der Besetzung des Chefpostens nicht in einen Dauerzweikampf mit seinem neuen Vorgesetzten münden zu lassen. Vielleicht lag es aber auch einfach nur daran, dass er sich von Lenz nicht mehr aufs Abstellgleis geschoben fühlte und so selbstständig wie aktiv an den Ermittlungen teilnehmen konnte.

„Sie sind in Paderborn geboren?", erkundigte sich Lenz, während die trostlosen Felder an ihnen vorbeirasten.

„In Upsprunge", antwortete Schröder.

„Ist das in der Nähe?" Lenz blickte seinen Kollegen nun an.

„Ein Dorf gleich hier um die Ecke", sagte der. „Die Alme versickert bei Wewelsburg in den zahlreichen Schwalklöchern im Kalkgestein, fließt dann unterirdisch weiter und springt kurz vor der Mündung in die Lippe wieder an die Oberfläche. Daher der Name Upsprunge."

„Aha. Interessant."

„Sie haben gefragt", entgegnete Schröder gleichmütig.

„Ich meine das auch gar nicht ironisch."

Kurz vor dem Ortseingang Salzkottens näherten sie sich nun einer Siedlung, die durch Mauern und Hecken wie abgeriegelt von der Landstraße dalag. Schröder bog rechts ab und gleich wieder links. Vor einem großzügigen Grundstück mit einem roten Klinkerbau hielt er am Straßenrand und stellte den Motor ab.

„Irgendwelche Regeln?", fragte er und blickte Lenz direkt an.

„Ich verstehe nicht."

„Ich meine, führen Sie grundsätzlich die Befragungen und ich schreibe mit, oder wie hätten Sie es gerne?"

Lenz wandte sich ihm ganz zu und erwiderte den Blick. „Ich mache wahrscheinlich nicht immer den Eindruck, Kollege Schröder, aber ich bin ein Teamplayer. Selbstverständlich führen wir alle Befragungen gemeinsam durch und Sie sind nicht mein Sekretär."

Schröder nickte zufrieden. „Dann mal los."

Die Frau, die ihnen die Haustür öffnete, konnte nur Bufdi Marios Mutter sein. Sie trug zwar eine modische Kurzhaarfrisur und keine Filzsträhnen, aber ihr Sohn war ihr ansonsten wie aus dem Gesicht geschnitten. Auffordernd schaute sie die beiden Männer an.

Lenz stellte sich und seinen Kollegen vor und bat darum, mit Franz-Joseph Füser sprechen zu dürfen.

„Polizei? Was wollen Sie denn von meinem Vater?"

„Das würden wir ihm gerne selber sagen, wenn Sie uns hinein lassen", antwortete Lenz freundlich lächelnd.

Frau Hülsmann blickte ihn noch einen Moment skeptisch an, machte aber dann den Weg frei und führte die Kriminalbeamten geradeaus ins Wohnzimmer. „Bitte." Sie deutete auf die Couch. „Ich hole meinen Vater."

Als Franz-Joseph Füser kurz darauf auf seinen Gehstock gestützt den Raum betrat, war Lenz schlagartig klar, dass dieser Mann schon rein altersmäßig nicht in der Lage war, einen Mord wie den an Anton Kottmann zu begehen, von seinem körperlichen Zustand ganz zu schweigen. Darüber hinaus ging von ihm etwas aus, das Lenz nicht gleich fassen konnte. Gutmütigkeit traf es nicht – vielleicht Demut.

Der alte Mann reichte ihnen die mit dunkelbraunen Altersflecken übersäte knochige Hand und ließ sich ächzend auf einen Stuhl nieder, den seine Tochter ihm wortlos heranschob. Dabei warf er ihr einen fragenden Blick zu, den sie mit einem Achselzucken beantwortete. „Aus den Sesseln komme ich nicht mehr so leicht hoch", erklärte er den Beamten. „Womit kann ich Ihnen helfen?"

„Wir sind hier", begann Lenz vorsichtig, „weil wir Ihnen gerne Fragen zum Mordfall Kottmann stellen möchten."

Hatte der Kommissar befürchtet, dass allein schon dieses Ansinnen den alten Mann emotional überfordern oder zumindest aufregen könnte, so war er nun erstaunt, wie selbstverständlich der es aufnahm: „Wie kann ich Ihnen da helfen?"

„Sie kannten Anton Kottmann."

„Natürlich. Er war eine der Bestien, die mich und meine Mithäftlinge vor über siebzig Jahren im Konzentrationslager Niederhagen gequält haben. Mario hat mir erzählt, dass er ermordet wurde. Außerdem stand es in der Zeitung. Und nun wollen Sie wissen, ob ich etwas damit zu tun habe?"

„Haben Sie?"

Franz-Joseph Füser machte fast einen belustigten Eindruck. „Schön, dass Sie mir so etwas noch zutrauen. Meine Tochter hat nämlich schon Angst, wenn ich nachmittags nur einmal alleine durch die Siedlung laufe."

„Unfug!", kam es grimmig von Frau Hülsmann zurück, die mit verschränkten Armen hinter seinem Stuhl stehen geblieben war. „Du mutest dir nur immer zu viel zu. Und dann muss ich mit dem Auto kommen und dich zwei Straßen weiter einsammeln."

„Das war ein einziges Mal! Und da hatten wir über dreißig Grad draußen. Aber lassen wir das. - Mit dem Mord habe ich nichts zu tun, aber der, der es getan hat, wusste genau, was er gemacht hat."

„Wie sollen wir das verstehen?" Lenz beugte sich aufmerksam vor.

„Nun, der Kottmann ist genau so gestorben, wie er uns gequält hat. In der Zeitung stand, er sei mit einer Peitsche den Hang hinaufgetrieben worden und musste dabei einen Steinklotz schleppen. Das war die übliche Prozedur nach einem Arbeitstag im Steinbruch."

„Können Sie uns das genau schildern?", hakte Schröder ein.

„Gerne. Ich erzähle es seit siebzig Jahren jedem, der es hören will. Aber das wollen nicht so viele. Die in Wewelsburg schon gleich gar nicht."

„Kann ich Ihnen etwas zu trinken anbieten?", fragte Frau Hülsmann dazwischen.

„Machen Sie sich keine Umstände", antwortete Lenz.

„Kaffee?"

„Wir wollen wirklich nicht lange stören."

„Das hätten Sie sich überlegen sollen, bevor Sie meinen Vater gebeten haben, Ihnen vom Lageralltag zu erzählen." Frau Hülsmanns Grinsen hatte nun etwas Schadenfrohes.

„Dann gerne einen Kaffee", sagte Lenz und Schröder nickte der Frau ebenfalls zu.

Während Frau Hülsmann in die Küche ging, setzte ihr Vater seinen Stock zwischen seine Beine, beugte sich leicht vor und stützte sich mit beiden Händen darauf ab. „Ich fange am besten etwas früher an. Damit Sie genau verstehen, wie das damals gewesen ist."

Lenz wollte einwenden, dass er sich bitte auf das Wesentliche beschränken solle, aber ein Blick von Schröder hielt ihn zurück. Er beschloss, seinem

Stellvertreter zu vertrauen. Der kannte den Menschenschlag hier in der Region besser. Also lehnte er sich zurück und machte sich auf einen langen Vortrag gefasst.

„Ich hatte eine Maurerlehre gemacht und war Kommunist", begann der alte Mann. „Sozialistische Arbeiterjugend. Schon vor 33 hatten wir ständig Reibereien mit der SA. Regelrechte Straßenschlachten haben wir uns geliefert. Und ich habe denen nichts geschenkt, das dürfen Sie mir glauben." Er lachte leise und nickte. „Als die Nazis an die Macht gekommen sind, wurde ich sofort von der Gestapo verhaftet. Am 3. März 1933 war das. Die hatten ihre schwarzen Listen ja schon vorbereitet in der Schublade liegen und haben uns der Reihe nach einkassiert. Ich kam in Polizeihaft nach Minden, später ins Polizeigefängnis Bielefeld. Da saßen damals viele von uns. Die haben uns in ihren Kellern windelweich geprügelt. Wir sollten unsere Genossen verraten, die sie noch nicht auf ihren Listen hatten. Aber Kommunisten verraten sich nicht gegenseitig."

„Da soll es auch andere gegeben haben", warf Schröder ein. „Wenn ich zum Beispiel an Herbert Wehner denke …"

„Das war ja auch kein guter Genosse." Füser machte ein angewidertes Gesicht. „Und schon gar kein Kommunist. Ich hätte mich eher totschlagen lassen, als den Nazis einen von uns auszuliefern. – Ein halbes Jahr war ich in Bielefeld, dann wurde ich plötzlich freigelassen. Ich weiß bis heute nicht, warum. Aber so war die Staatsgewalt damals: immer unberechenbar."

Frau Hülsmann kam mit dem Kaffee zurück und bediente die Kommissare. Ihrem Vater drückte sie eine Tasse Tee in die Hand, die Pfefferminzduft verströmte. „Du kannst sonst heute Nacht wieder nicht schlafen", sagte sie grimmig, obwohl er sich gar nicht beschwerte.

Ohne sie weiter zu beachten, fuhr der alte Mann fort: „Eine Weile habe ich mich ruhig verhalten, aber als ich sah, wohin die Volksgemeinschaft in ihrem Judenhass sich entwickelte und was der Rüstungswahnsinn für ein Ziel hatte, habe ich wieder Kontakt zu meiner alten Zelle aufgenommen. Die Genossen waren ziemlich dezimiert worden und konnten Leute wie mich gebrauchen. Die Hälfte von uns war tot oder saß in Haft. Tagsüber habe ich als Maurer gearbeitet, nachts haben wir auf den Bahnhöfen von Paderborn und Bielefeld Sabotage betrieben und Flugblätter verteilt. Haha! Wenn ich daran denke, wie die uns gejagt haben! Aber sie haben sich einfach zu dämlich angestellt." Er trank einen Schluck Pfefferminztee und hüstelte leicht, als er die ätherischen Dämpfe einatmete. „Das ist erstaunlich lange gutgegangen. 1941 wurde ich dann erneut verhaftet. Ein Kollege auf dem Bau hatte ein Flugblatt in meiner Tasche entdeckt und mich denunziert. Diesmal kam ich direkt nach Sachsenhausen und ein halbes Jahr später nach Wewelsburg ins Lager Niederhagen. Im November 1941 war das."

Mit zittrigen Fingern trank er in kleinen Schlucken und setzte die Tasse dann vor sich auf dem Tisch ab. Lenz hatte längst das Gefühl verloren, in Eile zu sein, und folgte gebannt seinem Bericht.

„Niederhagen war schlimm. Als ich durch das Lagertor kam, habe ich das Krematorium schon gerochen. Die haben an dem Tag mehrere Leichen verbrannt. Wissen Sie, wie so etwas stinkt? Das wird man für den Rest seines Lebens nicht mehr los." Die Augen des alten Mannes wanderten zum Fenster hinaus in den Garten. Lenz befürchtete schon, dass er vollständig in seine Erinnerungen versinken würde, als er leicht den Kopf schüttelte und sich ihnen wieder zuwandte. „Gleich am nächsten Tag ging es mit einer Kolonne in den Steinbruch. Wir mussten bei Morgengrauen ausrücken und in unserer dünnen Häftlingskleidung durch das ganze Dorf marschieren. Dass es nachts geschneit hatte und bitterkalt war, hat niemanden interessiert. Ich hatte zwei unterschiedlich große Schuhe bekommen. Gepasst hat davon keiner, aber wenigstens waren sie zu groß und nicht zu klein. Im Steinbruch mussten wir mit einfachen Spitzhacken Felsbrocken zerkleinern und auf Loren laden. Ohne Sicherheitskleidung und auf wackeligen Schienen haben wir die vollen Loren dann zum Verladeplatz geschoben. Da ist so manche Lore umgekippt und hat Häftlinge verschüttet. Wer sich die Knochen gebrochen hat, wurde entweder sofort erschossen oder er kam abends in Krankenrevier. Aber da hat auch keiner lange überlebt. Die Wachmänner hatten ihren Spaß daran, wenn wir uns verletzten. Manchmal wurden wir ohne Grund mit dem Gewehrkolben geschlagen. Wer nicht ununterbrochen gearbeitet hat, wurde ausgepeitscht oder direkt erschossen. Das hing davon ab, ob der Wachmann gute oder schlechte Laune hatte."

Lenz wunderte sich, wie gleichmütig die Stimme des alten Mannes klang.

„Abends musste jeder von uns einen schweren Felsbrocken zurück ins Lager tragen. Wer nicht mehr den Berg hochkam, wurde mit der Peitsche angetrieben. – Na? Erkennen Sie die Parallele zu ihrem Mordfall? – Und die Leichen mussten wir auch noch mitschleppen. Die kamen in den Leichenkeller unter dem Krankenrevier. Einmal haben wir sie auf einen Haufen anderer Körper werfen müssen. Die waren nackt und hatten große Zahlen auf der Brust. Da lag einer zwischen den Leichen, den wir am Tag zuvor ins Revier gebracht hatten. Er hatte einen Stein fallen gelassen und als er ihn wieder aufheben wollte, hat ein Wachmann ihm mit dem Stiefel die Hände zertreten. Und nun lag er da im Keller zwischen all den anderen Toten. Als wir die Leichen auf den Haufen warfen, hat er sich plötzlich bewegt. Wir haben einen Arzt geholt, aber den hat das nicht gestört. Mit zerquetschten Händen war der Mann nicht mehr arbeitsfähig."

Eine Träne kullerte aus dem rechten Auge des alten Mannes und bahnte sich ihren Weg zwischen den Falten die Wange hinunter. „Eine Gewehrkugel wäre menschlicher gewesen. – Am nächsten Tag sind alle, die da im

Keller gelegen hatten, im Krematorium durch den Kamin gegangen. Nachdem wir das gesehen hatten, hatten wir alle Angst vor dem Krankenrevier. Da wurdest du schon auf den Leichenhaufen geworfen, wenn du noch gar nicht richtig tot warst."

„Und Anton Kottmann war einer der Wachmänner, die Ihnen das angetan haben?", fragte Lenz.

„Er war der schlimmste." Die Stimme des alten Mannes klang nun hart und hasserfüllt. „Kottmann hatte großen Spaß daran, Menschen zu quälen. Wenn auf dem Appellplatz Schnee lag und es fror, hat er uns nachts aus den Betten geholt. Wir mussten mit nackten Oberkörpern raus und Sport machen. Bei jeder Liegestütze musste die Brust den gefrorenen Schnee berühren. Wenn wir nicht tief genug gingen, hat Kottmann uns mit seinem Stiefel runtergedrückt. Er und seine Kameraden sind dann über unsere Rücken gelaufen und haben gelacht. ‚Runter, ihr Schweine, euch werden wir beibringen, was echte deutsche Liegestütze sind!'"

Franz-Joseph Füser lehnte sich zurück und blickte einen Moment zur Decke. Lenz konnte das Weiße seiner Augäpfel sehen, durchsetzt mit kleinen geplatzten Äderchen. „Kommandant der Wachmannschaft und damit Kottmanns Vorgesetzter war Johann Kaup. Seine Spezialität war das Totspritzen. Er hat sich gerne mal beim Appell einen Mann ausgesucht und in den Waschraum gebracht. Wir anderen mussten zusehen, wie er einen Schlauch mit vollem Druck und eiskaltem Wasser auf ihn gehalten hat. Der Mann hatte keine Chance. Er konnte laufen, soviel er wollte, Kaup hat so lange den Schlauch auf ihn gerichtet, bis er zusammenbrach, und dann hat er draufgehalten, bis der Mann tot war."

„Pfleger Wolfgangs Großvater", warf Schröder grimmig ein.

„Genau der." Füser sah dem Kommissar in die Augen. „Heute lebt er bei seiner Familie und nicht in Büren im Altersheim wie Anton Kottmann, zusammen mit den anderen Verbrechern. – Später wurde das Lager aufgelöst. Kottmann und Kaup haben das Restkommando bewacht, zu dem ich auch gehört habe. Die Amerikaner haben uns dann befreit, am 2. April 1945. – Jahre später war ich noch einmal in Wewelsburg. Ich hatte gehört, dass da jetzt Vertriebene wohnten, wo vorher das KZ Niederhagen gewesen war. Aber da war nichts mehr zu sehen von dem Lager. Ich habe einen alten Wewelsburger Bauern gefragt. ´Was?´, hat der gesagt. ´Ein Konzentrationslager? So was hat es hier nicht gegeben!´ Erst als ich gesagt habe, dass ich doch da gefangen gewesen bin und im Steinbruch gearbeitet habe, hat er gesagt: ´Ach so, das Häftlingslager meinen Sie. Ja, da haben Verbrecher drin gesessen, das stimmt.´ Ich habe mich umgedreht und bin gegangen. Der Mann sollte mich nicht auch noch heulen sehen." Franz-Joseph Füser zog ein Stofftaschentuch aus der Hosentasche und schnäuzte sich lautstark.

Seine Geschichte lastete so schwer auf der Atmosphäre des Raumes, dass Lenz einen Moment zögerte, bevor er den alten Mann mit der Gegenwart konfrontierte. „Sie haben Recht, der modus operandi im Fall Kottmann weist einige Parallelen zu den Quälereien auf, die Sie erlebt haben. Deshalb wird es Sie auch nicht wundern, dass wir zuerst mit seinen damaligen Opfern sprechen möchten."

„Natürlich." Füser nickte verständnisvoll. „Und ich kann auch nicht sagen, dass es mir leid tut, was dem Mistkerl zugestoßen ist. Er hat es verdient. Aber Sie werden ja auch erkennen, dass ich nun wirklich nicht mehr in der Lage bin, so etwas in die Tat umzusetzen."

„Wir haben da auch weniger an Sie gedacht", wandte Lenz ein, „als an Ihren Enkel."

„Mario?" Der alte Mann lachte laut auf. „Sie denken wirklich, dass Mario …? Sehen Sie ihn sich doch an: Der kann keiner Fliege was zuleide tun, geschweige denn einen Menschen töten. Nein, Herr Kommissar, da sind Sie auf der völlig falschen Spur."

„Immerhin ist er Mitglied der Paderborner Antifa und bei uns aktenkundig", warf Schröder eine Spur zu laut in den Raum, was dazu führte, dass Franz-Joseph Füser wieder ernst wurde.

„Mario demonstriert gegen die Nazis, die sich heute wieder viel zu offen auf deutschen Straßen zeigen dürfen und sogar Ausländer und Schwarze jagen. Und das ist seine verdammte Demokratenpflicht. Aber ein Kämpfer wie ich damals ist er nicht." Der alte Mann schnaufte verächtlich. „Der wischt den alten Nazis im Heim ja sogar noch den Arsch ab!"

„Jetzt reicht es aber!", ging seine Tochter dazwischen, die plötzlich wieder neben ihm aufgetaucht war. Lenz wusste einen Moment lang nicht, wer damit gemeint war, bis sie den alten Mann anfuhr: „Mario ist ein guter Junge, der begriffen hat, dass Gewalt zu nichts führt. Du hast doch damals gesehen, wohin dich das gebracht hat!"

„Sehen Sie?", richtete der alte Mann sich mit leiser Stimme an die Polizeibeamten. „Sogar in meiner eigenen Familie ist man der Meinung, dass wir damals Verbrecher waren und es nicht besser verdient hatten."

„Ach!", schnauzte seine Tochter und drehte sich weg. „Du verdrehst einem doch das Wort im Mund." Und an Schröder gewandt fuhr sie fort: „Mario hat mit der Sache nichts zu tun. Sie vergeuden hier nur Ihre Zeit."

„Da bin ich anderer Meinung", entgegnete Lenz. „Ihr Vater hat uns mit seiner Geschichte aufschlussreiche Informationen gegeben. Und Ihr Sohn hat ein Motiv: Er ist mit dem Leid aufgewachsen, dass die Opfer der Nazis ihr Leben lang gequält hat. Und jetzt sieht er, wie die Täter, die ein vergleichsweise gutes Leben hatten und nie wirklich bestraft wurden, auf ihre alten Tage auch noch bestens gepflegt werden. Ich an seiner Stelle wäre sehr wütend darüber."

„Und deshalb würden Sie automatisch auch zum Verbrecher?"

„Es wäre doch zumindest denkbar, oder? Außerdem geht es uns nicht nur um Anton Kottmann. Hat Mario auch erzählt, dass eine weitere Bewohnerin der Senioren-Residenz verschwunden ist? Renate Körting?"

„Nein." Erstaunt blickte Frau Hülsmann ihren Vater an, doch auch der schien das zum ersten Mal zu hören.

„Sehen Sie", fuhr Lenz fort, „und wir müssen davon ausgehen, dass sie aus demselben Grund entführt wurde wie Anton Kottmann. Und zwar von demselben Täter, der sie ebenfalls ermorden wird, wenn wir ihn nicht aufhalten."

Frau Hülsmann schwieg nun betroffen.

„Wo war Ihr Sohn in der letzten Nacht?" Schröder hatte die Frage ohne Vorwarnung abgefeuert und lauerte regelrecht auf die Antwort.

„Na, hier", antwortete Frau Hülsmann, deren Stimme plötzlich gar nicht mehr angriffslustig klang. „Er ist gestern gleich nach dem Dienst nach Hause gekommen und auch nicht mehr weggefahren."

„Das stimmt", sagte Franz-Joseph Füser. „Ich habe einen leichten Schlaf und höre ganz genau, wenn jemand spät nachts weggeht oder heimkommt. Wer damals im Lager war, findet nachts keine Ruhe mehr. Man rechnet jeden Moment mit irgendeiner Gefahr. Das sitzt ganz tief."

Lenz fing einen zweifelnden Blick von seinem Kollegen auf und zuckte mit den Schultern. Solange sie keine gegensätzlichen Beweise hatten, konnten sie dieses Alibi nicht entkräften.

„Gut." Er stand auf. „Dann bedanken wir uns für den Kaffee und Ihre Zeit und wollen Sie nicht länger stören."

Auch Schröder erhob sich, wandte sich aber noch einmal dem alten Mann zu: „Kennen Sie Renate Körting?"

„Ich weiß, wer das ist. Vielleicht habe ich sie auch im Lager einmal gesehen, sie hat ja in der Verwaltung gearbeitet. Aber genau kann ich das nicht sagen. Da waren ja mehrere junge, hübsche Mädchen damals, die in ihren schmucken Uniformen für die SS gearbeitet haben."

„Vielen Dank, dass Sie uns so offen über Ihre Zeit in Wewelsburg berichtet haben." Lenz reichte dem alten Mann die Hand.

Er musste sich zusammenreißen, sie nicht schnell zurückzuziehen, als er die eisige Kälte spürte, die von den knochigen Fingern ausging und direkt in seinen Arm zu ziehen schien. Als hätte er den Tod berührt! Ein Schauer lief ihm über den Rücken, als er sich zur Tür wandte.

Frau Hülsmann führte sie hinaus. Lenz konnte förmlich spüren, wie sich die Atmosphäre gedreht hatte, seit Schröder ihren Verdacht hinsichtlich Marios geäußert hatte. Beim nächsten Mal würden sie hier nicht mehr so offen empfangen werden.

Wewelsburg, den 20. September 1940

Mein Muttchen!

Ich schreibe Dir, obwohl ich eigentlich gar keine Zeit dazu habe, aber man soll die Muttis ja nicht zu lange unbeschäftigt lassen, sonst kommen sie noch auf dumme Gedanken.

Morgen erwarten wir 50 neue SS-Männer und 300 Häftlinge. Mit den Arbeiten am Lagerausbau kommen wir dank des guten Wetters recht ordentlich voran. Nun haben wir drei Mannschaftsbaracken und vier Häftlingsbaracken und können uns vorrangig um den Ausbau der Wege kümmern. Wenn die neuen Häftlinge da sind, wird es mit den Außenarbeiten noch zügiger vorangehen. Allerdings haben wir ständig Probleme bei der Materialbeschaffung. Die Bauleitung setzt sich meiner Meinung nach nicht genügend dafür ein.

Ich weiß schon, was die Männer brauchen. Vor unserem Lager steht ein Zwetschenbaum, der momentan eine Menge Zwetschen abwirft. Gestern haben wir sie von Häftlingen aufsammeln und uns in der Lagerküche 10 Platten Zwetschenkuchen allein für unsere SS backen lassen. Das war ein Futtern und Schmatzen! Und für die Männer war es eine gute Abwechslung. Damit ist das Lagerleben für meine SS schon um Einiges leichter zu ertragen.

Endlich habe ich auch wieder etwas Butter ergattern können. Die hebe ich für Euch auf und sehe zu, daß noch mehr dazukommt, damit Ihr im Winter genug Fett habt. Ich muß nur aufpassen, daß niemand etwas davon mitbekommt. Haas hätte bestimmt seine Freude daran, mich wegen Kameradendiebstahls oder gar wegen Diebstahls von Volkseigentum festzunehmen. Nicht vorstellbar, wenn ich hier im Lager die Kleidung wechseln müßte und demnächst gestreift herumliefe. Haas würde im Steinbruch seine schlimmsten Sadisten auf mich hetzen.

Dabei sorge ich doch nur selbst für den gerechten Ausgleich, denn so wie es aussieht, werde ich als SS-Führer vor dem Kriegsende nicht entlassen. Der Unterführer, der die Häftlinge aus Oranienburg hierher begleitet hat, hat mir berichtet, daß es diesbezügliche Anordnungen aus Berlin gibt. Allerdings werde ich hier auch gebraucht mit meiner großen Erfahrung im Lagerwesen. Wir haben nun 500 Häftlinge und 145 SS-Männer, die erst mal in Form gebracht werden müssen.

Und das ist dann auch schon meine schlechte Nachricht an Dich: Vor dem Weihnachtsurlaub wird es wohl kein Wiedersehen geben.

Als Trost lege ich Dir ein paar Photos bei, die der Kamerad Kottmann in meinem Auftrage von mir gemacht hat.

Behalt mich lieb, mein Hausmütterchen, und grüße die Kinder von mir!

Dein Vati!

27

„Kommen Sie!" Dr. Elling freute sich über Fabian Hellers Interesse.

Er führte ihn schnellen Schrittes die Treppe hinunter in die Ausstellung, durchquerte die nacheinander angeordneten Räume und stieß schließlich eine Tür auf, die direkt in den Burggraben führte. Nun ging es nach rechts bis zum Fuß des Nordturmes.

Als sie den Turm durch die schwere Stahltür betraten, fielen Heller die dicken Mauern aus Bruchstein auf. Eine Treppe führte noch eine Etage weiter hinunter. Sie befanden sich nun unter der Erde in einem runden Raum mit Gewölbedecke, den Heller auf etwa zehn Meter Durchmesser und acht bis neun Meter Höhe schätzte. In der Mitte führten drei Stufen zu einer runden Vertiefung im Boden, in die durch schräg nach oben in die dicken Wände eingelassene Fensterschächte etwas Tageslicht fiel. Zwischen den Fenstern waren Rundpodeste an die Wände gebaut, über denen ein bunter Bilderzyklus das Leiden des Holocaust darstellte.

„Dieser Raum ist von seiner Konstruktion her einer altgriechischen Grabkuppelanlage nachempfunden", erklärte Dr. Elling. „Die Mauern sind aus Beton gegossen und dann mit Natursteinen verblendet worden. Die Gemälde stammen von dem Bürener Maler Josef Glahé. Der Zyklus stellt die Verbrechen des Nationalsozialismus dar, zum Beispiel die KZ-Opfer, die Euthanasie, Kriegsinvaliden und Vertriebene."

„Beeindruckend", gestand Heller. „Und ich meine nicht nur die Gemälde, sondern den ganzen Raum."

„Stellen Sie sich mal hier direkt an die Wand." Dr. Elling lief diagonal hinüber auf die andere Seite. Von dort sagte er ganz leise: „Und nun hören Sie sich diesen Klang an. Herrlich, nicht wahr? Die Akustik hier ist einmalig. Die Schallwellen werden quasi an der Gewölbedecke entlang direkt zu Ihnen geführt."

Tatsächlich: Dr. Elling war zehn Meter entfernt, und trotzdem war sein Flüstern für Heller so deutlich zu verstehen, als stünde er direkt neben ihm.

„Was es mit der Vertiefung dort in der Mitte auf sich hat", fuhr Dr. Elling im Flüsterton fort, „weiß man bis heute nicht so ganz genau. Sehen Sie das dünne Rohr, das aus dem Boden kommt und in der Vertiefung endet? Das ist wahrscheinlich als Gasleitung konzipiert, die ein Ewiges Feuer speisen sollte. Der Schlussstein da oben in der Gewölbedecke deutet darauf hin, dass er als Rauchabzug gedacht gewesen sein könnte." Er deutete auf ein in das Gewölbe eingelassenes Hakenkreuz, dessen Strahlen vier quadratische Löcher einrahmten. „Auf den Sockeln hier sollten Ehrenmale gefallener SS-Offiziere stehen. Alles in Allem ist das also eine Ehrenstätte für die toten Helden des Tausendjährigen Reiches, ein Totenfeierraum. Die Nazis haben den Gewölbekeller auch als Gruft bezeichnet."

Heller ließ die Aura des Raumes auf sich wirken und stellte sich vor, wie hier vor achtzig Jahren Offiziere in schwarzen Uniformen ihre kruden Germanenriten gepflegt hatten. Gar nicht auszudenken, was in Wewelsburg heute los wäre, wenn die Nazis den Krieg gewonnen und ihre Vorstellungen von Germania umgesetzt hätten. Dass anstelle von Ehrenmalen dieser selbsternannten ‚schwarzen Ritter' nun Gemälde ihrer Verbrechen über den Sockeln hingen, fand er einen geradezu genialen Einfall.

„Tja", meldete sich Dr. Elling, der unbemerkt wieder an Fabian Hellers Seite getreten war. „Wenn man nun bedenkt, dass das alles hier von russischen Kriegsgefangenen mit Spitzhacken und Schaufeln aus dem Felsen geschlagen worden ist, bekommt man ein gutes Bild davon, auf welch unmenschlicher Ausbeutung der Glanz des Tausendjährigen Reiches beruht. Fünf Meter Fels mussten die Gefangenen mit einfachsten Werkzeugen abtragen."

„Und doch kann man sich der Ausstrahlung dieses Ortes nicht entziehen", gestand Heller.

Dr. Elling nickte. „Das ist ja das Gespenstische am Umgang mit dem Dritten Reich. Der frühere Bundestagspräsident Philipp Jenninger hat das mal in einer Gedenkrede zum Ende des Nationalsozialismus als ‚Faszinosum' bezeichnet."

„Ich erinnere mich", entgegnete Heller. „Er musste unter anderem dafür zurücktreten."

Dr. Elling nickte. „Dabei hat er ganz genau erfasst, was damals passiert ist und wie verbreitet der Antisemitismus in Deutschland schon vor den Nazis gewesen ist. Das war eine sehr mutige Rede, die auch die weit verbreitete öffentliche Meinung damals schonungslos benannt hat."

Der Historiker wandte sich wieder der Tür zu und führte den Journalisten zwei Treppen hinauf. Nun befanden sie sich in einem ebenfalls runden Raum, der den Ausmaßen der Gruft entsprach und von hohen Fenstern vergleichsweise hell beleuchtet war. Um einen Innenbereich herum führte ein Gewölbegang, der Heller an einen Kreuzgang in einem mittelalterlichen Kloster erinnerte. Zwischen zwölf Säulen hindurch hatte man Zugang zum inneren Rund, in dessen Mitte dunkelgrüne Marmorintarsien im glänzenden Boden ein zwölfstrahliges Sonnenrad in einem Kreis abbildeten. Wie Fremdkörper waren überall im Raum orangefarbene Sitzkissen verteilt.

„Das ist der sogenannte Obergruppenführersaal mit der berühmten Schwarzen Sonne“, erklärte Dr. Elling. „Ein Heiligtum in der Neonazi-Szene. Dabei ist die Rune eigentlich grün und nicht schwarz, aber derartige Feinheiten stören die Nazis nicht.“ Er lachte spöttisch.

„Kommen häufig Neonazis hierher?“, erkundigte sich Heller.

„Nicht mehr so oft. Wir haben ihnen den Spaß verdorben, indem wir die Sitzkissen auf ihr Heiligtum gestellt haben.“ Wieder lachte er und deutete auf Videokameras an den Säulen. „Außerdem überwachen wir den Raum ständig. Sobald hier braune Kameraden die Kissen beiseiteschieben, um sich mit Hitlergruß vor der Schwarzen Sonne fotografieren zu lassen, sind wir zur Stelle und werfen die Nazis raus.“

„Wenn man bedenkt“, wandte Heller ein, „dass die Hornochsen im Dritten Reich bestenfalls die Drecksarbeit hätten machen dürfen, aber keiner von ihnen diese Räume je zu Gesicht bekommen hätte…“

Dr. Elling nickte lächelnd. „So sieht´s aus.“

„Ich zähle zwölf Säulen“, sagte Heller. „Und die Rune hat zwölf Strahlen. Hat das etwas zu bedeuten?“

„Sicher.“ Der Historiker zog sich eines der Sitzkissen heran, ließ sich hineinfallen und fuhr fort, nachdem Heller seinem Beispiel gefolgt war: „Die Zahl Zwölf hat in vielen Kulturkreisen eine spirituelle Bedeutung. Denken Sie im Christentum an die zwölf Apostel. Man nimmt heute an, dass die Nazis hier einen runden Tisch einbauen wollten, an dem zwölf Personen Platz gehabt hätten. Das erinnert an die Ritter der Tafelrunde von König Artus. Wewelsburg sollte das Camelot der SS werden. Sie sah sich ja als den neuen rassischen und soldatischen Adel des Dritten Reiches, eine Art soldatischer Herrschafts-Elite, die hier in der SS-Schule Haus Wewelsburg ausgebildet werden sollte. Und dazu gehörte eine Art Ersatzreligion, in der die Zahl Zwölf eine nicht unerhebliche Rolle spielte. Vielleicht ist Ihnen ja aufgefallen, dass unten in der Gruft auch zwölf Podeste eingebaut sind.“

„Ich habe gelesen, dass die Nazis viele religiöse Elemente in ihre krude Ideologie eingebaut haben“, formulierte Heller seine nächste Frage wie eine Feststellung.

Dr. Elling nickte. „Mit Religion hat man die Menschen zu allen Zeiten ködern können. Und die Mehrzahl der Deutschen war katholisch oder evangelisch. Wenn man die quasi auf eine nationalsozialistische Religion umpolen wollte, musste man bekannte christliche Symbole und Glaubensgrundsätze kapern und mit den pseudogermanischen Riten verbinden. Hören Sie sich mal Hitlerreden an. Die erinnern an Gebete und enden teilweise sogar mit dem Wort Amen. Die Heilige Dreifaltigkeit lautete Führer, Volk und Vaterland. Der Führer war angeblich von der Vorsehung geschickt und hatte etwas von einem Messias. Man hat auch christliche Feste nicht einfach nur abgeschafft. Statt Weihnachten wurde das Julfest gefeiert, statt der Kommunion oder Konfirmation gab es die Jugendweihe, das Sakrament der Ehe wurde in einer Eheweihe geschlossen."

„Und trotzdem konnte die SS die Wewelsburger nicht auf ihre Seite ziehen?", wunderte sich Heller.

Dr. Elling wiegte den Kopf. „Die einen sagen so, die anderen so."

„Soll heißen?", hakte der Journalist nach.

„Am 5. März 1933 haben zwar nur knapp 15 Prozent der Wewelsburger die NSDAP gewählt und 67 Prozent das katholische Zentrum, aber insgesamt hat es auch hier eine Radikalisierung am rechten Rand gegeben. Eine eigenständige NSDAP-Ortsgruppe gab es erst ab Oktober 1938 und kein Wewelsburger ist bis 1945 in die SS eingetreten. Aber die Gründung der SS-Führerschule in der Burg fand bei den Dorfbewohnern nahezu einhellige Zustimmung. Viele haben am Lager und an der Burg mitverdient. Und wirklich offenen Widerstand hat niemand geleistet. Heute versuchen sich die alten Leute im Dorf auf eine Art Notstand zu berufen."

„Aha", sagte Heller. „Ich habe aber gehört, dass es zum Beispiel bei Schützenfesten durchaus auch Streit zwischen der Dorfjugend und der SS gegeben haben soll."

„Klar, sowas ist vorgekommen, zumal es meist um hübsche Mädchen ging. Und angeblich haben einige Wewelsburger auch in Einzelfällen versucht, sich zu widersetzen. Aber das soll ihnen schlecht bekommen sein", fuhr Dr. Elling fort. „Zum Beispiel haben einmal zwei Bauern gesehen, wie abends nach der Arbeit ein Leiterwagen mit Leichen zurück ins Lager gezogen worden ist. Ein Körper soll so weit über die Pritsche gehangen haben, dass der Kopf auf das Pflaster schlug. Die Straße soll hinterher voll Blut und Gehirnmasse gewesen sein. Die Bauern haben sich angeblich im Lager darüber beschwert, zumal niemand die Sauerei beseitigt hat. Dafür sollen sie mit je zwanzig Stockschlägen bestraft worden sein. Anschließend, heißt es, habe sich niemand mehr getraut, sich über das Vorgehen der SS zu beschweren."

Heller schüttelte ungläubig den Kopf. „Das sind doch Schutzbehauptungen."

Wieder drückte Dr. Ellings Gesichtsausdruck Zweifel aus. „Wie gesagt: Die einen sagen so, die anderen so. Der Vorfall mit dem Leiterwagen, dem Blut und der Gehirnmasse ist jedenfalls belegt."

Bevor sie den Raum wieder verließen, deutete Dr. Elling mit dem Zeigefinger auf die Decke. „Über diesem Raum befindet sich ein dritter, ein Kuppelsaal, der aber nie fertiggestellt wurde. Der Nordturm steht nach der Ideologie Himmlers übrigens auf dem Mittelpunkt der Welt. Konsequenterweise wurde in der Wewelsburg Weltgeschichte vorbereitet: Sieben Tage vor dem Überfall auf Russland, dem sogenannten Unternehmen Barbarossa, hat

Himmler die SS-Generäle hier versammelt, auf arisches Elitedenken eingeschworen und auf den Krieg gegen die Sowjetunion vorbereitet. Für ihn war die Vernichtung der sogenannten Untermenschen ein notwendiges Übel. Ich zitiere: ‚Ein Herrenvolk muss in der Lage sein, Menschen, die für die Gemeinschaft schädlich sind, aus der Gemeinschaft ohne christliche Barmherzigkeit auszuschalten, dabei jedoch anständig zu sein, nie einen Menschen zu quälen.' Zitat Ende. Wie das in der Realität aussah, wissen wir heute: Vernichtungsfeldzüge nach außen, Vernichtungslager nach innen – ‚anständig' eben! Himmler soll übrigens mit 30 Millionen Opfern gerechnet haben."

Wewelsburg, den 12. Oktober 1940

Meine liebe Mutti!

Ich hoffe, es geht Euch allen gut und Ihr habt ein bißchen mehr Abwechslung als wir hier in Wewelsburg. Ja, Du liest richtig, allmählich wird es mir hier regelrecht langweilig. Da freut man sich schon, wenn ein Unterführer krank wird und man seinen Dienst mittun muß. Meine Männer haben wenigstens noch ihren Spaß mit den Häftlingen im Steinbruch und schließen Wetten ab, wie lange einer von den verweichlichten Kerlen durchhält, wenn sie das Pensum anziehen.

Der Dienst ist tagaus, tagein nur noch eintönig. Hinzu kommt die widerliche Umgebung der Häftlinge, unter der auch wir SS-Männer zu leiden haben. Und dann ist da noch das anhaltend schlechte Wetter! Regen und Lehm sind keine Freude und dann diese fürchterliche Wewelsburger Einöde!

Ich kann meine Entlassung kaum noch erwarten, auch wenn sie nicht in Sicht ist. Mit dem Tommy nimmt es kein Ende und auch die Besetzung der vielen anderen Länder verschlingt eine Menge an Männern, so daß wir hier nicht einfach ersetzt werden können. Dabei wäre es wirklich an der Zeit, mich zu entlassen, denn die SS ist unsere Elite und ich mache ihr mit meiner nachlassenden Freude an der Arbeit hier doch nun wahrlich keine Ehre mehr.

Die einzige Freude, die ich habe, ist das Einkaufen bei den Krämern in der Umgebung. Ich ergattere lauter schöne Kleinigkeiten, die ich Dir in den nächsten Tagen in einem Paket schicken werde. Lege bitte einige Süßigkeiten für Weihnachten zurück. Wer weiß, was dann noch zu bekommen sein wird, wenn der Tommy uns weiter so zusetzt. Der Kleiderstoff hat zwar keine ganz so gute Qualität, aber man muß in diesen Zeiten nehmen, was man kriegen kann. Die Butter und die Leckereien werdet Ihr schon zu verwerten wissen, da bin ich mir sicher.

Und nun hör mir bitte ganz genau zu, denn ich habe eine ganz besondere Überraschung für Dich. Einer meiner Männer ist Schuhmacher und hat noch einen Posten Kernleder zu Hause. Wenn er in ein paar Tagen in Urlaub fährt, kann er Dir ein paar Schuhe damit besohlen, bevor am Ende alles noch für die Wehrmacht eingezogen wird. Das wäre doch Verschwendung. Schick mir also bitte schnell ein Paar, das Du gerne neu besohlt haben willst. Und dann schreibe die Schuhgrößen der Kinder auf, denn ein Schuhmacher hat Verbindungen und kann vielleicht Kinderschuhe besorgen. Nur eines mußt Du mir versprechen: daß Du zu niemandem etwas darüber sagst! Die Behörden sind empfindlich, wenn der Front kriegswichtiges Material vorenthalten wird.

Der Photoapparat macht sich inzwischen so richtig bezahlt. Ich verkaufe einige hundert Bilder an die Männer, alles herrliche Aufnahmen von der Burg, der Umgebung und unseren Arbeitsplätzen. Ich gebe mir Mühe, meine Männer immer dann zu photographieren, wenn sie gerade wieder einen Häftling in der Mangel haben. Die Nachwelt soll sehen, daß wir den Feinden des Reiches nichts geschenkt haben, und die Männer sind stolz, wenn sie sich als ganze Kerle abgebildet sehen. Das fördert den Verkauf der Bilder gewaltig.

Ich umarme Dich in Gedanken!

Dein Vati

P.S.: Die Wäsche schick mir so schnell wie möglich zurück.

28

„Eine braune Pampe“, fasste Gina Gladow zusammen, dabei hatte sie ihren Bericht noch gar nicht begonnen.

Lenz zog die Augenbrauen hoch, Schröder lehnte sich gleichmütig zurück und verschränkte die Arme vor der Brust, Steinkämper und Henke grinsten sich an, Jakobsmeier nickte.

Die junge Kommissarin begegnete Lenz´ Blick, räusperte sich und begann schließlich, von ihrem Besuch bei der Familie Kaup zu berichten: „Dass Johann Kaup ein Kriegsverbrecher war und nur durch seinen Knieschuss zu dem Gnadenposten in Wewelsburg gekommen ist, hat uns der Kollege Schröder ja schon ausführlich dargestellt.“ Sie nickte dem stellvertretenden Dezernatsleiter zu. „Wie unbelehrbar so jemand sein kann, war mir aber bis heute nicht klar. Für ihn sind die Grenzen der Bundesrepublik selbst nach der Wiedervereinigung nicht existent. Er sieht Deutschland immer noch in den Grenzen von 1937 und spricht von ‚unseren Ostgebieten', von ‚Siegerjustiz' und ‚Besatzungstruppen', womit er unsere westlichen Verbündeten meint. Deutschland sei kein souveräner Staat, sondern ein Verwaltungsgebiet der Amerikaner, mit denen wir ja auch nie einen Friedensvertrag geschlossen hätten. Deshalb müssten unsere Bundeskanzler und Außenminister nach den Wahlen immer zuerst einen Antrittsbesuch in Washington machen, um sich dort ihre Direktiven abzuholen. Der ganze alte Verschwörungsscheiß eben!"

„Ist das einer von diesen Bekloppten?", warf Henke ein. „Von diesen Reichsbürgern? Die verbreiten doch auch so einen Schwachsinn."

„Von seiner Gesinnung her ja, allerdings gibt es keine Hinweise auf eine tatsächliche Mitgliedschaft", antwortete Gina. „Aber wo willst du zwischen all den Rechtsradikalen heute eine Grenze ziehen? Sein Ziel ist es jedenfalls, ‚Recht und Ordnung wiederherzustellen', natürlich so, wie er sie sieht. Das heißt, dass das Deutsche Reich für ihn Bestand hat, die Bundesregierung keinerlei Regierungsberechtigung besitzt, unsere Verbündeten aus Deutschland vertrieben und alle Bündnisse aufgekündigt werden müssen und wir die ehemaligen Gebiete im Osten zurückbekommen müssen." Sie machte eine kurze Pause, um den anderen hinreichend Zeit zu geben, das alles sacken zu lassen und die Köpfe zu schütteln. „Und da kommt nun sein Sohn Erich ins Spiel, den wir nicht angetroffen haben. Er befindet sich zurzeit auf Wahlkampftour für die FPA, die ja sicher in den Bundestag einziehen wird. Johann Kaup hat stolz erzählt, dass sein Sohn demnächst eine führende Rolle in der ‚ersten legalen Regierung seit 1945' einnehmen werde."

„Hoffentlich müssen wir das nicht mehr erleben", raunte Jochen Steinkämper.

„Schließlich werde Erich Kaup den Staffelstab an seinen Sohn Wolfgang übergeben", fuhr Gina fort. „Der werde Deutschland von Grund auf erneuern, wenn erst die ‚Vaterlandsverräter' aus der Regierung vertrieben und ins Gefängnis geworfen worden seien, womit er zweifellos Konzentrationslager meint."

„Gibt es auch irgendetwas Sachdienliches?" Lenz merkte selbst, wie genervt er klang. „Diesen Nazischwachsinn kann man doch nicht ernst nehmen."

„Ich fürchte, die muss man sogar sehr ernst nehmen", widersprach die Kommissarin. „Immerhin sammeln die in ganz Europa Stimmen en masse."

„Geschenkt!" Lenz schnitt mit der Hand waagerecht durch die Luft. „Renate Körting hat keine Zeit dafür, dass wir uns lange mit zweitrangigen Sachen aufhalten. Also noch mal: Habt ihr irgendetwas Sachdienliches erfahren?"

„Der alte Kaup kommt als Täter nicht infrage", antwortete Gina widerwillig. „Die Greise in Büren gehören nach seinen Angaben zu den besten Kameraden, die er je hatte. Entsprechend haben weder sein Sohn noch sein Enkel Anlass, sie umzubringen."

„Es sei denn, es gibt Richtungsstreit oder Kompetenzgerangel", meldete sich Gisbert Henke unvermittelt. „Sind die alten Säcke denn alle einverstanden damit, dass Kaups Sohn und Enkel zu den neuen Führern aufgebaut werden?"

„Dazu haben wir keine Erkenntnisse", gab Gina kurz zurück. „Aber Wolfgang Kaup ist ja nun außerordentlich beliebt bei ihnen."

„Wir haben den Alten gefragt, wer denn seiner Meinung nach seine alten Kameraden umgebracht haben könnte", übernahm nun Jakobsmeier. „Für ihn ist die Sache glasklar: die Linken. Der bolschewistischen Linken schwämmen die Felle weg, seit die Menschen in diesem Land endlich erkannt hätten, wer für die Misere verantwortlich sei. Auf die Frage, ob er einen konkreten Verdacht habe, hat er die Gegenfrage gestellt, wer von ‚dem linken Geschmeiß' denn Zugang zu seinen Kameraden in der Seniorenresidenz habe." Jakobsmeier las diese Formulierungen aus seinen Notizen ab.

„Mario Hülsmann", antwortete Lenz.

„Ganz genau." Jakobmeier nickte, während Gina die Mundwinkel verzog. „Seine Argumente sind auch irgendwie nachvollziehbar: Der Bufdi hat freien Zugang zur Residenz. Nur er hat ein Motiv und das heißt Rache. Immerhin sei sein Großvater den Nazischergen seinerzeit leider entkommen, so Kaup. Der alte Füser habe seinen Enkel indoktriniert und benutze ihn nun als Waffe gegen Kaup und seine Kameraden. Ich habe den Eindruck, dass das für ihn nachträglich der Beweis dafür ist, dass die Nazis die Kommunisten damals zu Recht als Bedrohung eingestuft haben."

„Fragt sich, wer hier wirklich seinen Enkel als Waffe benutzt", knurrte Gina. „Ihr müsst euch das mal vorstellen: Der hat uns einen Zeitungsartikel über die Rückkehr der Wölfe vorgelegt und sich darüber beschwert, dass die ‚braven, verweichlichten Spießbürger' in heller Aufregung seien. Und warum? Weil der Wolf Schafe reißt!" Gina war in ihrer Wut in der Betonung dermaßen in Johann Kaups Diktus abgerutscht, dass Gisbert Henke zusammenzuckte und Jakobsmeier und Steinkämper einander angrinsten. „Dabei merze der Wolf doch nur das Kranke und Schwache aus", fuhr die junge Kommissarin fort. „In der Natur sei der Wolf das Regulativ und unsere Gesellschaft brauche auch endlich wieder eines, wenn sie stark und gesund bleiben wolle."

„Und das sind dann er, sein Sohn und sein Enkel, oder wie?" Schröder schüttelte fassungslos den Kopf.

Gina nickte heftig: „Genau das habe ich ihn auch gefragt. Zitat: ‚Ja wer denn sonst? Wer außer uns ist denn noch in der Lage, diese jüdischislamistisch verseuchte Republik einer Grundreinigung zu unterziehen? Die Flüchtlingskanzlerin? Die saft- und kraftlose Sozialdemokratie? Die bolschewistisch versiffte Linke?' Ihr hättet seine Augen sehen sollen. Der Alte ist wahnsinnig!"

„Und wie will er das machen?", fragte Lenz. „Wie will er unser Land ‚regulieren'?"

„Auch das haben wir ihn gefragt", übernahm Jakobsmeier. „Er will zuerst einmal seine politischen Mitstreiter in einer Generalamnestie aus den Gefängnissen befreien. Und dann würden sie die Verantwortlichen für dieses Desaster zur Rechenschaft ziehen. Der hat irgendwas davon geschwafelt, dass die ‚schrittweise Übernahme unseres Landes durch türkisch-stämmige Regierungsmitglieder gestoppt' werden müsse. Alle, die heute an der Regierung sind, kämen ins Lager. Und dann würden sie dafür sorgen, dass ‚der Volkskörper einer gründlichen Desinfektion unterzogen' werde."

„Na, damit kennen diese Nazis sich ja auch aus", meinte Schröder sarkastisch.

„Ich habe ihn gefragt, ob er wieder Juden vergasen und Behinderte totspritzen wolle", berichtete Gina. „Oder ob diesmal die Moslems dran seien. Er hat geantwortet, ‚das Notwendige und Unvermeidliche werde geschehen'! Und ich sage euch, der hat das ernst gemeint."

„Ihr hättet Gina sehen sollen." Franz-Georg Jakobsmeier lachte, dass ihm Tränen über die Wangen liefen. „Ich dachte wirklich, sie stürzt sich jeden Moment auf ihn und kratzt ihm die Augen aus."

„Oh ja", sagte Lenz und hielt wie zum Schutz die Handflächen vor sich. „Das kann ich mir lebhaft vorstellen."

Gina fand das gar nicht witzig. „Ich verstehe nicht, dass ihr darüber lachen könnt. Der hat uns einen Vortrag über den heldenhaften Dienst der SS in den Konzentrationslagern gehalten; über die große Sache, der sich jeder unterzuordnen habe; über die Pflichterfüllung im Einsatz für das deutsche Volk. Er habe mit seinem Dienst im Lager Niederhagen den Kameraden an der Front den Rücken freigehalten und dafür gesorgt, dass es nicht wieder einen ‚Dolchstoß' wie 1918 gebe. Sie hätten die Verbrecher, Asozialen, Arbeitsscheuen und politisch Unberechenbaren an der Heimatfront bekämpft. Alles hätten er und seine Kameraden dem großen Ziel untergeordnet: die Familie, das individuelle Glück, ja sogar ihr Leben hätten sie ‚für die deutsche Sache' eingesetzt! Und genau so habe er seinen Sohn und seinen Enkel erzogen: hart in der Sache, rücksichtslos auch gegen sich selbst."

Schröder legte zwei Finger als Bärtchen über die Oberlippe und schnarrte im rauen Tonfall Hitlers: „Zäh wie Leder, flink wie Windhunde, hart wie Kruppstahl!"

„Am Ende hat er uns sogar offen gewarnt", fuhr Jakobsmeier fort. „Uns würde das Lachen noch vergehen. Junge Menschen wie sein Wolfgang würden die Sache in die Hand nehmen. Sie würden schneller die Macht in diesem Staat übernehmen, als wir uns das vorstellen könnten. Überall in Europa hätte sich der Wind gedreht. In Frankreich, Holland, Ungarn, Polen, Italien und Österreich sei die Rechte auf dem Vormarsch. ‚Wir sind wieder da! Und wir sind stärker als je zuvor!'" Bei den letzten beiden Sätzen war Jakobsmeier aufgesprungen und im Stillgestanden wieder Kaups Tonfall angenommen.

Lenz befürchtete einen Moment, dass sein Kollege in der Rolle auch noch die rechte Hand heben würde, und war erleichtert, als das nicht geschah.

„Das wird dem jungen Kaup aber bestimmt nicht gefallen", meldete sich Gisbert Henke zu Wort und fuhr auf die fragenden Blicke seiner Kollegen hin fort: „Ich meine, mit der Androhung von KZs und Mord ist die Neue Rechte nun wirklich nicht wählbar. Das stellen die Rechtspopulisten schon etwas geschickter an."

Lenz war zunächst erstaunt über Henkes Einwand, fand diesen Gedanken aber dann nachvollziehbar. Bewundert stellte er fest, dass der junge Kollege offenbar ein helles Köpfchen war und immer einen Schritt weiter dachte als die anderen.

„Was wissen wir denn über Wolfgang Kaup?", ging er also darauf ein. „Steht er voll und ganz hinter den kruden ideologischen Theorien seines Großvaters?"

„Meiner Ansicht nach ja", antwortete Gina. „Oder, Franz-Georg?"

Jakobsmeier stand auf und stellte sich neben sie. „So sehe ich das auch. Während der Alte seinen Schwachsinn abgesondert hat, ist Pfleger Wolfgang nach Hause gekommen. Er trug übrigens eine Motorradkluft mit einer Kutte der Nationalen Offensive OWL. Sah ziemlich brachial aus. Immerhin ist er kein Hänfling und kann garantiert ordentlich zuschlagen. Aber mit seinem Großvater ist er sehr respektvoll umgegangen und der Alte war sichtbar stolz auf seinen Enkel."

„Ich habe noch mal weiterrecherchiert." Jochen Steinkämper raschelte mit ein paar Zetteln, die er schnell durchblätterte. „Wie wir ja schon wissen, ist Johann Kaup für seine Teilnahme an den ‚Säuberungen' hinter der Front in Litauen zu fünf Jahren Gefängnis verurteilt und nach drei Jahren freigekauft worden. Deshalb konnte er als bereits rechtskräftig Verurteilter im sogenannten Einsatzgruppen-Prozess 1958 in Ulm nicht mehr angeklagt werden. Überhaupt kann man ihn für seine Verbrechen seitdem nicht mehr belangen. Im Wewelsburg-Prozess 1971 wurde er sogar freigesprochen, weil ihm angeblich keine direkte Beteiligung an einem konkreten Mord nachgewiesen werden konnte. Körperverletzung stand gar nicht mehr zur Anklage, weil sie schon verjährt war."

„Das heißt, dass er nie für seine Verbrechen in Wewelsburg verurteilt wurde", stellte Schröder fest. „Außerdem kann er auch in Zukunft nicht noch einmal angeklagt werden, weil das litauische Urteil seine gesamten Kriegsverbrechen abdeckt. Er wird friedlich im Schoße seiner Familie einschlafen und niemals angemessen zur Rechenschaft gezogen worden sein."

„So wie die anderen Verbrecher, die in der Residenz Friedenstal wohnen", ergänzte Steinkämper.

„Und genau da müssen wir ansetzen", erinnerte Schröder. „Da liegt das Motiv."

Allgemeines zustimmendes Gemurmel und Nicken.

„Wir haben Wolfgang Kaup noch zum Verschwinden von Renate Körting befragt, aber da er in der Nacht keinen Dienst hatte, konnte er nichts Sachdienliches beitragen", beendete Jakobsmeier den Bericht und setzte sich wieder.

Lenz räusperte sich und forderte den Kollegen Schröder auf, von ihrem Besuch bei Franz-Joseph Füser zu berichten.

„Tja, das hat uns letztlich auch nicht weitergebracht", begann der wenig motivierend. „Aber unser Bild von den Qualen der Häftlinge in Wewelsburg hat sich immerhin vervollständigt."

Er berichtete, was Franz-Joseph Füser im Steinbruch und im Lager erlebt hatte und welche Rolle Anton Kottmann dabei gespielt hatte. Auch die Einschätzung des alten Mannes, seinen Enkel Mario betreffend, gab er wieder, was Gina mit einem lauten „So sehe ich das auch!" bedachte.

„Wenn unsere Vermutung stimmt und die Alten so getötet werden, wie sie früher mit den Häftlingen umgegangen sind", schlussfolgerte er, „dann könnte das unsere Chance sein, dem Täter zuvorzukommen."

„Und wie stellst du dir das vor?" Gina sah ihn skeptisch an. Offenbar vermutete sie wieder, dass die Täter von damals Polizeischutz bekommen sollten.

Aber Schröder hatte schon weitergedacht: „Wir müssen die Tat gedanklich vorwegnehmen und uns fragen, wo sie ausgeführt werden könnte. Anton Kottmann ist auf dem Weg vom Steinbruch zum Lager genauso getötet worden wie seine Opfer damals. Renate Körting hat als Burgmaid gearbeitet, also könnte sie in der Burg getötet werden. Sie ist in der letzten Nacht entführt worden, also sollten wir die Burg ab sofort nachts überwachen lassen."

Lenz dachte darüber nach und nickte seinem kommissarischen Stellvertreter schließlich zu. „Einverstanden. Es ist momentan die einzige Chance, die wir haben, und wir sollten uns später nicht vorwerfen müssen, dass wir sie nicht genutzt haben. Kollege Schröder, sorgen Sie bitte dafür, dass ab sofort zwei Leute vor dem Eingang zur Burg Posten beziehen. Sie sollen alles Verdächtige sofort melden und jedes Kennzeichen notieren, das sie sehen." Dann wandte er sich an Gisbert Henke: „Was ist mit dieser Nachtpflegerin, die zusammen mit Rotraut Schumacher Raucherpause gemacht hat?"

Der Kriminalkommissar richtete sich auf seinem Stuhl auf, als sei nun seine große Stunde gekommen. „Linda Gretenkort hat nichts Verdächtiges beobachtet. Niemanden, der dort nichts zu suchen gehabt hätte; keinen Greis, der geschlafwandelt wäre; nichts."

Auch wenn Lenz nicht gefiel, was er da hörte, hatte er doch mit nichts anderem gerechnet. Aber dann stolperte er über eine Formulierung Henkes: „Niemand, der dort nichts zu suchen gehabt hätte? Heißt das, sie hat doch jemanden gesehen, der zum Beispiel zum Haus gehört?"

Henke lief rot an. „Danach habe ich nicht gefragt." Und bevor Lenz, der schon das Gesicht verzog, etwas sagen konnte, schob er nach: „Ich rufe sie gleich noch einmal an. - Sorry."

„Gut, Kollegen." Lenz schob seine Zettel zusammen und stützte sich auf der Tischplatte hoch. „Dann hoffen wir mal, dass die Exhumierung morgen etwas bringt oder vielleicht sogar schon die Observierung der Burg. Schönen Feierabend zusammen."

Als die anderen Beamten den Raum verlassen hatten, hielt er Schröder zurück. „Jetzt mal unter uns zwei Klosterschwestern: Wie beurteilen Sie die Einschätzung der Kollegin Gladow, dass Mario Hülsmann als Täter nicht in Betracht kommt?"

„Die Kollegin Gladow ist eine erstklassige Polizistin", bekam er zur Antwort.

„Das bezweifel ich auch nicht. Allerdings habe ich den Eindruck, dass sie, was Pfleger Zottel-Mario betrifft, befangen ist." Er schilderte die Flirts im Seniorenheim und ihre Begegnung in Ottens Hof.

Schröder pfiff leise durch die Zähne. „Na ja", begann er dann zögernd, „Mario Hülsmann ist von all den Leuten, mit denen wir bislang zu tun hatten, derjenige, der tatsächlich ein überzeugendes Motiv hätte."

„Dann sind wir uns ja einig." Lenz klopfte Schröder auf die Schulter. „Danke, Kollege. Organisieren Sie bitte auch eine Observation für Mario Hülsmann. Sollte es Probleme mit den Kollegen der Bereitschaft geben, holen Sie sich grünes Licht von Kriminaldirektor Heitkamp. - Und noch etwas, Herr Schröder: Vorerst kein Wort zu Frau Gladow." Als er sah, wie unwohl dem Kollegen bei dem Gedanken war, die junge Polizisten zu hintergehen, schob er in beruhigendem Tonfall nach: „Keine Sorge, das geht alleine auf meine Kappe. Ich habe Ihnen verboten, sie einzuweihen. Mich kann sie sowieso nicht ab, da kommt es auf einen Grund mehr oder weniger nicht an."

Als Lenz den Lockvogel betrat, war die Bude gerammelt voll. Er grüßte zum Tresen hinüber, wo Bernie alle Hände voll zu tun hatte, die Tabletts seiner Bedienungen mit Gläsern und Flaschen zu füllen. Dann suchte er sich einen Platz an einem Tisch in einer Ecke zwischen einer Gruppe Studenten, die dort saß und großformatige Burger in sich hineinschaufelte.

Einmal rauschte Natascha vorbei, würdigte Lenz aber keines Blickes. Na klasse, dachte der, jetzt bin ich innerhalb von zwei Tagen genau da angekommen, wohin ich nie geraten wollte: In einer Beziehung mit Verpflichtungen und Empfindlichkeiten. Er griff zur Karte und versuchte, sich auf die wesentlichen Dinge im Leben eines Mannes zu konzentrieren: Fleisch, Fleisch und Fleisch. Allerdings gab es das in diesem Bistro nur in Gestalt von Burgern. Schließlich entschied er sich für einen doppelten Burger mit Pommes Frites, ein großes Bier und einen Ouzo. Das sollte reichen, um den Tagesfrust hinunterzufressen.

Eine halbe Stunde später musste Lenz jedoch feststellen, dass er sich neben dem Gefühl, inmitten schnabbelnder Studenten absolut zu vereinsamen, nun auch noch überfressen hatte. Der Magen drückte, die letzten drei Runden Ouzo und Bier kreisten in seinem Kopf und gegen den Stimmenhagel, der auf Lenz einprasselte, setzte ein rebellierendes Pfeifen in seinem linken Ohr ein. Er war heilfroh, als die Studenten schließlich aufbrachen und ihn alleine an seinem Tisch hängen ließen.

Inzwischen war ein Platz in der Nähe der Theke freigeworden, so dass Lenz hinüberwechseln konnte und der nächsten Gästewelle nicht mehr im Weg saß. Bernie sah gleich, dass hier Erste Hilfe zu leisten war, und zapfte ein neues Pils an.

Gegen dreiundzwanzig Uhr wurde es ruhiger im Lokal. Zudem schien das Hack Lenz´ Magen zum größten Teil schon wieder verlassen und Platz für das eine oder andere Bier gemacht zu haben. So ließ es sich leidlich aushalten.

Natascha tauchte plötzlich auf dem Hocker neben Lenz auf und orderte bei Bernie eine Cola.

„Kein Bier?", fragte der erstaunt zurück. „Oder Tequila?"

„Nee, lass mal", entgegnete Natascha. „Ich muss noch fahren."

Das saß! Lenz schielte vorsichtig zu ihr hinüber. Er war schon nicht mehr ganz Herr seiner Sinne und da er das durchaus spürte, hielt er lieber den Mund.

Schließlich wandte sich Natascha ihm zu und sagte grimmig: „Um das klarzustellen: Ich will dich nicht überfordern. Und wenn du keinen Bock auf mich hast, kannst du das sagen, anstatt einfach sang- und klanglos wegzubleiben."

„Tut mir leid", erwiderte Lenz kleinlaut. „Ich war dienstlich unterwegs und habe einfach nicht daran gedacht, dir Bescheid zu sagen."

„Du warst im Einsatz?"

„Ja nun, wir ermitteln immerhin in einem Mordfall. Und jetzt ist auch noch eine Entführung dazugekommen. Wenn ich mich heute nicht einfach losgeeist hätte, bekäme ich diese Nacht wieder keinen Schlaf", log Lenz.

Er baute darauf, dass Natascha derartige Überforderungen von den ‚Tatort'-Kommissaren im Fernsehen kannte. Diese Vierundzwanzig-Stunden-

Kollegen brauchten ja offenbar keinen Schlaf und ermittelten Tag und Nacht in einem durch, damit der Fall in neunzig Minuten gelöst war. Entsprechend zufrieden stellte er fest, dass sich ihr Blick deutlich entschärfte und mit etwas gutem Willen sogar als mitleidig verstanden werden konnte.

„Und?", meldete sich Bernie, der unbemerkt gelauscht zu haben schien. „Jetzt doch einen Tequila?"

„Ein Bier", antwortete Natascha. „Nach Tequila schnarche ich doch immer so. Und der Herr Hauptkommissar braucht heute Nacht wenigstens etwas Schlaf."

Wewelsburg, den 26. November 1940

Meine liebe Mutti!

Gestern war ich in Paderborn und habe für die Kinder eingekauft: Pralinen, Cakao, Leibnitzkekse und Honigkuchen. Ja, da staunst Du! Natürlich bekommt das nicht jeder zu kaufen in diesen Zeiten, aber ich erlaube mir dafür das eine oder andere freundliche Wort gegenüber den Verkäuferinnen und meine schwarze Uniform tut ihr Übriges. Die jungen Dinger lieben die SS und täten alles dafür, mit einem SS-Führer ausgehen zu dürfen.

Leider habe ich weder eine fahrbare Flak bekommen noch Puppenmöbel. Die muß ich mir nun im Lager anfertigen lassen. Wir SS-Männer haben zu Weihnachten 150 Kinder zu bescheren, da arbeiten unsere Häftlinge natürlich auf Hochtouren. Allein in der Tischlerei arbeiten zwölf Tischler und Zimmerer für die Weihnachtsgeschenke der SS, in der Schlosserei sechs, dazu zwei Schmiede, zwei Elektriker, vier Maler und so fort. Wir sind inzwischen ein richtiger Industriebetrieb für Weihnachtsgeschenke. An Material herrscht bei uns zum Glück kein Mangel. Schließlich haben wir hier eine Großbaustelle. Allein die neue Kantine ist für 150 Mann eingerichtet. Der Wirt hat Waren im Wert von 9000 Mark angeliefert bekommen. Da fällt für uns immer etwas ab. Und so gibt es rein gar nichts, das wir hier im Lager nicht selbst herstellen könnten.

Falls Du noch Bestellungen für Weihnachten hast, lass es mich wissen, denn im Dezember wird das kurzfristig nicht mehr ganz so einfach sein. Unsere Häftlinge müssen die Sachen natürlich in ihrer Freizeit herstellen, denn tagsüber sind sie ja von der Bauleitung voll eingeplant. Schon jetzt bekommen sie kaum noch Schlaf. Aber ich verspreche Dir, daß ich ihnen Beine mache. Schließlich sollen unsere Kleinen doch ein schönes Weihnachtsfest haben.

Draußen haben wir nun trockenes und eiskaltes Frostwetter. An den Außeneinsatzstellen wird nur noch von halb neun bis 17 Uhr 30 gearbeitet, weil es im Dunkeln zu gefährlich ist, mit den Häftlingen durchs Dorf zu ziehen. Da hat man sie nicht mehr so richtig unter Kontrolle. Und die Toten lassen sich auf den spiegelglatten Kopfsteinpflaster-Straßen auch nicht mehr so leicht transportieren. Aber bald werden die Tage ja wieder länger.

Mit dem nächsten Paket schicke ich Dir wieder Butter. Auch eine Gans konnte ich auftreiben und Mehl. Aber Du mußt mir den Mehlbeutel zurückschicken, sonst geht das nicht. Schließlich ist das mein Wäschebeutel gewesen und den muß ich doch später wieder zurückgeben. Oder glaubst Du, das Reich könnte uns SS-Männer andauernd mit neuen Sachen ausstatten? Was Ihr Frauleute Euch nur immer so denkt!

Es grüßt und küsst Dich

Dein Vati

29

Die Grabstätte auf dem Bürener Friedhof war weiträumig abgesperrt und doch hatte sich eine Handvoll Schaulustiger hinter der niedrigen Buchenhecke versammelt, um der Exhumierung Elfriede Gerkens beizuwohnen. Ein Minibagger schaufelte die Erde zur Seite und grub sich Stück für Stück in den lehmigen Boden. Dabei pfiff ein scharfer Wind aus dem bleiernen Himmel durch die Gräberreihen. Der Friedhof lag oberhalb des Talkessels und war der Witterung schutzlos ausgeliefert.

Lenz zog seinen Kragen höher und duckte sich tief hinein, aber in seiner für diese Jahreszeit zu dünnen und kurzen Jacke fröstelte er und merkte, wie sich sein Rücken zunehmend verkrampfte. Gina sah ihn schadenfroh von der Seite an. Irgendwie schaffte sie es, warm genug angezogen zu sein und trotzdem verflucht sexy auszusehen in ihrer knackengen Jeans, den hohen schwarzen Schaftstiefeln und der blutroten Lederjacke, die genau auf Taille geschneidert schien. Vielleicht war es aber auch nur das jugendliche Feuer, das in ihr loderte und selbst im Winter für genügend Wärme sorgte. Ein eisiger Luftzug ließ die dürren Blätter in der niedrigen Buchenhecke rascheln. Und jetzt fing es auch noch leicht an zu schneien. Scheiß Friedhöfe, dachte Lenz.

Natascha war schon eine verdammt tolle Frau. Allerdings ging es auf Dauer nicht so weiter, dass er seine Abende bis spät in die Nacht im Lockvogel verbrachte und auch anschließend nicht den Schlaf bekam, den er für seinen Job unbedingt benötigte. Wenn er mit ihr zusammenbleiben wollte - und soweit er das selbst beurteilen konnte, wollte er das momentan -, musste er eine gesunde Work-Life-Balance finden. Er merkte gerade noch rechtzeitig, dass ihm ein Seufzen entwischte, und lenkte es unter dem fragenden Blick Ginas in ein Räuspern um.

Der Minibagger fuhr nun zur Seite und überließ den Rest der Arbeit den Männern mit den Schaufeln, um den Sargdeckel nicht zu zertrümmern. Kurz darauf stießen diese dumpf auf das Holz, legten den Sarg frei und schoben umständlich Gurte darunter hindurch, so dass das Behältnis, in dem Elfriede Gerken einem neuen Aggregatzustand entgegengammelte, herausgehoben werden konnte.

Die Männer schleppten die teure Eichenkiste zu dem Leichenwagen, der ihn nach Paderborn zum Johannis-Stift überführen sollte. Die Schaulustigen machten dem Auto Platz und blickten hinterher, als könnten sie irgendetwas Gruseliges verpassen. Dann machten sie, dass sie schleunigst aus der Kälte kamen und den Friedhof verließen.

„Ich könnte jetzt was Warmes gebrauchen", sagte Lenz.

„Gleich um die Ecke ist die Schanze." Gina deutete mit dem Kopf ungenau in Richtung Wohnsiedlung jenseits der Straße. „Da bekommen wir bestimmt einen Kaffee."

Bei dem Lokal handelte es sich um ein modernes Restaurant mit viel Licht und heller Einrichtung, das von jungen Leuten geführt wurde. Die Kriminalbeamten setzten sich direkt ans Fenster und bestellten Kaffee bei einer jungen blonden Frau, die sie wie alte Bekannte lächelnd mit „Was kann ich für euch tun?" begrüßt hatte.

„Wie lange werden wir auf das Ergebnis warten müssen?", erkundigte sich Gina bei ihm.

„Das sollte schnell gehen." Lenz blätterte halbwegs konzentriert durch die Speisekarte, die auf dem Tisch gelegen hatte - lauter modern interpretierte Klassiker. „Den toxikologischen Befund haben wir sicher schon morgen auf dem Tisch."

„Wenn Schröders Theorie stimmt, dürfte es schwer sein, bei Elfriede Gerken einen Mord nachzuweisen", meinte die junge Kommissarin.

„Inwiefern?"

„Na ja, sie war herzkrank und hat Medikamente genommen. Ein gewisser Pegel davon in ihrem Blut ist ja nur logisch. Außerdem gibt es Mittel, die Stunden nach der Einnahme nicht mehr nachzuweisen sind."

„Warten wir´s ab." Lenz nahm seinen Kaffeepott entgegen und wärmte seine Finger daran, während er zunächst in den Dampf pustete und dann mit kleinen Schlucken trank. Er fühlte, wie er sich nach und nach entkrampfte.

„Schröder ist ein verdammt guter Polizist", sagte Gina wie beiläufig.

„Den Eindruck habe ich auch."

„Es muss hart sein, wenn man eigentlich an der Reihe ist und einem jemand vor die Nase gesetzt wird."

„Mhm."

Die Kommissarin schwieg einen Moment und Lenz, der natürlich genau wusste, worauf sie hinauswollte, hatte nicht vor, ihr die Sache zu erleichtern.

„Du darfst ihn nicht auch noch ausbooten", setzte sie schließlich erneut an.

„Das habe ich auch nicht vor."

„Heißt das, er bleibt stellvertretender Leiter des Kommissariats?"

„Nachdem ich mich davon überzeugen konnte, dass er loyal ist und keine Flachpfeife, wüsste ich nicht, warum er nicht mein Stellvertreter bleiben sollte."

„Das solltest du ihm aber auch so bald wie möglich sagen."

„Keine Angst, Gina, er weiß, dass ich ihm vertraue." Lenz hielt ihrem fragenden Blick stand und hatte nicht vor, ihr seine Erkenntnis näher zu erläutern. Schließlich war sie es, die mit Schröders Hilfe gezielt aus bestimmten Ermittlungen herausgehalten wurde. „So, Frau Kollegin, ich denke, wir sollten dann mal aufbrechen."

Die Kommissarin nickte und trank ihren Kaffee aus, während Lenz bezahlte. Als er aus der Tür trat, fuhr ihm der eisige Wind direkt ins Gesicht.

„Scheiße!", fluchte er.

Stade, den 8. Dezember 1940

Mein Vati!

Ich lege diesen Brief dem Paket bei, das Du bekommst, damit Deine Adventsabende ein bißchen abwechslungsreicher werden. Wir sitzen nun jeden Abend mit den Kindern beisammen und singen Weihnachtslieder, damit die Zeit bis zum Fest und zu Deinem Urlaub nicht zu lang wird.

Ich muß morgen unbedingt nach Hamburg fahren und die zusätzliche Feuerung abholen. Mit dem Weiterschicken nach Stade klappt das einfach nicht. Vielleicht kümmerst Du Dich mal darum, wenn Du auf Urlaub hier bist. Da muß man erst die SS einschalten, damit man im Winter nicht frieren muß. Eine Schande ist das.

Vielen Dank auch für Dein Paket. Allein die Gans würde hier schon 20 Mark kosten, wenn es denn welche zu kaufen gäbe. Daß Du für Anton kein Flakauto bekommen hast, ist nicht schlimm, denn ich habe in Hamburg ein Panzerauto auftreiben können. Oma und ich nähen nun jeden Abend Puppenzeug. Wenn Du dann auch noch die Möbel für die Puppenstube mitbringst, wird sich die

Kleine aber zu Weihnachten nicht beklagen können. Sag, kannst Du für Anton nicht auch noch einen Krämerladen bauen lassen? Opa könnte das zwar auch, aber wir bekommen hier ja kein Material mehr.

Ich freue mich darauf, daß Du in drei Wochen auf Urlaub kommst.

Dein Dich liebendes Hausmütterchen

30

„Ich kenne mein genaues Geburtsdatum nicht", sagte die Zeugin und hob bedauernd die Schultern. „Ich soll drei Tage vor der Weihnachtsfeier der SS geboren worden sein. Aber ich weiß nicht, ob die SS Weihnachten am 24. oder am 25. Dezember gefeiert hat."

Einer der Nazirocker lachte unverhohlen und schüttelte den Kopf, als komme es auf einen Tag mehr oder weniger nun wirklich nicht an. Sein Anführer brachte ihn mit einem wütenden Zischen zum Schweigen.

Fabian Heller verstand die Frau ganz genau: Es ging überhaupt nicht darum, ob sie am 21. oder 22.12.1944 geboren worden war. Es ging einzig und allein um den Umstand, der für die Unklarheit sorgte. Die Zeugin hatte nämlich zuvor beschrieben, wie ihre schwangere Mutter im Mai 1944 aus Ungarn nach Auschwitz deportiert worden war. Ihr Ehemann wurde von Lagerarzt Dr. Josef Mengele bei der Selektion an der Rampe direkt ins Gas geschickt. Die Mutter sagte nichts von ihrer Schwangerschaft und musste fortan im Straßenbau und auf dem Feld arbeiten. Hätte sie nicht immer wieder Tierfutter gegessen, wäre sie dabei sicher verhungert. Als sie schließlich der Blockältesten ihre Schwangerschaft gestand, rechnete sie bereits damit, dass dies das Todesurteil für sie und das ungeborene Baby war. Doch Mengele entschied anders und erwählte sie für Sterilisationsversuche. Der Arzt injizierte ihr brennende Flüssigkeiten in den Gebärmutterhals. Aber das Kind überlebte und kam im Vernichtungslager Auschwitz zur Welt. Die Mutter konnte nie wieder Kinder bekommen.

Dass das Neugeborene zu schwach war, um zu schreien, rettete ihm wohl das Leben, denn es blieb bis zur Befreiung durch die Rote Armee einen Monat später unentdeckt. Es ist eines von nur zwei Kindern, die in Auschwitz geboren wurden und das Todeslager überlebten.

„Das ist ja alles ganz furchtbar", meldete sich einer der Verteidiger in das betroffene Schweigen. „Aber was, bitte schön, hat das alles mit meinem Mandanten zu tun?"

Die Zeugin schaute ihn schweigend an und niemand wagte, dies Schweigen zu unterbrechen. Dann wandte sie sich plötzlich direkt an den Angeklagten: „Geben Sie zu, Herr Hanning, dass Sie mit Ihrer Arbeit den Massenmord ermöglicht haben."

Der Verteidiger sprang auf und verbat sich die Vorhaltungen der Zeugin, was die Richterin zähneknirschend akzeptieren musste.

Auch der nächste Zeuge, ein 87jähriger Mann, der für den Prozess aus Las Vegas angereist war und sich zunächst für die Chance bedankte, vor einem deutschen Gericht aussagen zu dürfen, wusste Unvorstellbares über die Zustände im Vernichtungslager Auschwitz zu berichten: „Meterhohe Flammen schossen aus den Schornsteinen", erzählte er. „Wir gingen auf Asche."

Und doch hätten er und seine Mithäftlinge anfangs geglaubt, es handele sich um das Feuer einer Gießerei. Wer habe sich die grausame Wahrheit auch ernsthaft vorstellen können? Und die habe er dann auf denkbar brutale Weise erfahren: Eines Nachts habe er durch Lücken in der Bretterwand seiner Baracke ein Flackern gesehen und so etwas wie ein Singen oder Flehen gehört. Sein Stubenältester habe ihm daraufhin gesagt, dass die Krematorien überlastet seien und man Leichen in Gruben verbrenne. Das merkwürdige Geräusch sei das Schreien kleiner Kinder, die man auf die brennenden Leichen werfe.

Heller fühlte, wie die Klammer, die sich während der letzten Stunde immer enger um sein Herz gespannt hatte, nun schmerzhaft zudrückte. Die Neonazi-Adjutanten grinsten hämisch, während ihr Anführer eine undurchdringliche Miene aufsetzte.

Und Hanning? Der saß da, als ginge ihn das alles nichts an. Zudem verbaten sich seine Verteidiger die Zumutung für ihren Angeklagten, von den Opfern der Gewalttaten direkt angesprochen zu werden. Das war einfach zum Kotzen! Je länger Heller dem Prozess folgte, desto besser verstand er die unbändige Wut, die er am ersten Prozesstag bei der jungen Frau Hesse draußen vor dem Gebäude erlebt hatte.

Als die Sitzung nach exakt zwei Stunden beendet wurde, um den Auflagen zu genügen und dem Angeklagten nicht zu viel zuzumuten, war der Journalist froh, an die frische Luft zu kommen. Hanning verließ gerade aufrechten Ganges und ohne sichtbare Schwäche das Gebäude und stieg in ein wartendes Fahrzeug. Seine Verteidiger verabschiedeten sich per Handschlag voneinander und eilten in verschiedene Richtungen davon.

Wie muss man eigentlich drauf sein, dachte Heller, wenn man derartige Bestien verteidigt? Welches Maß an Professionalität muss man haben, wenn einem das Rechtsstaatsprinzip so wichtig ist, dass man die eigene Meinung zu seinem Mandanten so konsequent und vollkommen ausblenden kann? Denn daran hatte Heller nach dem, was er bisher im Prozess erlebt hatte, keinen Zweifel: Diese Anwälte waren keine Nazis, sie machten einfach nur ohne Ansehen der Person ihres Mandanten einen verdammt guten Job – so wie es das Grundgesetz vorsah. Der Rechtsstaat war schon eine verflucht antinomische Angelegenheit.

Als Heller sich nach rechts wandte, um zu seinem Wagen zu gehen, fiel sein Blick auf die drei Neonazis auf ihren Motorrädern. Während die beiden Adjutanten bereits ihre Helme aufgesetzt hatten und die Motoren ihrer schweren Maschinen hochjagten, saß ihr Anführer ruhig auf seinem Zweirad und blickte Hannings Wagen nach. Wie schon in Ottens Hof entdeckte Heller keinerlei verräterische Gefühlsregung in diesem Gesicht. Der junge Mann hatte eine unergründliche Tiefe wie ein eiskalter Bergsee.

Wewelsburg, den 20. Dezember 1940

Geliebtes Muttchen!

Am Freitag hatte unsere Wachtruppe ihr Julfest, heute hatten wir festangestellten SS-Männer unseres. Wir haben im Kino gefeiert und der große Saal war gerammelt voll. Die Tische waren für 700 Personen mit Torten und Kuchen gedeckt. Nach der Weihnachtsfeier kam der Weihnachtsmann und ging von Tisch zu Tisch, von Kind zu Kind und verteilte Geschenke. Du kannst Dir nicht vorstellen, wie reich die Kleinen beschenkt wurden mit Rollern und Dreirädern und sonstigen Sachen. Die Frauen der SS-Männer aus der Waldsiedlung und auch die SS-Männer selbst kamen mit beiden Armen voller Geschenke an ihre Tische zurück. Und dann bekam jeder einen Briefumschlag mit zehn Reichsmark. Zum Abschluß gab es noch Kartoffelsalat und Würstchen und drei Maß Bier für jeden.

Manch einer von uns mußte mehrmals gehen, um all die Geschenke nach Hause zu schleppen. Du wirst staunen, wenn Du meine Kiste siehst.

Und damit komme ich nun zu der wichtigsten Neuigkeit, denn fast wäre es doch schon wieder Essig gewesen mit meinem Urlaub zu Weihnachten, weil Haas unbedingt zu einer Hochzeit wollte und ich zurückstehen sollte. Aber da hat er seine Rechnung ohne mich gemacht. Ich mußte mir nur etwas einfallen lassen, um Sonderurlaub für besondere Verdienste zu bekommen, denn Sonderurlaub geht immer vor.

Ich habe lange überlegt, aber dann kam mir der rettende Einfall. Mit dem Kameraden Kottmann habe ich also eine Vereinbarung getroffen. Ich habe uns zu einer gemeinsamen Wache eingeteilt, mich selber auf dem Wachturm und Kottmann im Lager. Er sollte einen Fluchtversuch provozieren. Du hättest Kottmann sehen sollen, wie er einen Häftling dazu verleitet hat, den verbotenen Todesstreifen am Lagerzaun zu betreten, indem er die Häftlingsmütze dort hineingeworfen hat. Der Mann konnte nun wählen: Entweder wird er wegen unerlaubter Veränderung der Häftlingskleidung an Ort und Stelle erschossen, oder er wagt den Versuch, die Mütze zurückzuholen. Was glaubst Du wohl, wie er sich entschieden hat? Aber das eigentliche Verdienst gebührt natürlich Deinem Vati. Wäre ich nicht so ein guter Schütze, hätte ich den Mann vom Turm aus verfehlt und nicht auf der Flucht erschießen können.

Und während ich Dir dies schreibe, weiß ich nicht, ob ich lachen oder mich ärgern soll, denn schließlich ist es meiner Härte gegen Flüchtende zu verdanken, dass ich nun schon einen Fluchtversuch selbst initiieren muss, wenn ich nur mal ein paar Tage Sonderurlaub haben möchte.

Nun ja, kurz und gut: Zwei Tage sind für mich dabei herausgesprungen, die ich nehmen kann, wann immer ich will. Natürlich habe ich die Weihnachtstage gewählt. Haas hat gekocht, das kann ich Dir sagen. Und natürlich bin ich Kottmann nun ebenfalls ein paar Tage Urlaub schuldig. Sobald ich mal wieder Herr im Lager bin, werde ich sie ihm genehmigen. Im Zweifelsfall organisieren wir eben wieder einen Fluchtversuch mit Kottmann auf dem Turm.

Einen Wehrmutstropfen hat die Sache allerdings doch, denn dummerweise hat Kottmann einen unserer Tischler für die Aktion ausgewählt, den er schon länger auf dem Kieker hatte. Deshalb kann ich nun nicht versprechen, daß alle Bestellungen, die Du zu Weihnachten bei mir aufgegeben hast, auch pünktlich ausgeführt werden. Aber ich tue wie immer mein Bestes. Dann muß halt einer der Kameraden zurückstehen. Wofür bin ich schließlich SS-Führer?

Wir sehen uns also wie vereinbart am 24. Dezember.

Bis dahin!

Dein tapferer Vati

31

Vor der Burg war alles ruhig. Der fette Mond über dem Nordturm glänzte gestochen scharf und setzte das alte Gemäuer angemessen in Szene. Es hätte Lenz nicht gewundert, wenn jetzt irgendwo Wölfe geheult hätten.

Er ging auf einen schwarzen BMW zu, der unscheinbar rückwärts zwischen zwei anderen Fahrzeugen auf dem Streifen vor der Mauer geparkt war, und klopfte mit der flachen Hand auf das Dach. Die Fahrertür öffnete sich und ein junger Mann von Mitte Zwanzig schwang sich aus dem Sitz. Er blickte Lenz auffordernd an, wobei die arrogant verengten Augen und das dazu passende Grinsen keinen Zweifel daran ließen, dass ein selbsternannter Parkwächter auf seinem allabendlichen Kontrollgang durchs Dorf bei ihm übel auflaufen würde.

Lenz zückte seinen Dienstausweis und hielt ihn so, dass das Licht einer Laterne darauf fiel. „Wie ist die Lage?"

„Alles ruhig." Die Haltung des jungen Beamten hatte sich augenblicklich verändert und auch das arrogante Grinsen war verschwunden. Stattdessen stand er nun entspannt vor seinem Vorgesetzten. „Wir sind seit achtzehn Uhr auf Position und machen halbstündlich abwechselnd unsere Runde. Bisher nichts Auffälliges."

Lenz nickte. „Behaltet die Zufahrt im Auge und die Brücke. Hat die Karre Standheizung?"

„Was glauben Sie, warum ich meinen Privatwagen genommen habe?" Der Beamte lachte.

„Falls etwas sein sollte: Ich bin bis etwa um Mitternacht drüben in Ottens Hof." Lenz reichte ihm seine Karte. „Über die Handynummer könnt ihr mich erreichen. Gute Nacht und angenehme Schicht."

„Scherzkeks", entgegnete der junge Mann lachend und stieg wieder hinter das Steuer.

Lenz winkte dem zweiten Beamten zu, dann machte er sich auf den Weg hinüber zu dem rustikalen Gasthof, in dem er sich mit Heller verabredet hatte. Der Frost hing schneidend in der Luft und schmerzte beim Atmen in den Bronchien. Dafür war der Himmel heute sternenklar und tiefschwarz.

Lenz passierte die Zufahrt zwischen Museum und Kirche. Er musste aufpassen, dass er auf dem glatten Kopfsteinpflaster im Gefälle nicht ins Rutschen kam. Das fehlte noch, dass er sich in diesem Kaff die Knochen brach. Unweigerlich musste er an die Häftlinge denken, die sich hier bei Eis und Schnee nach einem unmenschlich harten Arbeitstag im Steinbruch über das glatte Pflaster zum Lager geschleppt hatten – vor sich eine Nacht hinter Stacheldraht unter der Aufsicht unberechenbarer Herrenmenschen. Für sie wäre ein Knochenbruch das Todesurteil gewesen.

Während die Straße nun wieder anstieg, dachte er an den Nachmittag und den Anschiss, den Kriminaldirektor Heitkamp ihm verpasst hatte, oder besser: den er ihm hatte verpassen wollen. Lenz hatte dem Alten nichts geschenkt. Was bildete der Sesselfurzer sich eigentlich ein? Saß da warm und sicher in seinem Büro und glaubte, den Druck, den er aus Düsseldorf bekam, ungefiltert an seine Beamten an der Front durchreichen zu können. Aber nicht mit Lenz!

Da ging es ums Prinzip, nicht um die Sache an sich. Denn eigentlich hatte Heitkamp ja nicht mal so Unrecht. Was hatten sie denn bisher erreicht? Nichts, genau genommen. Sie hatten ja nicht einmal einen Tatverdächtigen, wenn man von Mario Hülsmann absah – und der hatte ein Alibi, das sie zumindest nicht widerlegen konnten. Wenn ihnen nicht bald eine Idee kam, würde ihnen die nächste Tote vor die Füße fallen, noch bevor sie überhaupt einen Ermittlungsansatz hatten. Und dann würde Heitkamp erst recht im Dreieck springen.

Lenz fluchte leise. Genau genommen war der Einsatz der jungen Kollegen in ihrem BMW drüben an der Burg ein Ausdruck von Hilflosigkeit. Das Prinzip Hoffnung. Der Täter konnte überall zuschlagen. Wenn sie wenigstens wüssten, wie es ihm gelang, seine Opfer aus der Senioren-Residenz zu entführen! Zu allem Übel hatte Kerstin Finke ihn am Nachmittag auch noch im Büro angerufen und sich nach Ermittlungsfortschritten erkundigt. Inzwischen hatten sich die Vorfälle bei den Angehörigen auch der anderen Stationen herumgesprochen und die saßen ihr gewaltig im Genick. Lenz hatte ihrer Stimme angehört, dass sie langsam an der Kompetenz der Paderborner Polizei zweifelte, ganz besonders an seiner. Das hatte ihm einen Stich versetzt, obwohl ihm doch genau genommen gar nichts an der Frau lag. Aber vielleicht hatte er ihren Frust auch nur falsch gedeutet.

Ottens Hof war hell erleuchtet und sah mit der Fachwerkfassade wirklich urig und einladend aus. Die Ambivalenz des Rustikalen: Jetzt ein Fackelzug, Fahnen und schwarze Uniformen und Lenz hätte nicht gewusst, wie er sich dem entziehen sollte. Als er den Gasthof betrat, schlug ihm angenehme Wärme entgegen und ein zwiespältiger Geruch, wie es ihn nur in Gastwirtschaften gab; so eine abgestandene Mischung aus Bier- und Essendunst. Früher war noch kalter Rauch dazugekommen, aber die Zeiten waren ja zum Glück vorbei.

Er grüßte Kurt hinter dem Tresen mit der Hand und bekam ein emotionsloses Nicken zurück. Das war wohl das Höchstmaß an Freundlichkeit, das man hier erwarten durfte. Der Philosoph saß zu dieser frühen Stunde noch halbwegs gerade auf dem Hocker und entnahm seinem Bierschaum die Neuigkeiten von den Geheimnissen des Universums. Dabei nickte er hin und wieder so erkenntnisschwer wie resigniert. Rechts in einer der Nischen kauerte Heller. Er wirkte hinter der stämmigen Tischplatte geradezu verloren und passte so gar nicht in dieses Ambiente. Dafür hatte er offenbar schon vorgearbeitet: ein leeres Bierglas stand vor ihm.

Lenz klopfte wortlos auf den Tisch, zog seinen Mantel aus, warf ihn gegenüber seinem Kumpel auf die Sitzbank und ließ sich selbst hinterherfallen.

Kurt kam, stellte wortlos zwei Pils vor ihnen ab und wollte schon wieder zurück an seinen Arbeitsplatz hinter der Theke trotten, als Lenz ihn aufhielt.

„Das ist für heute das letzte." Er deutete auf sein Bierglas. „Ab sofort nur noch Wasser."

Wirt Kurt zog die Augenbrauen hoch, als habe er es hier mit einem Irren zu tun, sagte aber nichts und zog davon.

„Bist du krank?", erkundigte sich Heller in einem Tonfall, der nur halbherzig nach Interesse klang.

„Nee, im Dienst. Ich habe meine Leute rund um die Burg verteilt und muss ansprechbar bleiben."

Als Heller nicht antwortete, sah Lenz ihn sich genauer an. „Siehst ganz schön beschissen aus."

„So fühle ich mich auch." Der Journalist hob sein Bierglas, hielt es einen Moment gedankenverloren in der Schwebe und setzte es wieder ab, ohne getrunken zu haben. „War ein Scheißtag heute."

„Erzähl!", forderte Lenz ihn auf. „Dafür sind Freunde schließlich da."

Heller sah ihn unter hochgezogenen Brauen skeptisch an, gab sich aber einen Ruck und berichtete von dem Verlauf der heutigen Verhandlung im Fall Hanning. „Nicht so einfach, das angemessen aufs Papier zu bringen", schloss er. „Ich habe den ganzen Nachmittag an meinem Bericht gefeilt und immer noch das Gefühl, dass er zu emotional ist."

„Jetzt verstehe ich, dass du so aussiehst." Lenz nippte an seinem Bier. „Wenn ich das so höre, bekomme ich Zweifel daran, dass wir wirklich das Böse bekämpfen, wenn wir den Nazikiller jagen."

„Zweifel?" Heller lachte resigniert. „Ich bin mir sicher, dass die alten Säcke genau das verdient haben, was ihnen gerade passiert."

„Tja, so kann man das natürlich sehen, aber trotzdem ist ein Mörder ein Mörder. Und ich bin Polizist und kann ihm das nicht durchgehen lassen. Es gibt schließlich keine guten Morde."

Heller legte die Stirn in Falten, als müsse er erst einmal gründlich darüber nachdenken, ob er dem zustimmen könnte, während Wirt Kurt ein neues Bierglas neben sein unberührtes stellte und ein Glas Wasser vor Lenz.

Der stöhnte leise, trank sein Bier aus und wandte sich dann dem Wasser zu.

„Wenn die wenigstens nicht mehr nachwachsen würden", sagte Heller schließlich und berichtete von den drei Neonazis, die dem Prozess so aufmerksam folgten.

Lenz wurde hellhörig. „Kannst du mir den Anführer beschreiben?"

„Klar. Anfang Zwanzig, ziemlich geleckt, Typ Schwiegermutters Liebling. Muskulös, aber nicht so einer von den baseballschlägerschwingenden Idioten; eher der intellektuellen Vordenker. Vor ein paar Tagen war der mit seiner Motorradgang hier in Ottens Hof. Ich wollte ihn interviewen, aber keine Chance. Wenigstens hat er im Gerichtssaal seine Kutte abgelegt."

„Kutte? Von der Nationalen Offensive OWL?"

„Genau. Kennst du den?"

Lenz nickte. „Wolfgang Kaup. Kommt aus einem ganz üblen Stall." Er berichtete, was sie inzwischen über den Pfleger herausgefunden hatten. „Die Altnazis um seinen Großvater scheinen ihn gezielt herangezogen und für Größeres vorbereitet zu haben."

Heller pfiff leise durch die Zähne. „Unser nächster Führer also", fasste er zusammen. „Vielleicht sollte ich mal versuchen, den alleine zu interviewen, ohne seine Haudraufs. Möglicherweise ist er dann zugänglicher." Offenbar kreiste der Gedanke einen Moment hinter der Stirn. „Nee, besser nicht. Damit biete ich den Ideologen nur eine Bühne." Heller griff nach einem seiner Biergläser und trank es diesmal in einem Zug leer. „Ehrlich, langsam sehne ich die Zeit der Schützenfeste wieder herbei. Das ist unvermintes Gelände, da kenne ich mich aus."

„Nun übertreib aber nicht!" Lenz hob mit theatralisch erschüttertem Gesicht den rechten Zeigefinger. „So schlimm kann die Welt gar nicht sein, dass man Schützenfeste positiv umdeuten könnte."

„Auch wieder wahr", gab Heller zu und griff nach seinem zweiten Glas.

So langsam machte sich Lenz um den Journalisten Sorgen.

„Seid ihr denn wenigstens weitergekommen?", erkundigte sich Heller wie beiläufig.

„Nicht wirklich. Oder besser gesagt: rein gar nicht." Lenz berichtete von der Exhumierung und dem Versuch, damit wenigstens Schröders Theorie zu bestätigen, dass die alten Leute passend zu ihren Verbrechen in Wewelsburg ermordet wurden.

„Daran habe ich auch schon gedacht", sagte Heller.

„Woran? An Exhumierung? Wen willst du denn ausbuddeln?"

„Quatsch! An die Theorie deines Kollegen. Der Mord an Anton Kottmann hat mich darauf gebracht, oder zumindest die Spuren, die er auf dem Pflaster hinterlassen hat."

„Wie das?" Lenz blickte den Journalisten zweifelnd an.

Der berichtete ihm daraufhin von der Geschichte, die Dr. Elling ihm erzählt hatte: von den beiden Bauern, die sich über Blut und Hirnmasse auf dem Wewelsburger Kopfsteinpflaster beschwert hatten.

Lenz dachte einen Moment darüber nach und nickte dabei. „Das passt tatsächlich gut ins Bild."

„Habt ihr schon einmal darüber nachgedacht, dass die Opfer des Nazi-Killers irgendwo versteckt gehalten werden müssen, wo man ihre Schreie bei den Folterungen nicht hört?"

„Natürlich!“ Lenz schüttelte den Kopf über die unterschwellige Unterstellung, dass die Polizei zu blöd sei.

„Angenommen, der Täter hat sich diesen Ort ganz in der Nähe ausgesucht: Welche Gebäude kämen dafür in Frage?“

„Keine Ahnung. Ich kenne mich hier nicht aus.“ Lenz zuckte mit den Schultern und trank einen Schluck Wasser. „Da muss ich mich auf die örtlichen Kollegen verlassen und die haben alle Gebäude überprüft, die in Frage kommen.“

„Denk mal genau darüber nach. Die Morde werden am Ort der Naziverbrechen ausgeführt. Warum sollte das nicht für die Folter vorab auch gelten?“

Lenz setzte sein Wasserglas ab und beugte sich vor. Da war etwas dran. Natürlich, warum war er nicht selbst darauf gekommen?

„Im ehemaligen Lager“, schlug er vor.

„Möglich. Man müsste sich mal dort umsehen, was überhaupt noch davon erhalten ist. Wo noch?“

„Im ehemaligen Steinbruch.“

Wieder schüttelte Heller den Kopf. „Da gibt es nichts mehr, schon gar keine Hütte oder so etwas in der Art.“

„In der Burg? - Nee, das geht nicht, da ist eine Jugendherberge drin.“

„Es gibt einen Hexenkeller unter der Burg“, wandte Heller ein. „Da sind während der Hexenverfolgung alle angeklagten Frauen aus der gesamten Umgebung eingesperrt und gefoltert worden, auch aus Salzkotten.“

Lenz dachte über den Vorschlag nach. „Glaube ich nicht“, urteilte er schließlich. „Falsche Zeit. Wenn unsere Theorie stimmt, hält sich der Täter genau an eine Art Drehbuch. Der Hexenkeller hat nichts mit dem Dritten Reich und dem KZ zu tun. Außerdem kann ich mir nicht vorstellen, dass das ein sicherer Ort für ihn wäre. Der wird doch bestimmt in die Besichtigungstouren innerhalb der Burg einbezogen.“

Heller nickte. Offenbar überzeugte ihn der Einwand. „Was ist mit der alten Mühle unten an der Alme?“

„Die war auch nicht Teil der SS-Gebäude.“ Lenz winkte entschieden ab. „Außerdem haben die Kollegen von der Kriminaltechnik Mühle und Nebengebäude nach dem Mord an Kottmann unter die Lupe genommen und nichts gefunden.“

„Also das Lager“, fasste Heller zusammen. „Was hältst du davon, wenn wir einen kleinen Abendspaziergang dorthin machen?“

Lenz blickte auf die Uhr. Es ging auf 22 Uhr zu, Zeit genug also. „Na gut, auf geht´s!“ Er winkte Kurt, der sofort nickte und sich dem Zapfhahn zuwandte, als sei der Irre nun zur Besinnung gekommen. „Zahlen!“, rief Lenz deshalb hinterher und erntete dafür zwei erstaunte Blicke: einen von Kurt und einen etwas vernebelten von dem Philosophen.

Der Weg zum Gelände des ehemaligen Konzentrationslagers Niederhagen war weiter, als Lenz gedacht hatte. Zum Glück hatte sich Heller den Ortsplan eingeprägt, den Dr. Elling ihm gezeigt hatte. Sie hielten sich von Ottens Hof aus nach rechts, überquerten die Hauptstraße und liefen durch ein Wohngebiet mit Einfamilienhäusern in Gärten, die selbst zu dieser Jahreszeit und im gelben Licht der Straßenlaternen noch gepflegt aussahen.

„Scheiße, ist das rattenkalt", fluchte Lenz und verkroch sich so tief wie möglich in seinen Mantel.

Der eisige Wind hatte merklich zugelegt, schmerzte am Kopf und machte das Atmen schwer. Auch Heller hatte seine Hände tief in den Taschen vergraben und stolperte weit vorgebeugt neben dem Kommissar her. Sie liefen den Oberhagen entlang und hatten die ganze Zeit über Häuser neben sich.

„Das hier links", Heller deutete auf ein langgestrecktes Wohnhaus, „muss das ehemalige Torhaus sein."

Lenz hatte Mühe, dem Gedanken des Journalisten zu folgen, aber mit etwas gutem Willen konnte man sich in dem hochgezogenen Mittelteil des Hauses einen zugemauerten Tordurchgang vorstellen.

„Gruselig", sagte er. „Wenn ich mir vorstelle, in einem Haus wohnen zu müssen, das einmal der Zugang zu einem Konzentrationslager gewesen ist. Da sind jeden Morgen die Häftlinge auf dem Weg zum Steinbruch rausmarschiert und abends haben sie ihre Toten genau hierdurch wieder zurückgeschleppt."

Heller zuckte mit den Schultern. „Nach dem Krieg war das hier ein Flüchtlingslager. Die waren froh, irgendwo angekommen zu sein und ein Dach über dem Kopf zu haben. Später haben einige von den Flüchtlingen auf dem Lagergelände ihre Häuser gebaut. Wäre doch dumm gewesen, ausgerechnet das fest gemauerte Torhaus abzureißen."

„So gesehen …", antwortete Lenz, aber ganz wohl war ihm bei der Vorstellung dann doch nicht. „Man darf eben nur nicht an Geister glauben, sonst würde man in so einem Haus sicher bekloppt."

„Selbst wenn", dachte Heller den Gedanken weiter. „Die Bewohner haben nichts mit den Verbrechen zu tun. Warum also sollten sie heimgesucht werden."

Lenz schüttelte den Kopf. Es musste am Vollmond liegen, dass hier zwei erwachsene Männer in eisiger Kälte standen und von Geistern faselten. Übermäßiger Alkoholgenuss konnte heute Abend jedenfalls keine Entschuldigung sein.

„Da geht es ins ehemalige Lager." Heller deutete rechts am Torhaus vorbei.

Der Zugang war heute eine ganz normale kleine Straße, die zu einem offenen Platz und dahinter in ein Gewerbegebiet führte. Vor einer freien Rasenfläche blieben sie stehen und blickten auf ein großes steinernes Dreieck, das aus winzigen dreieckigen Stelen mitten auf der Wiese geformt worden war.

„Der ehemalige Appellplatz", erklärte Heller. „Mit dem Mahnmal."

Hier also waren vor über siebzig Jahren Menschen gezählt und gequält worden. Lenz berichtete Heller von den Erlebnissen Franz-Joseph Füsers, der genau hier Liegestütze im Schnee hatte machen müssen und dem Anton Kottmann und seine Kameraden dabei mit ihren schweren Stiefeln über den Rücken gelaufen waren.

„Drecksbande!", war das Einzige, das er als Reaktion bekam.

Links hinter dem Appellplatz erstreckte sich das Gebäude der Feuerwehr, dahinter begann gleich die erste Wohnsiedlung. Also wandten sie sich dem Gewerbegebiet rechterhand zu, in dem allenfalls die Bauweise einzelner Hallen an die ehemaligen Lagerbaracken erinnerte. Allerdings waren sie viel zu neu, um noch aus der Zeit zu stammen. Die Flächen waren umzäunt und sämtlich in gewerblicher Nutzung. Irgendwo bellte ein Wachhund, sonst war es hier totenstill.

„In den Unternehmen ist in der Woche ständig Betrieb", stellte Heller fest. „Keine Chance, hier jemanden zu verstecken und zu foltern, ohne dass jemand es mitbekommt."

„Das war dann ja wohl ein Schlag ins Wasser", stellte Lenz fest. „Gibt es sonst noch Gebäude aus der Zeit, die infrage kämen?"

„Die Villa des Architekten Bartels", antwortete Heller. „Aber die ist bewohnt und wäre wohl nur eine Option, wenn der Mörder der Besitzer wäre."

„Die Waldsiedlung", fuhr Lenz fort. „Die ist extra für die Wachmannschaft und ihre Familien gebaut worden und liegt auch sehr günstig direkt unterhalb der Burg."

Heller blickte erstaunt auf. „Da wohne ich." Einen Moment schien er die Tatsache, dass er selbst in einem Haus übernachtete, in dem seinerzeit die Nazimörder ihr heimeliges Familienleben gepflegt hatten, verarbeiten zu müssen. Dann schüttelte er den Kopf. „Da wohnen auch heute noch Familien drin."

„Vorsichtshalber schicke ich morgen meine Leute von Tür zu Tür", beschloss Lenz und schüttelte sich, weil der Frost unaufhaltsam durch seinen Mantel zog und es nun auch noch fein zu schneien anfing. „Lass uns zurückgehen, mir ist langsam echt arschkalt."

Heller brummte zustimmend und so machten sie sich wieder auf in Richtung Burg, deren Nordturm wie ein Garant für Sicherheit über dem ganzen Dorf zu wachen schien.

Wewelsburg, den 16. Juni 1941

Mein Muttchen!

Hier ist in letzter Zeit sehr viel passiert und so schreibe ich Dir erst jetzt wieder. Eines vorab: Die Urlaubssperre ist erneut verlängert worden. Dafür habe ich nun zwei neue Kameraden hier im Lager, mit denen ich mich sehr gut verstehe. Der eine ist ein Zahnarzt aus Hamburg, der andere ein Kamerad aus Buchenwald, eine ganz gemütliche Seele, dem es wunderbar gelingt, nach dem harten Tagesgeschäft am Abend die Seele baumeln zu lassen. Der Reichsführer hat Recht, wenn er sagt, daß unsere Aufgabe eine schwere und belastende ist. Aber sie muß gemacht werden und am Ende sind unsere Moral und unsere sittliche Reinheit stark genug, das auszuhalten.

Der Reichsführer war für ein paar Tage auf der Burg und ist heute Morgen wieder abgefahren. Er hatte viele hohe Persönlichkeiten zur Besprechung hierher beordert. Alle höchsten SS-Führer des Reiches waren hier, das war eine ganz große Sache und zeigt, wie wichtig Wewelsburg im Gefüge der SS ist.[2]

Zum Ausklang seines Besuches hat es eine große Zeremonie im Nordturm gegeben. Wir niederen Ränge waren leider nicht eingeladen, aber die Burgmaiden nutzen jede Gelegenheit, um sich wichtig zu machen, und erzählen die tollsten Geschichten. Mehrere SS-Führer haben geheiratet. Der Reichsführer war in allen Fällen Trauzeuge. Die Ehe ist nach altem germanischen Ritus geschlossen worden, so wie Himmler es mag. Im Gewölbekeller des Turmes, der „Gruft", hat in der Mitte ein Feuer gebrannt, über das die Hochzeitspaare Hand in Hand gesprungen sind. Immer hin und her soll es gegangen sein. Stell Dir das Flackern der Flammen an den Wänden und der Gewölbedecke vor. Dazu die glänzenden schwarzen Uniformen und die weißen Kleider. Das ist schon etwas anderes als der pseudoreligiöse Schnickschnack, den wir Christen seit Jahrhunderten abziehen. Himmler weiß genau, worauf es ankommt, wenn er das Reich in seine große Zukunft führen will.

Und da versteht man dann auch, daß gerade die Wewelsburg so wichtig für den Reichsführer ist. Wo sonst, wenn nicht im Kernland der Germanen, soll die Basis für das neue große Deutschland entstehen? Inzwischen sind hier die führenden Forscher und Wissenschaftler des SS-Ahnenerbes versammelt und setzen alles daran, mit ihren Grabungen den Nachweis zu erbringen, daß wir es sind,

---

2 Vom 12. bis zum 15. Juni 1941 fand in der Wewelsburg die sogenannte ‚Gruppenführertagung' statt, bei der der Überfall auf die Sowjetunion vorbereitet wurde. Die wichtigsten SS-Führer waren dort, unter ihnen Reinhard Heydrich (Chef des Reichssicherheitshauptamtes), Kurt Daluege (Chef der Deutschen Ordnungspolizei), Himmlers Stabschef Karl Wolff (zuständig für die Vorbereitung des SS-Einsatzes im ‚Ostfeldzug') und Oswald Pohl (Führer des SS-Wirtschafts- und Verwaltungshauptamtes). Himmler bezeichnete den Krieg gegen die Sowjetunion bei diesem Treffen als „Existenzfrage" und bezifferte das Vernichtungsziel auf „die Dezimierung der slawischen Bevölkerung um dreißig Millionen".

die SS, die in der direkten Nachfolge der Germanen stehen. Die große Idee, wie sie dem Reichsführer vorschwebt, soll wissenschaftlich unanfechtbar sein. Das könnte unseren Feinden so passen, daß sie uns historische Fehler nachweisen könnten!

Ich bin stolz, dabei sein zu dürfen. Und ich bin stolz auf Dich, mein reines Muttchen, und die arischen Kinder, die Du mir geboren hast!

Dein Vati

32

Gespenstisch flackerte die Flamme in einer gewaltigen gusseisernen Schale in der Mitte der Gruft unter dem Nordturm. Ruhelos sprang das gelbe Licht an den Bruchsteinwänden rund um den Raum auf und ab.

Tanzende Derwische, dachte Lenz.

Die Farben der Bilder Joseph Glahés bekamen einen ganz besonderen Ausdruck in diesem Licht. Sie gewannen an Strahlkraft. Es schien, als sei den Motiven Leben eingehaucht worden; als führten dort die Wiedergänger der Ermordeten die Szenen ihres Leidens immer und immer wieder auf.

„Herrlich!", hörte Lenz Dr. Elling neben sich gedankenverloren sagen und „Herrlich! Herrlich! ...lich! ...lich! ...ich! ...ich!" lief es rund um das Gewölbe.

Der Kommissar brauchte einen Moment, bis er selbst sich aus dem Bann des Szenarios gelöst hatte und zu einem vorwurfsvollen Seitenblick in der Lage war.

„Entschuldigung!" Dr. Elling sah ihn an, als sei er über sich selbst erschrocken. „Ich meine, das ist natürlich furchtbar." Er sprach nun so leise, dass die Raum-Akustik sie nicht mit einem dauerhaften Echo versorgte und Lenz ihn gerade noch verstehen konnte.

Was der Historiker meinte, waren nicht die Gemälde im Feuerschein, sondern die Inszenierung, der sie direkt gegenüberstanden: Auf einem der Rundsockel war der tote nackte Körper Renate Körtings ausgestellt. Wie eine Ritterrüstung mit Hilfe eines Metallgestänges stolz aufgerichtet wirkte er, als habe ihn jemand auf eine Lanze gespießt. Um den Hals trug die Tote eine Kette. Den Brustkorb zierte eine blutig-frische Tätowierung: die doppelte Sigrune der SS. Daneben, über dem Herzen, prangte das Parteiabzeichen der NSDAP als Brosche. Darunter steckte ein Dolch im Herzen der Frau. Ein breiter verkrusteter Blutstreifen ging von ihm aus und hatte für eine im Feuerschein schillernde Pfütze auf dem Boden gesorgt. Von ihr schien der metallische Geruch im Raum auszugehen. Die Oberarme der Toten waren mit Brandmalen versehen, deren Form Lenz wegen der faltigen, schlaff hängenden Haut nicht erkennen konnte. Links und rechts um den Rundsockel waren Tonkrüge und -teller mit Runenabbildungen drapiert. Zwei gekreuzte Schwerter lagen davor auf dem Betonboden. Ihre Spitzen wiesen direkt auf zwei gewaltige gusseiserne Kerzenleuchter, die links und rechts von der Toten aufgestellt waren. Die Kerzenflammen züngelten wild im Luftzug. Das alles wirkte trotz der unfassbaren Grausamkeit geradezu mystisch-sakral und erinnerte an einen heidnischen Opferritus.

„Wie eine Mischung aus einem altgermanischen Begräbniskult und den ideologischen Verirrungen der SS." Dr. Elling konnte offenbar nicht anders: Seine Stimme hatte schon wieder einen faszinierten Tonfall. „So etwas sieht man auch in meinem Beruf nicht alle Tage."

„Wie meinen Sie das?", hakte Lenz befremdet von der Begeisterung des Historikers nach. „Was daran ist germanisch, was ist SS-Ideologie?"

„Na ja, die Runen, die Grabbeigaben - so haben einige altgermanische Stämme ihre Angehörigen begraben." Er deutete auf ein Tongefäß und einen glasierten Teller neben der Leiche. „Früher hat man den Toten auf dem Weg in den Hades immer etwas mitgegeben; höhergestellten Stammesfürsten sogar ihre extra dafür getöteten Diener. Die Buckelurne und der Teller, die Sie hier sehen, sollen wohl diese Grabbeigaben darstellen. Allerdings sind das keine Originale, sondern Nachbildungen, wie sie die SS in den Konzentrationslagern massenhaft anfertigen ließ. Hinzu kommt die ganze Inszenierung: Die Tote ist in einer Art und Weise aufgestellt, wie man sich wohl den Toten- und Ehrenkult vorstellen muss, der hier unten in der Gruft geplant war. Dazu passt auch die SS-Tätowierung auf der Brust. - Kommen Sie!"

Dr. Elling umrundete die Vertiefung im Boden und näherte sich vorsichtig der aufgestellten Leiche. Mit zusammengekniffenen Augen nahm er die blutverkrusteten Brandmale an den Oberarmen in Augenschein. „Rechts das Sonnenrad", sagte er dann, „und links die Wolfsangel."

Auch Lenz trat näher heran und erkannte erst in der direkten Nähe das ganze Ausmaß der Grausamkeit. Nicht nur der im Herzen steckende Dolch, auch das in die Haut gestochene Parteiabzeichen jagte dem Hauptkommissar kalte Schauer über den Rücken. Die Silberkette hatte als Anhänger einen wuchtigen Hammer, den Dr. Elling als Thorshammer bezeichnete. Zusätzlich trug die Leiche einen Totenkopfring an der rechten Hand. Die beiden Kerzenständer waren aus Gusseisen gefertigt und zeigten ebenfalls Sonnenradmotive und umlaufende Zickzackmuster und Kreise.

Lenz musste sich überwinden, um noch einen Schritt näher heranzugehen und die Tätowierungen an den Armen genauer zu betrachten. Es handelte sich um die Nachbildung der sogenannten ‚Schwarzen Sonne' aus dem Obergruppenführersaal und ein spiegelverkehrtes, auf der Seite liegendes großes Z mit Mittelstrich.

„Was bedeutet das alles?", fragte er verständnislos.

Dr. Elling deutete auf das Sonnenrad. „Die zwölf Speichen sehen aus wie ein Hakenkreuz, das dreimal um jeweils dreißig Grad um seinen Mittelpunkt gedreht worden ist - ein dreifaches Hakenkreuz also und gleichzeitig eine altgermanische Rune. Man kann auch zwölf Sigrunen darin erkennen. Insgesamt haben die Nationalsozialisten versucht, eine Ahnenreihe zwischen der angeblich nordischen Rasse des deutschen Volkes zu den vor- und frühgeschichtlichen Germanen herzustellen." Er wechselte die Seite und deutete auf die andere Tätowierung. „Und die Wolfsangel war für die Nazis ein Zeichen der Wehrhaftigkeit. Entsprechend wurde dieses Symbol bereits von den Adjutanten der Hitlerjugend als Aufnäher auf dem Ärmel getragen. Die SA-Standarte Feldherrnhalle trug ebenfalls dieses Abzeichen. Das ist Heldenmythos, wie ihn die SS so liebte und hier unten zelebrieren wollte."

Lenz nickte, obwohl ihm der Zusammenhang dessen, das er da sah, noch nicht ganz klar war. In diesem Moment hörte er Stimmen auf der Treppe. Sekunden später polterten Hermann-Joseph Stukenberg und in seinem Gefolge drei Kriminaltechniker in die Gruft. Schlagartig verstummten die Gespräche. Genauso perplex wie die vier Männer, die zu Salzsäulen erstarrt zu sein schienen, mussten Lenz und Dr. Elling vor einigen Minuten auch dagestanden haben.

„Wahnsinn!", kam es schließlich heiser von dem Rechtsmediziner und „Wahnsinn! Wahnsinn! ...ahnsinn! ...ahnsinn! ...sinn! ...sinn! ...inn!" hallte es durch das Gewölbe der Gruft.

„Kommen Sie", forderte Lenz den Historiker auf. „Überlassen wir den Leichenfledderern das Feld."

Er nickte dem Rechtsmediziner zu und quetschte sich an den Technikern und ihren Koffern vorbei ins Treppenhaus. Sie durchquerten den Burggraben und betraten den Keller des Museums.

„Wenn ich nur wüsste, wie der Mörder an unseren Leuten vorbeigekommen ist", dachte Lenz laut.

„Wieso Ihre Leute?" Dr. Elling sah ihn erstaunt an.

„Ich habe zwei Beamte auf dem Parkplatz vor der Burg postiert, weil ich schon geahnt habe, dass der Täter Renate Körting hierherbringen würde. Schließlich war die Burg ihr Arbeitsplatz. Wie ist es ihm nur gelungen, sich Zutritt zur Gruft zu verschaffen, ohne den Vorplatz zu passieren? Jedenfalls haben die Kollegen niemanden bemerkt."

Dr. Elling nickte nachdenklich. Plötzlich sah er den Kommissar mit weit aufgerissenen Augen an. „Vielleicht ... Nein, das kann doch nicht sein ..."

„Was ist los?"

Statt zu antworten, stieß der Historiker die Tür zum nächsten Gang auf und hastete an einem Modell des Konzentrationslagers vorbei. Vor einer Glastür auf der linken Seite blieb er stehen und fasste nach dem Knauf.

„Tatsächlich!“ Dr. Elling schob die Tür auf und sah sich das Schloss genauer an. „Aufgebrochen! Dabei ist hier alles alarmgesichert.“

Lenz trat an seine Seite und überzeugte sich, dass der Historiker Recht hatte. „Wohin führt dieser Ausgang?“

„Das ist die Rückseite des Museums. Die Treppe da vorne führt zu einer kleinen Gasse.“

Lenz trat ins Freie und lief die Stufen hoch. Rechts ging es ins Dorf, links zog sich die Gasse im Bogen hinunter zu den Alme-Auen unterhalb der Burg. Kein Wunder, dass die Beamten oben auf dem Parkplatz nichts bemerkt hatten. Dieser Eingang entzog sich völlig ihrer Überwachungsmöglichkeit.

Als Lenz wieder neben Dr. Elling im Museumsgang stand, kam Gina aus Richtung der Ausstellung auf ihn zu. „Renate Körting?“, fragte sie und kommentierte, als Lenz nickte: „Scheiße!“

Der Kommissar informierte seine Kollegin kurz über die aktuelle Lage. Dann ordnete er an, dass sie die Kriminaltechniker über die aufgebrochene Tür und die offenbar umgangene Alarmanlage informieren sollte, und sah zu, wie sie durch den Gang in Richtung Burggraben davoneilte.

An Dr. Elling gewandt, sagte er: „Erzählen Sie mir mal ganz genau, wie Sie die Leiche entdeckt haben.“

„Ich habe sie nicht entdeckt. Das war Marion Hagen, die ihr Freiwilliges Soziales Jahr bei uns absolviert. Sie hat wie jeden Morgen die Überwachungsmonitore eingeschaltet - den vom Obergruppenführersaal und den von der Gruft. Na ja, und dann hat sie das Drama halt gesehen und sofort nach mir gerufen. Ich war im Filmraum, weil wir heute Vormittag eine Schülergruppe erwarten. Wir zeigen vor der Führung immer einen Film, damit die Schüler sich auf die Zusammenhänge einstellen können.“

„Daraus wird heute nichts“, stellte Lenz lapidar fest. „Das Museum ist ein Tatort und bleibt geschlossen.“

„Natürlich.“ Dr. Elling nickte und begriff dabei offensichtlich nur stückweise, was das in der Konsequenz bedeutete. Plötzlich erfasste ihn ein Ruck. „Dann muss ich sofort telefonieren. Es ist ja nicht nötig, dass sich die Schüler und ihre Lehrer unnötig auf den Weg machen.“ Er drehte sich um und eilte den Gang entlang in Richtung Treppenhaus.

Lenz folgte ihm, blieb aber in einem der Museumsräume vor einem Glaskasten stehen, in dem Geschirr aus der Burg ausgestellt war. Es handelte sich dabei um genau die Art von Tellern und Krügen, wie er sie eben in der Gruft gesehen hatte: dunkelbraune Buckelurnen aus Ton mit Sig-Runen und beide Teller mit blauen Emblemen, um den Tellerrand laufenden Sig-Runen und einem Sonnenrad in der Mitte. Auf Drahtgestellen waren die Tonexponate so aufgerichtet, dass die Besucher sie sich genau ansehen konnten. Ein paar dieser Gestelle waren leer. Auch bei den Schmuckstücken, die ebenfalls in der Vitrine ausgestellt waren und allesamt Runen und Totenköpfe trugen, fehlten einige. Lenz rüttelte leicht an der Scheibe des Kastens. Sie glitt ohne Widerstand zur Seite.

Dr. Elling tauchte wieder neben ihm auf. „So, das wäre geklärt. Meine Kollegin sagt auch die restlichen Termine für heute ab."

„Sind diese Vitrinen nicht gesichert?" Lenz deutete auf die von ihm geöffnete Scheibe.

„Doch, natürlich!" Der Historiker trat einen Schritt zurück, bückte sich und hob einen silbernen Metallgegenstand auf, in dem Lenz eines der Verriegelungsschlösser erkannte, wie sie an Museumsschaukästen üblich waren. „Auch aufgebrochen." Er schüttelte fassungslos den Kopf. „Dann wissen wir ja jetzt, wo die Grabbeigaben herkommen." Hektisch lief er in den Nebenraum und rief zurück: „Tatsächlich: Hier fehlen die beiden Kerzenständer und die Feuerschale. Dass ich da nicht gleich draufgekommen bin!"

„Sieht so aus", überlegte Lenz, „als habe sich der Täter hier ganz genau ausgekannt und bereits im Vorfeld alles haarklein geplant."

„Scheint so, ja."

„Dann brauche ich eine Liste aller Mitarbeiter des Museums. Auch der ehemaligen, sagen wir: der letzten fünf Jahre."

„Sie glauben, das war einer von uns?" Dr. Elling klang, als sei das grundsätzlich unmöglich.

„Wir müssen es zumindest überprüfen", wich Lenz aus und wandte sich wieder dem Glaskasten zu.

Verflucht nochmal, was ging hier eigentlich vor sich? Er war ein erfahrener Mordermittler, aber in diesen Fällen hatte er das Gefühl, erst gar keinen Angriffspunkt zu finden, weil ihm das historische Wissen des Täters fehlte. Der Mörder inszenierte offenbar ein Strafgericht im Stil der Verbrechen seiner Opfer. Wenn Lenz auch nur die Chance haben wollte, ihn zu stellen oder gar seiner nächsten Tat zuvorzukommen, musste er sich auf den notwendigen Wissenstand bringen lassen.

„Von solchen Tellern haben die SS-Männer in der Burg gegessen?", erkundigte er sich also bei Dr. Elling und deutete auf die Exponate.

„Richtig." Der Historiker deutete auf das ausgestellte Besteck, in das ein Schriftzug eingraviert war. „Sehen Sie? SS-Schule Haus Wewelsburg. Das wurde extra für die Burg angefertigt. Die Keramik ist historischen Funden aus vor- und frühgeschichtlicher Zeit nachempfunden. Heinrich Himmler hat überall in Deutschland Ausgrabungen durchführen lassen – durch seine Organisation SS-Ahnenerbe. Ziel war es, nachzuweisen, dass die SS ihre Wurzeln bereits in der heldenhaften Vergangenheit der Germanen hatte. Dabei hat es, wissenschaftlich gesehen, die Germanen gar nicht gegeben. Das waren unterschiedliche Stämme und Sippen, kein geschlossenes Volk. Aber die Nazis haben mit ihrer völkischen Ideologie die Geschichte umgeschrieben." Dr. Elling geriet in einen dozierenden Tonfall. Lenz hätte es nicht gewundert, wenn er auch noch den rechten Zeigefinger gehoben hätte, als er fortfuhr: „Himmlers Forschern zufolge sind die sogenannten Elb-Germanen schon siegreich gegen die Römer ausgezogen. Dabei soll es sich um ein Volk gehandelt haben, das unter Raumnot und Überbevölkerung gelitten hat. Merken sie was? Mit diesem Blödsinn wurde der Krieg nicht nur vorbereitet, sondern sogar als historische Notwendigkeit und Regelhaftigkeit dargestellt. Die Vorbereitung des Überfalls auf die Sowjetunion hat folgerichtig hier in der Wewelsburg stattgefunden. Renate Körting war daran beteiligt. Wenn Sie mich fragen, steht die grauenhafte Inszenierung in der Gruft in direktem Zusammenhang mit ihrer Rolle hier in Wewelsburg. Kommen Sie, ich zeige ihnen etwas."

Er ging voraus und Lenz folgte ihm zum Treppenhaus und hinauf in die Bibliothek. Dort zog der Historiker ein Buch aus einem Regal und setzte sich damit an einen der Tische. Er blätterte schnell hindurch und wusste offenbar genau, wo er finden würde, was er suchte.

„Damit Sie verstehen, welches Ausmaß diese sogenannten Forschungen damals hatten: Das ist Bruno Beger bei seiner großen Tibet-Expedition." Der Historiker deutete auf ein Foto, auf dem ein bärtiger junger Mann neben einer Asiatin stand und mit einem zirkelartigen Instrument ihren Kopf vermaß. „Beger und seine Leute sollten die Herkunft der Arier nachweisen und den Unterschied zu allen anderen Rassen. Das Erkenntnisziel damals war natürlich, eine nordische Herrenrasse wissenschaftlich herzuleiten, die in der Ahnenreihe direkt zur SS führte. Diese Kopfvermessungen waren absolut üblich - auch bei der Polizei übrigens: Da wurden typische Verbrecherphysiognomien in Karteien geführt, mit denen Verdächtige verglichen wurden." Dr. Elling machte eine kurze Pause, in der er Lenz zunickte und offenbar sichergehen wollte, dass der Kommissar die Tragweite seiner Ausführungen erfasste. „Beger ist aber noch einen Schritt weiter gegangen", fuhr er dann fort. „Er hat zur besonderen Anschauung nicht nur Abdrücke von Köpfen genommen und Modelle daraus hergestellt, er hat auch Köpfe gesammelt und sogar ganze Körper. ‚Menschenmaterial' hat er das genannt."

„Wie bitte?"

Dr. Elling nickte bekräftigend. „Er ist nach Auschwitz gefahren und hat dort mit Zustimmung von Himmler 29 Frauen und 57 Männer ausgesucht, die seiner Ansicht nach typische semitische Physiognomien aufwiesen. Die hat er dann ins Konzentrationslager Natzweiler im Elsass gebracht. Dort wurden sie vergast und plastiniert, um ihre Körper als Anschauungsobjekte auszustellen. Sie kennen das Verfahren sicher durch die Ausstellung Körperwelten, die in den Neunziger Jahren für Aufregung gesorgt hat."

Lenz nickte. Er konnte sich an die präparierten Körperquerschnitte erinnern, die in Form einer Wanderausstellung in der ganzen Welt unterwegs gewesen waren. Das hatte zu einer sehr erhitzten Ethikdebatte geführt. „Und daran hat Sie das da unten erinnert?“ Er deutete mit dem Daumen über die Schulter dorthin, wo er den Nordturm mit der Gruft vermutete.

„Richtig. Bruno Beger ist 1970 in Frankfurt wegen Beihilfe zum Mord an 86 Frauen und Männern angeklagt und 1974 für schuldig befunden worden.“ Der Historiker lehnte sich zurück und grinste hämisch.

Lenz, der Dr. Ellings Verhalten nicht deuten konnte, entgegnete: „Das ist doch auch richtig so. Oder sehen Sie das anders?“

„Neinnein! Die Verurteilung an sich ist natürlich richtig gewesen.“

„Aber?“

„Nun ja, Bruno Beger wurde zur Mindeststrafe von drei Jahren Haft verurteilt.“

„Wegen Beihilfe zum Mord in 86 Fällen?!“

„Ganz genau. Und es kommt noch besser: Der Richter hat die Internierungshaft nach 1945 und die Untersuchungshaft angerechnet. Den Rest musste er wegen seiner guten Lebensführung nicht mehr antreten.“

„Das gibt es doch gar nicht!“ Lenz ließ sich in seinem Stuhl zurücksinken.

„Oh doch! Das war die Rechtsprechung bis in die Achtziger Jahre hinein hier in Deutschland.“ Dr. Elling nickte heftig, um seine Worte zu unterstreichen. „Mit der Begründung, dass die Täter ja schließlich den Gesetzen des Dritten Reiches vertraut haben, sind viele gar nicht verurteilt worden. Juristen übrigens grundsätzlich nicht. Erinnern Sie sich an den Ausspruch Hans Filbingers, als er Ministerpräsident von Baden-Württemberg war? ‚Was früher Recht war, kann heute nicht Unrecht sein!‘ Der Mann hatte als Marinerichter Todesurteile gefällt. Als das bekannt wurde, trat er zwar nach einer langwierigen öffentlichen Debatte als Ministerpräsident zurück, aber er wurde nie juristisch zur Rechenschaft gezogen. Voila! – Und Bruno Beger de facto auch nicht, denn das Urteil und seine Vollstreckung können Sie ja nun wirklich nicht als angemessene Strafe bezeichnen.“

Lenz ließ das Gehörte eine Weile sacken, bevor er plötzlich die Bedeutung begriff: „Sie denken also, Renate Körting ist so ausgestellt worden, um auf diesen Zusammenhang hinzuweisen?“

„Wäre doch möglich?!“

„Aber was hat Renate Körting mit Bruno Beger zu tun?“

Dr. Elling blätterte in dem Buch ein paar Seiten weiter und deutete auf ein anderes Foto: „Das hier neben Bruno Beger ist Renate Körting.“ Eine große, junge blonde Frau in SS-Uniform lächelte sympathisch in die Kamera. „Die Wewelsburg sollte das ideologische Zentrum der SS werden. Die Kulträume, wie zum Beispiel die Gruft, hatten dabei eine ganz besondere Bedeutung. Renate Körting war hier in der SS-Schule Haus Wewelsburg für die Organisation der ideologischen Schulungen zuständig und hat mit den Forschern eng zusammengearbeitet. Nach dem Dritten Reich hat sie diese Arbeit ungebrochen fortgesetzt. Sie hat ehemalige SS-Forscher und SS-Ärzte zu

Vorträgen in Schulungszentren eingeladen und völkische Symposien organisiert, bei denen die alte Rassenlehre weitergegeben und fortentwickelt wurde. Der germanische Heldenmythos der SS ist lebendig wie eh und je – nicht zuletzt dank Renate Körting. Schauen Sie mal auf die Seiten der esoterischen Zirkel und Sekten im Internet. Da wird Ihnen schlecht, das sage ich Ihnen."

„Wenn ich Sie richtig verstehe", fasste Lenz zusammen und fixierte den Historiker, „hat Renate Körting im Gegensatz zu Bruno Beger also eine absolut angemessene Strafe bekommen."

Dr. Elling grinste schief und zog mehrdeutig die Schultern hoch.

Auf dem Weg durch die Museumsräume zurück zur Gruft dachte Lenz über Dr. Ellings Informationen nach. Wenn der Historiker recht hatte und die Zusammenhänge zwischen der Ideologie und den Mordfällen so waren, wie er vermutete, musste der Täter ganz genaue Kenntnisse haben. Was lag da näher, als dass es sich um einen aktuellen oder ehemaligen Mitarbeiter des Museums handelte? Darauf würde er ab sofort alle Kräfte konzentrieren. Es war der erste Ansatz, bei dem Lenz das Gefühl hatte, wenigstens ein kleines Stückchen vorangekommen zu sein.

Während er in Gedanken durch die Räume und Gänge rauschte, bemerkte er plötzlich aus den Augenwinkeln in einer Vitrine etwas, das ihn stutzen ließ. Es handelte sich um einen sogenannten Prügelbock, wie die Informationstafel auswies. Eine Art Tisch, der an einer Seite hochgestellt werden konnte, war mit einer Vorrichtung an den Beinen versehen, in die man etwas einspannen konnte. Die bebilderte Erläuterung machte deutlich, wie der Prügelbock verwendet worden war: Die Häftlinge wurden mit den Knöcheln in die Halterung gestellt und festgeschnallt; dann mussten sie sich über den Tisch legen; dort wurden die Hände festgezurrt und die Platte wurde so hochgestellt, dass sich die Rückenhaut straff spannte. Ein Wärter schlug nun mit einer Gerte oder einem Stock darauf, so dass sie sofort aufplatzte. Besonders auffällig war die Vorrichtungen für die Fesselung. Sie bestanden aus breiten Lederriemen.

Der Kriminalkommissar eilte weiter in die Gruft, wo die Kriminaltechniker bereits alle Spuren gesichert und Fotos geschossen hatten. Hermann-Josef Stukenberg war gerade dabei, den Körper Renate Körtings, der in einen Leichensack gesteckt worden war, in einem Zinksarg zu verstauen. Dabei unterhielten sich die Männer im Flüsterton, der wie ein langgezogenes Zischen durch die Gruft waberte. Gina stand daneben und folgte dem Geschehen wortlos. Sie sah ungewöhnlich blass aus.

„Was ist das nur für eine kranke Scheiße?", presste sie hervor, als sie Lenz bemerkte.

„So etwas habe ich noch nie gesehen", sagte auch der Rechtsmediziner. „Die Leiche ist tatsächlich gepfählt worden. Der Kopf steckte oben auf der Eisenstange, die alles aufrecht gehalten hat. Ich vermute, dass er mit demselben Dolch abgetrennt wurde, den wir aus der Brust des Opfers gezogen haben. Zumindest wäre die Frau dann schon vor dem Stich ins Herz tot gewesen."

Er hielt Lenz einen Plastikbeutel mit dem Messer hin. Der Hauptkommissar erkannte auf dem Knauf die Gravur eines Reichsadlers mit dem charakteristischen Hakenkreuz und auf der Klinge eingeätzt das Motto Unsere Ehre heißt Treue.

Als er fast beiläufig nickte, zog er sich einen skeptischen Blick des Rechtsmediziners zu. „Besonders beeindruckt scheinen Sie davon ja nicht zu sein."

„Das erkläre ich Ihnen später", sagte Lenz. „Bevor Sie gleich gehen, sehen Sie sich doch einmal den Prügelbock in der Ausstellung genauer an. Das könnte die Erklärung für Anton Kottmanns bislang ungeklärte Fesselspuren und Verletzungen sein. Und eine Vitrine mit Tontellern, Krügen und Schmuckstücken wurde aufgebrochen. Vielleicht lassen sich ja irgendwelche Spuren finden. Ach ja: Nehmen Sie sich die Überwachungsanlage vor. Wenn wir Glück haben, ist der Mord aufgezeichnet worden."

Hermann-Josef Stukenberg nickte und wandte sich wieder dem Zinksarg zu, der nun geschlossen wurde.

Lenz betrachtete Gina von der Seite. Sie wirkte völlig abwesend, wie paralysiert, und benötigte offensichtlich dringend eine Aufmunterung oder zumindest eine Aufgabe, die sie ablenkte. „Möglicherweise hat ein Mitarbeiter des Museums mit den Morden zu tun, kann auch ein ehemaliger sein. Dr. Elling wird dir gleich eine Liste geben. Außerdem könnte es auch sein, dass die Opfer in der Nähe der Burg festgehalten und gefoltert worden sind. Lass dir von Dr. Elling die genaue Lage der Waldsiedlung erklären und nimm dir ein paar Leute. Wenn die Bewohner der Häuser euch nicht reinlassen und nachsehen lassen wollen, droht mit einem Durchsuchungsbeschluss."

„Den bekommen wir doch gar nicht ohne konkreten Verdacht", wandte die junge Kommissarin ein.

„Das wissen die Leute aber nicht. Wenn ihr etwas findet, gib mir umgehend Bescheid. Wenn nicht, sehen wir uns später in der Dienststelle."

Die Kommissarin nickte und verließ eilig die Gruft. Lenz sah sich noch einmal um und atmete tief durch. Dieser Fall entwickelte sich allmählich zu einem Albtraum. Hirnmasse auf der Dorfstraße, ein abgetrennter Kopf, eine gepfählte Leiche - wenn sie den Täter nicht bald fanden, war gar nicht auszudenken, zu welchen Steigerungen er noch fähig sein würde.

33

Fabian Heller hatte sich nach dem Frühstück auf den Weg zum Museum gemacht. Er wollte mit Dr. Elling über die Neonazi-Szene im Kreis Paderborn sprechen. Wenn ein Nazi-Anführer unbehelligt mit seinen Leuten und in seiner Kutte einen bundesdeutschen Gerichtssaal betreten und den Prozess gegen einen Massenmörder beobachten konnte, dann war das möglicherweise doch eine Geschichte – und zwar keine, die dem Rechtsstaat zur Ehre gereichte, wie Heller fand. Den roten Faden des Artikels hatte er bereits klar vor Augen: Toleranz gegenüber Andersdenkenden war ein existenzieller Bestandteil der Demokratie; aber durch falsch verstandene Toleranz verlor die Demokratie ihre Wehrhaftigkeit und wurde zum leichten Opfer für ihre Feinde. Dieser Gedanke war dem Journalisten beim Frühstück in Julia Grotes Bistro gekommen und hatte seine Antriebslosigkeit augenblicklich in Aktionismus umschlagen lassen. Er kannte solche Momente bei sich. Sie waren oft der Auftakt zu einer wirklich großen Story gewesen.

Als Heller die Burg passierte, stieß er auf die Einsatzfahrzeuge der Polizei. Auch die weißen Transporter der Kriminaltechniker erkannte er. Kein Zweifel, hier war irgendetwas Großes passiert. Er ging auf den Eingang des Museums zu, vor dem zwei Beamte postiert waren. Gerade als er sie ansprechen wollte, rauschte die junge Kommissarin aus der Tür und die Treppe hinunter.

„Gina!", rief Heller und hielt auf sie zu. „Was ist denn hier los?"

„Kein Kommentar!", antwortete sie laut mit Seitenblick auf die anderen Beamten. Als sie direkt neben ihm war, raunte sie ihm zu: „Frag Lenz. Das ist vielleicht eine Scheiße!"

Der Journalist beobachtete, wie die junge Beamtin zielstrebig auf die Einsatzfahrzeuge zulief und vier uniformierte Polizisten aufforderte, ihr zu folgen. Dann stieg sie in ihren Passat und raste, dicht gefolgt von zwei Streifenwagen, zwischen Wachgebäude und Kirche davon. Das sah ganz nach einem Einsatzbefehl aus. Mist, dass Heller zu Fuß unterwegs war. Zu gerne wäre er ihnen gefolgt.

Also wandte er sich wieder dem Museumsgebäude zu und wollte die Treppe hochsteigen, aber die beiden Beamten, die dort postiert waren, verstellten ihm den Weg.

„Ich muss da rein." Er hielt ihnen seinen Presseausweis unter die Nasen. „Ich habe einen Termin bei Dr. Elling."

„Den können Sie streichen", entgegnete einer der beiden lapidar. „Hier finden heute gar keine Termine mehr statt."

„Wo ist Hauptkommissar Lenz?" Heller war nicht bereit, sich einfach so abweisen zu lassen.

„Der hat keine Zeit", antwortete der zweite Beamte und, als Heller widersprechen wollte, fügte er hinzu: „Machen Sie keine Sperenzien. Wir haben unsere Anweisungen."

Der Journalist begriff, dass die Lage offenbar brisant genug war, um die Presse auszuschließen. Das konnte nur heißen, dass irgendwo im Museum eine weitere Leiche gefunden worden war, denn sonst wäre nicht das ganz große Besteck angerückt.

Nachdenklich drehte sich Heller um und wandte sich wieder zurück in Richtung des Bistros. Vielleicht hatte die junge Inhaberin nähere Informationen für ihn. Wenn in so einem Dorf etwas durchsickerte – und das war überhaupt nicht zu vermeiden –, dann gab es immer zwei Orte, an denen man umfassend informiert und mit Theorien aus der Bevölkerung versorgt wurde: den Friseur und den Dorfladen.

Als Heller den Laden betrat, stieß er auf eine Menschenansammlung, die er Wewelsburg gar nicht zugetraut hatte. Das halbe Dorf schien sich hier eingefunden zu haben und das innerhalb der letzten halben Stunde, denn beim Frühstück war Heller noch alleine mit Julia Grote gewesen. Nun war die junge Frau hinter der Theke eifrig damit beschäftigt, Kaffee aus dem Vollautomaten zu zapfen und über die Glasplatte zu schieben, ohne gezielt Bestellungen entgegenzunehmen.

Heller drängte sich durch die ausschließlich weiblichen Körper, angelte nach einer Kaffeetasse und suchte sich eine Position am Rand des Geschehens. Die Atmosphäre war so angeheizt, der Lärmpegel so hoch, dass es ihm besser erschien, erst einmal alles aufzufangen, was durch den Raum waberte. An Einzelgespräche war in dem dichtgedrängten Getümmel ohnehin nicht zu denken. Vorsichtig arbeitete er sich an eine Gruppe Frauen heran, in der geheimnisvoll getuschelt wurde.

„Und der Kopf war ab und hat auf einer Stange gesteckt?", erkundigte sich eine Matrone in buntgeblümter Kittelschürze, wie sie Hellers Oma früher immer zum Einkaufen bei Rewe angezogen hatte.

„Ganz genau." Die Stimme der alterslosen Angesprochenen, deren hervorstechendstes Merkmal ihre blondierte Achtziger-Jahre-Dauerwelle war, senkte sich gerade so weit, dass sie ohne jeden Zweifel ein Geheimnis weitergab, ohne jedoch Gefahr zu laufen, dass die Umstehenden es nicht mitbekamen. „Und im Herzen steckte ein Dolch. So einer von der SS, ihr wisst schon."

Vier Köpfe nickten, wobei die Gesichter eine Mischung aus Abscheu und Sensationslust ausstrahlten, die angeboren sein musste, weil man sie sonst sicher selbst mit großer Übung nicht hinbekam.

„Der Gebhard hat mir im Vertrauen erzählt, dass der Mörder der Toten sogar Broschen in die Brust gesteckt hat. Richtig tief ins Fleisch." Die Feingewellte zog vielsagend die Brauen hoch.

Diese Information löste Reaktionen bei den Frauen aus, die Heller schon rein stimmlich nicht mehr zuordnen konnte: „Bei lebendigem Leib?" - „Wohin denn genau?" - „Unsinn, das sind doch Männerfantasien!" - „Neinnein, der Gebhard hat das genau gesehen, der stand direkt daneben, als der Doktor die Leiche untersucht hat." - „Und der Gebhard muss es wissen, schließlich ist er bei der Polizei." Allgemeines Nicken.

Eine der Frauen drehte sich um und quetschte sich zwei Meter durch den Raum. Heller beobachtete, wie sie die eben erhaltene vertrauliche Botschaft weitergab, so dass sie sich unter dem Siegel der Verschwiegenheit in Windeseile im ganzen Laden verbreitete und überall für lustvolles Grauen sorgte.

„Das ist ja nun schon der dritte Mord", wandte sich Heller mit verschwörerischer Stimme an die Frauen.

„Der dritte?" Die Frau mit der Dauerwelle sah ihn skeptisch an. „Wieso denn der dritte? Ich weiß nur von zwei Morden im Dorf."

Auch die anderen Frauen richteten ihre Aufmerksamkeit jetzt ganz auf den Fremden.

„Hier in Wewelsburg sind nur zwei ermordet worden, das stimmt." Heller stellte seine Tasse in ein Regal mit Konfitüren und beugte sich so weit vor, dass auch die Frauen ihre Köpfe mit seinem zusammenstecken konnten. „Aber der erste Mord ..." Er drehte den Kopf nach links und rechts, als wolle er sichergehen, dass niemand mithörte. „... der erste Mord ist vor ein paar Monaten in der Seniorenresidenz in Büren passiert, aus der die anderen Opfer entführt worden sind." Seine hochgezogenen Augenbrauen sorgten für den nötigen Nachdruck.

„Sie meinen die Frau mit dem Herzinfarkt?" Die Matrone mit der Dauerwelle verzog ihr Gesicht zu einem hämischen Grinsen, als habe sie es hier mit jemandem zu tun, der nun wirklich überhaupt keine Ahnung hatte. „Das war kein Mord. Das war ein ganz natürlicher Tod. Schließlich war die schon über neunzig und Frau Dr. Reuther hat sie genau untersucht."

„Jaja, so sah das erst aus." Heller kniff ihr ein Auge zu. „Aber jetzt ist sie exhumiert worden." Er zog mit dem Zeigefinger das linke untere Augenlid herunter, um anzudeuten, dass da einiges im Busch war.

„Sie meinen ...?"

„Ganz genau." Heller nickte heftig.

„Ach ja? Und woher wollen Sie das wissen? Wer sind Sie überhaupt?" Die Skeptikerin war etwa Anfang Sechzig und im Gegensatz zu den meisten anderen Dorfbewohnerinnen ausgesprochen elegant gekleidet.

„Der Hauptkommissar, der die Ermittlungen leitet, ist ein alter Schulfreund von mir." Heller zog den Kopf leicht zurück und setzte ein arrogant distanziertes Gesicht auf.

„Ja dann ..." Die Dauergewellte hatte Heller überzeugt, auch wenn die Zweiflerin immer noch skeptisch die Augen zu schmalen Schlitzen verengte. „Woran ist sie denn nun wirklich gestorben?"

„Das darf ich Ihnen leider nicht sagen", bedauerte Heller und beobachtete, wie ihm gerade seine Verschwiegenheit zu mehr Glaubwürdigkeit verhalf. „Aber eines steht fest: Ein einfacher Herzinfarkt war das nicht."

Das Nicken der Frauen ließ keinen Zweifel daran, dass sich das alle bereits gedacht hatten.

„Und der Gebhard war direkt am Tatort?", ging Heller nun in die Offensive über. „Was hat er denn noch beobachtet?"

„Das war ganz gruselig", antwortete die Frau mit der Dauerwelle. „Die ganze Gruft war mit Kerzen beleuchtet und in der Mitte hat das Ewige Feuer gebrannt." Sie machte eine kleine Spannungspause und blickte ihre Freundinnen der Reihe nach an. „Die Tote war nackt und hatte das Zeichen der SS in die Brust geritzt."

„Oh mein Gott!" - „Das verheißt nichts Gutes." - „Mein Karl hat ja immer gesagt, dass wir den Spuk noch nicht los sind." - „Ganz genau. Solange das Mahnmal die alten Wunden immer wieder aufreißt ..." - Allgemeines Nicken.

„Und der Blick soll ganz kalt und weiß gewesen sein", fuhr die Berichterstatterin fort und rollte ihre Augäpfel nach oben, bis man nur noch das Weiße sah, das bei ihr aber ungesund gelb eingefärbt war. Sie sonnte sich sichtlich in der Aufmerksamkeit, die heute ganz alleine ihr gehörte. „So ganz weit weg bis ins Jenseits hat sie geguckt, hat der Gebhard gesagt. Und die ganze Gruft sah aus wie die Hölle und das Fegefeuer. Und es stank nach Schwefel, Rauch und Blut. Dem Gebhard ist ganz schlecht geworden."

Heller war zufrieden. Nun wusste er, dass es in der Gruft im Nordturm wieder einen bestialischen Mord gegeben hatte, und kannte auch schon ein paar Einzelheiten, die er sich von Lenz nur noch bestätigen lassen musste. „Kannten Sie die Tote?", wechselte er die Richtung.

„Nee, die war nicht von hier."

„Die waren alle nicht von hier!", stellte die Elegante klar. „Und die wollen wir auch alle nicht hier haben! Die sollen wieder dahin gehen, wo sie hergekommen sind, und sich da umbringen lassen."

„Richtig, Gerda! Was haben wir eigentlich damit zu tun?"

„Na ja", wandte Heller vorsichtig ein, „die waren immerhin alle hier in der Burg und im Konzentrationslager angestellt. Das hat ja schon etwas mit dem Dorf zu tun."

„Das war die SS!" Die Stimme der Dauergewellten wurde jetzt so laut, dass es um sie herum ruhig wurde und alle sich auf das Geschehen in Hellers Gruppe konzentrierten. „Die Wewelsburger hatten mit der SS überhaupt nichts zu tun. Im Gegenteil! Der Pfarrer Tusch hat denen ganz schön die Leviten gelesen und sein Leben damit aufs Spiel gesetzt. Und die Dorfbevölkerung hat sich mit keinem von denen abgegeben. Ganz im Gegenteil!"

„Richtig!" Die elegante Gerda richtete sich zu voller Größe auf und blickte in die weite Runde. „Und jeder, der uns mit den Nazis in einen Topf wirft, sollte aus dem Dorf gejagt werden!"

Lautstarke Zustimmung im ganzen Laden: „Schließlich war ja Krieg!" - „Gefängnisse für die Verbrecher hat es überall gegeben, nicht nur hier." - „Man sieht ja heute wieder, wohin das führt, wenn man die Asozialen nicht aus dem Verkehr zieht!" - „Und dann holt die Merkel auch noch die ganzen Flüchtlinge ins Land! In Köln hat man ja gesehen, wohin das führt." - „Richtig, aber die FPA wird das ändern, wartet es mal ab." - „Wenn die Merkel erst weg ist …" - „Ach, die kann doch auch nicht, wie sie will." - „Warum geht die auch mit den Sozis ins Bett? Das haben wir jetzt davon!" - „Wer ist der Vogel da drüben eigentlich? Kennt den einer von euch?"

Die Dauergewellte und ihre Freundinnen schüttelten erschrocken die Köpfe und traten von Heller zurück. Dem war bereits bei seiner Frage klar gewesen, dass er anschließend bei den Frauen keine Schnitte mehr kriegen würde. Aber er hatte erreicht, was er wollte: Erste Informationen über den Mord und O-Töne für einen Bericht über die Atmosphäre im Dorf.

34

„Das ist ja ein Ding!" Hauptkommissar Schröder blickte erstaunt in die Runde, nachdem Oberkommissar Jakobsmeier die Ergebnisse der Obduktion Elfriede Gerkens vorgetragen hatte. „Fragt sich nur, warum die Ärztin, die den Totenschein ausgestellt hat, einen natürlichen Tod bescheinigt hat."

„Das kann man ihr nicht vorwerfen", entgegnete Jakobsmeier. „Stukenberg sagt, das Herz-Kreislauf-Mittel, das ihr injiziert wurde, lasse sich nur nachweisen, wenn man gezielt danach sucht. Wenn nicht, sieht alles nach einem natürlichen Herzversagen aus. Und nach einem aufregenden Abend mit Tanzveranstaltung darf eine vierundneunzigjährige Frau ruhig einen Herzkasper haben."

„Dann gehen jetzt tatsächlich drei Morde auf das Konto unseres Serientäters", fasste Lenz zusammen. „Mindestens. Wer weiß, was wir noch finden, wenn wir die Todesfälle der letzten Jahre in der Residenz genauer unter die Lupe nehmen."

„Na ja …" Schröder schüttelte zweifelnd den Kopf und erklärte, als Lenz ihn fragend anblickte: „Der Mord an Elfriede Gerken unterscheidet sich ja doch grundsätzlich von den anderen beiden. Immerhin sollte er offenbar vertuscht werden, sonst hätte der Täter ein spektakuläreres Mittel gewählt. Die anderen beiden Morde sind bewusst öffentlich inszeniert worden."

„Das muss kein Widerspruch sein", entgegnete Gina. „Vielleicht hat sich der Täter darüber geärgert, dass sein erster Mord unerkannt geblieben ist. Bei Kottmann und Körting ist er dann auf Nummer Sicher gegangen."

„Ein Freund der Extreme, was?", warf Oberkommissar Steinkämper lachend ein.

Lenz zog missbilligend die Stirn kraus und wandte sich dann Gina zu: „Hat die Durchsuchung der Waldsiedlung irgendwas ergeben?"

„Nichts!" Die Kommissarin hob die Schultern und ließ sie resigniert wieder sinken. „Wir haben jeden Keller und jeden Dachboden genau unter die Lupe genommen. Soviel steht fest: In der Waldsiedlung sind die Entführungsopfer nicht gefangen gehalten und gefoltert worden."

„Das wäre ja auch zu naheliegend gewesen", wandte Gisbert Henke ein. Als ihn der kalte Blitz aus den Augen seiner Kollegin traf, der bestenfalls ‚Klugscheißer!' bedeutete, hob er abwehrend die Hände und murmelte: „Ich meine ja nur."

„Gab es Widerstände bei den Bewohnern, als ihr die Keller sehen wolltet?", fragte Lenz.

„Nein, überhaupt nicht. Alle waren sofort bereit, uns reinzulassen. Die Morde sorgen für eine Menge Unruhe in Wewelsburg. - Hast du übrigens gewusst, dass dein Kumpel Heller da abgestiegen ist?"

„Ja, warum? Ist das wichtig?"

„Nö. Ich dachte nur, es interessiert dich vielleicht."

„Nö, nicht wirklich."

„Na dann."

Während die anderen Beamten dem Geplänkel noch belustigt folgten, wurde die Tür aufgerissen und Kriminaldirektor Heitkamp stürmte in den Raum. Kriminalkommissar Henke und Hauptkommissar Schröder sprangen auf, die Oberkommissare Steinkämper und Jakobsmeier senkten ihre Augen noch ein Stück tiefer auf den Tisch, Gina ließ ihren Blick belustigt über die Kollegen gleiten. Lenz stemmte sich auf der Tischplatte hoch, als müsse er einen inneren Widerstand niederringen, und wandte sich abwartend seinem Vorgesetzten zu.

„Sagen Sie mir, dass das nicht stimmt, was ich da gehört habe!", fuhr Heitkamp ihn an. Als Lenz seinem Blick nur unbeeindruckt begegnete, ließ er sich auf einen freien Stuhl fallen und schüttelte den Kopf. „Also los", ordnete er schließlich mit einer herrischen Handbewegung an, „bringen Sie mich auf den aktuellen Stand."

Lenz räusperte sich und gab Gina ein Zeichen mit dem Kopf in Richtung Smartboard. Henke und Schröder setzten sich wieder auf ihre Plätze und wechselten vorsichtige Blicke. Die junge Kommissarin griff nach der Fernbedienung für den Beamer und warf ihn an. Nach einer kurzen Aufwärmphase erschien ein Foto aus der Gruft mit dem gepfählten Körper Renate Körtings auf dem Board.

Der Kriminaldirektor fuhr mit dem Oberkörper zurück, als würde er von einem Tiger angesprungen, und stieß in einem zischenden Schwall die Luft aus. „Mein Gott!", kam es dann fast tonlos von ihm.

Während Gina nun langsam alle Fotos ablaufen ließ, die sie von der Kriminaltechnik auf den Rechner geschickt bekommen hatten, senkte sich ein betretenes Schweigen wie eine bleierne Decke über den Raum. Die Kommissarin, Lenz und der Kriminaldirektor richteten ihre ganze Aufmerksamkeit auf das Smartboard, während die anderen Kriminalbeamten, die die Fotos bereits zu Beginn der Lagebesprechung gesehen hatten, auf ihre Hände oder schräg hinauf an die Decke starrten.

Gina fasste die bisherigen Erkenntnisse für ihren ranghöchsten Vorgesetzten zusammen. Nachdem alle Details bezüglich des Parteiabzeichens, der Kette, des Dolches und der Tätowierungen abgehandelt waren, blendete sie das Ausgangsbild wieder ein. Der Kriminaldirektor wandte sich Lenz zu und räusperte sich. Es fiel ihm sichtlich schwer, den Anfang zu machen. Die Wut, mit der er den Raum betreten hatte, schien vollkommen verraucht.

„Wie ist die Spurenlage?", fragte er schließlich mit rauer Stimme. „Irgendein Anhaltspunkt?"

„Nichts", antwortete Lenz einsilbig.

„Nicht ein Anhaltspunkt?" Heitkamp konnte es nicht fassen. „Verdammt noch mal, Lenz! Da entführt jemand Menschen aus einem Altersheim, foltert sie über Tage hinweg und präsentiert sie uns am Ende mitten im Dorf und in einem gut überwachten Museumsgebäude – und es soll nicht eine einzige Spur geben? Irgendetwas übersehen Sie, da bin ich mir ganz sicher."

„Wir müssen zuerst die Ergebnisse der kriminaltechnischen Untersuchung abwarten", wandte Lenz ein. „Was wir bisher wissen, ist, dass zumindest die Schmuckstücke, die die Tote getragen, und die Gegenstände, die der Täter um die Leiche herum drapiert hat, aus dem Museum stammen. Ob er die Folterwerkzeuge und den Dolch auch daher hat, können wir noch nicht sagen. Allerdings besitzt er mit großer Wahrscheinlichkeit detailliertes Fachwissen über das KZ Niederhagen und die SS-Ideologie."

„Dann hat der Mörder doch sicher mit dem Museum zu tun", schlussfolgerte der Kriminaldirektor.

„Da sind wir dran", entgegnete Lenz. „Wir lassen gerade eine Liste aller aktuellen und früheren Mitarbeiter durch die Datenbanken von LKA und BKA laufen und hoffen natürlich, dass wir den Täter so finden. Er verfügt über überdurchschnittlich gute Kenntnisse, aber dafür reicht es theoretisch auch, wenn er sich als Besucher des Museums ausführlich informiert hat. Im Grunde kommt jeder Geschichtslehrer im Kreis Paderborn in Frage."

Heitkamp nickte nachdenklich. „Was sagen denn die Historiker zu dieser ..." Er deutete ungewiss auf das Bild auf dem Smartboard und suchte verzweifelt nach einem passenden Begriff. „... Installation?"

Lenz berichtete, was Dr. Elling über den germanischen Begräbniskult referiert hatte. Auch die Verbindung zu den scheinwissenschaftlichen Forschungen der SS führte er aus.

„Verstehe", sagte der Kriminaldirektor schließlich. „Dieser Bruno Beger hat menschliche Körper ausgestellt und nun vermutet Ihr Dr. Elling, dass der Mörder das mit den damaligen Tätern auch macht. Auge um Auge, sozusagen."

Lenz machte eine vage Zustimmungsgeste.

„Aber, jetzt mal ehrlich", Heitkamp legte eine vertrauensselige Miene auf, „der Mörder muss doch völlig gestört sein. All diese Zeichen, die er da in die Haut geritzt hat ... Das ist doch vollkommen übertrieben."

„Nicht unbedingt", warf Gisbert Henke ein. Als sich alle Augen auf ihn richteten, auch die des Kriminaldirektors, räusperte er sich verlegen und sah aus, als sei er selbst erschrocken über seinen Vorstoß. „Ich habe mich da mal schlau gemacht", gab er sich schließlich einen Ruck. „Die Nazis hatten es ja ziemlich mit ihren germanischen Runen. Ich bin da auf eine fast schon irrwitzige Sache gestoßen: Die Sig-Rune, die wir ja von der SS kennen und die auch die Tote in die Brust geritzt hat, ist gar kein altgermanisches Zeichen."

„Sondern?", hakte Lenz nach.

„Ein Grafiker namens Walter Heck hat die erst 1929 entworfen. Er hatte den Auftrag, nach einem zackigen Symbol für die SS zu suchen, das Macht und Gewaltbereitschaft ausstrahlen sollte. Die beiden Blitze schienen ihm schließlich aggressiv genug zu sein, zumal sie Kraft und Energie symbolisieren. Heute weiß man, dass dieses zackige S sogar semitische Wurzeln hat."

Gina lachte auf. „Die Herrenrasse der Antisemiten hat sich mit einem semitischen Zeichen geschmückt? Wenn das nicht der Witz des Jahrhunderts ist."

Kriminaldirektor Heitkamp räusperte sich vernehmlich und machte damit deutlich, dass er diese Belustigung im aktuellen Kontext unpassend fand.

„Aber worauf ich hinaus will", beeilte sich Gisbert Henke, die Aufmerksamkeit wieder auf sich zu ziehen, „ist, dass die Nazis von derartigen Symbolen besessen waren. Himmlers Organisation SS-Ahnenerbe, die ja auch in Wewelsburg tätig war, bestand aus einer Gruppe von Spinnern, Esoterikern, Okkultisten und angeblichen Sehern. Die haben sogar einen Berater für Symbole und Zeremonien gehabt, bei dem sich schließlich herausgestellt hat, dass er vor seiner Anstellung bei der SS aus einer Nervenheilanstalt ausgebrochen war. Willigut hieß der Mann, Karl Maria Willigut. Angeblich stand er als Medium in direkter Verbindung zu den germanischen Urahnen und Himmler hat ihn häufig um Rat gefragt."

„Aber was hat das mit diesem Fall zu tun?" Kriminaldirektor Heitkamp blickte in die Runde, als suche er nach Bestätigung dafür, dass Kommissar Henke nun ebenfalls den Verstand verloren hatte.

„Die Schwarze Sonne", antwortete der nachdrücklich. „Sehen Sie das denn nicht? Das ist eine zwölffache Sig-Rune. Von dem Sonnenrad wurde angeblich das Licht entsandt, aus dem die germanische Ur-Rasse hervorgegangen ist. Direkter Nachfolger dieser Ur-Rasse ist die SS, der Schwarze Orden. Und für die Organisation der Fortbildungen und esoterischen Zirkel in der Wewelsburg, wo die Schwarze Sonne im Obergruppenführersaal zu sehen ist, war Renate Körting zuständig."

„Da ist was dran", stimmte nun auch Hauptkommissar Schröder zu. „Derartige Symbole verbinden. Unter dem Zeichen des doppelten Blitzes bildete die SS eine Elite-Einheit. Und denken Sie auch an das Hakenkreuz, das bei jedem Aufmarsch und an jedem völkischen Feiertag aus allen Fenstern hing. Darunter hat sich die Volksgemeinschaft formiert. Und auch das steckt in Form des Parteiabzeichens in der Brust des Opfers."

„Eben!", rief Gisbert Henke. „Die in Renate Körtings Haut geritzten Symbole weisen genau auf diese Zusammenhänge hin."

Kriminaldirektor Heitkamp betrachtete das Foto noch einmal ganz genau und schüttelte langsam den Kopf. „Wieso nackt?", fragte er schließlich. „Das ist doch … ich meine, verstehen Sie mich nicht falsch, aber … immerhin handelt es sich nicht um eine junge Frau." Er blickte verlegen in die Runde.

Kriminalkommissar Henke und Hauptkommissar Schröder sahen sich mit hochgezogenen Augenbrauen an. Die Oberkommissare Steinkämper und Jakobsmeier grinsten, als habe jemand einen dreckigen Witz erzählt.

Gina prustete laut auf und bevor Lenz ihr zuvorkommen konnte, polterte sie los: „Das ist ja mal wieder typisch! Für euch Kerle ist ein nackter Frauenkörper immer gleich zum Aufgeilen da."

„Aber …" Der Kriminaldirektor schnappte nach Luft. „So habe ich das doch gar nicht gemeint. Um Gottes Willen, das verstehen Sie aber jetzt völlig miss. Ich wäre doch der Letzte, der …"

„Kapiert ihr denn überhaupt nicht, was uns der Täter damit sagen will?", unterbrach die Kommissarin ihn. „Natürlich ist der Körper einer Frau von über neunzig Jahren nicht schön anzusehen. Das ist doch gerade der Grund dafür, dass sie uns nackt vorgeführt wird."

Als sie ihre Kollegen der Reihe nach ansah, erntete sie nur verständnislose Blicke.

„Was genau meinst du?", hakte Lenz schließlich nach.

„Na, was werde ich wohl meinen?!" Gina sprang von ihrem Stuhl auf und trat an das Smartboard. „Wir haben hier alle Insignien, die die SS als

Herrenrasse ausmachen." Sie deutete auf die Speere, den Dolch, die Schmuckstücke und die eintätowierten Runen. „Und das ehrende Gedenken an diese Helden sollte in der Gruft der Wewelsburg wachgehalten werden." Sie wies auf die Flammen, die Leuchter und die Rundsockel entlang der Wände. „Das alles hat der Täter hier inszeniert, getreu dem scheingermanischen Ritus. Und dann zeigt er uns mit dem schlaffen Körper dieser alten Frau, was wirklich von dem nordischen Rasseideal zu halten ist: keine Spur von Muskeln, faltige Haut, Hängebrüste - nichts auch nur annähernd Ästhetisches. Dieser Körper hier ..." Sie umkreiste Renate Körting mit dem rechten Zeigefinger. „... unterscheidet sich durch nichts von den ausgemergelten Leichen in den Konzentrationslagern. Die angebliche Herrenrasse ist in Wahrheit keine Spur ästhetischer als die angeblichen Untermenschen. Und wie wir eben erfahren haben, hat selbst die Elite der Herrenrasse sich mit einem semitischen Symbol geschmückt!"

Nun war in keinem der Gesichter mehr ein Grinsen oder auch nur eine Spur von Spott zu erkennen. Alle Augen richteten sich auf das Foto von der toten Renate Körting, als würden den Männern erst jetzt alle Einzelheiten bewusst.

„Du meinst also", fasste Lenz zusammen, „der Täter wollte uns die ganze Absurdität der nationalsozialistischen Ideologie vorführen?"

„Natürlich! Welchen Sinn sollte diese Inszenierung denn sonst haben?" Gina hob beide Hände mit den Handflächen nach oben, als könne sie gar nicht fassen, dass niemand außer ihr dieses Offensichtliche erkannt hatte. „Natürlich hat er sich dazu den Ort ausgewählt, an dem diese Ideologie gelehrt werden sollte. Und Renate Körting war für die Organisation der ideologischen Schulungen zuständig und hat auch nach 1945 diesen ganzen Irrsinn fortgeführt."

„Das würde auch zu den anderen beiden Morden passen", stimmte Hauptkommissar Schröder zu. „Elfriede Gerken, die Buchhalterin des Todes, wird in der Buchführung genauso unspektakulär und unauffällig ausgebucht wie die Juden und Kommunisten in den Todeslagern. Und der Herrenmensch Anton Kottmann, der sich das Recht herausgenommen hat, alle anderen zu versklaven, wurde wie ein Sklave den Berg hinauf gehetzt, ausgepeitscht und gefoltert und ist am Ende genauso jämmerlich verreckt wie diejenigen, die von ihm im Lager und im Steinbruch gequält worden sind. Ein heldenhaftes Ende sieht anders aus. Ein wirklicher Held endet nicht als stinkende Matsche auf dem Pflaster einer Dorfstraße."

„Voilá!" Gina blickte triumphierend in die Runde.

„Und was bedeutet das jetzt alles für unsere Ermittlungen?", fragte Kriminaldirektor Heitkamp vorsichtig.

Lenz dachte einen Moment nach, dann wandte er sich seinem Chef zu und antwortete: „Dass wir nach einem Täter suchen, der sich exzellent in der

Ideologie des Nationalsozialismus und in der Geschichte der Wewelsburg und des Konzentrationslagers Niederhagen auskennt. Außerdem scheint er einen so erbitterten Hass auf die Täter von damals in sich zu tragen, dass er sie nicht einfach nur natürlich aussterben lassen will. Er will, dass sie ihrer gerechten Strafe nicht entgehen, wenn unsere Justiz schon nicht dafür sorgt."

„Und er will", ergänzte Gina, „dass allen klar ist, was für jämmerliche Schweine diese Nazis waren. Der schwachsinnige Heldenmythos, der immer noch in den Köpfen der Neonazis brütet, soll ein für alle Mal ausgemerzt werden. Deshalb stellt er seine Leichen öffentlich aus."

Der Kriminaldirektor nickte, während sich zunehmend Verständnis in seinem Gesicht abzeichnete. „Na bitte, das ist doch schon mal was. Sie haben da doch diesen linken Aktivisten, der noch dazu direkt in der Seniorenresidenz arbeitet. Das ist doch der Enkel von einem Häftling aus Wewelsburg, nicht wahr? Den sollten Sie sich mal zur Brust nehmen."

Diesmal war Lenz schneller als seine junge Kollegin. Er warf ihr einen warnenden Blick zu und antwortete: „Auch da sind wir dran."

„Wunderbar." Der Kriminaldirektor hatte offenbar nun doch den Eindruck, dass seine Leute gute Arbeit leisteten. „Dann müssen wir nur noch über die Bewachung der alten Leute in Büren reden."

„Bewachung?" Lenz blickte verständnislos in die Runde, aber da der Vorstoß von dem Kriminaldirektor kam, traute sich offenbar niemand, sich auf die Seite des Hauptkommissars zu schlagen.

„Natürlich. Wir dürfen auf keinen Fall riskieren, dass noch einmal jemand aus der Residenz entführt wird. Ich ordne deshalb eine Rund-um-die-Uhr-Bewachung an. Zwei-Mann-Teams dürften für den Anfang ausreichen." Bevor Lenz etwas einwenden konnte, winkte er schon beschwichtigend ab. „Ich kümmere mich darum, dass Sie das nötige Personal bekommen. Lassen Sie mich mal machen."

Lenz beschloss, ihm diesmal nicht in die Parade zu fahren.

Heitkamp erhob sich schwerfällig von seinem Stuhl. „Gute Arbeit, Männer! - Äh, und die Dame natürlich auch. Herr Lenz, kommen Sie doch bitte nach der Besprechung einmal zu mir, ja?" Er nickte noch kurz in die Runde, dann verließ er den Raum.

Oberkommissar Jakobsmeier atmete zischend aus, als hätte er die ganze Zeit über die Luft angehalten.

Oberkommissar Steinkämper echote: „Gute Arbeit, Männer! Und die Dame natürlich auch." Aber anders, als er es sich offenbar vorgestellt hatte, löste das kein Gelächter aus, sondern nur ein verlegenes Senken der Blicke.

„Das ist aber jetzt nicht dein Ernst", fauchte Gina Lenz an.

„Was genau meinst du?"

„Na, die Schutztruppe für die alten Nazis. Du erwartest doch nicht ernsthaft, dass wir vor dem Altersheim Stellung beziehen und aufpassen, dass den alten Säcken keiner ein Haar krümmt."

„Erstens krümmt denen niemand nur ein Haar, sondern die werden brutal gefoltert und ermordet", stellte Lenz klar. „Zweitens sind wir für den Schutz aller Menschen zuständig, die in unserem Land leben, ohne Ansehen der Person, wenn sie gefährdet sind. Drittens war das eben eine Anordnung des Kriminaldirektors, der eine Kommissarin gefälligst Folge zu leisten hat. Viertens hast du doch gehört, dass wir dafür Personal zugewiesen bekommen. Oder glaubst du ernsthaft, dass ich jemanden wie dich abstelle, um die alten Leute zu bewachen? Schließlich sollen sie vor Gefahr bewahrt werden, oder?"

Gina schnaufte verächtlich, während die anderen lachten.

„Gut, Leute, ihr habt es gehört." Lenz stand von seinem Stuhl auf und blickte in die Runde. „Teilt euch die Namen der Museumsangestellten auf und nehmt sie gründlich unter die Lupe. Und Sie, Herr Jakobsmeier, wälzen noch einmal alles um, das wir über Mario Hülsmann haben."

Er ignorierte Ginas Protestgesicht, nickte den anderen zu und verließ den Raum, um Heitkamps Aufforderung zu folgen. Der schien auch schon auf ihn gewartet zu haben und rief ihn nach dem ersten Klopfzeichen in sein Büro.

„Schön, dass Sie die Zeit finden." Der Kriminaldirektor eilte hinter seinem Schreibtisch hervor und baute sich direkt vor Lenz auf. „Sie haben eine gute Truppe, Herr Lenz. Und offensichtlich haben die Männer Sie auf Anhieb akzeptiert."

Wenn ich nur wüsste, dachte Lenz, was das Gesülze soll.

„Ich denke, wir hatten beide nicht unseren besten Tag am letzten Freitag", fuhr der Kriminaldirektor fort. „Also, von meiner Seite: Schwamm drüber. – Sagen Sie, Herr Lenz, haben Sie eigentlich heute Abend schon etwas vor?"

Lenz dachte an Natascha und den Lockvogel, aber da konnte er auch zu später Stunde noch aufschlagen. Seine Leber würde es ihm danken. „Bislang nicht."

„Wunderbar." Der Kriminaldirektor rieb sich lächelnd die Hände. „Dann lade ich Sie hiermit in den Ratskeller ein. Gutbürgerliche Küche, ein gepflegtes Bier … So können wir uns etwas näher kennenlernen. Schließlich sind Sie mein erster Mann an der Front, sozusagen." Er lachte. „Sagen wir um 20 Uhr? Ja? Fein. Dann will ich Sie nicht länger von der Arbeit abhalten." Er begleitete Lenz, der gar nicht wusste, wie ihm geschah, zur Tür. „Ich freue mich auf heute Abend."

Als die Tür hinter ihm geschlossen war, blieb Lenz noch einen Moment auf dem Flur stehen und versuchte, sich auf diese unheimliche Begegnung der dritten Art einen Reim zu machen. Möglicherweise bereute der

Kriminaldirektor ja wirklich, wie er Lenz hier eingeführt hatte. Das hätte auch übel in die Hose gehen können, wenn die anderen Beamten ihm das hinterhältige Vorgehen in die Schuhe geschoben und ihn deshalb nicht akzeptiert hätten.

Aber irgendetwas gefiel ihm nicht an der Einladung. Sein Eindruck von Heitkamp konnte nicht so falsch gewesen sein: Der Mann war ein selbstgerechter, intriganter Sack. Und bestimmt lud er niemanden zum Essen ein, wenn er von dem nicht etwas wollte. Außerdem: Gutbürgerlich – das allein klang für Lenz schon nicht ganz koscher.

35

Das Paderborner Rathaus ist ein besonders schönes Beispiel für den Baustil der Weserrenaissance. Es wurde zwischen 1613 und 1620 erbaut. Drei Giebel stehen versetzt zueinander, die beiden links und rechts niedriger und zu einem Drittel vor den Mittelbau gesetzt. Während in den Obergeschossen kleine Fenster wie tief ins Mauerwerk unter den Dachschrägen versenkt wirken, erinnern dicht aneinandergesetzte, großflächige Fenster im ersten Stock eher an einen verglasten Balkon oder Wintergarten. Die beiden Seitenelemente des Gebäudes werden von zweibogigen Erdgeschossarkaden nach florentinischem Vorbild geprägt.

Lenz erinnerte das fein ausgearbeitete Bauwerk mit dem mittig davorliegenden Stadtbrunnen eher an ein Rathaus, wie es in Märchen oder Schwänken vorkam. So jedenfalls hatte er sich das von Schilda immer vorgestellt, das etwa zur gleichen Zeit erbaut worden sein sollte. Ein völlig abwegiger Vergleich, denn erstens war das Rathaus von Schilda versehentlich ohne Fenster gebaut worden, so dass die Bürger der Stadt versuchten, mit Eimern das Sonnenlicht einzufangen und hineinzutragen, und zweitens saßen dort völlig unfähige Volksvertreter, die äußerst fragwürdige Beschlüsse fassten. Das Paderborner Rathaus indes besaß ja gerade besonders viele Fenster.

In den Ratskeller gelangte Lenz über einen Eingang und eine Treppe an der Seite des Gebäudes. Ihn empfing schummeriges Licht in einem mit rustikalem Mobiliar ausgestatteten großflächigen Gewölbe. Gebrochen wurde der eher finstere Eindruck von den weiß verputzten Wänden und Deckenbögen. Hatte die Rathausfassade schon an längst vergangene Epochen erinnert, fühlte sich Lenz nun vollständig ins 17. Jahrhundert zurückversetzt, was seine Vorbehalte gegen dieses Treffen noch vergrößerte.

Kriminaldirektor Heitkamp hatte sich an einem der großen Tische links in einer Seitennische niedergelassen und wirkte irgendwie verloren in diesem Ambiente. Entsprechend unwohl schien er sich zu fühlen, denn er strich unentwegt mit beiden Händen über das makellos weiße Tischtuch, als Lenz das Gewölbe betrat. Dass dieses Unwohlsein nicht auf die Örtlichkeit zurückzuführen sein konnte, denn schließlich hatte er sie ja selbst ausgewählt und in höchsten Tönen gelobt, und folglich mit Lenz in Zusammenhang stehen musste, entlockte dem Kommissar ein schadenfrohes Grinsen.

Heitkamp schob seinen mit braunem Leder bezogenen hochlehnigen Stuhl zurück und reichte seinem Kommissariatsleiter förmlich die Hand, bevor er ihn mit der Rechten auf den Stuhl direkt gegenüber verwies. „Schön, dass Sie es einrichten konnten. Im Dienst findet man ja für gewöhnlich nicht die Zeit, sich näher kennen zu lernen. Dabei ist es gerade in unserem Beruf wichtig, dass man sich kennt und vertraut, finden Sie nicht auch?"

„Oh doch." Lenz kämpfte etwas mit dem schweren Stuhl, der sich, wenn man bereits halb saß, nur mühsam näher an den Tisch rücken ließ.

Ein livrierter Kellner war auch sofort zur Stelle und half ihm dabei. „Darf es schon etwas zu trinken sein?", erkundigte er sich mit wechselndem Blick auf Heitkamp und Lenz. Dabei hielt er sich leicht vorgebeugt und verbarg die Hände hinter dem Rücken.

„Was meinen Sie, Herr Lenz", fragte der Kriminaldirektor jovial lächelnd, „nehmen wir eine Flasche Rotwein, oder ist Ihnen ein Bier lieber?"

„Ein großes Bier, wenn es recht ist", antwortete der Hauptkommissar, der sich in dem altehrwürdigen Gewölbe für seine Verhältnisse merkwürdig klein und unbedeutend fühlte.

„Gut, dann zwei große Helle, bitte. Und die Speisekarte."

Der Kellner nickte und entschwand in Richtung Theke.

Lenz blickte sich in dem großflächigen Raum um. Unter den Bögen und neben den tragenden Pfosten standen weißgedeckte Tische, an denen niemand saß. Momentan waren sie die einzigen Gäste. Hoffentlich ließ das nicht auf die Qualität des Essens schließen. „Ist es hier immer so leer?"

„Oh nein, aber in der Woche sind gehobene Restaurants wie dieses eher weniger frequentiert; es sei denn, es ist Ratssitzung, dann ist es hier anschließend immer voll." Der Blick des Kriminaldirektors durchstreifte wohlig das Gewölbe. „Ich gehe gerne hierher. Man ist unter sich, verstehen Sie? Ungestört und unbeobachtet."

Lenz fragte sich, welche Art von Geheimtreffen eine solche Einsamkeit benötigte und was das für Menschen sein mussten, denen der Kriminaldirektor sich zugehörig fühlte. Er hütete sich aber, diese Fragen laut zu stellen. Stattdessen griff er nach der schweren, ledergebundenen Speisekarte, die der Kellner, der unvermittelt wieder neben ihnen stand, ihm nun reichte.

Genießen im Herzen der Stadt versprach das Vorlegeblatt und genauso ging es dann auch los: in westfälischem Knochenschinken gebratener Mozzarella; westfälische Tapas aus Datteln und Pflaumen im Speckmantel, Salamipralinen und Pumpernickeltaler; mit Waldhonig gratinierter Ziegenkäse in Honig-Senf-Dressing. Lenz bezweifelte, dass sein Gaumen für diese Geschmacksexplosionen hinreichend geschult war, denn immerhin war er mit

Currywurstpommesschranke sozialisiert worden und gönnte sich internationale Expeditionen allenfalls in eine Pizzeria oder zum Griechen.

So wich er denn auch lieber auf die Rinderkraftbrühe mit Einlage aus, die man eigentlich in jedem Gasthof gefahrlos essen konnte. Den vegetarischen Kram und die Fischgerichte überflog er erst gar nicht. Sein Steinzeitgen verlangte Fleisch und das auch nicht in zu kleiner Menge.

„Die Steaks sind hier erste Wahl", riet Heitkamp, als hätte er die Gedanken seines Kommissars gelesen. „Und spektakulär sind die Galgengerichte!"

Galgengerichte? Lenz suchte gezielt mit krauser Stirn nach dieser Verheißung und fand sie auch: Hähnchenspieß und Schweinefiletspieß Toller Christian, am Galgen serviert.

„Das hört sich ja an, als bekomme man sein letztes Mahl gereicht", scherzte er.

„Wie? Ach so, ja, neinnein, keine Sorge, das Fleisch hängt am Galgen, nicht Sie! Hahaha!" Lenz hatte offenbar den Scherznerv seines Chefs voll erwischt.

Beide bestellten den Tollen Christian am Galgen, Lenz die Kraftbrühe vorweg, und verbrachten die Wartezeit auf das Essen mit Smalltalk, der überwiegend von dem Kriminaldirektor in bedeutungsschwerem Ton vorgetragen wurde. So attestierte er dem Ruhrgebiet, das ja Lenz Heimat war, erstaunlich grün zu sein und dem Image einer von Kohlestaub bedeckten Region so ganz und gar zu widersprechen. „Obwohl, eigentlich sind Kohle und Stahl ja seit über dreißig Jahren tot und in solch einer Zeit regeneriert sich so manches." Überhaupt sei das Ruhrgebiet ein Musterbeispiel für gelungenen Strukturwandel. Die Route der Industriekultur lohne durchaus einen Tagesausflug - Zeche Zollverein, Landschaftspark Duisburg Nord und so. Eindrucksvoll, oh ja, sehr eindrucksvoll das alles.

Inzwischen löffelte Lenz seine kräftige und gut gewürzte Suppe, hörte dabei halb zu und versuchte, mit der anderen Hälfte seines Bewusstseins rettende Ufer zu erreichen. Das gelang ihm allerdings erst, als das Hauptgericht kam: Zwei lange Fleischspieße wurden von zwei Kellnern serviert, wobei einer von ihnen zunächst das schmiedeeiserne Gestell auf den Tisch bugsieren musste, an das die Spieße gehängt wurden - den Galgen. Auch selbst bedienen musste sich Lenz nicht; die Kellner legten ihm das Fleisch vor, gaben Pfannengemüse und Bratkartoffeln dazu, fragten, ob die Herren noch ein Bier wünschten, nickten dienstbeflissen, als dies bestätigt wurde, und zogen mit der Bestellung wieder ab.

„Wunderbar", kommentierte der Kriminaldirektor mit Blick auf den roten Fleischsaft, der sich auf seinem Teller verteilte. „Dann mal guten Appetit."

Lenz fühlte sich an die Blutpfütze zu Renate Körtings Füßen und Dr. Ellings Kommentar „Herrlich!" erinnert und hätte auf dem Teller gut darauf verzichten können, aber da er sein Fleisch nicht durchgebraten bestellt hatte, lag die Schuld eindeutig bei ihm selbst. Es jetzt zurück auf den Grill zu schicken, hätte ihn in den Augen des Kriminaldirektors um mindestens noch eine Stufe degradiert und so verzichtete er darauf. Zudem schmeckte das Gericht tatsächlich hervorragend.

„Und Ihre Kollegen?“, erkundigte sich der Kriminaldirektor, während er einen blutigen Fleischklumpen im roten Saft wälzte. „Kommen Sie mit ihnen klar? Haben Sie sich schon eingewöhnt?“

„Was die Kürze der Zeit so erlaubt“, antwortete Lenz zweideutig, ahnte aber, worauf sein Chef hinauswollte und schob deshalb nach: „Soweit ich das bisher beurteilen kann, sind das sehr gute Leute, engagiert und zuverlässig.“

„Auf die Gladow müssen Sie aufpassen“, riet Heitkamp leicht vorgebeugt mit etwas gesenkter Stimme. „Eine Kampf-Emanze, wie sie im Buche steht. Nicht, dass die Ihnen mit ihrer waffenscheinpflichtigen Kodderschnauze mal ein Disziplinarverfahren anhängen kann.“ Er blinzelte Lenz zu und grinste schief, so dass klar war, dass er auf die Reize der jungen Kollegin anspielte und darauf, dass man denen als Mann schon mal erliegen konnte.

„Mit Frau Gladow komme ich schon klar. Sie ist blitzgescheit, hochintelligent und angstfrei, wie Sie ja heute selbst miterlebt haben.“

Der Kriminaldirektor schwenkte zweideutig den Kopf hin und her.

„Außerdem sind wir im Ruhrgebiet die direkte offene Art gewohnt“, fuhr Lenz fort. „Da ist ‚Arschloch‘ nicht unbedingt ein Schimpfwort. Und wenn doch, gibt´s was aufs Maul und danach raucht man ein Friedensbierchen und die Welt ist wieder in Ordnung.“

„Jaja, andere Länder, andere Sitten.“ Der Kriminaldirektor schob sich eine übervolle Gabel mit Fleisch und Bratkartoffeln in den Mund und musste das alles erst einmal kräftig durchwalgen, bevor er fortfahren konnte. „Sind Sie heute eigentlich weitergekommen? Dieser linke Pfleger scheint mir doch ein vielversprechender Ansatz zu sein.“

„Nicht wirklich. Mario Hülsmann hat sich außer ein paar Aktionen, die man auch als Zivilcourage bezeichnen könnte, bislang nichts zu Schulden kommen lassen. Zumindest liegen uns keine anderen Erkenntnisse vor.“

„Zivilcourage? Naja, ich weiß nicht. Jedenfalls sollten Sie den nicht aus den Augen lassen“, riet Heitkamp und nickte bekräftigend, während er nach seinem Bierglas griff. „Lassen Sie ihn observieren. Die nötige Manpower besorge ich Ihnen. Gerade bei diesen Autonomen, Antifa-Aktivisten und wie sich die Chaoten sonst noch nennen, sollten wir ganz genau hinsehen.“

„Sieh an, der Kriminaldirektor Heitkamp“, rief plötzlich eine tiefe Stimme und zwei ältere Herren traten an ihren Tisch.

Sie waren offenbar gerade erst hereingekommen, denn sie trugen noch ihre schweren Wintermäntel.

„Herr Bürgermeister!“ Heitkamp war sichtlich erfreut und erhob sich, um die Herren mit Handschlag zu begrüßen. „Darf ich vorstellen?

Oberbürgermeister Roolfs und Oberkreisdirektor a. D. Rottmann. Und das ist Kriminalhauptkommissar Lenz, mein neuer Leiter des KK 11."

Die Herren freuten sich offenbar genauso wie der Kriminaldirektor und schüttelten Lenz heftig die Hand. Der hatte einen Moment lang das Gefühl, als wäre Heitkamp regelrecht erleichtert über das unverhoffte Treffen. Er wirkte jedenfalls plötzlich sehr aufgeräumt, als wäre er nun endlich in dem Kreis, den er vorhin mit ‚unter sich sein' bezeichnet hatte.

„Ist bei Ihnen noch Platz?", fragte der OB. „Oder halten Sie eine interne Dienstbesprechung ab?" Er lachte, als sei das so abwegig wie lustig zugleich.

„Oh, bitte!" Heitkamp rutschte sofort weiter auf die Bank und deutete Lenz an, dass er dem Beispiel folgen solle.

Während sich der Oberbürgermeister neben Lenz setzte und der ausgediente Oberkreisdirektor, der auffallend klein war, ihm gegenüber neben Heitkamp, eilten die Kellner herbei, räumten den Tisch ab und nahmen Getränkebestellungen auf. Essen wollten die Hinzugekommenen nicht.

Kriminaldirektor Heitkamp berichtete von den hohen Qualitäten seines neuen Kommissariatsleiters, die ihn letztlich dazu gebracht hatten, keine Mühen zu scheuen, um ihn von Hamm nach Paderborn zu locken.

„Da können wir ja froh sein, dass Ihre Dienstherren Sie haben ziehen lassen", zeigte sich der Oberbürgermeister beeindruckt und nickte Lenz anerkennend zu. „Sagen Sie, sind Sie eigentlich politisch gebunden? Ein Hauptthema unserer Partei, ein Dauerbrenner sozusagen, ist die Innere Sicherheit. Da können wir Fachleute immer gebrauchen."

„Ich halte mich aus der Parteipolitik heraus", winkte Lenz ab. „Parteibücher sind nichts für mich. Die binden mich nur in meinen Entscheidungen."

„Ohne Parteibuch werden Sie bei uns aber nichts", reagierte Heitkamp pikiert. „Das ist doch im Ruhrgebiet auch nicht anders. Wenn Sie da nicht in der SPD sind …"

„… werde ich trotzdem Hauptkommissar. Und nun sogar Kommissariatsleiter im schwarzen Paderborn. Mit SPD-Parteibuch hätten Sie mich doch gar nicht genommen, oder?"

Heitkamp wechselte einen Blick mit dem Oberbürgermeister, den man auch verzweifelt nennen konnte, antwortete aber nicht auf die Frage.

„Sie wollen doch sicher nicht Hauptkommissar bleiben", übernahm der OB wieder. „Wenn Sie zu uns stoßen, ist Ihr Aufstieg vorprogrammiert. Unser Kriminaldirektor hier" – er deutete mit dem Daumen über den Tisch – „ist ja auch nicht mehr der Jüngste und wird irgendwann einen Nachfolger brauchen."

Heitkamp lachte und zog vielsagend die Augenbrauen hoch.

Sieh an!, dachte Lenz und wusste nun endlich, warum er heute Abend hier war. Und mit dieser Erkenntnis gewann er seine innere Ruhe zurück. Er fühlte förmlich, wie er Wurzeln schlug. Während er sich in seinen Stuhl zurücklehnte, blickte er die Herren der Reihe nach herausfordernd an. Mal sehen, was da noch so kommt, dachte er.

„Vielleicht ist ja sogar eine Karriere in der Politik drin", setzte der OB seine Werbekampagne fort. „Unsere Partei ist eine sichere Bank - mindestens 70 Prozent bei jeder Wahl, da kann bundespolitisch passieren, was will - auch nach Mutti." Er lachte selbstsicher.

Lenz musste sich widerwillig eingestehen, dass ihm die ruhige Art des Politikers gefiel. Der wusste ganz genau, was er wollte, und er hatte alle Zeit der Welt, seine Zielperson peu á peu weich zu kochen, ohne dabei aufdringlich zu wirken.

„Berufliche Erfolge natürlich vorausgesetzt", meldete sich nun auch der ehemalige Oberkreisdirektor zu Wort. „Diese lästige Mordserie gerade zum Beispiel muss so schnell wie möglich aufgeklärt werden."

Das Lächeln im Gesicht des Kriminaldirektors gefror. Unsicher sah er über den Tisch den Oberbürgermeister an, der tief einatmete und den Blick senkte. Hier lief etwas nicht nach Plan: Der Oberkreisdirektor a. D. war zu ungeduldig geworden. Nun wurde es interessant für Lenz.

„Ich nehme an, Sie sprechen von den Morden an den alten Leuten aus Büren?", wandte er sich an den abgelegten Kommunalpolitiker.

„Natürlich! Wovon denn sonst? Das sorgt allmählich für unangenehm viel Aufruhr."

„Wer ist denn da konkret aufgescheucht worden?", hakte Lenz nach.

„Das tut nichts zur Sache. Fakt ist, dass ich von einflussreichen Leuten angerufen worden bin, die Verbindungen bis nach Düsseldorf haben."

„Was denn?", gab Lenz ironisch mit aufgerissenen Augen zurück. „So hoch hinauf?"

Der Oberkreisdirektor a. D. zog grimmig seine Augenbrauen zusammen. „Schließlich war ich mal Ihr oberster Dienstherr, da wendet man sich immer noch gerne an mich. Also, wie weit sind Sie denn nun mit Ihren Ermittlungen?"

„Entschuldigung, wenn ich Sie korrigieren muss", gab Lenz lächelnd zurück, „aber mein oberster Dienstherr waren Sie nie. Der saß bis vor Kurzem in der kreisfreien Stadt Hamm. Und da Sie aktuell auch kein entsprechendes Amt und somit keinerlei Befugnisse mehr haben, verstehen Sie sicher, dass ich Ihnen über laufende Ermittlungen keine Auskunft geben kann."

„Jetzt hören Sie mir mal gut zu, junger Freund!" Der Oberkreisdirektor a. D. hatte sein Gesicht nun zu einer eindrucksvoll grimmigen Fratze verzogen und machte keinen Hehl daraus, dass er skrupellose Vorgehensweisen aus seiner Amtszeit gewohnt war. „Wenn ich ein oder zwei Anrufe tätige, sind Sie schneller wieder im Ruhrpott, als Sie bis drei zählen können." Zu allem Überfluss schnalzte er nun auch noch mit der Zunge durch eine Lücke neben dem rechten oberen Eckzahn.

„Nun ist aber gut!“, ging der Oberbürgermeister dazwischen, während Kriminaldirektor Heitkamp förmlich in sich zusammengesunken war. „Hauptkommissar Lenz hat vollkommen Recht: Er ist niemandem hier Rechenschaft schuldig – außer dem Herrn Kriminaldirektor natürlich. Und dass er uns nichts über laufende Ermittlungen ausplaudert, spricht ja wohl für und nicht gegen ihn!“ Er nickte Lenz beruhigend zu. „Sie sehen, Herr Lenz, die Nerven liegen blank. Es ist nicht gerade werbewirksam für den Kreis Paderborn, wenn alte Herrschaften, die einen ruhigen und sicheren Lebensabend verdient haben, bei uns brutal ermordet werden.“

„Es ist auch nicht gerade werbewirksam für den Kreis Paderborn, dass sich diese alten Herrschaften, die ja wohl allesamt Nazis und Verbrecher sind, hier bisher so wohl fühlen konnten“, wandte Lenz ein.

„Ob das Verbrecher sind, entscheiden nicht Sie!“, brauste der Oberkreisdirektor a. D. wieder auf. „Weder Anton Kottmann noch Elfriede Gerken oder Renate Körting sind jemals rechtskräftig verurteilt worden. Und die anderen Damen und Herren in der Seniorenresidenz auch nicht.“

„Das kann sich aber schnell ändern“, entgegnete Lenz. „Immerhin hat der Bundesgerichtshof gerade bestätigt, dass allein die Arbeit in einem Konzentrationslager schon strafbar ist, weil man sogar als einfacher Wachmann oder Verwaltungsangestellter die Mordmaschine unterstützt hat. Niemand von denen ist nun mehr sicher.“ Er wartete einen Moment und behielt den ehemaligen Oberkreisdirektor fest im Blick, als er schließlich einen Schuss ins Blaue abfeuerte: „Und das gilt natürlich auch für Johann Kaup.“

Der Oberkreisdirektor a. D. zuckte leicht zusammen, als der Name fiel, und wechselte einen Blick mit dem Oberbürgermeister.

Der räusperte sich nun vernehmlich. „Sie müssen auch uns verstehen“, wandte sich der oberste Stadtpolitiker wieder an Lenz. „Wie sieht das denn aus, wenn unsere Polizei nicht in der Lage ist, ein paar alte Menschen in einem Altenheim zu schützen? Ich meine, übersichtlicher könnte die Lage für Sie doch gar nicht sein als drüben in Büren.“

„Ganz genau“, ging der Oberkreisdirektor a. D. wieder dazwischen. „Und wie sieht das erst aus, wenn statt unserer Polizeibeamten demnächst Nazirocker in ihren Kutten für den Schutz unserer Mitmenschen abgestellt werden, weil wir deren Sicherheit nicht gewährleisten können?“

„Da hat er Recht!“ Der Oberbürgermeister zog erschrocken seine Brauen hoch, als habe er darüber noch gar nicht nachgedacht. „Das darf auf keinen Fall passieren. Wenn ich mir allein die Pressemeldungen vorstelle …“

„Was sollen wir Ihrer Ansicht nach denn machen?“ Lenz verschränkte die Arme vor der Brust.

„Na, Personenschutz für die Bewohner der Residenz und für Johann Kaup“, antwortete der Oberkreisdirektor a. D. in einem Tonfall, als könne es doch gar keine anderen Maßnahmen geben. „Und zwar rund um die Uhr.“

„Verstehen Sie uns nicht falsch", wand sich der Oberbürgermeister. „Wir wissen natürlich, wer Johann Kaup ist: ein unangenehmer Mann mit einer höchst zweifelhaften Vergangenheit. Aber nichts desto trotz ist er zu Recht beunruhigt und verfügt darüber hinaus über Verbindungen in hohe und höchste Kreise. Seine Drohung, die Neonazi-Freunde seines Enkels an Stelle der Polizei vor dem Seniorenheim in Büren einzusetzen, dürfen wir auf keinen Fall auf die leichte Schulter nehmen."

„Also Tacheles." Lenz wandte sich dem Oberbürgermeister zu. „Im Gegenzug bieten Sie mir einen Karriereposten an?" Er beugte sich weit vor, als erwarte er nun ein konkretes Angebot.

„Vorausgesetzt, Sie können sich zu einem Parteieintritt entschließen." Der OB lächelte verlegen. „Sonst bekomme ich das bei meinen Leuten natürlich nicht durch."

Lenz nickte, als denke er ernsthaft darüber nach. Dann erhob er sich leicht und bat den Stadtobersten: „Lassen Sie mich mal bitte kurz durch?"

Der sprang sofort von seinem Stuhl und ließ den Hauptkommissar von der Bank rutschen. „Die Toiletten sind gleich hier vorne." Er wies mit der Hand in die ungefähre Richtung.

Während die drei Herren am Tisch die Köpfe zusammensteckten, ging Lenz zur Garderobe, nahm seinen Mantel vom Haken und zog ihn an. Die glaubten doch tatsächlich, sie hätten ihn weichgekocht. Aber das Süppchen würde er ihnen gehörig versalzen. Er ging zu ihnen zurück, baute sich vor den Männern auf, die ihn erstaunt anstarrten, und warf dreißig Euro auf den Tisch.

Ohne sich noch einmal umzudrehen, verließ er wortlos das Lokal.

Wewelsburg, den 22. Juni 1941

Liebes Mütterchen!

Daß nun auch Rußland[3] *gegen uns ist, bedeutet nicht weniger, als daß der Krieg nicht bis Jahresende gewonnen sein wird. Das Land ist so unendlich groß, daß sich die Russen weit zurückziehen können und unsere Nachschubwege damit ungeheuer verlängern. Wenn nur endlich all die kleinen Konzentrationslager aufgelöst und wir SS-Männer im Osten eingesetzt würden, damit es dort vorangeht! Wenn sich dann auch noch Amerika aktiver beteiligt, wird der Krieg wieder so lange dauern wie der Erste. Allerdings ist*

3 Bereits am 3. März 1941 hatte Hitler in einer Rede vor 200 Befehlshabern der Wehrmacht einen rassenideologischen Krieg gegen die Sowjetunion angekündigt. Am 22. Juni 1941 begann der Einmarsch ohne Kriegserklärung. Im Gefolge der Wehrmacht befanden sich Einsatzgruppen zur systematischen Ermordung der jüdischen Bevölkerung, der Funktionäre der Kommunistischen Partei und der Sinti und Roma.

unsere Lage diesmal von Anfang an viel günstiger gewesen, so daß wir uns keine Sorgen machen müssen.

Unser Lager wird ununterbrochen ausgebaut. Wir erwarten in Kürze 1500 Gefangene, rechnen aber intern mit bis zu 5000. Und das Wetter ist in diesem Sommer anhaltend schlecht, immer nur Regen, so daß unsere Wege inzwischen aussehen wie die in Rußland. Dazu wird es immer kälter und ich muß mich schon wieder um Feuerung bemühen.

Die Verwaltung wird auch aufgestockt. Täglich treffen neue Führer und Unterführer aus anderen Lagern hier ein. Ab dem 1. 9. werden wir selbstverwaltet sein. Die neue Anschrift lautet dann „KZ Wewelsburg bei Paderborn".

Unsere Baracken bekommen demnächst die Häftlinge und für uns werden neue auf der anderen Straßenseite gebaut. Für all die Verwaltungsmenschen, die hier jeden Tag eintreffen, haben wir gar keinen Platz. Später werden wir noch eine gewaltige Mauer um das Lager ziehen. Geld spielt bei den Baumaßnahmen inzwischen keine Rolle mehr. Für mich heißt es, daß meine Arbeit in Zukunft angenehmer sein wird. In einem großen Lager hat jeder seine feste Aufgabe und steht nicht so unter persönlicher Kontrolle.

Allerdings hat einer unserer letzten hochrangigen Besucher von der SS Andeutungen gemacht, die nicht sehr rosig sind. Es ist wohl geplant, daß wir SS-Leute nach dem Krieg ausschließlich zum Grenzschutz im Osten eingesetzt werden sollen. Und dann werden da schon jetzt mehrere Läger eingerichtet, die zu bewachen sein werden. Eigentlich habe ich ja nichts dagegen, nach dem Osten auszuwandern, aber daß ich nun ein Leben lang Soldat spielen soll, gefällt mir gar nicht.

Aber bis dahin wird noch viel Wasser die Elbe hinabfließen. Und zunächst einmal bin ich dank der großen Pläne in Wewelsburg unabkömmlich, denn SS-Führer wie mich mit einer derartigen Erfahrung in der Lagerverwaltung gibt es nicht viele im Reich. Und vielleicht schlagen wir die Russen ja auch so vernichtend, daß von den Ostgrenzen in Zukunft keine Gefahr mehr ausgehen wird.

Drück uns die Daumen!

Dein Vati

36

„Scheiße, Mann, was treibst du da in deinem Provinzkaff eigentlich? Schaukelst du dir nur die Eier oder was?" Brenner hatte wieder in den

Proletenmodus geschaltet und brüllte dermaßen ins Telefon, dass Fabian Heller sein Handy vom Ohr nahm und ein paar Zentimeter weghielt.

Der Journalist linste verschlafen zu seinem Wecker hinüber: 6 Uhr 19. Verdammt noch mal, was machte der Idiot denn schon so früh in der Redaktion? Für Brenner begann der Tag normalerweise nicht vor 10 Uhr.

„Ich verstehe überhaupt nicht, wovon du redest." Heller konnte ein langgezogenes Gähnen nicht zurückhalten.

„So, das verstehst du nicht, ja? Du verstehst also nicht, wovon ich rede, ja?" Brenner musste diesmal tatsächlich auf Hundertachtzig sein und nicht einfach nur einen kurzfristigen cholerischen Anfall haben, wenn er seine rhetorischen Fragen schon doppelt stellte. „Dann will ich dir mal sagen, wovon ich rede! Ich bezahle dich dafür, dass du hautnah am Geschehen in Büren und Detmold bist und ich nicht aus anderen Zeitungen erfahren muss, was da gerade passiert. Und was lese ich da in der Blöd-Zeitung? Brutale Mordserie geht weiter - grausamer Leichenfund in der Walhalla. Walhalla, Heller, Walhalla! Was zum Teufel ist das? Und was schickst du mir stattdessen für einen Scheiß? Hör zu, was die noch schreiben: Aufregung im Morddorf Wewelsburg - Bürger sind nach erneutem Leichenfund in Panik. Panik, Heller, Panik! Aber du kriegst nichts davon mit, wenn um dich herum Panik ausbricht, oder was? Und woher haben die Idioten von der Konkurrenz diese herrlich brutalen Fotos? Soviel Blut und Horror hatten die seit Jahren nicht auf dem Titel - und das will was heißen! Wieso hast du solche Fotos nicht?"

„Verdammt, Brenner! Ich stehe für Qualitätsjournalismus, nicht für so einen Scheiß." Heller rappelte sich hoch und setzte sich mit der Decke um die Schultern auf den Bettrand. Im Liegen fühlte er sich dem Chefredakteur zu wehrlos ausgeliefert. „Hier herrscht weder Aufregung noch Panik. Soll ich mir was aus den Fingern saugen, oder was? Ich berichte über den Prozess in Detmold, falls du dich erinnerst. Hast du meinen letzten Artikel nicht bekommen?"

„Der Prozess, der Prozess! Scheiße, Heller, ich rede doch nicht von dem verkackten Prozess! Ich rede von den Morden! Und davon, dass du die Stimmung im Dorf einfangen sollst. Morddorf, Heller, Morddorf! Dafür habe ich dich nach Wewelsburg geschickt, verflucht noch mal! Und nicht dafür, dass ich aus der Blöd-Zeitung erfahren muss, was da eigentlich los ist! Hast du deinen Arsch eigentlich schon mal in den Greisenstall in Büren bewegt? Nein? Und warum nicht, verflucht noch mal?"

„Wieso?" Heller blieb absolut gelassen. „Was ist denn in der Bürener Residenz passiert, von dem ich nichts weiß?" Er musste grinsen, als er sich vorstellte, wie der Chefredakteur am anderen Ende gerade puterrot anlief und sich zurückhalten musste, um nicht in den Hörer zu beißen.

„Das will ich dir mal vorlesen", brüllte der zurück. „Damit du ein für alle Mal kapierst, was ich von dir erwarte!"

Heller hörte Blätter rascheln. Brenner war altmodisch, der las nicht einfach nur am Bildschirm die Zeitungen der Konkurrenz, der ließ sie sich jeden Tag von seiner Sekretärin auf den Schreibtisch legen.

„Hör zu!" Der Chefredakteur schnaufte vor Wut. „Headline auf Seite Drei: Die lassen uns hier verrecken! Mordserie in Büren: Senioren werfen der Polizei Vorsatz vor. Kapierst du, Heller? Deine Kollegen waren in dem Greisenstall da in Büren und haben mit den Überlebenden gesprochen."

„Den Überlebenden? Sag mal, Brenner, was laberst du da eigentlich für einen Scheiß? Ist hier Krieg, oder was?"

„Scheiße laber ich? Scheiße? Was glaubst du eigentlich, wer du bist, Heller? Was bildest du dir eigentlich ein?" Brenners Stimme war nahe daran, sich zu überschlagen. „Die Idioten von der Blöd-Zeitung haben die Arbeit gemacht, für die ich dich bezahle! Hör dir das an: Nur fünfzehn Kilometer von ihrer Quelle entfernt plätschert die Alme durch ihr steiniges Bett mitten durch die ostwestfälische Kleinstadt Büren und verbindet sich mit dem Flüsschen Afte, das sich fröhlich durch die hügelige Landschaft schlängelt. Hörst du das, Heller? So wird Atmosphäre geschaffen! Und weiter: Hier, mitten in der ostwestfälischen Idylle, treibt seit Wochen ein brutaler Serienkiller sein mörderisches Werk. Seine Opfer: Menschen, die am Rande der Gesellschaft leben; die ausgeschlossen werden von den sozialen Zugewinnen unserer Zeit, weil sie nicht mehr produktiv sein können; alte Menschen, die man weggeschlossen hat in ein Altersheim weit außerhalb der Metropolen, abseits vom Leben. Und diese armen, alten Menschen, von denen in den letzten Wochen nacheinander drei entführt, gefoltert und brutal ermordet wurden, klagen die Polizei im Kreis Paderborn an: ´Die machen nichts! Wenn es nach den Beamten ginge, könnte man uns alle der Reihe nach umbringen; je mehr von uns, desto besser. Die sind doch froh, dass wir der Gesellschaft nicht mehr auf der Tasche liegen.´"

Brenner atmete schwer. Offenbar musste er erst einmal nachträglich die Luft holen, die er gerade verbraucht hatte. Hätte Heller ihn nicht zu gut gekannt, hätte er geglaubt, der Zeitungsmann sei zu ergriffen von dem, was er da gerade gelesen hatte. „Kapierst du das jetzt endlich? Die haben mit den Alten gesprochen! Und du? Warum bezahle ich dir ein Hotelzimmer mit allem Zwick und Zupf direkt vor Ort, wenn du deinen Arsch nicht mal in das Altersheim bewegst und deine Arbeit machst?!"

„Ich wohne in keinem Hotelzimmer", wandte Heller ein. „Und das Zwick und Zupf ist über Achtzig und kommt kaum noch die Treppe hoch."

„Verarsch mich nicht, Heller!" Diesmal überschlug sich Brenners Stimme wirklich. „Hörst du? Verarsch mich bloß nicht! Wenn du weiter so einen geschwurbelten Scheiß aus Detmold und Wewelsburg berichtest und nicht endlich dahin gehst, wo die wahren Dramen des Lebens spielen, das, was unsere Leser interessiert, dann kappe ich dir sofort die Kohle. Dann kommst du direkt zurück und das war der letzte Auftrag, den du von mir gekriegt hast. Verfluchte Scheiße! Warum habe ich nicht gleich Rogalski geschickt? Der hätte das hingekriegt! Der hätte noch widerlichere Fotos von der Leiche als die Blöd-Köppe!"

„Ja, klar", fuhr auch Heller nun auf. „Und wahrscheinlich hätte er auch noch ein Interview mit ihr geführt. ´Die letzten Worte eines Zombies.´ Weißt du was, Brenner? Wenn es das ist, was du willst, dann leck mich am Arsch und schick Rogalski. Von mir kriegst du so einen Müll jedenfalls nicht!"

Wütend drückte er das Gespräch weg, knallte sein Handy auf das Bett, wühlte sich endgültig aus der Decke und trat ans Fenster. Draußen waberte Bodennebel über die Wiesen im Almetal, die Bäume glitzerten weiß vom Frost. Heller spürte, wie die Kälte langsam von den Füßen aus in ihm hochkroch. Er fröstelte.

Verdammt, dachte er, jetzt habe ich mein Blatt überreizt. Das schluckt Brenner nicht. Der Job ist weg, soviel ist mal klar.

Da klingelte sein Handy erneut. Heller sprang hinüber und wühlte es unter dem Federbett hervor. Brenner noch mal! „Was?", brüllte Heller prophylaktisch ins Mikrofon.

„Du bleibst gefälligst, wo du bist!", befahl der Chefredakteur, aber seine Stimme hatte den aggressiven Anfallston verloren. „Wenn ich schon die Anklagen der alten Säcke nicht von dir kriege, will ich wenigstens eine Gegendarstellung der Polizei. Und du fährst sofort nach Büren zu den Alten und kriegst raus, was da wirklich los ist. Wenn du schon keine Stimmung machen kannst, dann sag unseren Lesern wenigstens die Wahrheit. Den Idioten von der Blöd-Zeitung werden wir zeigen, was seriöser Journalismus ist. Ist das klar, Heller? Und knöpf dir deine Vermieterin vor. Wenn die tatsächlich über achtzig ist, ist sie eine Zeitzeugin und kennt die Naziköppe vielleicht noch von früher."

Fabian Heller grinste. Von wegen Blatt überreizt!

„Heller? Bist du noch dran?"

„Natürlich bin ich noch dran."

„Also, du kriegst eine ganze Seite. Unser Mann im Morddorf berichtet, verstehst du? Deadline 20 Uhr!" Einen Moment lang blieb es still am anderen Ende, dann schob Brenner noch ein „Scheiße, Mann!" nach, aber das klang diesmal schon fast versöhnlich.

37

Als Lenz gegen 6 Uhr 30 auf die Straße trat, pfiff ein eisiger Wind durch die Häuserschlucht der Kisau. In der Nacht hatte es gefroren. Der schmale Streifen Himmel, den er über sich sehen konnte, war tiefschwarz und sternenklar. Bürgersteig und Straße glitzerten gefährlich. Vom Paderquellgebiet schwappte dichter Dunst herüber, der sich auf den Asphalt legte und sofort gefror. Lenz zog den Kopf zwischen die Schultern, versenkte die Hände tief in die Jackentaschen und wandte sich nach links in Richtung Wall, um den Weg zu seiner Dienststelle heute einmal zu Fuß anzutreten.

Nach dem fragwürdigen Treffen mit der ehrenwerten Gesellschaft Paderborns im Ratskeller war er direkt nach Hause gegangen, ohne Umweg über den Lockvogel. Es hatte ihm einfach nicht der Sinn nach der permanenten studentischen Feierlaune gestanden, die in Bernis Burger-Laden herrschte. Und wenn er ehrlich war, hatte er auch keine Lust auf Natascha gehabt. Dass sie dann auch später nicht in seiner Wohnung aufgetaucht war, hinterließ jedoch gemischte Gefühle bei ihm.

Auf dem Parkplatz vor dem Dienstgebäude begegnete er Kriminaldirektor Heitkamp und presste ein emotionsloses „Morgen" hervor. Grußlos, lediglich mit einem Schnalzen zwischen den oberen Schneidezähnen und dem rechten Eckzahn, schob sich der Chef an seinem Hauptkommissar vorbei und eilte die Treppe hinauf.

Lenz musste grinsen. Der Obermacker glaubte doch tatsächlich, er könne ihn mit Liebesentzug bestrafen. Und das Schnalzen, das er sich offenbar von dem ausgemusterten Oberkreisdirektor abgeguckt hatte, machte sein Auftreten noch lächerlicher. Na warte, dachte Lenz, dir werde ich es zeigen!

Als er sein Vorzimmer betrat, verstellte Conny Gellert ihm den Weg und wollte ihm die Jacke abnehmen. Fragend zog Lenz die Brauen hoch. Seine Sekretärin trat schulterzuckend zur Seite, als wollte sie sagen: Dann eben nicht.

„Sag mal, Conny", erkundigte er sich vorsichtig, „kann es sein, dass du mir irgendetwas mitteilen willst?"

„Nö." Sie zog eine unschuldige Schnute. „Du mir?"

„Nö", echote Lenz.

„Na dann. - Kaffee?"

„Gerne." Skeptisch sah Lenz einen Augenblick lang zu, wie seine Sekretärin sich hochkonzentriert an der Kaffeemaschine zu schaffen machte, und betrat dann sein Büro.

„Schönen Abend gehabt?", fragte Conny beiläufig, als sie eine Tasse hereinbalancierte.

„Nö", antwortete Lenz und musste grinsen. Da hatte seine Sekretärin doch tatsächlich schon wieder die Flöhe husten gehört. „Der Kriminaldirektor hat meine Zeit verschwendet."

Nun grinste Conny zufrieden. „Dann bin ich ja beruhigt."

Lenz wollte nachfragen, woher sie von dem Treffen wusste, ließ es dann aber. Sie würde ihm ihre Quellen ohnehin nicht preisgeben.

„Das Obduktionsergebnis im Fall Körting ist da." Sie deutete auf eine Akte auf seinem Schreibtisch. „Ich habe es dir ganz altmodisch ausgedruckt."

„Danke, Conny, das war sehr rücksichtsvoll." Schmunzelnd beobachtete er, wie seine Sekretärin mit breitem Grinsen den Raum verließ.

Er schlug die Akte auf und führte dabei seine Tasse an den Mund, hielt aber mitten in der Bewegung inne, als er bereits bei den Tatortfotos hängen blieb. Die nackte Renate Körting wirkte mit ihren Wunden so niederschmetternd, dass er die Tasse direkt wieder abstellte und sich in seinen Stuhl zurückfallen ließ. Zwischen zwei Aktendeckeln und ohne den Einfluss des fast mystischen Kellergewölbes im Nordturm traf ihn die ganze Brutalität dieser Inszenierung noch einmal genauso heftig wie gestern auf dem Smartboard.

Der Täter hatte ein vielschichtiges und ausdruckstarkes Szenario geschaffen. Jedes Element, das an der Leiche und um sie herum drapiert war, hatte er in sinntragender Feinarbeit ausgesucht, dessen war sich Lenz in diesem Moment ganz sicher. Und sowohl die Ausführungen Dr. Ellings als auch die von Gisbert Henke hatten das ja bestätigt.

Was wussten sie also bislang über diesen bestialischen Mörder? Dass er sich nicht nur im Museum und mit den dort ausgestellten Exponaten besonders gut auskennen musste, sondern auch mit deren historischer und mystischer Bedeutung. Hinzu kam eine genaue Kenntnis der SS-Ideologie, der Kult- und Terrorstätte Wewelsburg und der Lebensgeschichten der Nazitäter, die hier ihr verbrecherisches Werk begangen hatten. Das waren zwar allgemein zugängliche, aber doch gleichzeitig sehr spezielle Fachkenntnisse, die umfangreiche Studien verlangten.

Lenz ließ die Akte auf den Schreibtisch sinken. Auf wen traf all das zu? Der Personenkreis musste doch sehr überschaubar sein. Dr. Ellings Konterfei tauchte vor seinem geistigen Auge auf und er hörte ihn fasziniert „Herrlich!" sagen. Fragwürdige Reaktion, dachte Lenz. Was, wenn der Historiker der Täter war? Hätte er sich dann nicht besser im Griff gehabt und derartige Begeisterungsrufe vermieden? Aber vielleicht war er sich ja auch erst an Lenz´ Seite der Wirkung seiner Inszenierung so richtig bewusst geworden. Er brachte alle Voraussetzungen mit, die der gut informierte Täter haben musste. Aber warum hatte er dann so ausführlich erklärt, was sie da vor sich sahen? Wenn er der Täter war, musste er doch daran interessiert sein, dass niemand merkte, wie viel Fachwissen für eine derartige Inszenierung notwendig war. Andererseits sollte aber auch jeder verstehen, was er da vor sich hatte. Sonst wäre all die Mühe umsonst gewesen.

„Stefan?"

Lenz fuhr aus seinen Gedanken hoch und sah zur Tür. Gina stand dort und warf einen belustigten Blick auf ihren geistig abwesenden Vorgesetzten.

„Kommst du?", erkundigte sie sich.

„Was? Wohin?"

„Wir warten bei der Morgenlage auf dich." Das Grinsen wurde immer breiter.

„Ach so, ja klar. Ich bin sofort bei euch.“

Die junge Kommissarin löste sich aus dem Türrahmen und verschwand. Lenz brauchte einen Moment, um einen klaren Gedanken zu fassen. Er schlug die Akte zu und erhob sich schwerfällig aus seinem Stuhl. Der Verdacht gegen Dr. Elling ließ ihn nicht los. Sollte er seinen Kollegen davon erzählen? Machte er sich dann nicht lächerlich? Nein, er behielt das besser noch für sich. Selbst ihm erschien der Gedanke, dass dieser feine, gebildete Mann ein brutaler Serienkiller sein sollte, zu abwegig. Ganz im Gegenteil: Der Historiker war ja geradezu außer sich gewesen, dass sich jemand an seinen Exponaten vergriffen hatte. Und das Faszinosum in der Gruft hatte ja auch nicht nur ihn ergriffen. Selbst Lenz war davon regelrecht überwältigt worden.

Der Hauptkommissar griff nach der Akte und machte sich auf den Weg. In diesem Moment stand für ihn fest, dass er niemandem von seinem unsinnigen Gedankenexperiment erzählen würde.

„Laut Obduktionsbericht ist Renate Körting an einem Herzinfarkt gestorben“, berichtete Hauptkommissar Schröder. „Und zwar gegen Mitternacht. Der Doc geht davon aus, dass der Tod in Folge der Folterung durch die Tätowierungen eingetreten ist.“

„Wie gnädig“, ätzte Gina.

Die Oberkommissare Steinkämper und Jakobsmeier blickten sich mit hochgezogenen Brauen an und machten keinen Hehl daraus, dass ihnen die Art der jungen Kollegin allmählich gehörig auf die Nüsse ging.

„Anschließend wurde der Kopf abgetrennt“, fuhr Schröder fort. „Und zwar mit demselben Dolch, den der Täter dem Opfer schließlich ins Herz gestoßen hat. Es gibt nur einen sauberen Stichkanal, deshalb muss es in dieser Reihenfolge abgelaufen sein.“

„Der Stich ins Herz hat also rein symbolische Bedeutung“, schlussfolgerte Lenz. „Selbst ohne Herzinfarkt wäre das als Todesstoß nicht mehr nötig gewesen.“

„Und was bringt uns diese Erkenntnis?“ Gina zog ein Gesicht, als hätte sie es hier nur mit perversen Idioten zu tun, die sich an jeder Nuance der Grausamkeiten ergötzen wollten.

„Sie belegt, dass wir es mit einer ausgefeilten Inszenierung zu tun haben“, antwortete Lenz. „Der Täter hat jedes Detail genau geplant und nicht einfach nur quälen und morden wollen. Es kam ihm auf sinntragende Elemente an, was den Kreis der Verdächtigen eingrenzen dürfte. Aber dazu kommen wir später. Hat die Obduktion weitere Erkenntnisse gebracht?“ Letzteres war wieder an Schröder gerichtet.

„Ob das Parteiabzeichen der Toten ebenfalls prämortal durch die Haut gestochen wurde, ist nicht mehr feststellbar. Allerdings geht der Doc davon aus, dass das Opfer in lebendigem Zustand in die Gruft gebracht und erst dort so zugerichtet worden ist. Die Blutspuren sind da wohl eindeutig."

„Was ist mit der Videoüberwachung? Die junge Mitarbeiterin hat die Leiche doch morgens entdeckt, als sie die Monitore eingeschaltet hat. Wurde da in der Nacht etwas aufgezeichnet?"

„Das ist das Merkwürdige." Schröder zog die Stirn kraus. „Die Kameras sind mit Bewegungsmeldern ausgestattet und hätten eigentlich reagieren müssen."

„Haben sie aber nicht?"

„Haben sie aber nicht. Die Kollegen haben natürlich gecheckt, ob etwas aufgezeichnet worden ist. Es gibt aber keine Dateien aus dieser Nacht."

„Das stützt meine Theorie." Das war Lenz herausgerutscht. Er rang einen Moment mit seinem Entschluss, Dr. Elling nicht ins Spiel zu bringen, aber angesichts der fragenden Blicke seiner Kollegen kam er zu der Einsicht, dass es nicht mehr anders ging. „Wir haben ja wegen des modus operandi bereits vermutet, dass ein Mitarbeiter des Museums der Täter sein könnte. Die Sache mit der Videoüberwachung stützt diese Theorie, denn der Täter hat die Bewegungsmelder entweder vor der Tat abgeschaltet, oder er hat die Dateien nachher gelöscht. In jedem Fall aber muss er sich mit dem System perfekt auskennen und Zugang dazu haben."

„Und du hast jemand Bestimmten in Verdacht?" Gina war wieder die Erste, die Lenz' Zwischentöne verstanden hatte, während die männlichen Kollegen sie nun erstaunt anstarrten.

„Dr. Elling."

„Aha", reagierte Schröder erstaunt. „Und warum gerade den?"

Lenz berichtete von Dr. Ellings Reaktion auf die Inszenierung in der Gruft und von den nachfolgenden Informationen, die er von dem Historiker bekommen hatte. „Das sind derart detaillierte Interna, dass normal interessierte Museumsbesucher kaum darüber verfügen", schloss er.

„Tja, klingt logisch." Inhaltlich stand Schröders Reaktion in krassem Gegensatz zu seinem Tonfall und seiner Mimik.

„Ich weiß nicht ..." Oberkommissar Steinkämper blickte zweifelnd in die Runde.

„Tut mir leid", meinte Gisbert Henke, „aber das halte ich für absolut abwegig. Dr. Elling ist intelligent und kein intelligenter Täter würde seine Tat in einer Art und Weise ausführen, die direkt zu ihm führt."

„Vielleicht rechnet er damit, dass wir genau diese Überlegung anstellen", wandte Lenz ein.

„Und dann hat er sich so wenig im Griff, wenn er mit Ihnen am Tatort erscheint?" Henke war nicht zu überzeugen. „Niemals."

„Jedenfalls dürfen wir keinen Verdacht unberücksichtigt lassen", erklärte Hauptkommissar Schröder. „Auch wenn er noch so abwegig ist. Jochen,

Franz-Georg, ihr nehmt euch doch gerade die Museumsangestellten vor. Habt ihr da schon etwas?"

„Nichts", antwortete Oberkommissar Jakobsmeier. „Die Fluktuation ist durchaus hoch, weil immer wieder Doktoranden in Wewelsburg arbeiten und forschen. Aber in den letzten zehn Jahren ist niemand rausgeworfen worden oder sonstwie im Streit gegangen. Offensichtlich werden die jungen Leute von den festangestellten Historikern vorbildlich unterstützt. Im Übrigen ist kaum jemand von denen heute noch in Deutschland."

„Aha", reagierte Lenz erstaunt. „Und warum nicht?"

„Weil sie allesamt in der Holocaust-Forschung arbeiten und es in ganz Deutschland nicht einen einzigen Lehrstuhl dafür gibt."

Ein ungläubiges Raunen lief durch den Raum.

„Ohne Scheiß", bekräftigte Jakobsmeier. „Wenn ein Akademiker einen Lehrstuhl für Holocaust-Forschung haben will, muss er in die USA, nach England oder besser noch nach Kanada gehen. Dort gibt es Mittel für diese Forschungsrichtung. Bei uns, im Land der Erfinder des industriellen Massenmordes an den Juden, wird ein solcher Lehrstuhl nicht finanziert."

„Typisch!", ätzte Gina. „Wir sind auf dem rechten Auge blind und schützen bis heute die Massenmörder. Es könnte ja sein, dass durch die Forschung Dinge ans Licht kommen, die wir lieber nicht so genau wissen sollen."

Lenz beschloss, nicht näher darauf einzugehen, da das ohnehin zu nichts führen würde. „Haben Sie die Aufenthaltsorte der betreffenden Historiker zu den Tatzeitpunkten überprüft?"

„Natürlich, Chef." Jakobsmeier wechselte einen Blick mit seinem Kollegen Steinkämper, den man auch als arrogant bezeichnen konnte. „Keiner von ihnen war zu den Tatzeitpunkten in Deutschland."

„Bleiben die derzeitigen Mitarbeiter. Was wissen Sie bisher über die?"

„Da sind wir aktuell dran", antwortete Steinkämper.

„Gut, dann nehmen Sie sich zuerst Dr. Elling vor", ordnete Lenz an. „Kollege Schröder, rufen Sie die KT an. Die Techniker sollen sich die Festplatten im Museum vornehmen, auf denen die Videoüberwachung aufgezeichnet wird. Falls Dateien gelöscht wurden, kann man sie vielleicht wiederherstellen. Kollege Henke, ich brauche schnellstens Ergebnisse zu Mario Hülsmann. Machen Sie Dampf. Gina, wir beide fahren nach Büren. Ich habe da gestern etwas angedroht bekommen, das mir keine Ruhe lässt." Auf die fragenden Blicke der Kollegen hin, erklärte er: „Angeblich wollen sich die Neonazis um Wolfgang Kaup nun um den Personenschutz für die anderen Residenzbewohner kümmern. Kriminaldirektor Heitkamp ist zu Recht aufgeschreckt. Wenn Nazis in Kutten die Arbeit der Polizei machen, gibt das keine gute Presse."

„Scheiße!", kommentierte Schröder. „Das hat uns noch gefehlt."

„Eben", stimmte Lenz zu. „Und deshalb werden ab sofort mehrere Teams der Schutzpolizei abgestellt, um die Überwachung der Residenz zu übernehmen. Johann Kaup bekommt allerdings erst Personenschutz, wenn Kriminaldirektor Heitkamp das ausdrücklich anordnet."

Bevor Gina Einspruch erheben konnte, hakte Schröder schnell nach: „Was ist mit Reinhold Hanning?"

„Wer?"

„Na, der Wachmann aus Auschwitz, der gerade in Detmold vor Gericht steht. Ich meine, wenn es jemand auf Naziverbrecher abgesehen hat, dann steht dieser doch gerade im Rampenlicht. Das lädt doch regelrecht dazu ein, ihn medienwirksam zu bestrafen."

„Detmold gehört nicht in unseren Verantwortungsbereich", widersprach Lenz. „Hanning ist nicht unser Bier."

„Wenigstens etwas", nölte Gina.

„Setzen Sie sich mit den zuständigen Kollegen in Detmold in Verbindung", ordnete Lenz an. „Berichten Sie denen von Ihren Befürchtungen. Entscheiden müssen die dann selbst. – So, Männer, an die Arbeit!" Er grinste Gina an. „Und die Dame natürlich auch."

38

Fabian Heller nutzte die Gunst der Stunde, als er die Treppe hinunterkam und Frau Grotes Gesicht hinter der Glasscheibe ihrer Wohnungstür erblickte. Wenn sie schon alles mitbekommen wollte, konnte sie auch gleich seine Fragen beantworten. Die alte Dame trat einen Schritt zurück, als er auf die Tür zuging und klopfte.

Mit angemessener Verzögerung, als hätte sie erst zur Tür kommen müssen, öffnete sie schließlich. „Herr Heller", rief sie so erstaunt wie erfreut. „Kann ich etwas für Sie tun?"

„Können Sie, Frau Grote. Darf ich kurz hereinkommen?"

„Natürlich!" Sie machte einen Schritt zur Seite.

Heller steuerte gleich auf das Wohnzimmer zu und setzte sich auf das Sofa.

„Also", fragte die alte Dame schnaufend, als sie ihm gegenübersaß, „was kann ich für Sie tun?"

„Tja, das ist etwas heikel, Frau Grote." Heller blickte auf seine Hände, um die Dramatik zu steigern. „Also, es ist nämlich so, dass meine Kollegen von den anderen Zeitungen etwas sehr Unschönes über Wewelsburg geschrieben haben. Und nun möchte mein Chefredakteur, dass ich die unverschämte Darstellung richtigstelle."

„Jaja, ich habe schon gehört, dass wir als Morddorf diffamiert werden. Das ist wirklich unerhört. Was wollen Sie wissen, Herr Heller?"

„Mein Chefredakteur möchte gerne einen Artikel über die wirkliche Stimmung hier im Dorf bringen. Deshalb könnten Sie mir vielleicht schildern, was Sie von dem Mordopfer wissen. Renate Körting hat doch hier in der Burg gearbeitet und Sie haben damals schon hier gelebt, oder?"

„Ach, Herr Heller, das ist so lange her."

Der Journalist begriff, dass er die Sache anders angehen musste. „Sagen Sie, wie alt waren Sie damals eigentlich?"

„Ich war ein Kind damals, Jahrgang 32, also gerade einmal in der Schule, als das hier mit der SS so richtig losging."

„Na ja, als Schulkind haben Sie aber doch sicher so Einiges mitbekommen."

„Was man halt so mitbekommen hat. Nicht viel. Die Leute, die in der Burg gearbeitet haben, habe ich jedenfalls nicht gekannt. Die sind unter sich geblieben. Im Dorf hat man die kaum zu Gesicht bekommen. Wir Bauern und Handwerker waren denen nicht gut genug."

„Aber die haben doch schon versucht, Kontakt zur Dorfbevölkerung zu bekommen, oder? Immerhin haben sie das Dorfgemeinschaftshaus gebaut und die Dorffeste besucht", half Heller ihr auf die Sprünge.

„Wir haben uns an denen nicht aufgehalten." Frau Grote war eine harte Nuss.

Heller blickte sich interessiert im Raum um. „Haben Sie damals schon hier in diesem Haus gewohnt?"

„Nein, das haben meine Großeltern nach dem Krieg gekauft. Meine Eltern sind hier erst eingezogen, als die nicht mehr gelebt haben. Und anschließend haben mein Mann und ich es geerbt." Frau Grote nickte bekräftigend.

„Das ist doch die sogenannte Waldsiedlung hier, oder?", hakte Heller nach.

Nun wurde das Nicken vorsichtiger, geradezu lauernd.

„Die Häuser sind für Bedienstete des Lagers gebaut worden, soweit ich weiß", stellte Heller fest. „Kannte Ihr Großvater denn jemanden, der vorher hier gewohnt hat?"

„Unsinn!" Frau Grote rutschte unruhig in ihrem Sessel herum. „Mit denen hatte meine Familie nichts zu tun. Was wollen Sie denn nun eigentlich von mir?"

„Ich möchte herausbekommen, welche Rolle Renate Körting hier im Dorf gespielt hat."

„Gar keine."

„Na, dann gibt es ja auch keinen Grund zur Beunruhigung für die Dorfbewohner."

„Das sage ich doch. Ganz im Gegenteil. Wir sind ja für die Verbrechen der SS damals schon hart bestraft worden, obwohl wir unschuldig waren."

„Was meinen Sie damit?"

„Nach dem Krieg, als die Amerikaner hier waren, sind meine Großeltern und andere Dorfbewohner gezwungen worden, im Wald Leichen auszugraben. Die waren von der Gestapo erschossen worden. Die Dorfbewohner mussten sie auf den Dorffriedhof überführen und dort beerdigen. ‚Sühnebegräbnis' haben die Amis das genannt. Sühne, verstehen Sie? Als ob wir uns etwas hätten zuschulden kommen lassen. Der Dorfvorsteher musste sogar eine Rede halten und sich darin entschuldigen. Das war eine Unverschämtheit. Und es zeigt, wie die Besatzer mit uns umgegangen sind. Wir waren quasi zweimal Opfer: zuerst von der SS, dann von den Amerikanern."

Heller hatte schon häufiger von den sogenannten Sühnebegräbnissen gelesen, die überall in Deutschland stattgefunden hatten. Auch in den großen Konzentrationslagern wie Buchenwald waren die Bürger gezwungen worden, sich die Hinterlassenschaft der Verbrecher anzusehen und die Leichen zu begraben. Sie sollten mit ihrer Schuld, und sei es nur der des Wegsehens, konfrontiert werden. Die Leichenberge und der Gestank waren für die Menschen eine Überforderung gewesen. Das hatte überall dazu geführt, dass sich die Deutschen emotional und psychisch von den Straftaten der SS distanziert und als Opfer gefühlt hatten. Letztlich hatten die Besatzungsmächte also das Gegenteil von dem erreicht, was sie hatten erreichen wollen.

„Was waren das denn für Männer, die damals von der Gestapo erschossen worden sind?", fragte Heller. „Waren das Häftlinge aus dem Lager?"

Frau Grote hob und senkte die Schultern. „Irgendwelche Verbrecher. Wahrscheinlich sind die ausgebrochen, ich weiß es nicht." Sie verschränkte die Arme vor der Brust und machte so deutlich, dass sie nichts mehr zu den Vorfällen sagen würde.

Heller hatte den Eindruck, dass sie ihm nicht die Wahrheit sagte, wusste aber, dass er so nicht weiterkommen würde. „Sie und die anderen Dorfbewohner fühlen sich also heute nicht von dem Mörder bedroht, der die alten Nazis umgebracht hat?", lenkte er das Gespräch wieder auf den Ausgangspunkt.

„Nein, warum sollten wir?"

„Das wollte ich nur wissen, Frau Grote. Die anderen Zeitungen behaupten nämlich das Gegenteil. Die schreiben, dass hier im Dorf Panik ausgebrochen sei."

„So ein Unsinn. Wir haben nichts zu befürchten, weil wir alle unschuldig sind. Schreiben Sie das, Herr Heller! Wir sind unschuldig!"

Bufdi Mario grinste breit, als Fabian Heller die Seniorenresidenz betrat. „Na, Alter, suchst du dir schon mal ein schönes Plätzchen für den Ruhestand?"

„Ne, Alter, bestimmt nicht hier. Bei euch ist mir die Sterberate zu hoch."

„Das haben Altenheime so an sich." Mario zuckte mit den Schultern. Dazu trug er eine gleichgültige Miene zur Schau, als sei es um die alten Menschen nicht schade. „Ist halt der Kreislauf des Lebens: Alte Knacker wie der da müssen für junge Helden wie mich Platz machen, sonst wird´s zu eng auf der Erde."

Er deutete mit dem Kopf zum Eingang, wo gerade ein sehr alter Mann durch die Glastür kam, einen Gehstock in der Rechten und mit der Linken auf die Schultern eines jungen Mannes gestützt. Ihnen folgten vier Bodybuildertypen mit kurzgeschorenen Haaren und in Motorradclub-Kutten. Heller traute seinen Augen nicht: Der junge Mann war der Neonazi-Anführer, den er während der letzten Prozesstage im Gerichtssaal gesehen hatte; heute allerdings in Jeans und Lederjacke und ohne seine Nazirocker-Kluft. Allerdings trug er einen Pullover mit einem Sonnenrad auf der Brust. Heller erkannte, dass es sich um Kleidung der Marke Thor Steinar handelte, die in Neonazikreisen sehr beliebt war, weil sie die alten Symbole aufgriff.

Der junge Mann grüßte beiläufig zu ihnen herüber und Mario erwiderte den Gruß gleichmütig. Sie bewegten sich langsam auf den Aufzug zu, dessen Kabinentür offenstand. Der Naziführer gab den vier anderen Männern ein Signal mit dem Kopf, woraufhin die den Weg über die Treppe nach oben nahmen.

Als sich die Fahrstuhltür schloss, erkundigte sich Mario: „Was ist los? Hast du einen Geist gesehen?"

„Du scheinst ja keine Probleme mit dem Obernazi zu haben."

„Welchen von beiden meinst du?"

„Na, den jungen Neonazi, der da gerade reingekommen ist."

„Wolfgang? Der arbeitet hier. Als Pfleger. So schlimm, wie er tut, ist der aber nicht. Viel interessanter ist der andere, sein Großvater."

„Aha?" Heller brauchte noch, um zu verdauen, dass der Antifaschist Mario offenbar nichts dabei fand, mit einem Neonazi-Anführer zusammenzuarbeiten. Dann aber drang der zweite Teil der Nachricht zu ihm durch. „Der Alte? Wieso, wer war das denn?"

„Johann Kaup, Wolfgangs Großvater." Und als Heller offenbar immer noch nicht verstand, ergänzte Mario: „Das ist hier im Kreis ein berühmter Altnazi. War Wachsturmführer im KZ Niederhagen in Wewelsburg. Ist dafür aber nie verurteilt worden. Der hat Wolfgang seit dessen Geburt unter seinen Fittichen und formt ihn zum neuen Führer des ‚Vierten Großdeutschen Reiches'." Mario lachte hämisch. „So ein Spinner!"

„Und was will der hier?"

„Genau das herauszufinden, wäre jetzt mal interessant. Scheiße, Mann, ich kann hier nicht weg. Ausgerechnet jetzt, wo es spannend wird."

„Aber ich kann!" Heller war schon auf dem Weg zur Treppe.

Er nahm immer zwei Stufen auf einmal und kam gerade im zweiten Stock an, als Wolfgang Kaup seinem Großvater half, sich in der Sitzgruppe niederzulassen. Die vier Kuttenträger standen wie Security-Beamte jeweils zu zweit am Aufzug und an der Treppe. Julius Merschhaus wippte ungeduldig auf seinen klapprigen Beinen vor der Sitzgruppe herum und rang die Hände, als sei er untröstlich, seinem großen Helden nicht beim Hinsetzen helfen zu können. Die versammelte Greisengemeinde des Traktes B war in der Sitzgruppe anwesend und beobachtete ehrfurchtsvoll diesen bedeutsamen Moment.

„Also, Männer", donnerte Johann Kaup unvermittelt mit für Heller erstaunlich tiefer und fester Stimme. „Was ist hier eigentlich los?" Dabei ignorierte er völlig die anwesenden und sich eindeutig in der Überzahl befindlichen Damen, die das aber nicht weiter zu stören schien. „Warum kann dieses Judenschwein einen nach dem anderen von uns entführen und umbringen?"

Heller registrierte angewidert die Selbstverständlichkeit, mit der die alten Leute die Schuldzuweisung akzeptierten.

„Die Polizei tut ja nichts", warf Julius Merschhaus mit zitternder Stimme in die Runde. „Niemand beschützt uns. Wolfgang, sag doch auch mal was dazu!"

Aber der Pfleger schwieg. Er stand mit verschränkten Armen neben seinem Großvater und schaute aus zu Schlitzen verengten Augen in die Runde. Merschhaus zuckte unter diesem Blick zurück und nahm eine gebeugte Haltung an. Entschuldigend drehte er beide Handflächen nach oben.

„Das wird sich jetzt ändern", kündigte Johann Kaup an, stützte sich mit beiden Händen auf den silbernen Knauf seines Gehstocks und beugte den Oberkörper leicht vor. „Ab sofort übernehmen unsere Leute euern Schutz. Wolfgang!"

Der Pfleger öffnete seine verschränkten Arme und nahm die Haltung eines Kompaniechefs bei der Befehlsübergabe an. „Richtig! Meine Männer werden die Bewachung dieses Traktes übernehmen." Er deutete mit dem Kopf auf die vier Hünen. „Hier kommt niemand mehr rein oder raus, ohne von ihnen überprüft zu werden. Keiner von euch geht in den Park, wenn nicht mindestens einer meiner Leute dabei ist!" Er blickte drohend in die Runde und erntete teils schüchternes, teils erleichtertes Nicken. „Die Bewachung erfolgt wechselschichtig rund um die Uhr. Ich selbst werde die Koordination übernehmen."

„Aha!", kam es plötzlich laut und angriffslustig von der Tür zum Verwaltungsflur. „Und wie, bitte schön, soll das in der Praxis aussehen?"

Heller, der selbst am Treppenaufgang stehen geblieben war, um den Vorgängen so unauffällig wie möglich folgen zu können, hatte gar nicht bemerkt, dass die Residenzleiterin sich von dort genähert hatte. Nun stand sie mit in die Hüften gestemmten Händen in der Glastür und blitzte ihren Pfleger grimmig an.

„Zwei meiner Männer werden um das Gebäude herum patrouillieren, zwei werden hier vor Trakt B Posten beziehen." Wolfgang schien entschlossen.

„Das werden sie garantiert nicht machen!“ Langsam näherte sich Kerstin Finke der Gruppe. „In meinem Haus werden sich keine Nazischutzstaffeln aufhalten!“

Wolfgang schien mit sich zu ringen, wie er auf diesen Affront reagieren sollte. Unsicher huschte sein Blick zu seinem Großvater und wieder zurück. „Niemand hat das Recht, meinen Männern zu verbieten, draußen Stellung zu beziehen.“

„Draußen nicht“, bestätigte die Residenzleiterin. „Solange sie das Grundstück nicht betreten. Aber hier drin habe ich das Hausrecht und ich bestimme, wer sich hier aufhalten darf und wer nicht. Deine …“ Sie rang sichtlich mit ihrer Fassung und nach Worten. „… Männer … verlassen auf der Stelle das Gebäude!“

„So nicht!“, ging nun Julius Merschhaus dazwischen. Offenbar sah er die Chance gekommen, seine vorherige Führungsschwäche auszugleichen. „Wir alle zahlen sehr viel Geld für unsere mickrigen Zimmer. Geld, ohne das diese Kaschemme schon längst hätte dichtmachen müssen! Und wenn Sie nicht für unseren Schutz sorgen können und die Polizei sich in Wahrheit freut, dass wir der Reihe nach abgeschlachtet werden, dann müssen wir uns eben selbst um unsere Sicherheit kümmern. Diese jungen Männer bleiben hier!“

„Noch ein Wort, Herr Merschhaus, und ich kündige Ihnen fristlos.“ Kerstin Finkes Stimme war plötzlich gefährlich leise und ließ keinen Zweifel daran, dass sie ernst meinte, was sie sagte. „Dann werden Sie noch heute aus Ihrem ‚mickrigen Zimmer‘ ausziehen. Ich lasse mir von niemandem in die Führung dieses Hauses hineinreden. Und von Ihnen schon gar nicht!“

Der alte Mann schnappte nach Luft und suchte Unterstützung bei Johann Kaup. Der aber schüttelte leicht den Kopf und gab seinem Enkel den Befehl: „Tu, was sie sagt. Sie hat hier die Befehlsgewalt.“

Wolfgang gab seinen Männern ein Zeichen mit dem Kopf. „Bezieht draußen Posten und sichert die Eingänge von der Straße aus.“

Die vier Recken folgten aufs Wort und liefen an Heller vorbei die Treppe hinunter.

„Wenn Sie, Herr Kaup, Ihre Freunde besuchen wollen, kann ich Ihnen das nicht verbieten“, fuhr Kerstin Finke fort. „Solange Sie sich an die Hausordnung halten! Ich dulde hier keine nationalsozialistischen Versammlungen. Habe ich mich da klar ausgedrückt?“

„Absolut, Verehrteste, glasklar. Julius“, der alte Mann drückte sich ächzend mit Hilfe seines Stockes hoch, wobei Wolfgang half, der sofort hinzugesprungen war, „ich denke, wir ziehen uns jetzt an einen ruhigeren Ort zurück. Mal hören, wie es euch allen so geht. Ein bisschen über die guten alten Zeiten plaudern. Keine Versammlung, nur ein nettes Kränzchen. Ich bin sicher, Wolfgang wird uns mit Kaffee versorgen.“

Ohne die Residenzleiterin weiter zu beachten, schritt er so würdevoll, wie sein gebrechlicher Zustand es zuließ, vorweg in den Wohnbereich des Traktes. Die anderen alten Leute standen auf und folgten ihm, Merschhaus mit besorgtem Gesicht, einige andere deutlich verunsichert über die Vorgänge, denen sie gerade beigewohnt hatten.

„Wolfgang?" Kerstin Finkes Stimme hatte nichts an Schärfe verloren, als sie sich nun an ihren Pfleger wandte. „So einen Aufmarsch will ich nicht noch einmal erleben. Und wenn du jetzt deinen Dienst antrittst, denk bitte daran, dass ich dich nicht als Kellner eingestellt habe."

Der Pfleger kaute sichtlich an einer Antwort, verkniff sie sich aber und folgte den alten Leuten in den Trakt B.

„Und wer sind Sie?" Kerstin Finkes Wut richtete sich nun ungebremst gegen Fabian Heller.

„Keiner von denen", beeilte der sich, zu versichern, und stellte sich vor. „Kann ich Sie ein paar Minuten sprechen?"

„Zeitung? Daran habe ich eigentlich gar kein Interesse."

„Nun, es liegt an Ihnen, wie mein Bericht über die Vorgänge in Ihrem Haus aussehen wird", erklärte Heller wie beiläufig. „Immerhin habe ich gerade eine ganze Menge mitbekommen von der Art der Bewohner, die Sie hier beherbergen. Und dass Sie einen Neonazi-Anführer als Pfleger beschäftigen, dürfte meine Leser ebenfalls sehr irritieren." Der Journalist schob eine kurze Pause ein und fuhr dann fort: „Natürlich gebe ich Ihnen die Chance, meinen Eindruck zu korrigieren. Das liegt ganz bei Ihnen."

Kerstin Finke dachte einen Moment nach. Dann gab sie ihm ein Zeichen mit dem Kopf. „Kommen Sie."

Während Stefan Lenz einen Schritt zur Seite machte, blieb Gina Gladow provokativ mitten im Weg stehen, als vier bullige Nazi-Rocker aus der Seniorenresidenz auf sie zu marschierten. Einer der Männer zog lautstark die Nase hoch und rotzte ihr vor die Füße, wich ihr aber wie seine Kameraden aus und lief zwischen den Kriminalbeamten hindurch.

„Was war das denn jetzt?", fragte Lenz erstaunt.

„Der Abschaum, der sich für die Nachkommen der Herrenrasse hält", entgegnete Gina angewidert. „Sieht ganz so aus, als hätten wir hier etwas verpasst."

Sie setzte ihren Weg durch die Tür fort und steuerte direkt auf Mario zu, der ihr freudig entgegenlächelte. Lenz beobachtete seine junge Kollegin, die sich lässig mit dem rechten Arm seitlich auf dem Tresen abstützte. Mario nutzte beide Arme und kam seiner Angebeteten dadurch nah genug, um seine hormongeschwängerte Aura über sie ausbreiten zu können.

Lenz ächzte vernehmlich auf und eilte an ihnen vorbei zur Treppe. Oben war es auffallend still. Weit und breit war weder ein Bewohner noch ein Pfleger zu sehen.

Achselzuckend betrat er den Verwaltungstrakt und klopfte an Kerstin Finkes Tür. Auf Zuruf betrat er das Büro und blieb erstaunt in der offenen Tür stehen, als er Fabian Heller erkannte, der sich der Residenzleiterin gegenüber in der Sofaecke fläzte. Der Journalist hatte einen Spiralblock und einen Stift in der Hand und notierte gerade in Windeseile einen offenbar längeren Text.

„Herr Hauptkommissar!"

Lenz war sich nicht sicher, ob es Freude oder Erleichterung war, die in Kerstin Finkes Stimme mitschwang. Er schloss die Tür, ging auf sie zu und reichte ihr wortlos die Hand.

„Stefan", begrüßte Heller ihn grinsend, machte aber keinerlei Anstalten, ebenfalls aufzustehen. „Du kommst etwas spät. Gerade eben sind Johann Kaups Einsatztruppen abgerückt."

„Das habe ich gesehen. Was war denn hier los?"

Kerstin Finke berichtete knapp, was sich zugetragen hatte, und endete verlegen mit dem Hinweis, dass die Bewohner nun Kriegsrat mit Johann Kaup abhielten.

„Dann bringen Sie mich da mal hin", sagte Lenz.

Die Residenzleiterin wandte sich kurz Heller zu, bevor sie zur Tür ging. „Wir dürften ja fertig sein."

Der Journalist stand grinsend auf und fragte Lenz: „Kann ich dich gleich noch kurz sprechen? Ich habe da etwas, das dich interessieren dürfte."

Lenz nickte knapp.

Heller folgte ihnen durch den Gang und ließ sich in der Sitzgruppe im Foyer nieder, wo er gleich damit begann, seine Notizen durchzublättern, während Kerstin Finke und Lenz auf den Trakt B zuhielten. Kurz bevor sie den Flur betraten, tauchte Gina von der Treppe her auf.

„Na, ausgeturtelt?", herrschte Lenz sie an und schnitt eine Erwiderung mit einer Handbewegung bereits in der Entstehung ab. „Dann komm, wir haben zu tun."

Die junge Beamtin schnaufte laut auf, folgte ihnen aber widerspruchslos in den Flur.

Als sie außer Hörweite des Journalisten waren, blieb die Residenzleiterin stehen und wandte sich ihm zu. „Glauben Sie mir, Herr Lenz, ich wäre diese alten Nazis sehr gerne los, aber ich kann mir nicht erlauben, ihnen die Zimmer zu kündigen."

„Das verstehe ich." Er nickte beruhigend und legte ihr eine Hand auf den Arm. Gina lachte trocken auf.

Kerstin Finke nickte verlegen und brachte die Beamten dann zum Aufenthaltsraum, in dem sich alle Bewohner des Traktes versammelt hatten. Johann

Kaup stand leicht gebeugt und auf seinen Stock gestützt vor ihnen, Wolfgang wie sein Adjutant daneben.

„Keine Sorge, Kameraden", sagte der ehemalige Wachsturmführer gerade, als die Kriminalbeamten den Raum betraten. „Wir werden nicht zulassen, dass noch einem von euch etwas geschieht."

„Sieh an, die Polizei", ätzte der alte Kaup. „Das wurde aber auch Zeit! Dann berichten Sie mal, was Sie von jetzt an für unseren Schutz unternehmen werden."

„Für Ihren gar nichts", erwiderte Lenz, ohne auf den anmaßenden Befehlston einzugehen. „Sie wohnen ja nicht hier. Wenn Sie sich bedroht fühlen, müssen Sie offiziell Personenschutz beantragen."

Gina sah ihren Vorgesetzten so erstaunt wie belustigt an. Was glaubt die eigentlich von mir?, dachte Lenz. Dass ich dieses Nazigesocks unterstütze?

Johann Kaup räusperte sich vernehmlich, entschied sich aber offenbar gegen einen Widerspruch, da der wehleidig geklungen und seine Stellung bei den Alten gefährdet hätte.

„Für alle anderen hier", fuhr Lenz fort, „hat die Kreispolizeibehörde Personenschutz angeordnet. Rund um die Uhr werden Polizeibeamte die Seniorenresidenz überwachen. Zwei Beamte werden direkt hier oben vor Ihrem Trakt Posten beziehen. Frau Finke ist, denke ich, damit einverstanden?"

Die Residenzleiterin nickte geradezu erleichtert.

„Sollte jemandem von Ihnen irgendetwas verdächtig erscheinen", fuhr Lenz fort, „wenden Sie sich bitte umgehend an die Beamten. Wir gehen davon aus, dass der Täter weitere Opfer sucht."

„Haben Sie konkrete Anhaltspunkte?", erkundigte sich Julius Merschhaus. „Ich meine, gibt es Hinweise, wer von uns besonders gefährdet ist?"

Während Gina den alten Mann gehässig angrinste, antwortete Lenz: „Nein. Aus unserer Sicht sind Sie wegen Ihrer Vergangenheit alle gleichermaßen gefährdet." Er beobachtete zufrieden, welch einschüchternde Wirkung diese Aussage auf die alten Leute hatte. Denen geht der Arsch auf Grundeis, dachte er. Geschieht ihnen recht, wenn sie schon zeitlebens keine Angst vor unserer Justiz haben mussten. „Ich werde allerdings nicht zulassen, dass meine Leute Seite an Seite mit Neonazis arbeiten. Meine Beamten werden erst Posten beziehen, wenn die Herrschaften da unten abgezogen sind."

Das sorgte für Bewegung unter den alten Leuten. Sie gerieten in eine heftige Diskussion darüber, ob man der Polizei vertrauen könne oder nicht lieber auf Wolfgangs und Johanns Kameraden setzen sollte.

„Einverstanden", donnerte Julius Merschhaus dazwischen. „Johann, zieh deine Männer ab und postier sie vor deinem Haus."

Der Angesprochene erkannte offenbar, dass für ihn hier nichts mehr zu gewinnen war. Wortlos drehte er sich auf dem Absatz um und verließ so würdevoll, wie es ihm angesichts seiner Klapprigkeit möglich war, den

Raum. Wolfgang blickte angewidert in die Runde und machte Anstalten, ihm zu folgen.

„Wo willst du hin?“, fuhr Kerstin Finke den Pfleger an.

„Keine Angst, ich bringe nur meinen Großvater hinunter.“ Ohne auf eine Erlaubnis zu warten, eilte er dem alten Mann hinterher.

„Sie halten sich in nächster Zeit am besten immer zu Zweit oder zu Dritt in einem Ihrer Zimmer auf“, riet Lenz. „Niemand sollte alleine das Haus verlassen. Nur so können meine Beamten für Ihre Sicherheit sorgen.“

Als hätte er sie damit aufgescheucht, standen die alten Leute auf und verließen heftig diskutierend den Raum. Julius Merschhaus folgte als Letzter und nickte Lenz zu, als seien sie von nun an Verbündete im Kampf gegen das Verbrechen.

„Ich könnte kotzen“, murmelte Gina gerade so laut, dass er es hören musste.

„Also …“ Lenz ließ sich neben Fabian Heller in die Polster fallen, während Kerstin Finke in ihr Büro zurückeilte und Gina ihnen gegenüber Platz nahm. „Was hast du mir zu sagen?“

Heller machte durch sein Grinsen deutlich, dass es für seine herablassende Art überhaupt keine Basis gab, antwortete aber: „Es geht um diesen Pfleger, Wolfgang Kaup.“ Er berichtete den Beamten von seinen Beobachtungen im Gerichtssaal und schloss mit der Feststellung: „Ich habe dabei kein gutes Gefühl. Hier tritt er als Pfleger auf, der den alten Nazis einen guten Lebensabend bereitet, und im Gerichtssaal wirkt er so, als passe er genau auf, wie Reinhold Hanning sich verhält.“

„Du hast nicht den Eindruck, dass er zur Unterstützung des Altnazis dort ist?“ Lenz zog die Stirn kraus.

„Das ist ja, was ich meine. Die anderen Glatzen verhöhnen die Opfer und verehren den Täter als Helden. Aber Kaup verhält sich anders. Hanning ist spürbar eingeschüchtert, sobald er den Raum betritt. Man hat den Eindruck, als bedrohe Kaup ihn förmlich. Dabei reicht seine bloße Anwesenheit.“

„Das ist doch verständlich“, wandte Lenz ein. „Wenn Hanning seine Schuld zugibt, verrät er seine alten Kameraden und die Ideologie der Neonazis. Die können doch nicht zulassen, dass alles, worauf sie stolz sind, von ihren angeblichen Helden als Verbrechen eingestanden wird.“

„Ich glaube, es ist viel schlimmer“, ließ sich nun Gina vernehmen. „Die Neonazis in den etablierteren Parteien wissen, dass sie trotz ihrer smarten Art für viele Deutsche nicht wählbar sind, weil es Auschwitz gegeben hat. Deshalb leugnen sie die Existenz der Todeslager. Für die Revisionisten waren das Arbeitslager für Verbrecher, reine Gefängnisse sozusagen. Ohne die Hypothek des Holocausts haben Typen wie Wolfgang Kaup eine politische

Zukunft. Mit ihr aber nicht. Deshalb darf Reinhold Hanning nichts gestehen und schon gar nichts bereuen."

Heller nickte nachdenklich. „Da ist was dran, fürchte ich." Er berichtete den Beamten von dem Auftritt der Holocaust-Leugnerin Haferkamp am ersten Prozesstag und davon, dass sie nur deshalb nicht in den Gerichtssaal gelangt war, weil einige engagierte Bürgerinnen und Bürger das verhindert hatten.

Der Aufzug klingelte. Als sich die Tür öffnete, trat Wolfgang Kaup aus der Kabine und verschwand im Flur des Traktes B, ohne Heller und die Kriminalbeamten eines Blickes zu würdigen.

„Den solltet ihr im Blick behalten", riet der Journalist. „Typen wie der sind gefährlich für die Demokratie und den Rechtsstaat."

„Solange er sich nichts zuschulden kommen lässt, können wir dem gar nichts", entgegnete Lenz. „Außerdem sind wir Mordermittler und nicht der Staatsschutz."

„Von wegen ‚wehrhafte Demokratie'!" Gina spuckte den Begriff förmlich aus. „Diese rechten Ratten führen uns doch an der Nase herum. Und wir sehen das und können nichts dagegen tun. Am Ende kommen die mit demokratischen Mitteln an die Macht und höhlen den Rechtsstaat dann von innen aus. Wie 1933."

„Sag mal", der Journalist wandte sich an die junge Kommissarin, „in Ottens Hof hatte ich letztens den Eindruck, dass du dich mit dem anderen Pfleger, diesem Mario, ganz gut verstehst."

Gina begegnete seinem Blick ausdruckslos.

„Was ist das für ein Typ?"

„Was genau meinst du?"

„Na ja, ich habe heute versucht, etwas aus ihm herauszubekommen, aber der bleibt hinter seiner freundlichen Fassade sehr verschlossen."

„Den Eindruck habe ich nicht."

„Deswegen frage ich dich ja", ließ Heller nicht locker. „Kann man dem trauen? Und wie kann so jemand mit einem Neonazi zusammenarbeiten?"

„Dienst ist Dienst und Schnaps ist Schnaps, nehme ich an." Gina zwinkerte zu Lenz hinüber. „Wir beide können ja auch zusammenarbeiten. Deswegen müssen wir uns privat nicht mögen."

„Wir waren sogar schon zusammen in Ottens Hof", widersprach Lenz.

„Na ja, zufällig. Oder besser gesagt: unfreiwillig."

„Sagt mal, nimmt mich hier überhaupt einer von euch ernst?", beschwerte sich Heller.

„Nö", antwortete Lenz und tauschte ein übereinstimmendes Grinsen mit seiner jungen Kollegin.

„Ich will wissen, ob dieser Mario echt ist", beharrte Heller. „Oder könnte es auch sein, dass er nur deshalb in der Residenz arbeitet, weil er so einen guten Zugang zu seinen Mordopfern hat? Dann wird er sich natürlich leichter mit diesem Neonazi arrangieren, um nicht rauszufliegen."

„Da sind wir dran", antwortete Lenz. „Schließlich sind wir nicht blöd. Genaueres kann ich dir aus ermittlungstaktischen Gründen momentan aber nicht sagen."

„Habt ihr heute schon die Blöd-Zeitung gelesen?", fuhr Heller nach kurzem Schweigen fort.

„So was lese ich grundsätzlich nicht." Lenz zog die Nase kraus. „Nur die Schlagzeilen beim Einkaufen und die reichen mir in der Regel schon."

„Dann weißt du ja, wovon ich rede." Heller zückte demonstrativ seinen Block und Stift. „Ihr habt offensichtlich einen Maulwurf in euren Reihen. In Wewelsburg ist mir gestern ein Name zu Ohren gekommen: Gebhard. Das muss einer der uniformierten Polizeibeamten sein, der in die Nähe der Leiche im Nordturm gekommen ist. Wie er weiter heißt, weiß ich nicht, aber das sollte ja rauszukriegen sein. Der quatscht gerne und macht sich bei den Dorfbewohnern wichtig. Wahrscheinlich sind auch die Fotos so bei der Blöd-Zeitung gelandet. Mein Chefredakteur hätte nun gerne eine Reaktion des leitenden Ermittlers auf dieses Leck."

Lenz stöhnte auf. Das hatte ihm gerade noch gefehlt. „Na schön. Was genau willst du hören?"

39

„Schöne Grüße aus der Kriminaltechnik", richtete Hauptkommissar Schröder mit Pokerface aus. „Ob wir hier alle total bekloppt wären?"

„Wie bitte?" Lenz hatte das Gefühl, irgendetwas nicht mitbekommen zu haben, weil er nur in feixende Gesichter blickte.

„Na ja, ich sollte doch wegen der Festplatte aus dem Museum nachfragen." Schröder tat immer noch so, als berichte er stumpf von seinen Ermittlungsergebnissen. „Und das war die Antwort. Ich soll Sie schön grüßen und fragen, ob wir hier alle total bekloppt wären."

Nun lachten die anderen Polizeibeamten ungehemmt los.

„Was soll der Scheiß?" Lenz wurde langsam sauer.

„Ist doch klar, Chef!" Gisbert Henke wischte sich Lachtränen von der Wange. „Die sind eingeschnappt. Natürlich haben sie längst selbst daran gedacht, die Festplatte zu überprüfen. Die Kollegen haben es nicht so gerne, wenn wir sie als Idioten darstellen."

„Ich glaube tatsächlich, dass ihr alle bekloppt seid!" Lenz Stimme war nah daran, sich zu überschlagen. In diesem Moment störte es ihn nicht einmal, dass er, der Hitze in seinem Gesicht nach zu urteilen, tiefrot angelaufen sein musste. „Wir ermitteln hier in der brutalsten Mordserie, die es im Kreis Paderborn jemals gegeben hat …"

„Von den Morden im KZ Niederhagen einmal abgesehen", warf Gina ein, machte aber sofort eine kuschende Handbewegung, als Lenz' cholerischer Blick sie traf.

„... da haben wir nun wirklich keine Zeit für derartige Empfindlichkeiten!", wütete er weiter. „Was haben die Techniker herausgefunden, verdammt noch mal?"

Das allgemeine Gelächter war einem betretenen Schweigen gewichen. Nicht einmal Jakobsmeier und Steinkämper trauten sich mehr, belustigte Blicke zu tauschen.

Schröder räusperte sich und antwortete mit rauer Stimme: „Die Festplatte im Museum war absolut jungfräulich. Sie ist also vom Täter gelöscht, im schlimmsten Fall sogar komplett formatiert worden. Fingerabdrücke waren keine darauf. Aber die Techniker arbeiten mit Hochdruck daran, die Daten wiederherzustellen."

„Na also", grummelte Lenz. „Das hört sich doch schon anders an. Weiter im Takt: Was habt ihr über Dr. Elling herausgefunden?"

„Darum habe ich mich gekümmert." Gisbert Henke klang geradezu übereifrig, als wolle er alles tun, um einen neuerlichen Wutausbruch seines Vorgesetzten zu verhindern. „Dr. Elling arbeitet seit knapp elf Jahren mit halber Stelle für das Kreismuseum und zusätzlich stundenweise für das Stalag in Stukenbrock und für das Preußen-Museum in Minden. Er übernimmt vornehmlich Führungen von Schulklassen und ausländischen Gruppen. Elling ist familiär geprägt: Sein Großvater war in den Zwanzigerjahren aktives SPD-Mitglied und stand auf der Schwarzen Liste der Nazis. Direkt nach der Machtergreifung haben die ihn für achtzehn Monate zur sogenannten ‚Umerziehung' ins KZ Dachau gesteckt. Nach dem Verbot der SPD war er im Untergrund für die Partei tätig und musste 1939 aus Deutschland fliehen. Anscheinend ist er damals von Genossen verraten worden und wäre garantiert diesmal von den Nazis liquidiert worden. Nach 1945 hat er die SPD im Kreis Paderborn wieder neu aufgebaut. Seine Geschichte jedenfalls hat seinen Enkel dazu gebracht, sich geradezu fanatisch mit dem Nationalsozialismus zu befassen und mit der Bekämpfung rechtsextremer Strömungen."

„Na also", warf Gina ein, „dann hat er doch tatsächlich allen Grund, die alten Nazis zu hassen."

„Mag sein", fuhr Henke fort. „Aber ein Mörder ist er deshalb noch lange nicht. Dr. Elling gilt als äußerst kompetent und extrem engagiert in der Aufarbeitung der Naziverbrechen in Wewelsburg und Umgebung. Außerdem ist er Fachmann für die rechte Musikszene und engagiert sich vor allem in der Jugendarbeit, um ahnungslose Jugendliche über rechte Symbole und Propaganda aufzuklären. Er arbeitet viel in der Prävention mit Schulklassen und ist auch federführend in einem regionalen Projekt, das versucht, Neonazis aus der Szene zu holen. Außerdem veranstaltet er regelmäßige

Grabungscamps mit Jugendlichen im ehemaligen SS-Schießstand in Wewelsburg. Für mich sieht das so aus, als sei sein Lösungsansatz die Arbeit mit jungen Menschen, damit Verbrechen wie die im Dritten Reich nie wieder passieren. Ich glaube nicht, dass ihm jedes Mittel recht wäre. Jedenfalls konnte ich keinerlei Auffälligkeiten oder Konflikte mit dem Gesetz feststellen. Der Mann ist noch nie polizeilich in Erscheinung getreten."

„Das heißt also, er ist absolut ungeeignet als Verdächtiger in unseren Mordfällen", schloss Lenz und stellte befriedigt fest, wie sehr ihn das beruhigte.

„Ich bin nicht damit einverstanden, dass wir Dr. Elling so schnell aus dem Kreis der Verdächtigen ausschließen", warf Gina grimmig in die Runde.

Alle Kollegen blickten sie genervt an. Gisbert Henke grinste spöttisch, als wollte er sagen: Na klar, jeder ist hier verdächtig, nur dein Mario Hülsmann nicht.

„Wir haben doch gerade geklärt, dass er nicht infrage kommt", antwortete Schröder in einem Tonfall, als habe er es hier mit einem besonders schweren Fall von Begriffsstutzigkeit zu tun.

Auch Lenz konnte sich nur schwer zurückhalten, weil er hinter der Frage eine Nebelkerze vermutete. Allerdings riss er sich zusammen und presste nur hervor: „Was, bitte schön, liegt deiner Ansicht nach gegen Dr. Elling vor?"

„Das seht ihr nicht, was?", fauchte die Kommissarin in die Runde. „Oder wollt ihr es vielleicht sogar nicht sehen?"

„Klär uns bitte auf, Kollegin Superschlau", spottete Schröder.

Gina biss sich auf die Lippe und bemühte sich sichtlich um Haltung. „Na gut, dann werde ich das mal machen", begann sie. „Wir sind uns einig, dass der Täter außergewöhnlich umfassendes Insider-Wissen hat. Und jetzt mal Hand aufs Herz: Glaubt ihr ernsthaft, dass es außer den Historikern, die sich hauptberuflich mit nichts anderem beschäftigen, irgendjemanden gibt, der so detaillierte Kenntnisse über den Zusammenhang von Germanenkult und SS-Ideologie hat?" Sie blickte fragend in die Runde und wirkte sichtlich zufrieden, als sie keinen Widerspruch bekam. „Eben! Und Dr. Elling ist nicht nur der Fachmann in diesen Fragen, er ist auch ein verbissener Fanatiker. Jedenfalls macht er auf mich den Eindruck – Jugendarbeit hin oder her."

„Nicht jeder, der seinen Job ernst nimmt, ist gleich ein verbissener Fanatiker und bringt für seine Sache sogar Menschen um." Schröder grinste spöttisch. „Aber das kannst du vielleicht nicht nachvollziehen."

„Danke für die Belehrung, Arschloch", giftete die Kommissarin zurück, merkte aber selbst, dass sie damit zu weit gegangen war, und kam Lenz' Einschreiten mit einer entschuldigenden Handbewegung zuvor.

„Wir waren uns aber genauso darüber einig", wandte Oberkommissar Jakobsmeier ein, „dass er mit Sicherheit nicht so blöd ist, die Leiche direkt an seinem Arbeitsplatz zu inszenieren. Dann könnte er sich ja gleich ausliefern."

„Eben nicht", widersprach Gina. „Du siehst doch, wie das funktioniert. Keiner von euch hat ihn jetzt noch auf dem Schirm, obwohl oder vielleicht gerade weil die Leiche in der Gruft ausgestellt worden ist."

„Etwas verdreht argumentiert", urteilte Steinkämper, „aber nicht zu widerlegen."

„Der rechnet damit, dass niemand ihm eine derartige Dummheit zutraut und wir alle genauso denken wie du", schlussfolgerte Gina und wandte sich damit direkt an Jakobsmeier. „Und ihr geht ihm auf den Leim. Ich verstehe gar nicht, wieso ihr seine außergewöhnliche Expertise bei der Suche nach dem Täter ignoriert."

„Also gut." Lenz wollte sich am Ende nicht vorwerfen lassen, Ginas Argumentation zu leichtfertig in den Wind geschlagen zu haben. „Sobald wieder genügend Kollegen für die Überwachung in Büren zur Verfügung stehen, beziehen wir Dr. Elling in die Observation ein."

Er blickte in die Runde und erntete nachgiebiges Schulterzucken.

„Was ist mit Mario Hülsmann?", wandte er sich an Jakobsmeier. „Gibt es da etwas Neues?"

„Nur das, was wir schon wissen", antwortete der Oberkommissar. „In letzter Zeit ist er geradezu auffällig unauffällig: Mal abgesehen von kleinen Sitzblockaden bei FPA-Demos in den letzten zwei Jahren ist er in der Antifa-Szene nicht mehr groß in Erscheinung getreten. Seit er im Seniorenheim arbeitet, wurde er bei keiner ungenehmigten Versammlung registriert."

„Hört sich so an, als sei er vernünftig geworden", kommentierte Gisbert Henke.

„Oder er hält sich bewusst zurück, um unverdächtig zu erscheinen", warf Schröder ein. „Vielleicht ist er dazu übergegangen, wirksam gegen die alten Nazis vorzugehen, indem er sie ermordet, statt nur zu demonstrieren."

Gina presste die Lippen aufeinander. Lenz ahnte, wie es in ihr aussah, konnte und wollte darauf aber keine Rücksicht nehmen.

„Ich habe jedenfalls mal überprüft", fuhr Schröder fort, „wie viele Todesfälle es im Trakt B des Seniorenheims gegeben hat, seit Mario Hülsmann dort seinen Bundesfreiwilligendienst angetreten hat. Tja, und was soll ich sagen? Außer den uns bekannten Toten sind in der Zeit zwei weitere alte Menschen gestorben; beide übrigens an Herzversagen."

„Was ja nichts heißen muss! Ist ja schließlich ein Seniorenheim mit vielen Achtzig- und Neunzigjährigen." Ginas Geduld war deutlich am Ende. Sie stemmte sich halb auf dem Tisch hoch und blitzte den Hauptkommissar gefährlich an.

„Was überhaupt nichts heißen muss“, stimmte Schröder gleichmütig zu. „Was aber durchaus etwas heißen kann.“

„Was schlagen Sie vor?“, fragte Lenz seinen Stellvertreter und ignorierte demonstrativ seine junge Kollegin, die sich wutschnaubend wieder auf ihren Stuhl fallen ließ.

„Exhumierung und Obduktion.“ Der Tonfall verriet, dass es für Hauptkommissar Schröder da gar keine Alternative geben konnte.

„Einverstanden.“ Lenz nickte ihm zu. „Leiten Sie alles in die Wege.“

„Denkt hier auch mal jemand daran, was das den Steuerzahler kostet?“, schnaufte Gina.

„Werte Kollegin.“ Lenz‘ Stimme klang gleichmütig, aber sein Blick sorgte für den notwendigen Nachdruck. „Angesichts der Tatsache, dass auch Elfriede Gerken nach einem angeblichen Herzversagen beerdigt worden ist und der Mord an ihr niemals aufgedeckt worden wäre, wenn wir sie nicht exhumiert hätten, ist es doch wohl naheliegend, dass wir die anderen beiden Verstorbenen nun ebenfalls einer genaueren Untersuchung unterziehen. Für den Steuerzahler wäre die Geldverschwendung größer, wenn er eine Polizei finanzieren müsste, die mögliche Straftaten nicht weiterverfolgen würde.“ Er wandte sich wieder an Schröder: „Wer waren die Beiden übrigens?“

„Gudrun Schulze-Hüsken und Gerhard Fraune. Sie ist Ärztin im St. Johannes-Stift in Marsberg gewesen und hat dort das Euthanasieprogramm durchgeführt. Ihr wisst schon: Die haben damals das sogenannte ‚lebensunwerte Leben‘ totgespritzt; Behinderte, psychisch Kranke und so. In Marsberg gab es eine sogenannte Kinderfachabteilung, in der mindestens fünfzig Kinder ermordet wurden. Als 1941 wegen Unruhen in der Bevölkerung das Programm nach Dortmund Aplerbeck verlegt wurde, wechselte Gudrun Schulze-Hüsken in die Tötungsanstalt Hadamar. Da hat sie im sogenannten Programm T4 gearbeitet, in dessen Rahmen 1941 in Hadamar 10.072 Menschen vergast worden sind.“

Im Besprechungsraum war es totenstill, während Schröder die Fakten vortrug. Auch Gina hatte den Kopf gesenkt.

Schröder räusperte sich und fuhr fort: „Gerhard Fraune war Arzt in Sachsenhausen. Wewelsburg war ja zeitweise Außenlager Sachsenhausens. Er hat Menschenversuche geleitet, in denen Häftlinge mit vergifteter Munition beschossen wurden. Die Opfer starben in der Regel etwa zwei Stunden nach dem Beschuss an einer Vergiftung durch … Moment …“ er blätterte in seinen Unterlagen „… Akonitinnitrat. Das muss ein sehr schmerzhafter Tod gewesen sein. In den Darstellungen heißt es, die Menschen hätten sich aufgebäumt und wilde Bewegungen gemacht, bis sie endlich tot waren.“

„Schweinebande“, ließ sich Gisbert Henke vernehmen. „Gut, dass die unter der Erde sind.“

Lenz zog die Augenbrauen hoch, ließ das aber unkommentiert. „Sie, Herr Jakobsmeier, bleiben dran, was Mario Hülsmann angeht. Und der Gründlichkeit und Fairness halber, Herr Schröder, vergleichen Sie die Sterberate im Trakt B während der Hülsmann-Zeit mit der in den vergangenen fünf Jahren. Mir ist zwar bewusst, dass die Zahl mit zunehmendem Alter der Bewohner steigt, aber wir dürfen auch nichts übersehen und müssen zieloffen ermitteln." Er machte sich ein paar Notizen und wandte sich dann wieder allen zu. „Wir müssen uns jetzt darauf konzentrieren, dass es keinen weiteren Mord gibt. Unsere Kollegen überwachen die Seniorenresidenz rund um die Uhr. Ich habe außerdem zwei Teams in Wewelsburg eingesetzt, die nachts die bisherigen Tatorte im Blick behalten. Wir müssen versuchen, das nächste potenzielle Opfer zu identifizieren, um dem Täter zuvor zu kommen."

„Daran habe ich auch schon gedacht", stimmte Jochen Steinkämper zu. „Wenn Sie erlauben?" Er deutete auf ein paar Zettel vor sich auf dem Tisch.

Lenz nickte ihm zu und lehnte sich zurück.

„Also: Unser Täter macht offenbar keinerlei Unterschied zwischen Männern und Frauen. Ihm geht es meiner Ansicht nach auch nicht um eine Mitgliedschaft in der Waffen-SS oder um einen besonderen Rang seiner Opfer. Elfriede Gerken, Anton Kottmann und Renate Körting haben allerdings eines gemeinsam: Sie haben im Umfeld von Wewelsburg gearbeitet, in der Burg oder im Lager. Der Opferkreis ist also deutlich eingegrenzt." Er blickte in die Runde, ob es Widerspruch gab, und fuhr dann fort: „Deshalb habe ich mir die anderen Bewohner in Büren noch einmal angesehen und überlegt, wen ich, wenn ich der Täter wäre, mir als Nächsten rauspicken würde. Tja, und da bin ich auf Julius Merschhaus gestoßen. Er war als junger Mann bei der Gestapo in Paderborn eingesetzt. Ich habe zwar keine direkte Verbindung zur Wewelsburg gefunden, aber die Gestapo war ja überall zuständig. Außerdem ist er der ranghöchste Nazi, der in der Residenz wohnt."

„Gibt es konkrete Verbrechen, die ihm angelastet wurden?", warf Gisbert Henke ein.

„Ich habe nichts gefunden, aber er war bis zum Schluss ein strammer Nazi. Trotzdem konnte er nach 1945 als Studienrat an einem Paderborner Gymnasium unterrichten: Geschichte und Deutsch. Interessanterweise hat es bei den Engländern überhaupt keine Probleme mit der Entnazifizierung gegeben. Er durfte direkt wieder in seinen alten Beruf einsteigen, den er von 1935 bis 1937 an demselben Gymnasium ausgeübt hatte."

„Da hat man aber den Bock zum Gärtner gemacht", reagierte Franz-Georg Jakobsmeier mit ungläubigem Blick. „Ein Nazi unterrichtet Geschichte!"

„Das war gang und gäbe", winkte Steinkämper ab.

„Stimmt", meldete sich Schröder zu Wort. „Wenn ich da an meine alten Lehrer denke, die damals kurz vor der Pensionierung standen ... da war so mancher autoritäre Sack aus der Nazizeit übriggeblieben. Bei denen hat es schon mal die eine oder andere Ohrfeige gesetzt."

„So einer war Merschhaus auch." Steinkämper war offenbar fest entschlossen, sich nicht aus dem Takt bringen zu lassen. „Seine Gestapo-Mitgliedschaft hat interessanterweise nicht verhindert, dass er bis zum Studiendirektor aufgestiegen ist. Im schwarzen Paderborn hat man da nie so genau hingeguckt. Das wollte man alles lieber gar nicht wissen." Als Schröder erneut etwas anmerken wollte, kam Steinkämper ihm zuvor: „Ich weiß, das war andernorts genauso."

Lenz nickte. Er erinnerte sich an Dr. Ellings Bericht über die Widerstände, die es beim Aufbau des Museums und bei der Errichtung des Mahnmals gegeben hatte. „Und das ist nun Ihr potenziell nächstes Opfer?", fragte er Steinkämper.

„Exakt." Der Oberkommissar nickte.

„Warum nicht Johann Kaup? Schließlich war er der Wachsturmführer in Wewelsburg und ist damit der ranghöchste noch lebende regionale Altnazi."

„Weil Johann Kaup für den Täter unerreichbar sein dürfte." Steinkämper grinste breit. „Niemand ist besser bewacht als er. Schließlich ist sein Enkel der örtliche Top-Neonazi und hat mit seiner Schlägertruppe mehr Personal zur Verfügung als wir."

„Da ist was dran. Hat jemand Einwände gegen die Vermutung des Kollegen?" Lenz blickte in die Runde, erntete aber keinen Widerspruch, sondern nur Steinkämpers Kopfschütteln. „Also gut. Dann behalten wir das im Blick. Kollege Steinkämper, sagen Sie den Beamten in der Residenz Bescheid, dass sie ein besonderes Augenmerk auf Julius Merschhaus haben. Der Alte darf keinen Schritt ohne Begleitschutz machen. Und wir jagen derweil weiter nach dem Täter."

Steinkämper räusperte sich und wand sich sichtlich.

„Einspruch, Herr Kollege?", erkundigte sich Lenz erstaunt.

„Tja." Der Oberkommissar wiegte leicht den Kopf. „Wie man´s nimmt. Ich meine ..."

„Jetzt drucksen Sie hier nicht so rum", fuhr Lenz ihn an. „Dafür haben wir keine Zeit. Was ist los?"

„Das mit der Täterjagd ... Ich meine, wir treten da im Moment ja nun auf der Stelle ... deshalb dachte ich, wir könnten einen Köder auslegen, wenn Sie verstehen, was ich meine."

Lenz brauchte einen Moment, bis er begriffen hatte. Dann grinste er den Oberkommissar an: „Nicht schlecht, Herr Kollege, wirklich nicht schlecht. Also gut, die Beamten in Büren sollen sich im Hintergrund halten, aber dabei nicht minder wachsam sein. Am besten verschwinden sie ganz aus dem sichtbaren Bereich. Vielleicht kann einer von ihnen Merschhaus das Signal geben, dass momentan keine akute Gefahr besteht. Je freier er sich bewegt, desto größer ist die Chance, dass sich der Täter an ihn heranwagt. Aber ich warne Sie, Kollege, wenn das schiefgeht, hat Kriminaldirektor Heitkamp uns alle an den Eiern."

Steinkämper grinste zufrieden, während Hauptkommissar Schröder zweifelnd die Augenbrauen hochzog. Allerdings wagte auch er keinen Einspruch.

Er wollte schon aufstehen, als Gina mit gepresster Stimme fragte: „Was ist mit Wolfgang Kaup?"

„Wieso?" Lenz sah sie verständnislos an. „Was soll mit ihm sein?"

„Na ja, ich denke, dass wir den Anführer der Neonazis hier im Kreis schon im Blick behalten sollten. Von wegen auf dem rechten Auge blind und so."

„Da stimme ich dir einerseits zu, andererseits ist das nicht unsere Baustelle. Wolfgang Kaup ist ein Fall für den Staatsschutz und nicht für uns. Oder willst du ihn etwa auch noch in den Kreis der Tatverdächtigen aufnehmen?" Er raffte seine paar Zettel zusammen und stand auf. „Wenn aktuell weiter nichts ist, machen wir uns wieder an die Arbeit."

Gina stemmte sich mit beiden Händen auf der Tischplatte hoch und rauschte vor den anderen aus dem Raum.

Wewelsburg, den 25. Juni 1941

Mein liebes Muttchen!

Dieser Brief wird Dir kein Vergnügen bereiten, denn leider muß ich Dir mitteilen, daß ich heute meinen Marschbefehl bekommen habe. Fast habe ich damit gerechnet, als es vor drei Tagen gegen Rußland ging und intern gemunkelt wurde, daß im Gefolge unserer Truppen Spezialisten für die Bekämpfung von Partisanen eingesetzt werden sollen.

Ja, mein Muttchen, nun geht es auch für mich nach Rußland, denn von Anfang an machen unseren Truppen die hinterhältigen Angriffe der Partisanen zu schaffen. Diese widerwärtigen Steppenmenschen sind derart unberechenbar, daß schnellstens mit ihnen aufgeräumt und kurzer Prozeß gemacht werden muß. Man hat mich ausgewählt, denn ich habe Erfahrung im Umgang mit gefährlichen Feinden des Reiches und weiß, wie mit ihnen zu verfahren ist. Mein guter Ruf bis nach Berlin wird mir nun zum Verhängnis.

Nun wirst Du fragen, warum ausgerechnet uns das schwere Los treffen muß. Und da muß ich Dir sagen, daß in Zeiten wie diesen die persönlichen Belange zurückzustehen haben. In diesem letzten Kampfe darf kein Opfer zu groß sein, um den Sieg zu erringen, denn es weiß doch jeder ganz genau, dass unsere Feinde im umgekehrten Fall hart mit uns Deutschen ins Gericht gehen würden.

Sie würden das Reich zerstückeln und das Volk ausrotten und verhungern lassen. Uns überzeugte Nationalsozialisten, die wir Deutschland wieder großgemacht haben, würde man an die Wand stellen und unseren ganzen Besitz einziehen.

Und weißt Du, wer die willigen Vollstrecker dieses Massenmordes wären? Unsere Häftlinge in den Konzentrationslagern! Diese Verbrecher würden üble Rache nehmen für unseren Aufwand an Erziehung, die wir ihnen angedeihen lassen und der doch nur in kleinem Maße zum erhofften Erfolg führt. Diese Tiere wären zu Grausamkeiten in der Lage, von denen Du Dir kein Bild machen kannst.

Doch dazu wird es nicht kommen, wenn wir in Rußland ganze Arbeit leisten. Und so viel kann ich Dir versprechen und das bin ich auch als Vorbild unserem Sohn Anton schuldig, daß ich in meinem neuen Aufgabenbereich keine Gnade kennen und jede Härte anwenden werde, die nötig ist.

Schon morgen geht mein Zug von Paderborn in Richtung Osten. Ich weiß, daß mir nichts passieren wird, denn Du wirst in Gedanken immer an meiner Seite sein.

Gib den Kindern einen Kuß von mir und behalt mich lieb!

Dein Vati

40

Ein Raunen ging durch die Menge, als Johann Kaup am Arm seines Enkels und flankiert von zwei Nazi-Rockern an den Warteschlangen hoch erhobenen Hauptes vorbeistolzierte. Für heute stand die Aussage Reinhold Hannings auf dem Sitzungsprogramm. Offenbar wollte der altersschwache Held sichergehen, dass der SS-Wachmann nicht auf seine alten Tage schwurbrüchig wurde.

‚Meine Ehre heißt Treue', dachte Heller angewidert.

Er erwartete eigentlich nichts von diesem Tag. Hanning hatte bisher geschwiegen und seine eiskalten Augen stur in die Tischplatte gebohrt. Warum sollte das heute anders sein, nur weil der Sitzungskalender seine Stellungnahme vorsah? Allerdings war es sicher interessant, zu beobachten, wie Kaup und seine Nazi-Bande die Atmosphäre im Saal bestimmen würden und welchen Eindruck das auf Hanning machte.

Die Kaup-Gruppe platzierte sich in der ersten Reihe, die ihr auch von niemandem streitig gemacht wurde. Selbst die engagierte Frau Hesse war angesichts der beiden Nazi-Generationen nur zu vorsichtigen Seitenblicken in der Lage. Hanning, der am Stock ging und von seinem Enkel in den Saal geführt wurde, wirkte eine Sekunde lang verunsichert, als er sah, welch hoher Besuch ihn heute beehrte. Genauso schnell aber fand er zu seiner üblichen versteinerten Miene zurück, während er sich betont mühsam neben seinem Verteidiger niederließ. Der redete gleich leise auf seinen Mandanten ein, was sicherlich beruhigend wirken sollte, aber für Heller den gegenteiligen Anschein erweckte: Der Rechtsanwalt war deutlich nervöser als sein Mandant.

Auch die Richterin war für einen Augenblick sichtlich irritiert angesichts der Vierergruppe in der ersten Reihe. Allein die Eröffnungsroutine half ihr über den Moment der Unsicherheit hinweg. In den Besucherreihen war es totenstill: kein Tuscheln, kein Raunen, nichts als gespannte Erwartung.

„Herr Rechtsanwalt", wandte sich die Richterin an Hannings Verteidiger, „ist Ihr Mandant heute zu einer Aussage bereit?" Offenbar hielt sie es für überflüssig, sich an den Angeklagten selbst zu wenden, da der ja während des ganzen Prozesses noch nicht ein Wort gesagt hatte.

Der Verteidiger nahm einen Stapel Zettel aus einer Akte und erhob sich. „Mein Mandant ist zu einer umfassenden Aussage bereit, fühlt sich aber nicht in der Lage, diese selbst vorzutragen."

Ein Raunen ging durch den Saal. Niemand hatte damit gerechnet, dass Hanning tatsächlich aussagen würde. Johann und Wolfgang Kaup sahen sich an, der Alte runzelte dabei die Stirn, aber sein Enkel nickte ihm beruhigend zu.

„Dies ist das Resultat von Gesprächen und Befragungen durch mich", fuhr der Rechtsanwalt fort. „Mit Ihrer Erlaubnis, Frau Richterin, werde ich Herrn Hannings Aussage verlesen."

Die Richterin nickte ihm zu und lehnte sich zurück. Auch der Staatsanwalt richtete sich mit einem süffisanten Grinsen darauf ein, dass das nun Folgende dauern würde.

Fabian Heller stöhnte innerlich auf, als die ersten Sätze, die der Anwalt vortrug, diese Befürchtung bestätigten: „Ich wurde am 28. Dezember 1921 in Helpup, heute Oerlinghausen, damals Kreis Lemgo, als Sohn des Arbeiters Hermann Hanning und dessen Ehefrau Paula Hanning, geborene Lammert, geboren. Aufgewachsen bin ich in Billinghausen, einem heutigen Stadtteil von Lage, Kreis Lippe. Meine Familie bestand aus meinen Eltern, meiner zwei Jahre jüngeren Schwester und einer weiteren, allerdings 14 Jahre jüngeren Schwester."

Der Verteidiger verlas die Familienverhältnisse in stoischer Langsamkeit und betonte besonders, dass Hannings Vater von seiner Gesinnung her kein Nationalsozialist gewesen sei und auch kein Mitglied der NSDAP. Es folgte eine detaillierte Darstellung der Schulzeit des jungen Reinhold und des eher unfreiwilligen Beitritts zur Hitlerjugend, da halt seinerzeit alle

Klassenkameraden geschlossen der HJ beigetreten seien. Die sporadischen Treffen seien auch keine politischen Veranstaltungen gewesen, sondern hätten vor allem sportlichen Gemeinschaftsaktivitäten gegolten. Auch habe man an Wettkämpfen in Bielefeld teilgenommen.

Heller wunderte sich, mit welcher Dreistigkeit der Angeklagte und mit ihm sein Verteidiger die Hitlerjugend als Sportverein darstellten, als habe es sich dabei um die DLRG gehandelt und nicht um eine Organisation zur systematischen ideologischen Erziehung und Kriegsvorbereitung. Auch im Publikum machte sich hämisches Grinsen auf den Gesichtern breit.

Mit vierzehn Jahren habe Hanning seine Schulzeit beendet und eine Stelle in einer Bielefelder Fabrik angetreten. Der Verteidiger betonte den harten Arbeitsalltag, insbesondere den beschwerlichen Weg mit dem Fahrrad von Billinghausen nach Bielefeld und zurück und die anschließende Knochenarbeit im Gemüsegarten des Vaters. Dann sei die Mutter gestorben, woraufhin die ältere Schwester den Haushalt übernommen habe und die jüngere zu den Großeltern geschickt worden sei. Als der Vater schließlich eine neue Frau kennengelernt habe, habe das Familienleben eine gänzlich neue Richtung genommen. Es habe sich um eine Krankenschwester gehandelt, die Mitglied der NSDAP gewesen sei und darauf bestanden habe, dass alle Kinder das Elternhaus verließen, bevor sie einzöge.

Nicht auch noch die böse Stiefmutter, dachte Heller. Die harte Kindheit hat doch schon gereicht, jetzt wird der arme Junge auch noch verstoßen. Hänsel und Gretel lassen grüßen!

Eben diese Krankenschwester habe Hanning, der sich mit 17 Jahren freiwillig zur Wehrmacht gemeldet hatte, schließlich überredet, lieber zur SS zu gehen, und dies durch ihre guten Kontakte auch in die Wege geleitet. Die erste Station des jungen SS-Mannes Hanning sei Graz in Österreich gewesen, wo er seine Grundausbildung bekommen habe. Auch dort habe es aber nahezu keine politische Schulung gegeben.

Wer´s glaubt, wird selig, dachte Heller. Klumpfüßchens Märchenstunde. Otto Ernst Remers Stimme klang ihm im Ohr: „Wir sind heute gottlob politische Soldaten!" Und Remer war Wehrmachtsoffizier gewesen. Um wieviel mehr musste seine Äußerung auf die SS zugetroffen haben!

Dann sei Hanning zum SS-Regiment ‚Der Führer' nach Holland versetzt worden - „zur Sicherung der Niederlande", wie der Verteidiger ausführte. In das Raunen, das dieser Formulierung folgte, mischten sich einzelne leise Lacher im Publikum. Auch die Richterin verzog das Gesicht und der Staatsanwalt schüttelte den Kopf. So konnte man einen aggressiven Angriffskrieg und eine völkerrechtswidrige Besatzung auch verdrehen.

Der Verteidiger verlas nun in allen Einzelheiten sämtliche Einsatzorte Hannings im Krieg. Nach den Niederlanden folgten Frankreich, Serbien und Russland, wo der Angeklagte schließlich schwer verwundet worden sei: „Im

Nahkampf bekam ich einen Granatsplitter in den Bereich der Schläfe. Ferner erlitt ich Oberschenkeldurchschüsse am rechten Bein. Ich habe damals viel Blut verloren."

In Katowitz sei Hanning am Kopf operiert worden und habe anschließend hohes Fieber und seinen ersten Malariaanfall bekommen. Er sei daraufhin zur Erholung in ein Sanatorium in Solahütte nahe Auschwitz verbracht worden. „Ich wusste nicht, was Auschwitz war", betonte der Verteidiger stellvertretend für seinen Mandanten. Hanning habe die gute Kameradschaft an der Front sehr vermisst und wäre am liebsten sofort dorthin zurückgekehrt. Das habe aber ein Spieß im Sanatorium verhindert, der bestimmt habe, dass Hanning seinen zukünftigen Dienst im Konzentrationslager Auschwitz zu verrichten habe.

Nach der bösen Stiefmutter also jetzt der mephistophelische Vorgesetzte, der den armen, ahnungslosen jungen Mann direkt in die Hölle verfrachtete, dachte Heller.

Auch Johann Kaup schien anderes von seinem Kameraden zu erwarten, mehr Begeisterung für die große Sache; etwas, das in Richtung des ehrenvollen Dienstes für Führer, Volk und Vaterland ging. Sein Blick verfinsterte sich zusehends, während der Angeklagte regungslos mit schiefem Mund auf die Tischplatte vor sich starrte und deutlich bemüht war, ein erbarmungswürdiges Bild abzugeben.

Heller sah zu den alten Leuten hinüber, die als Zeugen aus Israel und Kanada dem Schauspiel sichtlich angespannt folgten. Was mochte in ihnen nur vorgehen, wenn sie eine solche Geschichte aufgetischt bekamen?

„In Auschwitz angekommen, hatte ich mich sofort in der Kommandantur zu melden", las der Verteidiger weiter vor. Es folgte eine Schilderung der Unterbringung des SS-Mannes Hanning in einer Stube mit zwei weiteren Kameraden des dritten Wachbataillons. Seine Dienststube sei in der Kommandantur gewesen, wo er als UvD, als Unteroffizier vom Dienst, in 24-Stunden-Schichten Wache zu halten und alle Personen zu registrieren gehabt habe, die das Lager betraten oder verließen.

Ein Ruck ging durch den alten Johann Kaup, als der Verteidiger stellvertretend für Reinhold Hanning vorlas: „Als ich mehrere Wochen in Auschwitz war, war mir bekannt, was dort mit den Häftlingen geschah. Es wurden Menschen erschossen, vergast und verbrannt. Ich konnte sehen, wie Leichen hin- und hergefahren oder abtransportiert wurden. Ja, das bekam man mit. Ich nahm Verbrennungsgeruch wahr. Ich wusste, dass man Leichen verbrannte. Es herrschte dort eine Atmosphäre, die ich heute nicht mehr beschreiben kann. Man sah, was geschah, konnte sich jedoch gegenüber anderen Kameraden nicht so richtig äußern und verständigen. Die Situation war völlig anders als an der Front. Dort konnte sich jeder auf den anderen verlassen. In Auschwitz war das anders. Hier habe ich so gut wie niemandem getraut. Ich bin der Meinung, dass jeder, der Mitglied des Wachbataillons war, wusste, was dort geschah. Natürlich waren andere Kameraden näher dran. Mit nah dran meine ich nah an den Tötungshandlungen."

Einer der Neonazis sprang auf und rief „Alles Lüge!" in den Saal. Bevor die Richterin einschreiten konnte, hatte Wolfgang Kaup schon beruhigend die Hand auf den Arm des wutschnaubenden Rotgesichtigen gelegt und ihn auf seinen Stuhl zurückgezogen. Mit wenigen scharfen Worten brachte er seinen Adjutanten zum Schweigen, während Johann Kaup sichtlich um Fassung rang und schwer nach Luft schnappte. Die Aussage des Angeklagten drohte aus dem Ruder zu laufen. Der Feigling machte alles zunichte, was Revisionisten wie er in jahrzehntelanger mühseliger Arbeit an Geschichtsklitterung aufgebaut hatten.

„In meinem Gerichtssaal wird es keine Holocaust-Leugnung geben!", erklärte die Richterin scharf. „Noch eine solche Entgleisung und ich werde Sie des Saales verweisen und den Staatsanwalt auffordern, Anklage gegen Sie zu erheben."

Die Zeugen wirkten zufrieden, sowohl mit der Reaktion der Richterin als auch mit Hannings Aussage. Für sie ging es hier heute um alles und es hatte tatsächlich den Anschein, als würde vor einem deutschen Gericht endlich von einem Täter bestätigt, dass Auschwitz eine Mordfabrik gewesen war. Heller hatte seine Freude an dem, was er da sah und hörte.

Der Verteidiger trug ungerührt weiter vor, wie Hannings Alltag in Auschwitz ausgesehen habe. Es entwickelte sich eine Geschichte von einem Außenseiter, der niemals Dienst an der Rampe gehabt habe und von den anderen, den wahren SS-Aufsehern, nie akzeptiert worden sei. Einmal habe er sogar eine Frau aus dem Lager in Richtung des nächsten polnischen Dorfes gewiesen, wobei offen blieb, ob es sich um einen Häftling gehandelt hatte. Und einen Brief eines Häftlings an dessen Frau habe er verbotenerweise während seines Heimaturlaubs persönlich nach Bielefeld gebracht, womit er sich höchster Gefahr ausgesetzt habe. Der Verteidiger war redlich bemüht, das Bild eines guten, eines menschlichen SS-Mannes zu entwerfen, der in die industrielle Tötungsmaschinerie in Auschwitz nicht eingebunden gewesen sei. Entsprechend betonte er, dass Hanning immer nur Dienst im Stammlager I gehabt habe, nie in Auschwitz II, also Birkenau, wo sich die Gaskammern und Krematorien befunden hatten.

„Irgendwann meldete ich mich dann freiwillig zum Unteroffizierslehrgang an", ging die Lebensbeschreibung weiter. „Dieser Unteroffizierslehrgang fand in Bad Tölz statt. Nachdem ich den Lehrgang beendet hatte, stand die Beförderung zum Unterscharführer an. In dieser Funktion war ich öfter Kommandoführer und habe vier bis fünf Soldaten des Wachbataillons kommandiert, vornehmlich bei Arbeitseinsätzen außerhalb des Lagers. Wenn ich gefragt werde, ob ich auch an der alten Judenrampe als Wachführer eingesetzt war, so muss ich dies verneinen. An der alten Judenrampe war ich nicht als Wachführer eingeteilt. Ich habe mir aber mal nach Dienstschluss angesehen, wo die neue Bahnlinie nach Birkenau verlegt wurde."

Und nun kam wieder die Malaria ins Spiel. Hanning wollte weitere Anfälle gehabt haben und so in die Krankenstation eingewiesen worden sein. „Während ich dann im Stammlager in der Krankenstation war, bekam ich durch andere Kameraden mit, dass wieder ein Zug angekommen sei. Man erfuhr natürlich, dass Züge mit Güterwagen in Auschwitz ankamen, die vollgestopft mit Menschen waren. Uns war schon bekannt, dass ein Großteil der Leute, die mit den Zügen ankamen, getötet wurde."

Kunststück, dachte Heller. In den intensivsten Zeiten waren täglich mehr als sechstausend Menschen nach Auschwitz deportiert und dort vergast und verbrannt worden. Ein Zug musste den anderen an der Rampe geradezu abgelöst haben. Wie, bitte schön, sollte ein Wachführer das auch nicht mitbekommen haben, selbst wenn die Züge auf den neuen Gleisen am Stammlager nur vorbeigerollt waren?

„Schon auf halber Strecke, wenn man sich vom Stammlager I in Richtung Birkenau begab, nahm man den Geruch der sich dort befindlichen Krematorien wahr. Ich wollte absolut nicht nach Birkenau, ich wusste wohl, was dort los war. Ich habe immer zugesehen, dass ich dort nicht zum Einsatz kam." Der Verteidiger machte eine Kunstpause, um diese Sätze wirken zu lassen. „Ich hatte in der ersten Zeit, in der ich nach Auschwitz abkommandiert worden war, zweimal Versetzungsanträge zur Front gestellt", las er dann weiter. „Ich wollte zu meiner Einheit zurück. Beide Versetzungsanträge wurden schon bei der Abgabe abgelehnt. Bei meinem zweiten Antrag habe ich richtig Ärger bekommen. Man hat mir gesagt, dass ich nicht hier wegkomme und dass es besser wäre, nicht noch einmal einen Antrag zu stellen. In Auschwitz war es jedenfalls so, dass einem dort recht deutlich gemacht wurde, dass man zu funktionieren hatte, was von einem verlangt wurde. Wenn ich mich richtig erinnern kann, ließ man auch keinen Zweifel daran, dass, sollte man sich weigern, man Schlimmes zu befürchten hatte. Diesbezüglich herrschte ein Spruch zwischen den Soldaten, der wie folgt lautete: ´Das lass mal sein, da spürst du schon den Daumen im Rücken.´ Da wusste jeder Bescheid."

Im Publikum gab es vereinzelte Laute, die darauf hindeutete, dass niemand dem Angeklagten abnahm, letztlich Opfer der Verhältnisse geworden zu sein. Allgemeines Raunen und fassungsloses Lachen über diese Unverfrorenheit machten sich breit, bis die Richterin – mit viel Verständnis in der Stimme – um Ruhe bat.

Der Verteidiger machte es nun kurz: letztlich doch Versetzung nach Oranienburg, dort Kampfeinsatz gegen die Engländer, freiwilliger Gang in die

Kriegsgefangenschaft – „Feigling!", war von den Neonazis zu hören und „Volksverräter!"

„Ruhe bitte!", mahnte die Richterin grimmig.

Der Rechtsanwalt richtete sich auf, als er fortfuhr: „Später, als ich aus der Kriegsgefangenschaft heimkehrte, habe ich mit keinem anderen Menschen über meine Erlebnisse in Auschwitz gesprochen. Ich habe weder mit meiner Ehefrau oder meinen Kindern oder Enkeln jemals über Auschwitz gesprochen. Niemand in meiner Familie hat gewusst, dass ich in Auschwitz tätig war. Ich konnte einfach nicht darüber reden. Ich habe mich geschämt. Ich habe dann immer gesagt, dass ich am Russlandfeldzug teilgenommen hatte und anschließend in Kriegsgefangenschaft geriet. Ich habe mein Leben lang versucht, diese Zeit zu verdrängen. Auschwitz war ein Albtraum. Ich wünschte, nie dort gewesen zu sein."

Der Verteidiger ließ die Zettel auf den Tisch sinken und setzte sich, während sein Blick abschätzend durch das Publikum glitt, als wolle er sehen, ob sein Vortrag die erwünschte Wirkung hatte.

Die Richterin räusperte sich. „Herr Hanning, haben Sie dieser Aussage noch etwas hinzuzufügen?"

Als erwache er aus einem tiefen Traum, irrte der Blick des Angeklagten in Richtung des Richtertisches. Mit wackeligen Beinen erhob er sich, wobei er sich schwer auf der Tischplatte abstützen musste. Dann drehte er seinen Kopf zu den Opfern hinüber und erklärte mit dünner Stimme: „Ich entschuldige mich hiermit in aller Form für mein Verhalten."

Während er sich vorsichtig wieder auf seinen Stuhl sinken ließ, wurde es bei Johann und Wolfgang Kaup laut. Der alte Mann forderte seinen Enkel mit wütender Stimme auf, ihn sofort aus diesem Saal zu bringen. „Das ist lächerlich!", donnerte er. „Was hier abläuft, ist Siegerjustiz. Verrat am deutschen Volk und seiner ehrenvollen Geschichte!"

Wolfgang Kaup blieb geradezu stoisch ruhig. Er gab einem seiner Männer mit dem Kopf ein Zeichen, seinen Großvater hinauszuführen. Der Neonazi sprang auf und führte den Befehl umgehend aus. Wolfgang hielt seinen Blick völlig gefühl- und regungslos auf den Angeklagten gerichtet. Sein zweiter Adjutant jedoch führte den rechten Zeigefinger an seinen Hals. Wolfgang Kaup konnte gerade noch mit einer schnellen Bewegung verhindern, dass er die Geste des Gurgel-Durchschneidens ausführte.

Die Richterin räusperte sich vernehmlich, schien aber beschlossen zu haben, die Situation nicht durch eigenes Einschreiten aufzuwerten oder eskalieren zu lassen. Der Verteidiger hob bedauernd die Hände und machte so deutlich, dass weder er noch sein Mandant etwas mit diesen Unbelehrbaren zu tun hätten, während Hanning noch einen Deut weiter in sich zusammensackte.

Einem der alten Leute, die Opfer der Nazis in Auschwitz geworden waren, liefen Tränen über die Wangen. Dabei lächelte er, als hätten sich heute all seine Wünsche erfüllt. Die anderen reichten sich die Hände und klopften ihm sanft auf die Schulter.

„Wenn keine gegenteiligen Anträge vorliegen, schließe ich hiermit die Beweisaufnahme", verkündete die Richterin. „Gibt es diesbezügliche Einwände oder anderslautende Anträge?" Sie blickte der Reihe nach den Staatsanwalt und den Verteidiger an. „Ich sehe, das ist nicht der Fall. Dann vertage ich die Verhandlung hiermit auf den kommenden Montag."

41

Hellers Anruf erreichte Stefan Lenz direkt nach der kurzen Mittagspause. Immer noch deutlich aufgewühlt berichtete der Journalist von der Show, der er im Gericht beigewohnt hatte.

„Du hättest den Alten sehen sollen", schnaufte Heller. „Das jämmerliche Elend in Person. Der reuige Sünder, der eigentlich ja selbst nur Opfer der Verhältnisse geworden ist."

„Immerhin hat er sich entschuldigt", wandte Lenz ein. „Und den Holocaust geleugnet hat er auch nicht. Wie haben denn Johann und Wolfgang Kaup darauf reagiert?"

„Tja, deshalb rufe ich dich eigentlich nur an. Der alte Kaup hat getobt. Und die Muskelpakete, die Wolfgang Kaup immer mit sich herumschleppt, haben Hanning auf eine Art angesehen, die man durchaus als offene Drohung bezeichnen kann. Ich habe da kein gutes Gefühl. Eigentlich könnte es mir ja egal sein, wenn Hanning heute Nacht von dem rechten Mob gelyncht wird, aber andererseits halte ich es auch für meine Pflicht, euch zu warnen."

„Das ehrt dich", lobte Lenz, „aber wir sind gar nicht zuständig. Hanning wohnt im Kreis Lippe."

„Weiß ich doch. Nur, wenn ich da jetzt anrufe, passiert bestimmt gar nichts. Wenn allerdings ein besorgter Kollege aus Paderborn …"

„Besorgter Kollege ist gut. Der Alte geht mir am … Allerwertesten vorbei. Aber gut, nachdem du mich nun schon in Kenntnis gesetzt hast, kann ich ja gar nicht mehr anders."

„Eben." Heller klang zufrieden und beruhigt. „Ich werde den Nachmittag brauchen, um den Prozessbericht zu schreiben."

„Wie ist denn dein Artikel über die Seniorenresidenz und über meine Stellungnahme angekommen?"

„Super! Brenner, das Arschloch, war begeistert." Heller lachte. „Wie sieht´s aus? Hast du heute Abend schon was vor?"

„Ich glaube, ich muss mich mal wieder im Lockvogel sehen lassen. Sonst bin ich Natascha gleich wieder los."

„Natascha? Hört sich spannend an. Ich glaube, ich komme dazu und warne sie vor dir."

„Einverstanden. Um Acht im Lockvogel?"

„Um Acht im Lockvogel. Bringst du deine nette Kollegin für mich mit?"

„Vorsicht, an der verbrennst du dir leicht die Finger."

„Das lass mal meine Sorge sein. Mach´s gut!"

„Du mich auch!" Lenz ließ grinsend den Hörer sinken. Das entwickelte sich ja geradezu zu einer Freundschaft zwischen ihm und dem Schreiberling.

Er griff erneut zum Telefon und informierte die Kollegen in Detmold über Hellers Befürchtungen. Die waren alles andere als erbaut: erstens über seine Einmischung und zweitens darüber, dass sie einem Auschwitz-Verbrecher auch noch Personenschutz zukommen lassen sollten. Allerdings musste dem verantwortlichen Hauptkommissar klar sein, dass es mächtig Ärger geben würde, wenn ausgerechnet in seinem Bereich Neonazis den Angeklagten in einem Auschwitz-Prozess exekutierten. Seufzend versprach er, sich um die Sache zu kümmern.

Als Lenz den Hörer wieder abgelegt hatte, lehnte er sich in seinem Drehstuhl zurück und verschränkte die Hände hinter dem Kopf. Die Lehne war jedoch so flexibel, dass er unbequem weit zurückkippte. Also versuchte er es damit, dass er seine Füße auf den Schreibtisch legte. Wenn schon liegen, dann richtig. Er probierte gerade diese Position aus, als Gina nach einem kurzen Klopfen in sein Büro rauschte.

„Oh, störe ich? Ist ein Mittagsschläfchen angesagt?" Sie grinste breit.

„Schön wär´s." Lenz ruckelte im Liegen den Stuhl noch ein Stück vor, weil die Tischkante schmerzhaft in seine Waden drückte. So, jetzt war es auszuhalten. „Was gibt´s denn?"

Gina zog eine Schnute, als müsse sie überlegen, wie sie ihm eine unangenehme Wahrheit möglichst schonend beibringen könnte.

„Mach´s nicht so spannend", ranzte Lenz sie an.

„Entschuldigung, ich sehe ja, wie angespannt du arbeitest", fauchte sie zurück, machte aber sofort wieder eine abrüstende Geste mit der Hand. „Also, ich möchte mit dir noch mal über Dr. Elling reden."

„Ich sagte doch schon, dass wir momentan keine Kapazitäten frei haben, um ihn auch noch zu überwachen. Und ich habe dir zugestanden, dass wir das so bald wie möglich nachholen werden, auch wenn ich deine Theorie für unbegründet halte. Dr. Elling wurde von uns überprüft und es gibt überhaupt keinen Anhaltspunkt dafür, dass er der Mörder ist."

Gina zeigte keine Regung, weiter zu insistieren, machte aber auch keine Anstalten, den Raum wieder zu verlassen.

Lenz begriff, dass der neuerliche Versuch, den Historiker ins Visier zu nehmen, nur ein Vorwand gewesen war. „Was willst du wirklich?"

Die Kommissarin zierte sich noch einen Moment, dann sagte sie: „Wolfgang Kaup."

„Zu dem Thema ist alles gesagt!" Nun wurde Lenz wirklich grimmig. „Das ist nicht unser Spielfeld. Wir haben einen Mörder zu ermitteln."

„Und genau da bin ich anderer Meinung. Was, wenn der Mistkerl unser Mörder ist?"

„Jetzt reicht´s aber, Gina", wurde Lenz laut. „So ein Unsinn! Warum, bitte schön, sollte ein Neonaziführer ausgerechnet die alten Helden der Szene umbringen? Das macht doch keinen Sinn."

„Ergibt", warf Gina ein.

„Wie bitte?"

„Das ergibt keinen Sinn, heißt das. Sinn machen ist umgangssprachlich."

„Von mir aus! Dann ergibt das eben keinen Sinn. In der Sache ändert das allerdings gar nichts." Lenz fragte sich, ob er seiner Kollegin zu lange Zügel ließ. Anstatt ihre Kraft auf denjenigen zu lenken, der wirklich als Täter in Frage kam, nämlich Mario Hülsmann, entwickelte sie völlig hanebüchene Theorien und stahl ihm hier die Zeit. Er ahnte aber, dass er sie nicht so einfach abfertigen konnte. Sie würde nicht lockerlassen, diese Nervensäge. „Oder hat er deiner Ansicht nach ein Motiv?"

„Keine Ahnung." Die junge Kommissarin sah sich nach einem freien Stuhl um. Der einzige Besucherstuhl im Raum war aber mit Lenz´ Jacke belegt und er dachte gar nicht daran, ihr anzubieten, sie runterzunehmen. Wenn er allerdings geglaubt hatte, dass sie sich damit abspeisen ließ, hatte er sich geirrt. Sie setzte sich stattdessen einfach auf die Kante seines Schreibtisches.

„Aber nur, weil ich es noch nicht durchschaue", setzte sie übergangslos nach, „heißt das ja nicht, dass er auch kein Motiv hat. Versteh mich nicht falsch, ich fühle einfach, dass wir bei Mario auf der falschen Spur sind und dass Wolfgang nicht koscher ist."

„Ach so, du fühlst das." Lenz holte tief Luft und ließ sie zischend wieder entweichen. „Ja dann ist das natürlich etwas anderes. Und bei Mario fühlst du, dass er unschuldig ist. Das Problem ist nur, dass weder positive Gefühle für Pfleger Mario noch negative Gefühle gegenüber Pfleger Wolfgang gerichtsverwertbar sind. Der Staatsanwalt zeigt dir einen Vogel, wenn du ihm damit kommst. Und mir gleich mit, weil ich dir den Schwachsinn durchgehen lasse."

Gina zuckte mit den Schultern, als wenn sie sagen wollte: Der Staatsanwalt kann mich mal. „Was ist mit Pflegerin Michaela alias Michelle Küster?"

„Was soll mit ihr sein?" Lenz hatte nicht den blassesten Schimmer, worauf seine Kollegin hinauswollte.

„Na ja, die ist doch mit Wolfgang Kaup liiert. Und sie arbeitet wie er im Trakt B der Seniorenresidenz."

„Ja und? Das ist weder strafbar noch hat es etwas mit unserem Fall zu tun. In keiner der Nächte, in denen jemand aus dem Seniorenheim verschwunden ist, hatte sie Dienst. Wir haben die Pläne überprüft, falls deine Gefühle noch Platz für ein Erinnerungsvermögen lassen."

Gina ignorierte den Affront. „Trotzdem kann sie daran beteiligt gewesen sein."

„Gina!" Lenz kochte langsam über. „Willst du jetzt gegen jeden, der in der Residenz Friedenstal arbeitet, ein Ermittlungsverfahren einleiten?"

„Gegen deine Frau Finke natürlich nicht", konterte sie schnippisch.

Er ging lieber nicht auf die Unverschämtheit ein. „Also, was genau willst du?"

„Ich habe Michelle Küster gegoogelt und bin auf etwas sehr Merkwürdiges gestoßen. Sagt dir die Identitäre Bewegung etwas?"

Lenz hatte vor Kurzem einen Bericht über diese Spinner gelesen, im Zusammenhang mit den anderen Idioten, diesen Reichsbürgern, die plötzlich überall wie Pilze aus dem Boden schossen. Richtig: Genau genommen war es ein Bericht über die unterschiedlichen Gruppierungen der rechten Szene gewesen.

„Sind das nicht so erzkonservative junge Leute?" Er stach lieber ein bisschen ins Blaue, als den Anschein zu erwecken, gar nichts zu wissen. Dabei kehrte Stück für Stück die Erinnerung an das Gelesene zurück. „Bezeichnen sich als ‚europäische Patrioten', wollen die unterschiedlichen Kulturen auseinanderhalten und sind wie diese Pegida-Heinis gegen eine angebliche Islamisierung des Abendlandes, oder?"

„Genau. Und damit verfolgen sie einen anderen Ansatz als die Altnazis und die Neonazis. Sie wollen über neue rechte Parteien wie die FPA Wahlen gewinnen und dann das System von innen aufrollen. Von den alten Naziparteien wie der NPD und von den Skinheads und Neonazis der Achtziger und Neunziger Jahre distanzieren sie sich demonstrativ."

„Hm", machte Lenz. „Und zu denen gehört Michelle Küster?"

„Richtig. Sie ist in OWL eine der Vorzeige-Aktivistinnen. Im Netz nennt sie sich übrigens genau wie in der Seniorenresidenz Michaela, nicht Michelle. Tja, und so ganz nebenbei pflegt sie senile alte Nazis und ist die Freundin von unserem Neonazi-Rocker-Anführer-Idioten Wolfgang Kaup. Findest du das nicht auch seltsam? Ich meine, das widerspricht doch all dem, was die Identitäre Bewegung ausmacht."

Lenz nahm die Füße vom Tisch und beugte sich mühsam aus der Liegeposition zu seiner Kollegin vor. Was Gina da vortrug, war in der Tat sehr widersprüchlich. „Was für eine Schlussfolgerung ziehst du nun daraus?"

„Entweder ist die Neue Rechte doch nicht so weit weg von der alten, wie die Mitglieder behaupten, oder einer von beiden ist nicht so eng in seine Organisation eingebunden, wie er vorgibt."

„Will heißen, es könnte sein, dass Michelle Küster in Wahrheit den Nazirockern nähersteht oder Wolfgang Kaup der Identitären Bewegung."

„Siehst du? Jetzt hast selbst du es verstanden." Gina kniff ihm halb schelmisch ein Auge zu.

„Und was soll das mit unserem Fall zu tun haben? Für mich ist das immer noch eine Sache für den Staatsschutz."

„Das würde ich gerne herausbekommen." Die Kommissarin machte einen zufriedenen Eindruck, da sie offenbar glaubte, Lenz mit ihren Gedankenkapriolen nun hinreichend verwirrt zu haben, so dass er gar nicht merkte, dass sie überhaupt nichts Neues an Verdachtsmomenten gegen Wolfgang Kaup vorgetragen hatte. „Ich dachte, ich fahre mal zu Michelle Küster nach Hause und fühle ihr ein bisschen auf den Zahn. In der Residenz habe ich erfahren, dass sie heute Frühschicht hatte. Eigentlich müsste sie jetzt zu Hause sein." Sie rutschte vom Schreibtisch und wandte sich der Tür zu, als hätte sie schon die Zustimmung ihres Vorgesetzten. „Vielleicht bringt uns das weiter."

Lenz seufzte innerlich, sah aber ein, dass er sie kaum würde stoppen können. Nun gut, sollte sie doch für ein paar Stunden in die falsche Richtung laufen! Sie würde irgendwann schon selber einsehen, dass Wolfgang Kaup nicht der Mörder der alten Verbrecher war. Allerdings würde sie bei ihrer Verbohrtheit jemanden an der Seite brauchen, der sie rechtzeitig stoppte, bevor sie sich völlig verrannte und damit der Arbeit des gesamten Teams schadete.

Lenz ließ sie die Klinke in die Hand nehmen und die Tür öffnen, bevor er sagte: „Warte, ich komme mit."

Michelle Küster wohnte wie die Familie Kaup in Niederntudorf, einem Paderborner Vorort in Richtung Flughafen Paderborn-Lippstadt, Wewelsburg und Büren. Als Lenz und Gina in die Wohnsiedlung einbogen, sahen sie sich großzügigen Grundstücken gegenüber, die von sauber gestutzten Hecken eingefasst waren.

„Nach Hartz IV sieht das hier nicht aus", stellte Lenz fest. „Eher gutbürgerlich, wie man so sagt."

„Allerdings." Ginas Stimme verriet, dass der Begriff für sie etwas Anrüchiges hatte. „Die Neue Rechte rekrutiert sich ja auch nicht mehr aus den bildungsfernen Schichten in den Hochhäusern und Wohnsilos", belehrte sie ihren Kollegen. „Die Massen, die sich benachteiligt fühlen, braucht sie nur noch als Stimmvieh und für die Straße. Die Anführer sind überwiegend gut gebildete junge Leute aus der gehobenen Mittelschicht. Das gilt aber auch schon lange für die Neonazis. Michael Kühnen, Christian Worch, Ewald Althans – alles intelligente Vordenker mit bürgerlichem Hintergrund. Auch Wolfgang Kaup kommt ja eigentlich aus einem guten Stall, wenn man mal davon absieht, dass sein Großvater und seine Eltern Nazis sind. Zu den Benachteiligten und Zurückgelassenen in unserem Land zählt er jedenfalls nicht. Und Michelle Küsters Vater ist sogar ein eher links orientierter Lehrer."

Lenz lachte trocken auf. „Na, der wird ja begeistert sein von seinem Töchterchen!"

Die Pflegerin lebte im Haus ihrer Eltern, in dem sie eine eigene Wohnung im ersten Stock hatte. Offenbar war es dem linken Lehrer lieber, sein rechtes Töchterchen in seiner Nähe und damit zumindest etwas unter Kontrolle zu haben, als sie aus politischer Überzeugung zu verstoßen. Blut war eben doch dicker als Wasser. Die Beamten parkten auf der breiten Einfahrt vor einer freistehenden Doppelgarage mit Walmdach.

Nur Sekunden, nachdem Lenz geklingelt hatte, fragte eine Stimme aus der Gegensprechanlage: „Ja, bitte?"

„Stefan Lenz und Gina Gladow von der Kriminalpolizei Paderborn." Als keine Reaktion erfolgte, schob Lenz nach: „Wir möchten mit Ihnen über die Entführungen aus der Seniorenresidenz sprechen."

„Kommen Sie rauf", kam es zurück, während der Türöffner summte.

Die Pflegerin erwartete sie in ihrer Wohnungstür. Sie war sehr ordentlich und augenscheinlich teuer gekleidet und hatte ihre Haare streng nach hinten gesteckt. Unter ihrer offenen Designer-Bluse trug sie ein T-Shirt, auf dem in einem schwarzen Kreis auf gelbem Grund ein schwarzes Dach abgebildet war. Darunter stand: Identitäre Bewegung: Eine Generation. Ein Schicksal. Eine letzte Chance.

Die hätte dem Führer gefallen, dachte Lenz. „Michelle Küster?", vergewisserte er sich.

„Michaela bitte", korrigierte die junge Frau ihn. „Schließlich bin ich deutsche Staatsbürgerin und keine französische, auch wenn meine Eltern das seinerzeit nicht so sauber getrennt haben."

Lenz ließ das so stehen und folgte der Aufforderung, die Wohnung zu betreten. Gina sah ihn mit hochgezogenen Augenbrauen an, hielt sich aber sonst zurück.

Michelle Küster schloss die Wohnungstür und schob sich an den beiden Beamten vorbei ins Wohnzimmer. Sie wies auf die Sitzgarnitur und fragte: „Kann ich Ihnen etwas anbieten? Kaffee? Wasser?"

„Für mich nichts, danke", kam Gina Lenz zuvor.

„Wir wollen Sie nicht lange aufhalten", schloss der sich seiner Kollegin an. „Es geht uns nur darum, wegen der Todes- und Entführungsfälle mit allen Mitarbeitern aus Trakt B gesprochen zu haben. Vielleicht ist Ihnen ja etwas aufgefallen."

Er setzte sich auf das Sofa, Gina folgte seinem Beispiel mit dem größtmöglichen seitlichen Abstand.

„Tut mir leid." Die Pflegerin lächelte entschuldigend und setzte sich in einen Sessel gegenüber. „Ich hatte Urlaub, als Herr Kaup und Frau Körting entführt wurden. Und Frau Gerken ist nachts gestorben, da habe ich keinen Dienst."

Lenz fielen die eiskalten hellblauen Augen der jungen Frau auf, die irgendwie jenseitig wirken, weit weg und nicht erreichbar. Um den Mund hatte sie einen unerbittlichen Zug, selbst wenn sie lächelte.

„Gab es im Vorfeld vielleicht Besucher, die Ihnen jetzt im Nachhinein verdächtig vorkommen?" Er bemühte sich um einen neutralen Tonfall.

Pflegerin Michaela dachte einen Moment nach und schüttelte dann den Kopf. „Mir ist absolut nichts aufgefallen. Unsere Bewohner bekommen kaum Besuch. Die meisten haben keine Angehörigen mehr, oder die wohnen zu weit weg."

„Wir ermitteln nicht nur in den beiden Entführungsfällen und dem Tod von Elfriede Gerken, der sich ja nun auch als unnatürlich herausgestellt hat", fuhr Lenz fort. „Wir werden auch Frau Schulze-Hüsken und Herrn Fraune exhumieren und genau untersuchen lassen."

„Aha!" Pflegerin Michaela war sichtlich erstaunt. „Und warum, wenn ich fragen darf?"

„Das liegt doch auf der Hand." Lenz betonte den Satz so, als müsse er sich sehr wundern, dass sie nicht selbst auf die Antwort kam. „Es gab drei Mordfälle an Bewohnern Ihrer Station. Einer davon wäre uns ohne Exhumierung gar nicht aufgefallen. Da liegt es doch nahe, dass wir auch die anderen Todesfälle der letzten Zeit genau unter die Lupe nehmen."

Die Pflegerin nickte. „Das verstehe ich natürlich. Aber, wie gesagt, mir ist nichts aufgefallen."

Nun rutschte Gina ungeduldig vor und sagte streng: „Frau Küster, das ist hier kein Spaß. Elfriede Gerken wurde auf Ihrer Station ermordet, indem ihr eine Überdosis ihrer Herzmedikamente verabreicht wurde."

„Wer sagt das?", tat die Pflegerin erstaunt. „Sie kann die Tabletten auch selbst eingenommen haben. Alte Leute sind häufig verwirrt und wissen nicht mehr so genau, ob sie ihre vorgeschriebene Dosis schon bekommen haben oder nicht."

„Uns wurde aber versichert, dass Frau Gerken nicht dement war", wies die Kommissarin den Einwand zurück. „Sonst hätte man ihr ja auch keinen freien Zugang zu den Medikamenten gewähren dürfen."

„Frau Gerken kann nach dem aufregenden Tanzabend durchaus Herzprobleme bekommen haben. Sie war eine sehr zurückhaltende und rücksichtsvolle Person. Vielleicht wollte sie die Nachtpflegerin nicht belästigen und hat deshalb selbstständig Tabletten eingenommen."

„Möglich", wandte Lenz ein. „Wie gesagt, wir wissen auch noch gar nicht, ob das nicht ein Einzelfall war. Dazu müssen wir Frau Schulze-Hüsken und Herrn Fraune zunächst obduzieren lassen."

„Sollte sich bei denen aber auch ein unnatürlicher Tod herausstellen", warf Gina scharf ein, „dann wird es eng für Sie und Ihren Freund."

Michelle Küster lächelte die junge Kommissarin mit einer Mischung aus Mitleid und Arroganz an. „Was, bitte schön, haben Wolfgang und ich damit zu tun? Soweit ich weiß, leben wir hier zum Glück in einem Rechtsstaat, auch wenn die Justiz mitunter Willkürurteile fällt. Ohne Beweise geht ja wohl gar nichts, richtig?"

„Die finden wir, da fühlen Sie sich mal nicht so sicher", fauchte Gina.

Lenz funkelte sie an und bemühte sich um Abrüstung: „Frau Küster, Sie haben natürlich vollkommen recht: Es liegt absolut nichts gegen Sie und Herrn Kaup vor. Wir sind auch nur hier, um uns einen möglichst genauen Eindruck von den Mitarbeitern Ihrer Station zu verschaffen." Er nickte ihr freundlich zu. „Uns ist aufgefallen, dass Sie sich im Internet als führendes Mitglied der Identitären Bewegung präsentieren."

„Das ist ja wohl nicht verboten!"

„Natürlich nicht. Verzeihen Sie bitte meine Unwissenheit. Können Sie mir sagen, was für Ziele Ihre Organisation genau verfolgt?"

Michelle Küster sah ihn einen Moment skeptisch an, entschied sich dann aber offenbar, nicht weiter auf Konfrontation zu setzen. „Wir sind weniger eine Organisation als eine Bewegung. Junge Europäer, die sich wieder auf Identität, Kultur und Tradition zurückbesinnen. Das ist ja in den letzten Jahrzehnten völlig vernachlässigt worden."

„Was genau darf ich mir darunter vorstellen?", fragte Lenz betont naiv. „Teilen Sie die Ansichten der NPD oder der Republikaner?"

Michelle Küster verzog süffisant die Mundwinkel. „Wir sind eine freie, patriotische Kraft und haben rein gar nichts mit den alten rechten Parteien zu tun. Und wir lassen uns auch nicht mit der Nazi-Keule zum Schweigen bringen."

„Entschuldigung", tat Lenz erschrocken. „Das hatte ich auch gar nicht vor. Ich versuche nur, den Unterschied zu verstehen." Ohne zur Seite sehen zu müssen, fühlte er, wie Gina unruhig wurde. In der jungen Kollegin musste es regelrecht brodeln.

„Der Unterschied liegt darin", erklärte Michelle Küster, „dass wir Heimat, Freiheit und Tradition pflegen, ohne dabei rassistisch zu sein. Wir kämpfen für klar getrennte lokale, regionale, nationale und europäische Identitäten, Kulturen und Traditionen und gegen die massenhafte Einwanderung und Islamisierung, wie sie seit Jahren stattfindet."

Ihre Parolen hat sie jedenfalls druckreif drauf, dachte Lenz.

„Das hat doch mit den Gastarbeitern schon angefangen, vor fünfzig Jahren!“, fuhr die junge Aktivistin fort. „Und? Sind die Türken etwa bei uns integriert? In Bielefeld und Paderborn laufen die dicken Tanten immer noch mit Kopftuch rum und sprechen kein Wort Deutsch. Sehen Sie mich an! Wollen Sie, dass ich demnächst in meinem eigenen Land mit einem Kopftuch rumlaufen muss?“

„Mal abgesehen davon, dass niemand Sie bei uns dazu zwingen wird“, wandte Lenz ein, „frage ich mich, was Sie in unserer Gesellschaft genau ändern wollen, damit das nicht passiert.“

„Alles“, kam es schroff zurück. „Das fängt mit dem verlotterten Familienbild an. Die Familie ist die unterste Ebene unserer Identität, die Keimzelle einer rein deutschen Gesellschaft ohne Multikulti-Wahn. Mischehen, wilde Lebenspartnerschaften und Homo-Ehen, wie selbst die CDU sie mittlerweile unterstützt, zerstören das Fundament unserer Identität. Und sehen Sie sich doch mal die hohen Scheidungsraten bei uns an! Die Ehe muss wieder zum Lebensbund zwischen Mann und Frau werden.“

Gina stöhnte entnervt auf.

„Das gefällt Ihnen nicht, was?“, fuhr Michelle Küster sie an und ließ ihre Augen abschätzig über die freizügige Kleidung der Kommissarin wandern. „Sie haben Spaß daran, möglichst viele Männer aufzugeilen. Macht es Ihnen eigentlich gar nichts aus, wenn Tunesier, Marokkaner, Syrer und wie das Pack alles heißt, Sie notgeil anglotzen? Frauen wie Sie sind schuld daran, dass es zu sexuellen Übergriffen kommt und sich die Rassen vermischen.“

„Sagten Sie nicht eben, Sie seien nicht rassistisch?“, konterte die Kommissarin kalt.

„Das sind wir auch nicht“, behauptete die Pflegerin mit eisigen Augen. „Wir respektieren alle Rassen und Nationalitäten. Unser Ethnopluralismus ist viel freier und demokratischer als der alte Rassismus, von dem Sie reden. Voraussetzung ist allerdings, dass jede Ethnie und Kultur ihre Souveränität in ihrem geschichtlich gewachsenen Gebiet auslebt.“

„Klar“, entgegnete Gina spöttisch. „Deutschland den Deutschen!“

„Richtig. Und Frankreich den Franzosen, Italien den Italienern, Tunesien den Tunesiern. - Sehen Sie das hier?“ Sie deutete auf das eingekreiste Dach auf ihrem T-Shirt. „Das Lambda ist das Symbol der Identität. Wir Identitären lehnen die etablierten Parteien ab, weil sie das Volk belügen. Wir schenken den Menschen reinen Wein ein. Wir sagen ihnen schonungslos die Wahrheit über die Zustände in unserem Land. Das passt nicht jedem, klar. Die Lügenpresse versucht, uns als Nazis abzukanzeln. Aber damit wird sie keinen Erfolg haben. Immer mehr Menschen verstehen, was in unserem Land abläuft. Sie erleben das nämlich tagtäglich direkt vor ihrer Haustür. Und immer mehr wollen sich das nicht länger gefallen lassen.“

„Was sagt eigentlich Ihr Freund dazu, dass Sie solche Auffassungen vertreten?", warf Lenz ein. „Dem dürfte es doch eigentlich gar nicht gefallen, wenn Sie derart gegen die Vorstellungen wettern, die er als Neonazi-Anführer vertritt."

„Wolfgang ist kein Neonazi!", behauptete Michelle Küster barsch. „Er denkt in den meisten Punkten genau wie ich. Auch er kämpft für ein nationales Deutschland, für eine klare Identität unseres Volkes. Und wenn er andere Ansichten hätte, radikalere, dann wäre das auch in Ordnung. Ich sagte ja, wir respektieren die Anderen und versuchen, sie mit Argumenten zu überzeugen, nicht mit Gewalt. Wir Identitären sind so etwas wie Greenpeace von rechts."

Dabei waren ihre eiskalten Augen fast noch verklärter und jenseitiger, der unerbittliche Zug um ihren Mund noch härter als zu Beginn des Gespräches.

Die ist für niemanden mehr zu erreichen, dachte Lenz. „Und was ist mit Mario Hülsmann? Können Sie mit dem gut zusammenarbeiten?"

„Ich kann mit jedem zusammenarbeiten, wenn ich muss", behauptete Pflegerin Michaela und schob mit hämischem Grinsen in Ginas Richtung nach: „Das müssten doch gerade Sie gut nachvollziehen können."

„Ich stelle es mir sehr schwer vor, mit jemandem zusammenzuarbeiten, der politisch genau das Gegenteil von mir vertritt", ging Lenz nicht auf die Provokation ein. „Außerdem dürfte Herr Hülsmann wirklich nicht der ideale Kollege sein, wenn man alte Nationalsozialisten pflegen muss."

„Wir arbeiten nur zusammen, wenn Wolfgang und ich es nicht alleine schaffen. Mario bringt hin und wieder die alten Leute in den Park oder zu einer Untersuchung. Pflegerische Tätigkeiten darf er ohnehin nicht verrichten. Und ob er damit ein Problem hat, müssen Sie ihn schon selber fragen."

„Ich frage aber Sie. Halten Sie es für möglich, dass Mario Hülsmann etwas mit den Todesfällen zu tun hat?"

„Gegenfrage: Brauchen Sie immer so lange, bis Sie einen logisch begründeten Ermittlungsansatz verfolgen?"

„Bislang gibt es keine Spur, die zu Herrn Hülsmann führt", entgegnete Lenz und fühlte förmlich, wie sich Gina neben ihm entspannte. „Es sei denn, Sie hätten etwas beobachtet, dem wir nachgehen könnten."

Michelle Küster zog verächtlich die Nase kraus. „Ihre Arbeit müssen Sie schon selbst machen."

Lenz stand auf. Er sah ein, dass er bei der jungen Pflegerin nicht weiterkommen würde, und reichte ihr die Hand. „Vielen Dank, Frau Küster. Sollten wir neue Erkenntnisse haben oder weitere Fragen, dürfen wir Sie sicher noch einmal aufsuchen?" Er stellte zufrieden fest, dass sein Tonfall so ironisch klang, wie er sollte.

„Sie finden mich auch während meiner Dienstzeit in der Residenz", antwortete die junge Frau bestimmt.

Lenz grinste und nickte ihr zum Abschied zu. In der Tür hielt er noch einmal kurz inne. „Sagen Sie, für eine derart fortschrittliche Rechte wie Sie muss es doch sehr schwer sein, ausgerechnet die alten Rassisten aus dem Dritten Reich zu pflegen, oder?"

Pflegerin Michaela lächelte kalt, als wollte sie deutlich machen, dass sie auf eine derart plumpe Masche nicht hereinfiel. „Im Gegenteil. Die alten Herrschaften haben zu ihrer Zeit für die Reinerhaltung der Rasse und die Gesundung des Reiches das getan, was ihrer Ansicht nach getan werden musste. Außerdem waren es die benachbarten europäischen Staaten, die uns Deutsche nicht toleriert und respektiert haben, nicht umgekehrt."

Lenz nickte, als sei seine Frage damit hinreichend beantwortet, und wandte sich nun endgültig ab. Gina folgte ihm durch den Flur, ohne noch einmal das Wort an Michelle Küster zu richten.

„'Greenpeace von rechts'", schimpfte die junge Kommissarin, kaum dass sie wieder im Auto saßen. „Die ist ja völlig gaga. Ideologisch komplett verpeilt."

Lenz nickte. „Ich halte sie außerdem für extrem gefährlich. Diese jungen Leute sind frisch, gepflegt, gebildet und wirken auf unschuldige Weise patriotisch. Mit den tumben Skinheads von früher haben die äußerlich nichts mehr gemeinsam. Das macht sie für die breite bürgerliche Masse wählbar. Glaub mir, wenn wir der eine Beteiligung an den Morden nachweisen und sie für den Rest ihres Lebens einbuchten könnten, würde ich mich in unserem Land deutlich sicherer fühlen." Und mit einem ironischen Seitenblick auf seine Kollegin setzte er hinzu: „Das wäre für mich ein innerer Reichsparteitag."

Der Sicherheitsgurt hinderte ihn daran, ihrem Ellenbogen auszuweichen, und so stieß er zischend Luft aus, als ihn der Schlag mit voller Härte in die Rippen traf.

Lemberg, den 3. Juli 1941

Geliebtes Muttchen!

Kaum bin ich in Rußland eingetroffen, habe ich auch schon alle Hände voll zu tun. Für eine langwierige Einarbeitung bleibt keine Zeit, so daß ich direkt nach meinem Eintreffen am Einsatzort eine Gruppe SS-Männer übernehmen musste. Zum Glück sind das alles erfahrene Kameraden, die schon so manchen Einsatz im KZ und an der Westfront gemeistert haben.

Unsere Truppe macht unglaubliche Fortschritte bei ihrem Vormarsch in Rußland. Wenn das so weitergeht, ist der Krieg in sechs bis acht Wochen zu Ende. Die Verluste der Sowjets an Toten und Verwundeten sind ganz ungeheuerlich.

Meine Einsatzgruppe folgt der Wehrmacht auf dem Fuße und sichert die errungenen Gebiete. Du machst Dir ja kein Bild davon, wie diese Untermenschen hausen. Wenn man die Bretterbuden in den Dörfern sieht, ohne elektrisches Licht und fließendes Wasser, dann begreift man erst, wie unzivilisiert das Volk hier ist und daß wir quasi ein Naturrecht und eine zivilisatorische Verpflichtung haben, es zu beherrschen.

So unterentwickelt die Ostvölker jedoch sind, so hinterhältig sind sie auch. Ohne uns von der SS hätte die Wehrmacht keine ruhige Minute bei ihrem Vormarsch. Die Bestien sind in einer Weise verjudet, daß es einen arischen Menschen graust. Sie verstecken sich in ihren Rattenlöchern und warten, bis der Sturm vorbeigezogen ist, um dann herauszukriechen und hinterrücks anzugreifen. Die Wälder wimmeln nur so von Partisanen und Saboteuren. Aber meine Männer und ich spüren sie alle auf, jagen sie aus ihren Löchern und räuchern sie aus. Allein hier in Lemberg hatten wir es gestern mit 7000 Partisanen zu tun, die wir unschädlich machen mussten.[4]

Inzwischen kämpfen unsere Soldaten bei Bialystol und Minsk. Da kommt eine Menge Arbeit auf uns zu. Du kennst mich, Mutti, Arbeit macht mich nicht bange und es ist sogar gut so, daß ich endlich etwas Sinnvolles für das Reich und unseren Führer tun kann. Hier in Rußland erkenne ich erst, wie langweilig und eigentlich völlig gegen meine zupackende Art das Lagerleben in Wewelsburg gewesen ist. Ich fühle mich geradezu um zehn Jahre jünger.

Wenn Du über einen längeren Zeitraum nichts von mir hörst, hab nur keine Angst um mich. Die Feldpost dauert länger als die Reichspost. Sie wird über Tage gesammelt und muß immer erst ausgeflogen werden. Außerdem habe ich bei all den Aufgaben, die hier zu erfüllen sind, kaum noch Zeit zum Schreiben. Sei nur immer gewiß, daß es mir gutgeht, und sorge recht liebevoll, aber auch mit strenger Hand für unsere Kleinen, damit ich alles in Ordnung vorfinde, wenn ich nach dem Endsieg wieder nach Hause komme.

Dein Vati

---

4 Am 2. Juli 1941 ermordeten SS-Einheiten bei einem Massaker in Lemberg 7000 Menschen.

42

Im Lockvogel herrschte wie üblich High Life, als Lenz und Gina ihn um kurz vor acht Uhr betraten. Die junge Kommissarin hatte sich noch im Büro derart über Michelle Küster aufgeregt, dass Lenz ihr empfohlen hatte, ihre Wut zu ertränken. Als er dann einen gemeinsamen Besuch im Lockvogel für diesen lebensrettenden Eingriff vorgeschlagen hatte, war zu seinem Erstaunen keine große Überredungskunst mehr nötig gewesen. Was er nicht wusste, war, dass sie umgehend Mario Hülsmann angerufen und ebenfalls hierher bestellt hatte. Das wurde ihm jedoch direkt nach ihrem Eintreten klar, als der Zottel-Bufdi auf sie zusteuerte und Gina mit Wangenküsschen begrüßte, während er Lenz nur missmutig zunickte. Dabei machte er ein Gesicht, als wollte er sagen: Auf dich hätte ich auch gut verzichten können.

Gleichfalls, dachte Lenz, womit für ihn wieder einmal feststand, dass die Kommunikation nicht nur über Worte funktionierte. Offensichtlich gab es energetische Schwingungen, die ausreichten, um einander auf Anhieb zu mögen oder eben auch nicht.

An einem der Fenster wurde ein Tisch frei, an dem bisher junge Leute im SC Paderborn-Trikot gesessen hatten. Nun machte sich die Gruppe lautstark auf, um in irgendeiner anderen Pinte gegeneinander zu kickern, wie Lenz den Gesprächen der an ihnen vorbei drängenden Angetrunkenen entnahm. Er nutzte die Chance, den Tisch schon einmal in Beschlag zu nehmen, während sich Gina und Mario noch fröhlich plaudernd beschnupperten und um sich herum offenbar nichts mehr wahrnahmen. Die versuchen, gegenseitig abzuschätzen, was heute noch geht, dachte Lenz und schüttelte sich bei der Vorstellung an Mario im erotischen Nahkampf.

„Na, auch mal wieder da?" Natascha war unbemerkt neben ihm aufgetaucht und der Tonfall klang nicht gut.

„Jede Menge Arbeit", wich Lenz aus. „Du weißt ja, die Mordserie."

„Hmhm."

„Jedenfalls hatte ich Sehnsucht nach dir." Er schnitt eine Leidensgrimasse.

„Ja, klar."

„Nein, wirklich. Wir haben uns schließlich seit Tagen nicht gesehen."

„Ach, was du nicht sagst." Offenbar hatte Natascha nicht vor, es ihm leicht zu machen. „Was trinkst du?"

„Bier, was sonst?" Lenz wurde sauer. Hatte er es nötig, sich so ranzuwanzen? Überhaupt: Seit wann war er jemandem Rechenschaft über seine Abendgestaltung schuldig? Er musste verdammt aufpassen, dass er sich in dieser Beziehung, sofern man das überhaupt schon so nennen konnte, treu blieb.

Natascha nickte und zog ohne ein weiteres Wort ab. Dafür näherten sich nun Gina und Mario. Die Schöne und das Biest, dachte Lenz und musste sich zusammenreißen, um nicht zu grinsen. Das hätte nämlich gleich den nächsten Zoff mit Gina nach sich gezogen.

„Ärger?" Die junge Kollegin deutete mit dem Kopf hinter Natascha her. Sie hatte offenbar eine Antenne für zwischenmenschliche Spannungen.

Lenz winkte ab. „Das Übliche. Nicht der Rede wert."

Während sich Mario und Gina ihm gegenüber niederließen, tauchte Fabian Heller in der Eingangstür auf, blickte sich suchend im Raum um und grüßte mit Kopfnicken herüber, als er sie entdeckt hatte. Natascha trug gerade Lenz' Bierglas an ihm vorbei und bahnte dem Journalisten damit den Weg.

„So eins möchte ich auch", bestellte er, während er sich neben Lenz auf den Stuhl fallen ließ.

Natascha blickte Gina und Mario wortlos, aber eindeutig auffordernd an.

„Für uns auch", bestellte Mario, ohne Gina zu fragen.

Natascha drehte sich um und zog wieder ab.

„Ist sie das?", erkundigte sich Heller bei Lenz und deutete mit dem Kopf hinter der Bedienung her. „Dicke Luft, was?"

„Frag nicht." Der Kommissar trank sein Bier schon mal an. „Frauen!", seufzte er und wischte sich den Schaum von der Oberlippe.

Gina und Mario tuschelten lachend miteinander, Lenz und Heller schwiegen. Natascha kam mit vier Biergläsern zurück und tauschte das vor Lenz gleich mit aus. Der verstand diese Umsicht als Friedensangebot und lächelte sie an, ohne jedoch eine vergleichbar positive Regung zurückzubekommen.

„Erzähl mal", forderte er den Journalisten auf. „Wie war denn das heute mit Wolfgang Kaup im Gerichtssaal."

Heller berichtete noch einmal ausführlich, was er bei den Neonazis und ihrem großen Kriegshelden aus dem Dritten Reich beobachtet hatte. „Sah nicht gut aus, wenn du mich fragst", schloss er. „Der alte Kaup war not amused, als Hanning quasi seine Mittäterschaft eingestanden und schließlich sogar bereut hat. Seinen Status als Kriegsheld ist er damit jedenfalls los."

„Ich habe in der Schule mal eine Rede von Heinrich Himmler analysieren müssen", mischte sich Mario ein, der aufmerksam zugehört hatte. „Da hat der alte Dreckskerl doch tatsächlich behauptet, die SS habe mit dem Massenmord an den Juden eine schwere Aufgabe für Deutschland und Europa bewältigt und sei dabei anständig geblieben. Wie krank muss man sein, um den Holocaust anständig zu nennen?"

„Ist doch klar", behauptete Heller abschätzig. „Der Krieg war verloren, die Rache der Alliierten stand unmittelbar bevor und die Nazis mussten damit rechnen, dass sie grausam sein würde. Also haben sie mit solchen Positionen die Flucht nach vorn angetreten. Und später mussten sie natürlich dabei bleiben, wenn sie bei den Neonazis ihren Heldenstatus nicht verlieren wollten."

„Kein Wunder, dass Kaup seinen Kameraden Hanning nach einem solchen Eingeständnis hassen muss", schloss Lenz. „Danke für deine Warnung. Die

Kollegen in Detmold kümmern sich um seinen Schutz. Allerdings nehme ich an, dass sie den Staffelstab an die Kreispolizeibehörde in Soest weitergegeben haben."

„Von mir aus könnten all diese alten Schweine an den nächsten Laternenpfahl gehängt werden." Mario trank mit gesenkten Augen einen Schluck Bier. Als er wieder aufschaute, traf er Lenz´ Blick und schrak zurück. „Nee, so war das nicht gemeint. Scheiße, Mann, ich habe mit den Morden nichts zu tun. Ehrlich, das müsst ihr mir glauben." Panisch hetzten seine Augen zwischen Lenz und Gina hin und her.

„Dann pass besser auf, was du sagst", fuhr die junge Kommissarin ihn an. „Du stehst auf Lenz´ Liste der Verdächtigen nämlich ziemlich weit oben."

„Ganz oben", setzte Lenz noch einen drauf und freute sich über das Flackern in den Augen des Bufdis. „Jedenfalls bist du der Einzige, den ich bislang kenne, der genügend Hass auf die Bewohner von Trakt B haben dürfte, um sie sich unter der Erde zu wünschen. Das muss ja auch eine verdammte Zumutung sein, so einem alten Nazischwein auch noch den Arsch abwischen zu müssen."

„Muss ich ja gar nicht", widersprach Mario. „Ich habe mit der Pflege nicht viel zu tun. Das wollen die Alten auch gar nicht, weil sie ja wissen, dass ich zur Antifa gehöre."

„Ist ja noch schlimmer", ließ Lenz nicht locker. „Da kann es denen noch so dreckig gehen, aber von einem wie dir lassen sie sich nicht einmal den Arsch abwischen. Also, ich würde da innerlich kochen, wenn ich du wäre."

„Jetzt ist es aber gut!" Gina schoss gefährliche Augenpfeile auf ihren Vorgesetzten ab.

„Mann", zeterte Mario. „Die nippeln doch eh bald ab. Warum sollte ich mir denn an denen noch die Hände dreckig machen und für die in den Bau gehen. Ich mach mir doch mein Leben nicht kaputt für die alten Naziärsche."

„Da ist was dran", mischte sich Heller ein. „Für so blöd halte ich Mario auch nicht."

Der Bufdi nickte heftig in Richtung des Journalisten, als wollte er sagen: Nee, ne? Siehst du auch so!

Lenz zwinkerte Heller belustigt zu. Er freute sich, dass er den Zottelbufdi derart in die Ecke gedrängt hatte. „Jedenfalls ist das Motiv für die Morde entweder persönliche Rache, oder sie sind politisch links motiviert. Ich meine, ich verstehe dich ja, Mario. Es ist ja wirklich nicht fair, dass diese Verbrecher zum Beispiel das Leben deines Großvaters zerstört haben und sich nun im hohen Alter einfach so in Ruhe und Frieden davonstehlen." Er zog die Augenbrauen hoch und fixierte Mario, der mit zittriger Hand sein Bierglas zum Mund führte.

„Da bin ich völlig anderer Ansicht", widersprach Gina. „Mario hat doch recht. Wir müssen uns um die kümmern, denen es nicht so ganz egal sein kann, wie lange die Alten noch leben."

„Wen meinst du?" Heller sah sie neugierig an.

„Die neuen Rechten, die bei den nächsten Wahlen abräumen wollen und denen der Holocaust im Weg steht. Ich habe nach unserem Besuch bei Michelle Küster ganz genau darüber nachgedacht. Und ich glaube, ich weiß jetzt auch, was ich die ganze Zeit über schon irgendwie im Urin hatte. Ohne die alten Verbrecher gibt es keine Verbindung mehr ins Dritte Reich und nationalistische Idioten wie Michelle Küster und Wolfgang Kaup können ihre reaktionären Spinnereien als Utopie von einem besseren Deutschland verkaufen. Immerhin sind diese Gedanken inzwischen wieder mehrheitsfähig. Pegida, Freie Patriotische Alternative und so. Nur mit der Judenvernichtung wollen die meisten Deutschen zum Glück nichts zu tun haben. Solche Prozesse wie der in Detmold müssen für die Neue Rechte eine Katastrophe sein."

Heller nickte und schien ernsthaft über diese Theorie nachzudenken, was Lenz wiederum ärgerte.

„Dafür gibt es überhaupt keine Anhaltspunkte", widersprach der Kommissar, „und schon gar keine Beweise."

„Dann müssen wir die eben finden." Gina trank zornig ihr Bierglas aus und winkte in Nataschas Richtung, um Nachschub zu ordern.

„Wir ermitteln nicht tendenziell, sondern ergebnisoffen", belehrte Lenz sie.

„Manche von uns schon", schoss Gina dagegen.

„Morgen Abend", warf Mario unvermittelt ein und ergänzte, als alle ihn nur verständnislos anstarrten: „Na, bei der Demo!"

„Du meinst die FPA-Kundgebung?", fragte Heller.

„Genau", antwortete Mario. „Paderbunt und wir von der Antifa haben eine Gegenkundgebung organisiert. Die FPA versammelt sich auf dem Platz hinter der Herz-Jesu-Kirche. Da kannst du garantiert das ganze braune Gesocks an einem Ort finden. Paderbunt und wir machen einen Sternmarsch zum großen Parkplatz gegenüber der Kirche. Mann, wir werden Tausende sein. Denen werden wir zeigen, dass sie in Paderborn kein Bein an die Erde kriegen."

„Das sollten wir uns wirklich ansehen." Lenz blickte Gina an. „Da haben wir dann alle auf einem Haufen."

„Unbedingt." Sie blinzelte Mario zu.

Als Natascha Bier für den ganzen Tisch brachte und sich schon wieder abwandte, hielt Lenz sie am Arm fest und zog sie zu sich heran. „Hast du morgen Abend schon etwas vor? Oder musst du arbeiten?"

„Für morgen habe ich mir freigenommen. Aber ich habe keine Zeit für dich, tut mir leid."

„Schade, ich dachte, wir könnten zusammen zur Demo gegen die FPA gehen." Lenz versuchte sich an einem flehenden Augenaufschlag.

Erstaunt sah Natascha ihn an. „Du gehst zur Demo?"

„Natürlich, man muss doch etwas tun gegen die neuen Nazis!"

Einen Moment lang kämpfte Natascha mit sich, dann quetschte sie ein leichtes Lächeln hervor. „Also gut, da ich auch dahin wollte, können wir von mir aus zusammen gehen."

„Das wollte ich hören." Er deutete auf sein Bierglas. „Das ist übrigens für mich das letzte heute. Ab jetzt nur noch Wasser." Lenz entließ sie mit einem leichten Klaps auf den Hintern und lachte.

„Die ist viel zu gut für dich", verkündete Gina. „Dafür hättest du von mir eins in die Fresse bekommen."

Dann mischte sie sich übergangslos in ein Gespräch über die akute Gefährdung der Demokratie, das Heller gerade mit Mario führte. Die junge Kommissarin gab den etablierten Parteien die Schuld daran, dass ein Vakuum für rechte Nationalisten entstanden sei. Mario stimmte entschieden zu: Der Sozialabbau durch die Hartz-Gesetze von Rot-Grün habe zu viele Menschen in dem Gefühl zurückgelassen, dass ihre Lage zumindest prekär, wenn nicht gar aussichtslos sei; Mutti Angela habe die Menschen eingeschläfert und quasi die Demokratie zerstört, indem sie die Positionen der anderen Parteien okkupiert, damit die Opposition ausgeschaltet und gleichzeitig die konservativen Werte ihrer Partei verraten habe.

Sieh an, dachte Lenz, der ist gar nicht so dumm, wie er aussieht.

Heller wandte ein, die Entscheidung der Kanzlerin in der Flüchtlingskrise, eine Million Menschen vor den inhumanen Bedingungen in Ungarn zu retten und nach Deutschland zu holen, sei doch menschlich richtig gewesen. Menschlich vielleicht, entgegnete Gina, aber politisch falsch, denn sie habe Deutschland dadurch europaweit isoliert, gegen geltendes EU-Recht verstoßen und obendrein den Sicherheitsaspekt völlig vernachlässigt. All die Menschen seien nicht registriert worden und somit seien auch Terroristen und andere Verbrecher unkontrolliert ins Land gekommen.

„Und genau in dieses Vakuum stößt nun die FPA", schloss sie. „Die Rechten greifen alle Themen auf, die die Menschen in Deutschland bewegen, und schlachten sie skrupellos und populistisch aus. Sie stellen die Fragen, die sich viele stellen, und die begeisterten Massen merken nicht, dass sie gar keine Antworten geben – wenn man mal von so bekloppten Vorschlägen absieht, wie den Schießbefehl an der Grenze wiedereinzuführen. Allerdings zeigt das auch ganz deutlich, dass der Rechtspopulismus nur die Strategie der Partei ist, um Wähler zu ködern. In ihrem Innersten sind die rechtsradikal und das bricht halt immer wieder durch."

„Genau!" Mario nickte heftig. „Diese Partei freut sich doch über Vorfälle wie die an Silvester 2015 in Köln, weil sie dadurch den simplen Feindbildern auf den Marktplätzen simple Antworten entgegensetzen kann. Jeder Terroranschlag treibt ihr die Massen zu. Und sie macht dabei nicht einmal einen Hehl daraus, dass sie die Demokratie nur als trojanisches Pferd benutzt, um an die Macht zu kommen und danach ein autoritäres Regime zu errichten. Das ist gerade das Schlimme an der aktuellen Situation: Die bürgerliche Mitte ist wieder so weit, dass sie wie 1933 eine Partei wählt, die die Demokratie zerstören will." Sein Gesicht war dunkelrot angelaufen, so hatte er sich in Brand geredet. „Und das gilt für viele Länder in Europa."

Unser Bufdi ist ein Eiferer, dachte Lenz. Wie weit würde er wohl gehen, um die Nazis zu bekämpfen?

„Also, die Gefahr, dass die FPA die Demokratie abschaffen kann, sehe ich nicht", wandte Heller ein. „Wir sind doch nicht in der Weimarer Republik. Unsere Verfassung garantiert uns eine wehrhafte Demokratie."

„Wehrhafte Demokratie?" Ginas Stimme überschlug sich fast. „Wo lebst du eigentlich? Wir nehmen inzwischen mehr Rücksicht auf die Täter als auf die Opfer mit unserer political correctness. Anstatt den Einsatz unserer Kollegen in Köln an Silvester 2016 zu loben, weil sie diesmal sexistische Übergriffe von vornherein verhindert haben, stürzen sich grüne Politiker gleich wieder auf die angebliche Diskriminierung von Nordafrikanern, die daran gehindert wurden, in Tausenderstärke auf die Domplatte zu ziehen. Und ein Großteil der Medien schlachtet das genüsslich aus. Da wird tagelang ein interner Polizei-Begriff wie Nafri diskutiert. Dabei ist es doch Fakt, dass sich 2015 überwiegend Nordafrikaner zu massenhaften sexuellen Übergriffen und Vergewaltigungen auf der Domplatte verabredet haben. Hätte die Polizei politisch korrekt handeln und das noch einmal zulassen sollen, nur um keinem Tunesier oder Marokkaner auf die Füße zu treten? Unser Staat ist schwach geworden, Heller. Und damit wird er zum gefundenen Fressen für die, die ihn zerstören wollen."

Lenz, der die ganze Zeit über geschwiegen hatte, atmet tief durch und sagte: „Es tut mir weh, das sagen zu müssen, Fabian, aber ich fürchte, sie hat recht."

„Unsere Verfassungsrichter haben ja nicht mal genug Mut, um die NPD zu verbieten", ergänzte Mario. „Die geben zu, dass die Partei verfassungsfeindlich ist, gegen die Menschenwürde nach dem Grundgesetz verstößt und die Demokratie zerstören will. Aber dann verbieten sie die NPD nicht, weil sie derzeit nicht stark genug sei, um ihre Ziele durchzusetzen." Der Bufdi schüttelte den Kopf. „Wenn sie demnächst wieder stark genug ist, die Demokratie zu stürzen, kann man einen neuen Verbotsantrag stellen, aber dann gibt es den demokratischen Rechtsstaat nicht mehr." Er tippte Heller auf die Brust. „Deine angeblich wehrhafte Demokratie macht sich doch lächerlich!"

Gina hob ihr Bierglas und stieß mit ihm an. Lenz zog die Augenbrauen hoch und signalisierte Heller damit, dass er voll und ganz mit Mario übereinstimmte. Allerdings wollte er das nicht laut zugeben, denn den Triumpf gönnte er nun wieder Gina nicht. Ganz schön scheiße, so ein Platz zwischen allen Stühlen.

Kiew, den 20. August 1941

Liebe Mutti!

Du machst Dir keine Vorstellung von dem Ausmaß der jüdischen Weltverschwörung, die wir hier in den östlichen Brutgebieten des Judentums zu bekämpfen haben! Kein Dorf, keine Hütte, in der sich unter dem Bretterboden nicht ganze Horden von ihnen verstecken, um unseren tapferen Truppen in den Rücken zu fallen und die Partisanenverbände in den Wäldern zu verstärken.

In Kischinjow hatten wir alle Hände voll zu tun, um mit ihnen kurzen Prozeß zu machen.[5] *Nachdem nun Narwa und Nowgorod gefallen sind, kommen wir kaum noch nach mit unseren Einsätzen und wüßten ohne die Hilfstruppen aus dem Baltikum gar nicht, wie wir das alles schaffen sollen.*

Und das ist erst der Anfang, wenn man internen Gerüchten glauben will. Der Reichsführer soll große Pläne haben und Forschungen in speziellen Lagern in Polen fördern, die uns hinter der Front entlasten sollen. Es kann ja auch nicht angehen, daß wichtiges Kriegsmaterial durch diese Untermenschen gebunden und der deutsche Vormarsch so verzögert wird.

Wir leben in großen Zeiten, mein Muttchen, und dein Vati hat nun endlich einen wichtigen Anteil am Erfolg des Krieges. Berichte das den Kindern, damit sie sich ein Beispiel daran nehmen, und bereite sie auf ihre Aufgaben nach dem Kriege vor.

Mit Stolz und in Liebe!

Dein Vati

43

„Tagesordnungspunkt 1", eröffnete Lenz die Dienstbesprechung, woraufhin sofort Ruhe im Raum einkehrte. „Gudrun Schulze-Hüsken und Gerhard Fraune. „Wie weit seid ihr mit der Exhumierung?"

„Ist genehmigt", berichtete Schröder. „Sie findet morgen Vormittag statt. Der Doc weiß Bescheid. Seine Leute machen das Wochenende durch. Am Montag wissen wir dann mehr."

5 Am 31. Juli 1941 ermordeten SS-Einheiten in Kischinjow 12000 Juden.

Lenz nickte zufrieden und machte sich eine Notiz. „Punkt 2: Gibt es Neues von den Observationsteams in Büren?“

„Alles ruhig im Seniorenparadies“, antwortete Jakobsmeier lapidar. „Allerdings gibt es ein Problem, was die Bewachung der Alten angeht: Die Kollegen werden gegen Mittag abgezogen, weil sie heute Abend schon wieder bei der FPA-Demo hier in Paderborn gebraucht werden. Die Rechten haben viertausend Demonstranten angekündigt und die Linken sind fest entschlossen, mit mindestens doppelt so vielen Teilnehmern anzutreten. Wenn das klappt, sind da heute Abend zwölftausend Demonstranten unterwegs. Die Bereitschaftspolizei braucht dann selber jeden Mann und hat zusätzlich Verstärkung in Düsseldorf angefordert.“

„Viertausend rechte Spinner?“ Steinkämper verzog angewidert das Gesicht.

„Genau“, bestätigte Jakobsmeier. „Und achttausend linke Chaoten.“

„Quatsch“, meldete sich Gina. „Das kannst du auf beiden Seiten mindestens halbieren. Die machen doch nur Show. So viele haben die noch nie auf die Straße gekriegt.“

„Wie dem auch sei“, unterbrach Lenz die Kollegen. „Jedenfalls sind die Alten in Büren heute Abend ohne Schutz. Das ist die ideale Chance für den Mörder, sich sein nächstes Opfer zu greifen.“

„Da sollten wir uns dann vielleicht auf die Lauer legen“, schlug Jakobsmeier vor. „Natürlich absolut unauffällig. Der Täter soll sich ja sicher fühlen.“

„Einverstanden!“ Lenz nickte dem Oberkommissar zu. „Das machen Sie und der Kollege Steinkämper.“

Oberkommissar Steinkämper stöhnte auf. „Muss das sein, Chef? Meine Frau reißt mir den Kopf ab, wenn ich schon wieder nicht nach Hause komme.“

„Tja, Kollege, da kann ich leider nichts für Sie tun.“ Lenz grinste schadenfroh. „Außerdem war es doch Ihre Idee, dem Täter eine Falle zu stellen, wenn ich mich nicht irre. Also gut, jetzt bekommen Sie Ihre Chance. Dafür können Sie gleich direkt nach der Dienstbesprechung nach Hause fahren. Um 17 Uhr beziehen Sie Ihren Posten in Büren, aber so, dass Sie niemand sieht, ist das klar?“

„Klar, Chef“, antwortete Steinkämper deprimiert.

Jakobsmeier nickte zufrieden.

„Frau Gladow und ich werden heute Abend die Demo besuchen“, kündigte Lenz an und erntete erstaunte Blicke. Er erklärte den Kollegen ihre Überlegungen vom gestrigen Abend. „Wir werden die Chance nutzen und uns einen aktuellen Überblick über beide Seiten verschaffen. Je mehr ich darüber nachdenke, desto sicherer bin ich mir, dass wir unseren Täter bei den politischen Aktivisten suchen müssen, zumal einer davon der Enkel eines ehemaligen Häftlings aus Wewelsburg ist, der unter unseren Ermordeten seinerzeit zu leiden hatte."

Gina räusperte sich, sagte aber nichts.

„Gut, Kollegen, wenn das alles ist, dann ran an die Arbeit!" Lenz erhob sich, raffte seine Unterlagen zusammen und verließ den Besprechungsraum. Er wollte sich mit Hilfe des Internets einen Überblick über die Gruppen verschaffen, die sich für den heutigen Abend in Paderborn angekündigt hatten, und ging durch sein Vorzimmer in sein Büro.

Als er an Conny Gellerts Schreibtisch vorbeikam, lächelte die Sekretärin ihn an und fragte: „Kaffee?"

„Gerne." Er zog die Tür seines Büros hinter sich zu, setzte sich an seinen Schreibtisch und fuhr seinen Rechner hoch.

Conny brachte den Kaffee und sah ihn fragend an, als wollte sie sich nach weiteren Wünschen erkundigen.

„Danke, Conny. Sorge bitte dafür, dass ich für den Rest des Vormittags nicht gestört werde."

Sie nickte und ließ ihn allein. Lenz ging mit Hilfe der Suchmaske direkt auf die Homepage der FPA und wurde von Bildern und Schlagzeilen empfangen, die allesamt für Deutschland den drohenden kulturellen Untergang voraussagten. Kopftuch hält Einzug in baden-württembergischen Kindertagesstätten stand da. Für den Religionsunterricht an sächsischen Schulen sei zudem ein Moscheebesuchszwang geplant. Das ‚erinnert an frühere Zeiten von Diktatur und Umerziehung', so die Meinung der FPA. Lenz hatte bisher von dieser Partei den Eindruck gehabt, dass gerade sie zurück zu diktatorischen Verhältnissen wollte, aber da hatte er sich wohl geirrt, oder doch nicht?

Die Menüpunkte Islam und Abendland, Heimat und Identität, Medien und Wahrheit, Tradition und Werte und Familie und Kinder führten ins Parteiprogramm. Dachte Lenz. War aber nicht so. Er stieß wieder nur auf dieselben Schlagzeilen und Propagandaartikel. Man sollte sich zum Beispiel am Burka-Verbot in Marokko ein Beispiel nehmen, die Bundeskanzlerin zeige zu wenig Nationalgefühl, GEZ-finanzierte Fernsehsender betrieben eine ‚öffentlich-rechtliche Gehirnwäsche'. Vielleicht ist das der Grund dafür, dachte Lenz, dass ich das alles hier für Schwachsinn halte: Ich habe in meinem Leben zu viel ARD und ZDF gesehen.

Unter dem Menüpunkt Tradition und Werte wurde in wahrhaft ergreifender Weise ein Plädoyer für das Schweineschnitzel beim Schulessen gehalten, denn dort drohte offenbar eine schleichende Aushöhlung der deutschen Lebensweise, weil Rücksicht auf die Ernährungsgewohnheiten von Moslems genommen wurde. Überhaupt waren die Schulen ein Hauptanliegen der FPA, zumal, wie Lenz hier erfuhr, auf Deutschlands Schulhöfen eine geradezu explodierende Rauschgiftkriminalität grassierte. Er erinnerte sich an seine eigene Schulzeit in Hamm. Damals war in seiner Heimatstadt sogar die nordrhein-westfälische Hauptstelle gegen Suchtgefahren eingerichtet worden, weil die Infrastruktur für den Drogenhandel durch die zahlreichen Autobahnen im Ruhrgebiet ideal war und der Handel an Hammer Schulen überdurchschnittlich umfangreich stattfand. Er selbst hatte davon nie etwas mitbekommen. Und er konnte sich auch nicht an kriminelle Nordafrikaner erinnern, die dafür verantwortlich gewesen sein konnten. Die gab es an seinem Gymnasium nämlich gar nicht. Aber vielleicht war Erinnerung ja schädlich, wenn es einfach nur darum ging, Stimmung zu machen. Antworten auf den drohenden Untergang alles Deutschen gab die Homepage allerdings keine, wenn man einmal von dem einzigen Ausweg absah, den sie bot: FPA zu wählen.

Die Forderungen der Partei waren – folgerichtig? – der Ausstieg aus dem Euro, Rückkehr zu einem traditionellen Familienbild, Erhalt der Atomenergie und die grundsätzliche Ablehnung des Islam. Ach ja, und eine der Parteivorsitzenden hatte ja unlängst die Wiedereinführung des Schießbefehls an der deutschen Grenze gefordert – nur gegen Flüchtlinge, versteht sich, also überhaupt nicht zu vergleichen mit dem Schießbefehl in der DDR, der ja eindeutig inhuman gewesen war. Überhaupt wurde eine Abkehr von unserem kruden Geschichtsverständnis gefordert, denn kein anderes Volk der Welt sei so selbstdiffamierend, dass es sich ein ‚Mahnmal der Schande' mitten ins Herz seiner Hauptstadt pflanze – gemeint war das Holocaust-Mahnmal in Berlin. Auch Kriegsverbrechen sollten endlich als solche benannt werden, zum Beispiel die Bombardierung Dresdens durch die Amerikaner, die ja keinen anderen Zweck verfolgt habe, als die deutsche Identität zu zerstören. Aha!

Na prima, dachte Lenz. Ich soll also eine Partei wählen, die kein historisches Gedächtnis besitzt, außer der Erkenntnis, dass vor dem Euro und dem Flüchtlingszuzug alles besser gewesen sei, die offenbar unter einer paranoiden Wirklichkeitswahrnehmung leidet, die alles Fremde diffamiert und zudem nicht eine einzige rechtsstaatlich fundierte Antwort auf die Problemlagen zu bieten hat. ARD und ZDF sei Dank bin ich gehirngewaschen genug, um darauf nicht hereinzufallen!

Und diese Weltverschwörungsanbeter, die das einzige noch verbliebene Bollwerk des Deutschtums bildeten, suchten nun Paderborn heim. Lenz stand auf, ging zum Fenster und ließ frische Luft in den stickigen Raum.

Kiew, den 30. September 1941

Geliebte Mutti!

Leningrad ist eingekesselt, Kiew von unseren heldenhaften Truppen eingenommen und wir von der SS sind immer gleich zur Stelle und räumen hinter der Wehrmacht auf. Die Partisanenüberfälle sind so heimtückisch und zahlreich geworden, daß das Oberkommando der Wehrmacht sich zu drastischen Strafaktionen durchgerungen hat, die wir natürlich umsetzen müssen.[6] *Auch aus den polnischen Lagern hört man von technischen Fortschritten, ohne die die Umsetzung unserer großen zukünftigen Aufgabe gar nicht denkbar wäre.*[7]

Gestern hat uns der Reichsführer besucht und für unsere Pflichterfüllung gelobt. Er hat sich vor Ort angesehen, wie schwer unsere Aufgabe ist, und er hat besonders betont, daß nur sittlich gefestigte Völker wie wir Deutschen eine derart schwere Aufgabe erfüllen und dabei anständig bleiben können.[8] *Das war sehr bewegend und hat uns allen Mut gemacht.*

Nun geht es auf Moskau zu.

Und Dein Vati ist dabei!

44

Paderbunt und die anderen Organisatoren der Gegendemonstration hatten sich auf einen Sternmarsch zum Kundgebungsplatz verständigt. Lenz, Natascha, Gina und Heller waren bei einem der Startpunkte vor dem Rathaus verabredet. Als der Hauptkommissar und seine junge Kollegin dort eintrafen, wurde die Menschenmenge gerade von dem Organisator begrüßt und in den weiteren Ablauf des Abends eingewiesen. Natascha und Heller standen etwas abseits vor dem Schuhgeschäft Klauser und unterhielten sich angeregt. Lenz schlenderte zu ihnen, begrüßte den Journalisten mit Handschlag und Natascha mit einem Kuss auf die Wange. Sie lächelte ihn an und er freute sich über das Kribbeln in der Magengegend.

Uniformierte Kollegen lungerten in kleinen Gruppen rund um den Rathausplatz herum und beobachteten gelangweilt das Geschehen. Gina suchte die Menschentraube vor dem Brunnen ab und wirkte enttäuscht. Offenbar hatte sie damit gerechnet, hier auf Mario zu treffen, aber der war bestimmt mit seinen Antifa-Freunden woanders zur Randale verabredet. Lenz bemerkte, dass er unangemessen breit grinste, und rief sich zur Ordnung.

---

6 Am 16. September 1941 hat Wilhelm Keitel, Chef des OKW, befohlen, für jeden getöteten deutschen Soldaten 50 bis 100 Menschen in den besetzten Gebieten zu töten. Um Munition zu sparen, wurden alte Leute, Frauen und Kinder zum Beispiel in Scheunen gesperrt, die dann angezündet wurden.

7 Seit dem 3. September 1941 wurden in Auschwitz Menschen mit Zyklon B vergast. In Sachsenhausen wurden Genickschussanlagen zum systematischen Massenmord eingesetzt.

8 Am 28. September 1941 hat die SS in der Schlucht Babi Jar bei Kiew 33000 Juden zusammengetrieben und mit Maschinengewehren erschossen.

Von rechten Gruppierungen war weit und breit nichts zu sehen. Das Sicherheitskonzept sah vor, dass die gegnerischen Gruppen möglichst gar nicht erst aufeinandertreffen sollten. Entsprechend waren die Routen der Demonstrationszüge weit auseinandergelegt worden. Einsatzkräfte der Polizei sollten mit Absperrungen dafür sorgen, dass es keine Zwischenfälle gab.

„Was für ein Aufwand." Natascha deutete mit dem Kopf auf die Gruppen Uniformierter und schüttelte den Kopf.

„Der Preis der Demokratie", entgegnete Lenz gleichmütig. „Da sammeln sich wieder ein paartausend Überstunden an, die im Leben nicht abgefeiert werden können. Aber wenn die Kollegen Glück haben, dürfen sie sich dafür heute Abend wenigstens ein bisschen beschimpfen und verprügeln lassen."

Aus der Masse formierte sich nun geradezu organisch der Protestzug und setzte sich durch die Westernstraße in Bewegung. Zwischen den Geschäften großer Mode-, Parfümerie- und Schmuck-Ketten und Kaufhäusern wie Kaufhof, Klingenthal und Peek & Cloppenburg wälzte er sich dem Westerntor entgegen.

Natascha plauderte weiterhin angeregt mit Heller, während sie sich nun dem Menschenstrom ergaben. Gina war offensichtlich mit sich selbst beschäftigt und so konzentrierte sich Lenz auf das, was er sah. Die Menschen trugen Transparente mit der Forderung nach Weltoffenheit und einer Willkommenskultur. Andere richteten sich gezielt gegen Rechts. Insgesamt herrschte eine fröhliche Stimmung, friedlich aber voller Entschlossenheit, während ein eisiger Wind durch die Straßenschlucht blies.

Am Westerntor war die Kreuzung zur Bahnhofstraße abgesperrt, denn vom Bahnhof aus war zeitgleich ein weiterer Zug zur Herz-Jesu-Kirche unterwegs. Der Treffpunkt der FPA, den sie nun passierten, lag noch in erwartungsvoller Stille da. Sofern das Sicherheitskonzept aufging, würden die Rechten hier erst eintreffen, wenn das Veranstaltungsprogramm auf dem Parkplatz hinter der Kirche längst in vollem Gang war. Paderborn war geübt darin, brenzlige Situationen vorauszuahnen und zu entschärfen, schließlich trafen hier mehrmals im Jahr die Fans des SC Paderborn auf die aus Dresden und Rostock, Hardcore-Hooligans also, die ihrem Verein zu einem großen Teil allein der Randale wegen hinterherreisten und nicht selten im rechtsextremen Milieu zu verorten waren.

Aus mehreren Richtungen strömten die Menschen schließlich auf dem großen Parkplatz an der Florianstraße zusammen. Die Organisatoren hatten eine überdachte Bühne aufgebaut und empfingen die ‚Aufrechten' und ‚Freiheitsliebenden', wie sie sagten, mit Musik. Lenz, Heller, Natascha und Gina suchten sich einen Platz am Rand vor einer maroden Bruchsteinmauer. Von hier aus hatten sie gute Sicht auf die Bühne, waren aber aus dem Zustrom heraus. Dafür zog es hier erbärmlich. Lenz bekam regelrecht Mitleid, als er sah, wie sich Natascha zitternd in ihren Mantel verkroch.

Er beschloss, die Wartezeit zu nutzen und einen Lagebericht aus Büren abzufragen. Also zog er sein Handy aus der Tasche und tippte Jochen Steinkämpers Nummer ein. Der Oberkommissar war auch binnen Sekunden in der Leitung.

„Lenz hier. Wie ist die Lage bei euch?"

„Alles ruhig", kam es zurück und Lenz hörte, wie Franz-Georg Jakobsmeier „Zu ruhig!" dazwischenrief. „Die Alten sitzen da drinnen schön im Warmen und gucken Musikantenstadl oder so´n Scheiß", fuhr Steinkämper ungerührt fort. „Und wir frieren uns hier draußen den Arsch ab. Nicht mal Standheizung hat die Karre. Wenn ich den in die Finger kriege, der uns das eingebrockt hat!"

Lenz lachte. „Na gut, Kollegen, ich sehe schon, dass ich mir um euch keine Sorgen machen muss. Wenn was ist, meldet euch." Er drückte das Gespräch weg und beantwortete Nataschas fragenden Blick mit einem Achselzucken. „Das ist der Vorteil, wenn man der Chef ist", sagte er. „Dann kann man andere für sich die furunkelfördernde Observationsarbeit machen lassen."

Als der Platz nahezu gefüllt war, trat der Vorsitzende von Paderbunt ans Mikrophon und bedankte sich mit vor Begeisterung bebender Stimme für die überwältigende Teilnahme an der Kundgebung gegen die „neuen Brandstifter" und „Feinde einer bunten Republik Deutschland". Er schätzte die Menschenmenge von oben herab auf etwa 2500 bis 3000 Leute. Dann wurden Grußworte verlesen. Schließlich trat der erste Offizielle der Stadt ans Mikrophon, der stellvertretende Bürgermeister Paderborns. Der SPD-Mann versäumte nicht, zu betonen, dass der CDU-Bürgermeister nicht bereit gewesen sei, hier und heute für die gute und notwendige Sache einzustehen, und rief damit Pfiffe und Buhrufe gegen den Abwesenden hervor.

Das war Wasser auf Ginas Mühle. „Na bitte, da hast du´s!", sagte sie grimmig. „Die sogenannte bürgerliche Partei geht auf Nummer Sicher und positioniert sich lieber erst gar nicht. Das könnte ja Wählerstimmen aus dem rechten Lager kosten."

„Wer CDU wählt, wählt zumindest nicht die FPA", wandte Heller ein.

Natascha war voll und ganz mit Frösteln beschäftigt. Lenz legte ihr den Arm um die Schultern und zog sie eng an sich. Zufrieden stellte er fest, dass sie dankbar dafür war.

Redner aller möglicher teilnehmender Gruppen wechselten sich nun mit ihren Grußworten ab und fanden klare Worte gegen den Rechtsruck in der Bundesrepublik. Dabei wiesen sie auch auf die drohenden Gefahren angesichts der europäischen Vernetzung nationalistischer und rechtspopulistischer Parteien hin. Pegida wurde als „Wiederauferstehung des deutschen Spießbürgers" bezeichnet und es gab reichlich Querverweise auf die Verhältnisse am Ende der Weimarer Republik, als man nicht wachsam genug gewesen sei, um den braunen Mob zu verhindern. Schließlich verlas eine

Flüchtlingsdelegation Dankesworte und leitete das bunte Programm mit einem musikalischen Beitrag ein, der für Lenz´ Ohren gewöhnungsbedürftig orientalisch klang.

Während Musiker und Kabarettisten aus dem ganzen Kreis sich auf der Bühne abwechselten, beobachtete der Hauptkommissar, wie vor der Kirche in der Florianstraße Mannschaftswagen vorfuhren und Metallsperren aufgebaut wurden. Offenbar wurde in Kürze der FPA-Demonstrationszug in der Parallelstraße erwartet.

„Verflucht, ist das kalt!" Gina schlug die Arme vor der Brust zusammen.

Sie sah so verfroren aus, wie Lenz selbst sich fühlte. Natascha bibberte nur noch und trat von einem Bein auf das andere. Nur Heller schien die Kälte nichts auszumachen. Er beobachtete interessiert das Geschehen vor der Kirche.

In der Menge auf dem Parkplatz wurde es unruhig. Kaum jemand konzentrierte sich auf das Bühnenprogramm. Als nun Gruppen junger Leute neben Lenz über die Bruchsteinmauer kletterten und über die angrenzenden Grundstücke in Richtung Riemeke-Viertel rannten, wurden auch die Polizisten vor der Kirche hektisch und setzten sich im Laufschritt in Richtung Riemekestraße in Bewegung.

„Da ist was los!", rief Heller und machte sich sofort auf den Weg dorthin.

Lenz gab Gina und Natascha ein Zeichen und folgte ihm. Auch die Frauen schienen nicht länger in der Kälte ausharren zu wollen, während ein Sänger mit Gitarre vorne auf der Bühne We shall overcome sang.

Lenz sah die uniformierten Kollegen im Laufschritt nach rechts in die Riemekestraße einbiegen.

„Stop, hier geht´s nicht durch!", fuhr eine junge Polizistin hinter einer Metallsperre ihn an. Ihr Ton verriet, dass sie keinerlei Sympathie für Demonstranten hatte. Dabei schien ihr egal zu sein, welche Richtung sie vertraten. Das ganze Theater hier bedeutete eben einfach nur Dienst und Stress für sie.

Lenz zog seinen Dienstausweis heraus. „Was ist denn da vorne los?"

„Ein paar linke Chaoten haben die Fürstenbergstraße blockiert, damit die FPA-Demo nicht durchkommt." Man konnte förmlich raushören, dass sie die Blockierer zum Kotzen fand. „Die Kollegen versuchen, den Demonstrationszug über den Ring umzuleiten. Wenn die Gruppen aufeinanderprallen, können wir für nichts garantieren."

„Da ist Mario!" Gina deutete auf einen vermummten jungen Mann, der in einer Gruppe Autonomer die Riemekestraße in Richtung Fürstenbergstraße entlangrannte. Zu erkennen war er nur an seinen verfilzten Haarsträhnen. Sein Gesicht war von einem schwarz-weißen Palästinensertuch verdeckt. Gina hielt der jungen Kollegin ebenfalls ihren Dienstausweis unter die Nase und sprang ohne weitere Erklärung über die Absperrung.

„Scheiße", fluchte Lenz. Er sah Heller von der Seite an und erkannte, dass der Journalist angesichts der Tatsache, dass da vorne etwas passierte und er es nicht mitbekam, unruhig von einem Bein auf das andere wechselte. „Lauf hinterher", sagte er. „Pass auf, dass sie keinen Blödsinn macht. Und wenn es geht, behalte auch Mario im Blick." An die uniformierte Polizistin gewandt, befahl er: „Lassen Sie den Kollegen durch. Dies ist ein Polizeieinsatz."

Heller quetschte sich durch eine Lücke zwischen zwei Gittern und sprintete in die Richtung, in die Mario und Gina soeben verschwunden waren.

„Und was machen wir jetzt?", hörte Lenz Natascha neben sich fragen. „Oder musst du da auch noch hinterher?"

„Nein, muss ich nicht. Wenn ich da auftauche, kann es sein, dass Mario bei seinen Genossen Stimmung gegen uns macht. Das würde nur Öl ins Feuer gießen. Allerdings kann ich nur hoffen, dass Gina keinen Scheiß macht und Fabian heile aus der Sache rauskommt. Sonst zeigt mir Heitkamp die rote Karte." Er legte Natascha wieder den Arm um die Schultern. „Was hältst du davon, wenn wir uns mal kurz die Kundgebung der Rechten ansehen und anschließend etwas essen gehen?"

„Raus aus der Kälte wäre gut", antwortete Natascha und kuschelte sich fester an ihn.

„Na, dann los."

Heller folgte Gina, so gut es ging, inmitten einer Gruppe schwarzvermummter Autonomer. Als sie von der Riemekestraße in die Fürstenbergstraße einbogen, stießen sie direkt auf die Straßenblockade. Etwa fünfzig junge Leute, allesamt vermummt, hatten sich mitten auf die Straße gesetzt und die Arme ineinander verhakt. Die FPA-Demonstranten standen wie eine Mauer davor und wurden von etwa zwanzig uniformierten Polizisten davon abgehalten, sich auf die Linken zu stürzen und eine Schlägerei anzuzetteln.

Gina drängte sich durch die Reihen der Sitzenden und quetschte sich direkt neben Mario. Der blickte ihr in die Augen, aber Heller konnte wegen des Halstuchs nicht sehen, ob er sie angrinste oder mit ihr sprach. Der Journalist hatte Mühe, ebenfalls bis nach vorne durchzustoßen. Schließlich gelang es ihm und er ließ sich ächzend neben Gina nieder.

Mario nickte ihm zu und rief durch das Halstuch: „Gut festhalten. Solange die Bullen uns nicht trennen können, haben wir eine Chance. Und je länger wir hier sitzen, desto mehr ärgern sich die Nazis, weil sie nicht zu ihrer Propagandaveranstaltung kommen."

Heller blickte zu den FPA-Demonstranten hinüber, deren Wut allmählich deutlich hochkochte. Einige von ihnen trugen Kleidung der Neonazi-Marke Thor Steinar. Der Journalist erkannte die altbekannten Zeichen: die Sig-Rune, das Sonnenrad, ein dreistrahliges Zackenkreuz, das an das nationalsozialistische Hakenkreuz erinnern sollte. Es war überdeutlich, dass die alten

Symbole immer noch gemeinschaftsstiftend eingesetzt wurden und so eine Verbindungslinie bis zum Dritten Reich herstellten.

Links und rechts neben sich entdeckte Heller im Gegenzug dazu vereinzelt Jacken mit ironisch und spöttisch verunstalteten Symbolen. Eine Gruppe junger Designer hatte es sich zur Aufgabe gemacht, eine Gegenmarke zu Thor Steinar zu entwickeln: Storch Heinar. Entsprechend zerstörten stilisierte Störche mit Wehrmachtshelmen auf den Kleidungsstücken die Sonnenräder und Sig-Runen.

Die Polizisten begannen nun damit, die ersten Blockierer gewaltsam auseinander zu reißen und so rechts von der Blockade eine schmale Bresche für die FPA-Demonstranten zu schaffen. Die hatten inzwischen die verbotene ersten Strophe des Deutschlandliedes angestimmt.

Heller fragte sich, wie er sich als Polizist in einer solchen Situation verhalten würde. Einerseits war es unerträglich, dass dieses rechte Pack „Deutschland, Deutschland über alles, über alles in der Welt" grölte, andererseits hatten die Beamten ihren Einsatzbefehl und waren deutlich zu wenige, um gegen beide Gruppen gleichzeitig vorzugehen. Da musste die Sicherheit eindeutig Vorrang haben.

Die Autonomen stimmten ihrerseits Sprechchöre an, während die singende Meute rechts an ihnen vorbeizog: „Flüchtlinge bleiben - Nazis vertreiben!" Mario lachte und brüllte: „Für die Freiheit, für das Leben - Nazis von der Straße fegen!", was die Umsitzenden umgehend aufgriffen und weitertrugen.

Einige FPA-Demonstranten brüllten im Anschluss an die Hymne „Hier marschiert der nationale Widerstand!", was von den Autonomen umgehend beantwortet wurde: „Hier krepiert der nationale Widerstand!"

Gina hatte offenbar ihren Spaß und schloss sich lachend allen Sprüchen an, die Mario brüllte. Heller spürte, wie ihm heiß wurde, als nun die ersten Polizeibeamten damit begannen, linke Demonstranten hochzuheben und zu Mannschaftswagen zu tragen, die hinter den FPA-Demonstranten durch die Fürstenbergstraße aufgefahren waren.

„Wir sollten sehen, dass wir hier wegkommen", rief er Gina zu. „Sonst landen wir heute Abend noch im Knast."

„Unsinn!", gab Mario zurück. „Wir lassen uns doch nicht verjagen. Jetzt erst recht!" Und dann wechselte er das Ziel seiner Parolen und brüllte: „Macht aus dem Staat - Gurkensalat! Und aus der Polizei - Kartoffelbrei!" Die Umsitzenden nahmen das lachend auf und bald brüllten alle Blockierer im Chor diesen Spruch.

„Scheiße!", fluchte Heller. Da wurde er auch schon von zwei Polizisten angehoben und gewaltsam von Ginas Arm gerissen.

Lenz und Natascha umrundeten Arm in Arm die Herz-Jesu-Kirche und sahen zu, wie auf dem kleinen Platz dahinter die ersten FPA-Demonstranten eintrafen. Offenbar wurden die Kollegen in der Fürstenbergstraße ganz gut mit den Blockierern fertig.

Als niemand mehr nachströmte, war der Platz mäßig gefüllt. Keine fünfhundert Menschen waren da zusammengekommen, schätzte Lenz – gerade mal ein Bruchteil von der Protestkundgebung auf dem Parkplatz jenseits der Kirche, von wo immer noch Musikfetzen herübergetragen wurden. Auch Natascha fand es beruhigend, dass die Rechten so viel weniger Menschen auf die Straße gebracht hatten als Paderbunt.

Deutschlandfahnen wurden geschwenkt und Schilder hochgehalten, die vor Asylbetrug und Burkazwang für deutsche Frauen warnten. Vor einer zu dieser Jahreszeit geschlossenen Eisdiele entdeckte Lenz bekannte Gesichter: In einer Gruppe von Neonazis standen dort Johann Kaup, sein Enkel Wolfgang und Michelle Küster.

Vor den angrenzenden Geschäften war ein Mikrofon aufgebaut worden. Von dort aus begrüßte der Paderborner FPA-Vorsitzende die „bürgerliche Bewegung des patriotischen Widerstands", wie er sich ausdrückte. Tausende Deutscher seien dem Aufruf gefolgt und zeigten öffentlich Flagge gegen die Flüchtlingspolitik der Kanzlerin und gegen die islamistische Bedrohung ihres Heimatlandes. Jubelstürme waren die Folge.

Lenz fragte sich, ob sowohl der Redner als auch die Claqueure unter einer akuten Wahrnehmungsstörung litten, oder ob sie schlicht und einfach nicht bis fünfhundert zählen konnten. Er hätte in diesem Moment auch nicht sagen können, welche der beiden Varianten er für Deutschland bedrohlicher fand.

Ein smarter Mittvierziger trat nun vor und wurde stürmisch beklatscht. Es war einer der FPA-Landeschefs aus Ostdeutschland, der für seine grenzwertigen Forderungen bekannt war und schon mehrfach zum Schein Parteiausschlussverfahren hatte durchlaufen müssen. Er war als Hauptredner und quasi Stargast eingeladen worden. Zunächst bedankte er sich bei der Polizei, die nicht zulasse, dass „die einzige noch funktionierende demokratische Bewegung in Deutschland von linken Spinnern und Chaoten an der Wahrnehmung ihres verfassungsmäßig garantierten Demonstrationsrechtes gehindert" wurde. Damit sei die Polizei der Bundesregierung sowohl geistig als auch moralisch deutlich voraus. Dann schimpfte er über die politische Großwetterlage, konkret über die Kanzlerin, die mit ihrer Euro-Rettung zunächst das europäische Geldsystem außer Kraft gesetzt habe und nun mit ihrer Flüchtlingspolitik den Bestand des Deutschen Volkes gefährde.

„Und da wundert die Politik sich, wenn rechtschaffene deutsche Mitbürger Angela Merkel und Sigmar Gabriel lieber am Galgen sehen würden als in der Bundesregierung?", wetterte er. „Wenn wir erst an der Macht sind, dann werden diese Gesinnungspolitiker dorthin kommen, wo sie hingehören!"

Wohin genau, ließ er offen. Die Menge schien ihn trotzdem zu verstehen, denn sie grölte und klatschte heftig Beifall.

Er wütete gegen die „Lügenpresse", die all das unterstütze und sich um die Wahrheit herumdrücke, weil es politisch nicht gewollt sei, dass Flüchtlinge als Straftäter benannt wurden. Dabei sei die Faktenlage doch eindeutig: Tausende Nordafrikaner verabredeten sich zu Silvester, um deutsche Mädchen und Frauen auf dem Kölner Domplatz sexuell zu nötigen und zu vergewaltigen. So weit sei es schon gekommen, dass deutsche Mädels nicht mehr ohne Angst auf die von Tunesiern und Marokkanern beherrschten Straßen und Plätze gehen könnten.

Lenz kotzte das zufriedene Grinsen des Brandstifters an. Aber noch vielmehr fand er die grölende Menge zum Kotzen, die aggressive Stimmung, die wütend erhobenen Fäuste, die hasserfüllten Fratzen. Wehe, wenn sie losgelassen, dachte er und fühlte sich an die Schwarz-Weiß-Fotos von den politischen Kundgebungen der Weimarer Republik erinnert, auf denen SA-Leute vor den Rednerpulten die Hand zum deutschen Gruß erhoben.

Als der Brandstifter fertig war, wurde es interessant für Lenz, denn Johann Kaup trat mit Hilfe seines Enkels ans Mikrofon: „Deutsche Volksgenossinnen und Volksgenossen!", begann er mit für sein Alter erstaunlich fester Stimme. „Fast fünfundsiebzig Jahre müssen wir nun dieses Regiment der Besatzer ertragen. Wir sind kein freies Land, auch wenn uns das immer vorgegaukelt wird. Uns schützt kein Friedensvertrag, wir haben keine Verfassung, nur ein sogenanntes Grundgesetz. Unsere Grenzen sind selbst nach der Wiedervereinigung noch weit hinter den naturgegebenen von 1937 zurück. 1945 wurden Millionen von Deutschen aus ihrer Heimat in Pommern, Schlesien und Oberschlesien vertrieben und bis heute durften sie nicht dorthin zurückkehren." Er nahm den Applaus entgegen und pumpte dann beschwichtigend mit den Händen. „Unsere Regierung ist eine Regierung von Besatzers Gnaden", fuhr er fort. „Angela Merkel reist regelmäßig in die USA und nimmt dort ihre Befehle entgegen. Aber ich sage euch, liebe Volksgenossen: Damit ist jetzt Schluss!"

Gegröle, hier und da ein Hitler-Gruß, jemand rief „Sieg Heil!", was dazu führte, dass der Paderborner FPA-Vorsitzende vortrat und grimmig in die Menge blickte, während sein ostdeutscher Parteifreund zufrieden grinste und nickte.

„Die Zeit ist reif, liebe Volksgenossinnen und Volksgenossen", machte Johann Kaup unbeirrt weiter. „Die Unterdrückten lassen sich nicht länger unterjochen! Jetzt räumen wir auf mit dieser verjudeten Republik!"

Wolfgang Kaup schnellte vor, hielt das Mikrofon zu und giftete seinem Großvater etwas ins Ohr. Der FPA-Vorsitzende redete ebenfalls wütend auf ihn ein und plötzlich war auch Michelle Küster an der Seite ihres Freundes und machte Anstalten, den alten Mann vom Mikrofon zu verdrängen.

„Oha", meinte Natascha, „das passt wohl nicht mehr in die Zeit. Da werden die Neuen Rechten aber grimmig."

Lenz dachte an Ginas Theorie, dass solche alten Naziparolen den Rechtspopulisten den Weg an die Macht verbauen könnten.

Johann Kaup blitzte seinen Enkel wütend an, nickte aber schließlich und versuchte, den jungen Mann zu beschwichtigen. Wolfgang gab das Mikrofon wieder frei.

„Kameraden auf den Straßen und Plätzen unseres Deutschlands!", rief Johann Kaup ins Mikrofon, wobei seine Stimme deutlich weniger die Klangfarbe des Dritten Reiches trug als noch vor wenigen Augenblicken. „Ihr habt es in der Hand, dass nun eine neue deutsche Generation das Heft des Handelns in die Hand bekommt. Junge, unerschrockene Patrioten, die sich der Islamisierung entgegenstellen und dafür sorgen, dass Deutschland wieder ein Land der Deutschen wird. Ich übergebe nun das Mikrofon an die junge Generation, an die neue Hoffnung des Deutschen Volkes!"

Die Menge toste, als Wolfgang Kaup auf den Platz am Mikrofon vorrückte und sogleich Haltung annahm, während Michelle Küster den alten Kaup zur Seite führte.

„Kameraden!", begann er und legte eine kleine Kunstpause ein, bevor er fortfuhr: „In Köln müssen Tausende unserer Polizisten den Kopf für die verfehlte Politik unserer Kanzlerin hinhalten. Und wenn diese uniformierten Kameraden dann jemanden festgenommen haben, wird er von unserer Gesinnungsjustiz direkt wieder freigelassen. Als ‚Gefährder' bekannte Terroristen dürfen sich frei in unserem Land bewegen und unser Leben bedrohen. Sozialbetrug ist in Deutschland zur Normalität geworden. Der Attentäter vom Berliner Weihnachtsmarkt, Anis Amri, hatte vierzehn Identitäten! Vierzehn Mal hat er in jedem Monat das Geld hart arbeitender deutscher Mitbürgerinnen und Mitbürger gestohlen. Unser Geld! Und mit diesem Geld hat er Anschläge auf unsere freiheitliche Gesellschaft geplant. Unter den Augen unserer sogenannten Sicherheitsbehörden hat er in Berlin mit einem LKW auf dem Weihnachtsmarkt zwölf Menschen getötet und über fünfzig schwer verletzt. Und was haben die Ermittler des Bundeskriminalamtes daraufhin getan? Sie haben ihn entwischen lassen. Sie haben das Führerhaus des LKW erst am nächsten Tag untersucht, um ihm einen Vorsprung zu ermöglichen."

Buhrufe klangen überall aus der Menge.

„Sie haben eine falsche Person verhaftet, um uns, der deutschen Öffentlichkeit, vorzugaukeln, dass unser Staat wehrhaft sei. Aber das ist er nicht! Gerade erst haben drei Flüchtlinge in Staumühle, also in direkter Nachbarschaft zu Paderborn, ein Flüchtlingsheim in Brand gesteckt, weil sie mit ihren Unterkünften nicht zufrieden waren. Ich frage euch: Ist das noch unser

Deutschland, das Flüchtlingen großzügig Sicherheit bietet und es dann duldet, dass diese Flüchtlinge den Terror und den Mord an unschuldigen Deutschen zu uns bringen?"

„Nein!", brüllten die Menschen und „Flüchtlinge raus!"

„Ich verspreche euch, Kameraden, nach der nächsten Bundestagswahl werden sich die etablierten Parteien die Augen reiben. Wir werden die Volksverräter in unserer Regierung zur Verantwortung ziehen. Wir werden uns von diesen linken Chaoten" – er deutete hinter sich in Richtung Fürstenbergstraße – „nicht aufhalten lassen. Wir werden dafür sorgen, dass in Deutschland endlich wieder das Volk regiert. Das deutsche Volk! Ihr, liebe Kameradinnen und Kameraden!"

Stürmischer Jubel und Applaus. „Wir sind das Volk!", wurde skandiert, während Wolfgang Kaup zufrieden in die Menge nickte und dann das Rednerpult verließ. Der FPA-Vorsitzende übernahm wieder die Veranstaltung und bedankte sich bei den „jungen, aufrechten Patrioten, die Deutschland eine goldene Zukunft versprechen".

Was nun folgte, war Geplänkel. Die Veranstaltung schien eigentlich zu Ende zu sein, aber niemand schien sich zu trauen, sie einfach so aufzulösen.

Das war alles?, dachte Lenz. Mehr haben uns unsere zukünftigen Führer nicht zu bieten?

Natascha zog an seinem Arm. „Lass uns gehen, sonst erfriere ich noch."

Lenz nickte und ließ sich von ihr in Richtung Westerntor führen. „Hast du einen Vorschlag, wo wir ruhig sitzen und gut essen können?"

„Vielleicht im Goa Curry?", schlug Natascha vor. „Das ist gleich bei dir um die Ecke am Neuhäuser Tor. Mir ist jetzt nach scharf, damit ich von innen her wieder warm werde. Das war politische Eiszeit, was da gerade abgelaufen ist."

„Einverstanden. Und für die Wärme von außen bin ich zuständig." Lenz zog Natascha enger an sich und ließ sie erst los, als sie das indische Restaurant direkt an der Einmündung zur Kisau erreichten. Wie arm wäre Deutschland doch, dachte er, wenn es diese fremdländischen kulturellen Einflüsse nicht gäbe.

Sie zogen sich in eine der gemütlichen Nischen zurück und einigten sich aus der reichhaltigen Karte auf zwei verschiedene Gerichte mit Huhn und mit Rindfleisch, um sie nachher austauschen zu können.

Während sie auf ihr Essen warteten, dachte Lenz über den Zwischenfall zwischen Johann und Wolfgang Kaup nach. Gina hatte recht gehabt. Die alten rassistischen und ideologischen Naziparolen hatten den Neuen Rechten nicht gefallen.

Als hätte sie seine Gedanken gelesen, sagte Natascha: „Ich verstehe nicht, dass die FPA-Idioten einen Altnazi auf ihrer Kundgebung überhaupt reden lassen. Die tun doch sonst alles, um nicht mehr mit dem Dritten Reich in Verbindung gebracht zu werden."

Lenz zuckte mit den Schultern. „Ich glaube, die Alten haben einfach noch zu viel Einfluss hier im Kreis Paderborn." Er berichtete Natascha von dem Versuch der Stadtoberen, ihn bei seinen Ermittlungen unter Druck zu setzen. „Die haben eindeutig Johann Kaup und seine Kameraden gemeint, als sie angedeutet haben, dass einflussreiche Leute ihnen im Nacken sitzen."

Natascha schüttelte angewidert den Kopf. „Für mich sieht das so aus, als steckten die Neuen Rechten in einer Zwickmühle. Sie teilen grundsätzlich die Ansichten der alten Nazis, müssten sich aber eigentlich von ihnen distanzieren, um Wahlen gewinnen zu können. Paderbunt hat ja heute Abend wieder deutlich gezeigt, dass die Mehrheit der Menschen in Deutschland nicht mehr so verblendet ist wie die Leute in der Weimarer Republik."

„Wenn du dich da mal nicht täuschst", wandte Lenz ein. „Was sind schon ein paartausend Demonstranten gegen die Millionen, die an der Wahlurne ihr Kreuzchen machen, ohne sich dafür rechtfertigen zu müssen. Ich fürchte, dass sehr viele Wähler aus der sogenannten bürgerlichen Mitte rechts wählen, es aber nicht öffentlich zugeben."

Eine junge Frau in einem farbenprächtigen Sari brachte das Essen. Es roch so verführerisch, dass beide sich augenblicklich gerne davon ablenken ließen. Lenz bediente sich von beiden Gerichten und hätte nicht sagen können, welches ihm besser schmeckte. Er musste grinsen, als er sah, dass Natascha genießerisch die Augen geschlossen hatte und den Aromen nachspürte.

„Gaumensex", sagte er und lachte.

„Hm?"

„Der Fernsehkoch Frank Rosin nennt das Gaumensex, was du da gerade erlebst."

„Recht hat er", sagte Natascha und stöhnte theatralisch.

„Ist alles in Ordnung?", fragte die Bedienung, die sich unbemerkt genähert hatte.

„Oh ja, alles wunderbar", beeilte sich Natascha und beide lachten, während die junge Frau sich etwas irritiert wieder entfernte.

Auf dem kurzen Weg zu Lenz´ Wohnung waren die Gedanken an die Vorfälle zwischen den Rednern gleich wieder da. Mehr noch: Lenz hatte plötzlich das Gefühl, dass Gina mit ihrer Theorie, die er bislang für absurd gehalten hatte, doch auf der richtigen Spur sein könnte. Wenn die Nazi-Parolen der Alten gefährlich waren für die, die in der bürgerlichen Mitte eine Mehrheit suchten, wie gefährlich mussten dann erst die alten Nazis selbst für die neuen sein, da sie jederzeit mit derartigen Kommentaren in der Öffentlichkeit auftauchen oder öffentliche Prozesse gegen sie angestrengt werden konnten wie gerade in Detmold? Das waren tickende Zeitbomben! Was lag da also näher, als diese Zeitbomben zu entschärfen, wenn man Wahlen nur ohne sie gewinnen konnte?

Dumm war nur, dass Ginas Hauptverdächtige aus den Reihen der Neuen Rechten, Wolfgang Kaup und Michelle Küster, in jedem Entführungsfall ein Alibi hatten, beziehungsweise nicht im Dienst gewesen waren. Lenz konnte nur hoffen, dass der Plan des Kollegen Jakobsmeier, dem Täter aufzulauern und ihn auf frischer Tat zu ertappen, erfolgreich sein würde. Andererseits bedeutete das, dass sie nun auf eine weitere Entführung hofften, auch auf die Gefahr hin, dass es einen weiteren Mord geben konnte.

Was für ein scheiß Situation!, dachte Lenz.

Berlin, den 27. Oktober 1941

Geliebtes Muttchen!

Nun ist es für Deinen Vati aus mit dem Krieg. Bei einem Einsatz gegen Partisanen hat mich vor Moskau ein Schuß ins linke Knie erwischt. Die Kameraden haben mich ins Feldlazarett gebracht. Von dort bin ich sofort mit dem nächsten Verwundetentransport ausgeflogen worden und liege nun im Lazarett in Berlin.

Die Ärzte sagen, ich hätte Glück gehabt, daß sie das Bein retten konnten. Es wird allerdings steif bleiben und mit dem Fronteinsatz ist es dann natürlich vorbei. Vielleicht habe ich ja jetzt endlich die Chance, ganz aus dem aktiven Dienst entlassen zu werden und zu Dir nach Hause zurückzukehren. Mach Dir bitte keine Sorgen. Sobald ich etwas weiß, lasse ich es Dich wissen.

In Liebe!

Dein Vati

45

Fröhlich vor sich hin pfeifend betrat Lenz am frühen Morgen die Kreispolizeibehörde in der Riemeke-Straße. Eine höchst erbauliche Nacht mit Natascha lag hinter ihm und beim Frühstück hatte er sich sogar darauf eingelassen, am kommenden Wochenende gemeinsam mit ihr zum Möbelhaus Finke zu fahren und wenigstens dafür zu sorgen, dass sein Schlafzimmer keine finstere Gruft blieb.

Er erkannte sich selbst nicht wieder. Bislang hatte er sich als einsamer Wolf sehr wohl gefühlt. Am liebsten waren ihm kurze, heftige Beziehungen gewesen, gerne auch One-Night-Stands, selbst wenn das nicht immer ohne anschließendes Theater abgegangen war. Mit Natascha war das irgendwie anders. Statt am Morgen froh zu sein, dass er wieder seine Ruhe hatte, freute er sich schon wieder auf den Abend und das Wiedersehen. Das war nicht der alte Lenz, mit dem er bislang eigentlich immer im Reinen gewesen war. Aber er musste sich eingestehen, dass er sich zumindest momentan dabei ganz wohl fühlte.

Lenz blieb im Eingangsbereich kurz stehen und klopfte sich einige Schneeflocken von der Jacke. In den frühen Morgenstunden hatte es sanft zu schneien angefangen. Nicht viel, gerade eben so, dass sich auf den Straßen eine dünne Decke zu bilden begann. In der Stadt würde das schon in einer Stunde zu Matsche werden. Aber er stellte sich das Wewelsburger Umland unter einer weißen Schneeschicht vor: der Bergsporn mit der Burg, das Almetal, die Mühle am Fluss, die umliegenden Wälder. Ein idyllisches Bild - wenn man nicht gerade vor achtzig Jahren gelebt und sich als Häftling im Steinbruch zu Tode gefroren hatte.

Er grüßte den Pförtner und wollte schon die Treppe hinaufeilen, als der Mann das Schiebefenster aufstieß und ihn ansprach: „Äh, Herr Hauptkommissar, einen Moment, bitte."

„Was gibt´s denn?"

„Tja, eine dumme Sache. Sie möchten sich doch bitte direkt beim Chef der Bereitschaftspolizei melden."

„So, möchte ich das", entgegnete Lenz erstaunt und schlug die vom Pförtner angezeigte Richtung ein.

Ein junger Beamter sprang sofort auf, als er die Wachstube betrat. Zwei weitere Uniformierte blieben hinter ihren Schreibtischen sitzen und grinsten schief.

„Morgen zusammen", grüßte Lenz. „Ich soll mich hier melden?"

„Ja, genau." Der junge Kollege rieb sich verlegen die Hände. „Wir haben da gestern Abend eine etwas schwierige Festnahme gehabt."

„Aha, und was habe ich damit zu tun?"

„Tja, das ist etwas heikel. Die betroffene Person gehört zu Ihrem Kommissariat."

Lenz ahnte Böses.

„Wir hätten die Kollegin natürlich längst wieder gehen gelassen - schon gestern Abend", beeilte sich der Beamte, „aber sie hat sich geweigert."

„Geweigert?"

„Genau. Ohne zwei andere Randalierer, mit denen sie an der Sitzblockade in der Fürstenbergstraße teilgenommen hat, wollte sie nicht gehen. Da war nichts zu machen."

„Dann führen Sie mich bitte zu ihr", sagte Lenz grimmig und folgte dem Kollegen durch eine Seitentür.

Gina hockte neben Mario Hülsmann, Fabian Heller und vier schwarz gekleideten Anarchos aus der Autonomen-Szene in einer Gemeinschaftszelle und stierte düster vor sich hin. Die Schwarzen schienen derartige Situationen gewohnt zu sein und hatten es sich mit ausgestreckten Beinen halbwegs gemütlich gemacht. Vielleicht waren sie auch einfach nur froh, in der Nacht ein warmes Plätzchen gehabt zu haben.

Lenz trat einen Schritt hinein und grinste seine Kollegin breit an. Dann deutete er der Reihe nach auf sie, Mario und Heller und befahl in schroffem Ton: „Mitkommen!"

Die Aufgeforderten erhoben sich und marschierten schweigend hintereinander aus der Zelle. Der junge Beamte schloss hinter ihnen wieder ab und wartete mit hinter dem Rücken verschränkten Armen.

„Das sieht euch ähnlich", blaffte Lenz Gina und Fabian Heller an. „Seid ihr zu blöde, um rechtzeitig wegzulaufen, oder was?"

„Ich nicht", antwortete Heller resigniert. „Und die beiden sind offenbar zu stolz dazu."

Mario Hülsmann schien zu ahnen, dass Lenz seine Rettung war, und erwiderte das Grinsen des Hauptkommissars, während sich Ginas Gesicht noch um eine Nuance verfinsterte.

„Lassen Sie die drei gehen", ordnete Lenz in Richtung des Beamten an. „Sie waren in unseren aktuellen Mordfällen im Undercover-Einsatz."

„Da bräuchte ich aber Ihre Unterschrift", wandte der Kollege ein.

Lenz nickte. Dann deutete er mit dem Finger auf Heller und Mario. „Macht, dass ihr nach Hause kommt. Wenn ich Fragen habe, melde ich mich." Er zwinkerte dem Journalisten leicht zu, damit der verstand, dass Lenz ihn nicht in Anwesenheit des Bufdis befragen wollte.

Mario lachte kurz auf. „Alles klar, Herr Kommissar." Er deutete einen militärischen Gruß an der Stirn an. „Man sieht sich. – Spätestens beim nächsten Undercover-Einsatz." Er schlenderte mit den Händen in den Hosentaschen und demonstrativ vor sich hin pfeifend durch die Wache hinaus auf den Parkplatz.

Lenz hätte ihm am liebsten kräftig in den Hintern getreten und auch Heller zog die Augenbrauen hoch, bevor er dem Antifa-Aktivisten folgte. Der Hauptkommissar unterschrieb die Formblätter, die ihm in der Wache vorgelegt wurden, gab Gina mit dem Kopf ein Zeichen, ihm zu folgen, und eilte zurück in die Halle und die Treppe hinauf.

„Hat es sich wenigstens gelohnt?", fragte er. „Hast du was rausbekommen?"

„Keine Ahnung, wovon du redest", gab sie brüsk zurück. „Ich habe an einer Blockade gegen die FPA teilgenommen und war nicht da, um jemanden auszuspionieren."

Lenz blieb so abrupt stehen, dass die junge Kollegin ächzend auf ihn auflief, und drehte sich zu ihr um. „Jetzt mach aber mal halblang. Ich habe gerade eben mit meiner Unterschrift meinen Arsch für dich hingehalten. Komm jetzt bloß nicht auf die Idee, mir in den Rücken zu fallen. Ihr wart in meinem Auftrag bei der Blockade, ist das klar? Wenn du dem Alten etwas anderes erzählst, hängt der uns beiden ein Diszi an den Hals."

„Ist ja schon gut." Gina zog eine Schnute, schien aber tatsächlich kleinbeizugeben.

Lenz nickte noch einmal nachdrücklich und setzte dann den Weg in sein Büro fort.

Als er den Besprechungsraum zur Morgenlage betrat, saß die Kommissarin kleinlaut zwischen Gisbert Henke und Schröder, denen das Feixen im Gesicht festgewachsen zu sein schien und die natürlich schon genauestens informiert waren. Auch Jakobsmeier und Steinkämper waren anwesend, völlig übermüdet und mit geröteten Augen.

Lenz setzte sich und blickte die Oberkommissare auffordernd an. „Und? Irgendwelche Vorkommnisse?"

„Keine", meldete Jakobsmeier knapp und gähnte.

„Die ganze Nacht über war alles ruhig", konkretisierte Steinkämper und machte einen resignierten Eindruck.

„Na gut", entgegnete Lenz. „Ihr zwei fahrt gleich nach der Besprechung nach Hause und haut euch ein paar Stunden auf´s Ohr. Es reicht, wenn ihr zur Lage um 17 Uhr wieder hier seid."

Da wurde die Tür aufgerissen und der Kriminaldirektor stürmte grußlos in den Raum. „Was ist das denn wieder für eine Geschichte?" Wütend zuckte sein Blick zwischen Gina Gladow und Lenz hin und her. „Wieso wird eine meiner Beamtinnen zusammen mit anderen Chaoten festgenommen? Ist das hier jetzt ein Irrenhaus, oder was?"

„Das war so geplant", zeigte sich Lenz unbeeindruckt und blieb entsprechend demonstrativ auf seinem Stuhl sitzen.

„Was war geplant? Dass Frau Gladow sich mit Anarchisten zusammen festnehmen lässt, war geplant?"

Gina sprang auf und keifte ihren Vorgesetzten an: „Jemand, der gegen die FPA demonstriert, ist nicht zwangsläufig ein Anarchist oder Chaot! Auch wenn es nicht in diesen schwarz-braunen Paderborner Sumpf passt, dass man sich für eine weltoffene Gesellschaft engagiert."

„Damit sind Sie zu weit gegangen", donnerte der Kriminaldirektor zurück. „Das wird dienstrechtliche Konsequenzen haben, verlassen Sie sich darauf."

Schröder, Jakobsmeier und Steinkämper guckten betreten auf ihre Hände, als müssten sie das Ergebnis einer besonders komplizierten Maniküre begutachten.

Nur Gisbert Henke stand auf, legte seiner Kollegin die Hand auf die Schulter und sagte: „Das hast du gut gemacht, Gina." Dann setzte er sich wieder und blickte den Kriminaldirektor herausfordernd an.

Der wusste offenbar nicht, was er zu dieser Unverschämtheit sagen sollte, und hob stattdessen drohend den Zeigefinger in Richtung des Kommissars. Das wirkte allerdings ungewollt hilflos, was er auch selbst zu bemerken schien. Er drehte sich auf dem Absatz um und stürmte genauso heftig aus dem Raum, wie er hereingekommen war.

„Leck mich doch am Arsch, du Sesselfurzer!", sagte Gina leise.

Lenz seufzte auf, stemmte sich auf der Tischplatte hoch und folgt dem Kriminaldirektor.

Der brüllte auf sein Klopfen: „Herein!"

Lenz drückte vorsichtig die Tür auf und trat ein.

„Was denn noch?" Der Kriminaldirektor war stinksauer und das konnte Lenz ihm ausnahmsweise einmal nicht verdenken.

„Es tut mir leid", begann der Hauptkommissar und senkte den Blick. „Aber ich muss Ihnen gestehen, dass ich schuld bin an Ihrer Fehleinschätzung der Sachlage."

„Wie bitte? Fehleinschätzung? Was soll das denn heißen?"

„Frau Gladow und ich haben aus ermittlungstaktischen Gründen an der Kundgebung gegen die FPA teilgenommen. Dabei hat sich plötzlich eine Möglichkeit für eine Art Undercover-Einsatz der Kollegin Gladow ergeben. Ich bin leider noch nicht dazu gekommen, Ihnen Bericht zu erstatten." Dann berichtete er in groben Zügen von dem Ablauf des Abends. „Unser Hauptverdächtiger, Mario Hülsmann, war ebenfalls bei den Autonomen, die die Sitzblockade veranstaltet haben. Sie erinnern sich, dass Sie selbst es waren, der darauf bestanden hat, dass wir ihn uns vornehmen. Die Blockade hat uns die Gelegenheit dazu gegeben, sein Vertrauen zu gewinnen. Genauer gesagt, war es Frau Gladow, die sich dazu bereit erklärt hat. Sie hat sich vollkommen nach meinen Anweisungen gerichtet und sich nichts zuschulden kommen lassen. Sogar eine Nacht in der Zelle hat sie für diesen Einsatz über sich ergehen lassen, um Hülsmann aus der Reserve zu locken."

„Das ist doch Bullshit!", donnerte der Kriminaldirektor. „Glauben Sie, Sie können mich verarschen?"

Lenz konzentrierte sich auf ein ernsthaftes Gesicht und erwiderte: „Darauf käme ich nun wirklich nicht im Traum, Herr Kriminaldirektor."

„Sie wollen also ernsthaft behaupten, die Teilnahme an der Blockade und die Festnahme seien Ihre dienstliche Anweisung gewesen, um das Vertrauen unseres Hauptverdächtigen zu gewinnen?"

Lenz nickte. „Genauso war es. Und das wird auch so in meinem Bericht stehen."

Der Kriminaldirektor rang sichtlich mit sich, schien aber zu Lenz´ Verwunderung schließlich einzusehen, dass er gegen ihn und damit gegen Gina Gladow nicht ankam. Zum Glück hatte er offenbar nicht mitbekommen, dass außer Gina und Mario Hülsmann auch noch der Journalist Fabian Heller festgenommen und von Lenz wieder herausgeboxt worden war.

„Und Ihre Abteilung wusste das?", fragte Kriminaldirektor Heitkamp unvermittelt.

„Nein."

„Auch der Kollege Henke nicht?"

„Nein." Erst als er das ausgesprochen hatte, dämmerte Lenz, worauf der Kriminaldirektor hinauswollte. Er biss sich verärgert auf die Lippe.

„Dann gibt es für sein Verhalten eben keine Entschuldigung", stellte der Kriminaldirektor grimmig fest. Dabei machte er einen zufriedenen Eindruck, nun doch noch ein Bauernopfer gefunden zu haben.

„Herr Heitkamp", versuchte Lenz es in versöhnlichem Ton. „Gisbert Henke ist ein genauso tadelloser Polizeibeamter wie die Kollegin Gladow. Wenn ich im Dienst in eine lebensbedrohliche Lage gerate, dann möchte ich von all meinen Mitarbeitern am liebsten diese beiden an meiner Seite haben. Sie sind unerschrocken und bedingungslos loyal. Genau das hat Ihnen Herr Henke eben bewiesen. Ihm würde ich ohne zu zögern mein Leben anvertrauen und ich werde alles tun, um unangenehme Konsequenzen seines Verhaltens abzuwenden." Damit drehte er sich um und verließ das Büro in der Hoffnung, dass sich der Kriminaldirektor beruhigen und die Sache am Ende auf sich beruhen lassen würde.

Im Besprechungsraum warteten die Kollegen schweigend auf seine Rückkehr. Eine bedrückte Stimmung hatte sich breitgemacht. Verflucht!, dachte Lenz. Und derart demotiviert sollen die Kollegen einen bestialischen Mörder jagen. Er blieb in der Tür stehen und nickte beruhigend in die Runde.

„Das Diszi gegen dich ist vom Tisch, Gina", sagte er. Und an Gisbert Henke gewandt: „Respekt, Kollege! Gut gemacht."

Der grinste verlegen, während die anderen betreten glotzten und ihre Blicke noch tiefer in ihre Hände bohrten. Die Jüngsten unter ihnen hatten ihnen gezeigt, was Zivilcourage ist. Das schluckte sich nicht so leicht.

Lenz drehte sich um und wollte gerade den Raum verlassen, als Gina sagte: „Ich will nicht, dass jemand die Kohlen für mich aus dem Feuer holt. Ich kann schon für mich selber sorgen."

Lenz wandte sich ihr noch einmal zu und blickte sie einen Moment lang schweigend an. Dann entgegnete er: „Sag mal, was glaubst du eigentlich von mir? Glaubst du ernsthaft, ich ließe meine Kollegen im Regen stehen?" Ohne eine Antwort abzuwarten, trat er durch die Tür in den Flur.

Dort eilte Conny Gellert auf ihn zu. „Gut, dass ich dich noch erwische", sagte sie atemlos. „Frau Finke aus der Seniorenresidenz hat gerade angerufen. Es ist schon wieder jemand verschwunden: Ein Bewohner namens Julius Merschhaus."

„Wann?"

„Das Pflegepersonal hat es eben bemerkt. Frau Finke ist noch am Telefon."

„Sag ihr, wir sind unterwegs."

Lenz drehte auf dem Absatz um, stürmte zurück in den Besprechungsraum, wo die Kollegen gerade im Aufbruch waren, und setzte sie knapp in Kenntnis.

„Das kann nicht sein!", rief Franz-Georg Jakobsmeier erschrocken. „Wir haben die ganze Nacht vor der Tür gestanden. Da ist keiner rein oder raus."

Jochen Steinkämper nickte bestätigend.

„Habt ihr etwa gepennt?", blaffte Schröder sie an.

„Nein, verdammt!", gab Jakobsmeier in demselben Ton zurück. „Ich sage doch …"

„Das führt jetzt zu nichts", ging Lenz dazwischen. „Gina und ich fahren nach Büren. Wir müssen erst mal genau wissen, was passiert ist. Ihr beiden", er deutete mit dem Finger auf die übernächtigten Oberkommissare, „haut euch in die Federn. Übermüdet und unkonzentriert nützt ihr uns nichts. Wenn ich euch brauche, rufe ich euch an. Spätestens um siebzehn Uhr seid ihr wieder hier. Ab mit euch!" Er sah den Kollegen nach, die wie begossene Pudel den Raum verließen. „Wenn der alte Merschhaus nicht einfach nur durch die Stadt stromert, sondern tatsächlich von dem Mörder entführt wurde, fällt Mario Hülsmann als Täter aus. Der hat für die letzte Nacht das beste Alibi, das er sich wünschen kann. Und Wolfgang Kaup war bei der Kundgebung. Der dürfte anschließend mit den FPA-Leuten beschäftigt gewesen sein. Überprüfen Sie das bitte, Herr Henke."

„Wer kommt denn dann noch infrage?", warf Gisbert Henke verzweifelt ein.

„Dieser Dr. Elling", meinte Hauptkommissar Schröder.

„Richtig", bestätigte Lenz. „Sie, Herr Schröder, sorgen dafür, dass er hierhergebracht wird. Wenn wir bis dahin nicht zurück sind, übernehmen Sie und der Kollege Henke die Vernehmung. Alles klar? Dann los, Kollegen! Diesmal dürfen wir nicht zu spät kommen. Es darf keinen weiteren Toten geben!"

Wewelsburg, den 3. Januar 1942

Liebste Mutti!

Nun bin ich also wieder auf dem Posten im KZ Niederhagen und die schönen Erholungstage bei Euch in Stade liegen hinter uns. Wie werde ich die Fronteinsätze vermissen, wenn ich nun Tag für Tag diese stupide Lagerarbeit über mich ergehen lassen muß. Aber wenigstens sind wir uns nun wieder näher und können uns regelmäßig schreiben. Und auch die Versorgung mit frischer Wäsche durch mein Hausmütterchen werde ich zu schätzen wissen.

Und dann sind da ja auch noch die alten Kameraden. Du kannst Dir die Freude nicht vorstellen, die bei ihnen ausbrach, als ich den Posten als Wachsturmführer wiederaufgenommen habe. Die Zeit mit Haas muß ohne mich eine einzige Quälerei gewesen sein.

Das Lager am Ortsrand ist so groß wie nie zuvor. Fast täglich treffen neue Häftlinge hier ein, zum großen Teil aus den besetzten Gebieten. Nach meinen Erlebnissen in Rußland sehe ich die Kriegsgefangenen nun mit anderen Augen. Das sind keine Menschen, die eine zivilisierte Behandlung verdient haben, das sind wilde Bestien, die man besser töten sollte, als sie auch noch auf Kosten der deutschen Volksgemeinschaft durchzufüttern. Außerdem weiß ich jetzt, aus welch unwirtlichen Gebieten sie stammen und daß man sie vor dem Frost und dem Schnee nicht schützen muß. Mein erster Befehl war die Verdoppelung des Arbeitspensums im Steinbruch. Auch der Kamerad Kottmann hat sein nächtliches Appellprogramm dem russischen Winter angepaßt, nachdem ich ihm von den mörderischen Partisanenverbänden erzählt habe.

Mein Bein macht mir schwer zu schaffen und behindert mich auf den Kontrollgängen hinunter in den Steinbruch schon sehr. Aber ich beiße die Zähne zusammen und lasse mir vor den Kameraden und erst recht vor den Häftlingen nichts anmerken. Ein deutscher Soldat zeigt keine Schwäche!

In Liebe!

Dein Vati

46

Auf dem Weg nach Büren musste Gina langsam fahren, weil die Straße weiß überzogen und rutschig war. Es schneite nun schon seit Stunden ununterbrochen leicht vor sich hin. Der Kreisverkehr am Kapellenberg war regelrecht glatt.

Vor der Senioren-Residenz stand ein Dienstfahrzeug mit zwei Beamten der Bereitschaftspolizei. Lenz und Gina kamen auf dem Weg zum Haupteingang direkt daran vorbei. Als Lenz mit der flachen Hand leicht auf das Autodach klopfte, fuhr die Seitenscheibe des Fahrers herunter.

„Alles klar bei euch?“, erkundigte sich der Hauptkommissar.

„Nichts los. Alles ruhig“, kam es gelangweilt zurück.

Lenz überlegte kurz, ob er dem Kollegen eine Grundsatzbelehrung über eine vorschriftsmäßige Meldung zuteilwerden lassen sollte, entschied sich aber dagegen, weil er jetzt nicht auch noch Nebenkriegsschauplätze aufmachen wollte. „Dann schlaft schön weiter", sagte er stattdessen und ignorierte das Schimpfen des Beifahrers über diese Unverschämtheit.

Kerstin Finke sah aus, als hätte sie über Nacht jegliche Lebensenergie eingebüßt. Sie war blass, die Wangen eingefallen und um die Augen bildeten sich dunkle Ringe. Bei Lenz löste das sofort einen Mitleidsreflex aus. Ginas unterschwelliges Grinsen fand er zudem völlig unangemessen.

„Wer hat das Verschwinden von Julius Merschhaus denn entdeckt?", fragte er mit sanfter Stimme.

„Pflegerin Michaela. Sie hat heute Frühdienst. Als Herr Merschhaus nicht zum Frühstück erschienen ist, hat sie in seinem Zimmer nachgesehen."

„Wir müssen mit Michelle Küster sprechen." Im Gegensatz zu Lenz bemühte sich Gina nicht um einen sanften Umgangston, sondern klang hart und distanziert.

„Ja, natürlich." Kerstin Finke bediente ihre Telefonanlage und beorderte die Pflegerin in ihr Büro.

Lenz war froh, dass sie nur wenige Minuten warten mussten. Er hasste es, wenn sich Menschen schweigend gegenübersaßen. Und das Schweigen zwischen der Residenzleiterin, Gina und ihm an diesem Morgen war so tief, dass es schon wieder laut wurde.

Michelle Küster betrat nach kurzem Klopfen grußlos das Büro und blieb abwartend vor den Beamten stehen. Ihre Körperhaltung machte deutlich, dass sie nicht viel von Lenz und Gina Gladow hielt und ihnen sicher nicht mehr als nötig helfen würde. Eine Aura der Abschottung umgab sie wie ein unsichtbarer Airbag und passte gut zu der fernen Kälte in ihren stahlblauen Augen.

„Erzählen Sie uns bitte, wie Sie Herrn Merschhaus Zimmer vorgefunden haben", forderte Lenz sie auf.

„Ich habe anfangs gar nicht bemerkt, dass er nicht mehr da war", begann sie. „Ich dachte zuerst, er liege im Bett, weil das Oberbett aufgebauscht war. Aber darunter lag nur ein Haufen Kleidungsstücke."

„Wie: ein Haufen Kleidungsstücke?"

„Na ja, so druntergestopft. So über die ganze Länge."

„Heißt das, jemand hat vortäuschen wollen, dass der Mann unter seiner Decke liegt?" Ginas Stimme verriet, dass sie das für Unsinn hielt.

Michelle Küster zuckte mit den Schultern.

„Jedenfalls erklärt es, warum vorher niemand sein Verschwinden bemerkt hat", stellte Lenz fest. „Können Sie uns sonst noch etwas Auffälliges sagen?"

„Nein, sonst war im Zimmer alles wie immer. Nur Herr Merschhaus war halt nicht da. Ich habe umgehend Frau Finke informiert."

„Also können Sie auch keine Angaben darüber machen, wann Herr Merschhaus verschwunden sein könnte?"

„Irgendwann zwischen gestern Abend und heute Morgen."

Gina schnaufte vernehmlich auf und machte damit deutlich, dass das ja nun wirklich keine Erkenntnis war, die sie auch nur ansatzweise weiterbrachte.

„Wer hatte denn gestern Spätdienst?", erkundigte sich Lenz bei Frau Finke.

Michelle Küster kam ihrer Chefin zuvor: „Ich."

„Das heißt also, Sie waren die Letzte, die Herrn Merschhaus gesehen hat?"

Die Pflegerin nickte widerwillig.

Lenz verlor langsam die Geduld. „Jetzt lassen Sie sich doch nicht alles aus der Nase ziehen!"

Michelle Küster holte tief Luft, als müsse sie sich angesichts der Zumutung dieser Befragung beherrschen, berichtete aber dann: „Herr Merschhaus hat am späten Nachmittag über heftige Kopfschmerzen geklagt und ist auf sein Zimmer gegangen. Er wollte nicht mehr zum Abendessen kommen, nur noch eine Schlaftablette und die habe ich ihm gegeben."

„Wie ist denn die Übergabe gelaufen?", schaltete sich Kerstin Finke ein.

„Ich habe der Nachtpflegerin gesagt, dass Herr Merschhaus möglichst nicht gestört werden wollte. Er hat ausdrücklich darum gebeten. Rotraut hat gesagt, sie werde trotzdem regelmäßig leise nach ihm sehen."

Klar, dachte Lenz, nach dem Debakel ihrer letzten Nachtschicht.

„Hatte Wolfgang Kaup auch Spätdienst?", hakte Gina nach.

„Nein", antwortete Kerstin Finke. „Er hatte gestern Frühdienst und kommt heute spät. Soweit ich weiß, hat Pfleger Wolfgang gestern mit Michaela den Dienst getauscht, weil er privat an der Vorbereitung einer Veranstaltung beteiligt war."

Michelle Küster nickte zustimmend in ihre Richtung.

Gina lachte hell auf. „Oh ja, wir haben gestern Abend gesehen, welcher Art diese Veranstaltung war. Nazis aus ganz Deutschland, vereinigt euch!"

„Was heißt denn hier Nazis?", fuhr Michelle Küster sie an. „Die FPA ist eine demokratische Partei, die nichts mit Nazis zu tun hat und im Übrigen zu Wahlen zugelassen ist. Ich muss mich schon sehr wundern, was für ein Demokratieverständnis die exekutiven Hilfsorgane haben, die doch angeblich die Demokratie schützen sollen."

„Werte Frau Küster", entgegnete Gina barsch. „Ich glaube wohl kaum, dass wir uns ausgerechnet von Ihnen belehren oder gar rügen lassen müssen. Ihresgleichen entdeckt sein Herz für die Demokratie ja wohl immer nur dann, wenn es für Sie von Vorteil ist."

Lenz konnte der Residenzleiterin ansehen, wie unangenehm es ihr war, dass außer ihren Bewohnern auch ihr Personal im Rechtsaußen stand.

„Das tut jetzt auch nichts zur Sache", kam er Michelle Küster zuvor, die schon wieder den Mund öffnete, um etwas zu entgegnen. „Frau Finke, rufen Sie bitte Rotraut Schumacher an. Sie soll sofort hierherkommen."

„Auf ihren Schönheitsschlaf können wir leider keine Rücksicht nehmen", ergänzte Gina, die der Pflegerin augenscheinlich gerne weiter die Meinung gegeigt hätte, mit störrischem Seitenblick auf Lenz.

„Rotraut ist noch im Haus", meldete sich Michelle Küster. „Sie war noch im Dienstzimmer, als ich Herrn Merschhaus´ Verschwinden bemerkt habe. Da ist sie sicherheitshalber gleich hiergeblieben." An Kerstin Finke gewandt, ergänzte sie: „Sie ist völlig aufgelöst und macht sich Vorwürfe, dass sie es nicht eher bemerkt hat."

„Dazu hat sie ja auch allen Grund", setzte Gina nach.

Die Nachtpflegerin kam direkt nach dem Anruf in Kerstin Finkes Büro. Verlegen wechselte sie von einem Bein auf das andere und erwartete offensichtlich zumindest einen heftigen Rüffel.

„Frau Schumacher, erzählen Sie uns bitte genau, wie oft und wann Sie Herrn Merschhaus Zimmer kontrolliert haben und was Sie da bemerkt haben."

„Tja, bemerkt habe ich dummerweise gar nichts." Sie sah einmal kurz auf, wich aber Lenz Blick sofort wieder aus. „Ich habe gegen zweiundzwanzig Uhr ins Zimmer gesehen. Da war alles ruhig. Herr Merschhaus hat tief und fest geschlafen."

„Und das haben Sie ganz genau gesehen", hakte Lenz nach.

„Ja klar, natürlich. Ich bin ja nicht blind."

„Weiter: Wann waren Sie danach wieder in dem Zimmer?"

„Alle zwei Stunden. Das mache ich immer so, wenn es einem Bewohner tagsüber nicht gutgegangen ist."

„Sie haben also alle zwei Stunden das Zimmer kontrolliert und jedes Mal war alles ganz normal", fasste Lenz zusammen.

Rotraut Schumacher nickte.

„Quatsch", erregte sich Gina. „Das kann gar nicht sein. Dann wäre Herr Merschhaus ja heute Morgen noch dagewesen." Sie beugte sich demonstrativ vor und stützte die Hände auf den Oberschenkeln ab. „Jetzt mal Butter bei die Fische: Sie waren gar nicht in dem Zimmer. Nicht ein einziges Mal! Sie haben stattdessen Raucherpausen mit ihrer Kollegin von der anderen Station eingelegt."

„Nein, habe ich nicht! Ich war in Herrn Merschhaus´ Zimmer, alle zwei Stunden!"

„Aber Sie haben das Zimmer nicht betreten", behauptete Gina wütend. „Sie haben von der Tür aus reingesehen und sind nicht zum Bett gegangen. Hören Sie endlich auf, uns Märchen zu erzählen. Sie behindern unsere Ermittlungen und stehlen uns kostbare Zeit, verdammt noch mal!"

Pflegerin Rotraut schwieg und senkte den Blick tief zu Boden.

„Stimmt das?", fuhr Kerstin Finke auf. „Sie haben das Zimmer gar nicht wirklich betreten? Sie haben also gar nicht nachgesehen, ob es Herrn Merschhaus gutging."

„Ich sollte ihn nicht stören. Das hat er ausdrücklich verlangt. Stimmt doch, Michaela, oder?" Sie warf ihrer Kollegin einen flehenden Blick zu, aber die schien wie gefühlskalt und wich ihr aus. Pflegerin Rotraut räusperte sich und fuhr mit heiserer Stimme fort: „Es stimmt, ich bin in der Tür stehen geblieben, um ihn nicht unnötig zu wecken. Er hat unter seiner Decke gelegen und ruhig geschlafen."

„Das konnten Sie doch gar nicht feststellen!", fuhr Gina sie an. „Sie haben das Kleiderknäuel unter der Bettdecke für Herrn Merschhaus gehalten. Das hat sich aber nicht bewegt. Es hat auch nicht hörbar geatmet. Warum sind Sie also nicht hingegangen und haben nachgesehen, ob ihr Bewohner überhaupt noch lebt? Und erzählen Sie uns bitte nicht noch einmal, dass sie ihn nicht stören wollten. Sie waren es, die ihre Ruhe haben wollte!"

„Und was hätte das geändert?", schrie Rotraut Schumacher nun zurück, während ihr Tränen über die Wange liefen. „Was ändert das, wenn ich in der Nachtschicht den Tod eines Bewohners feststelle und Frau Finke auch noch aus dem Schlaf holen muss? Es reicht doch, wenn die Frühschicht das feststellt. Tot ist tot, oder?"

Zufrieden, aber mit einem angewiderten Blick lehnte sich Gina wieder zurück. Lenz konnte es nicht fassen, ebenso wenig Kerstin Finke.

Die Residenzleiterin sprang wütend auf. „Sie sind fristlos entlassen! Räumen Sie augenblicklich ihren Schrank leer und verlassen Sie das Haus."

Die Nachtpflegerin nickte, als habe sie das bereits erwartet. „Brauchen Sie mich noch?", erkundigte sie sich bei Lenz.

„Kommen Sie heute Nachmittag ins Kommissariat und unterschreiben Sie Ihre Aussage", ordnete er an.

Rotraut Schumacher nickte, drehte sich auf dem Absatz um und verließ das Büro. Kerstin Finke blickte ihr fassungslos nach, dann breitete sie entschuldigend die Arme aus, war aber nicht in der Lage, etwas zu sagen. Michelle Küster blickte ihre Chefin fragend an und folgte ihrer Kollegin dann.

„Frau Finke, hat Herr Merschhaus in der letzten Zeit etwas in der Art geäußert, dass er sich hier nicht mehr sicher fühlt?", fragte Lenz.

Sie verstand offenbar nicht, worauf er hinauswollte, und antwortete nicht.

„Ich meine", konkretisierte Lenz, „könnte es theoretisch sein, dass Herr Merschhaus sein Verschwinden selbst inszeniert hat? Dass er seine Kleidungsstücke unter die Bettdecke gestopft hat, um unbemerkt das Haus verlassen und sich woanders in Sicherheit bringen zu können?"

Die Residenzleiterin sah aus dem Fenster und schwieg. Lenz ließ ihr Zeit, während Gina ihn mit krauser Stirn betrachtete, als sei er nun völlig durchgeknallt. Er gab ihr mit einem Zwinkern ein Zeichen, ihn einfach mal machen zu lassen, woraufhin die Kommissarin die Augenbrauen hochzog und die Arme vor der Brust verschränkte.

„Wo sollte er denn hin?", fragte Kerstin Finke schließlich. „Er hat keinerlei Angehörige mehr in der Nähe. Und zu seiner weiter weg lebenden Verwandtschaft ist der Kontakt völlig abgebrochen."

„Zu Herrn Kaup, zum Beispiel? Die beiden sind alte Kameraden und halten nicht viel von der Polizei. Für ihren Schutz können Wolfgang Kaup und seine Nazirocker aus seiner Sicht viel besser sorgen."

Während sie noch darüber nachdachte, nickte sie langsam. „Das wäre tatsächlich möglich. Daran habe ich noch gar nicht gedacht. Nach den letzten Vorfällen hier war für mich klar …"

„Natürlich." Lenz nickte verständnisvoll und fühlte förmlich Ginas hämisches Grinsen im Nacken. „Wir überprüfen das und melden uns dann wieder bei Ihnen."

Er stand auf und gab Gina ein Zeichen, ihm zu folgen.

„Das ist aber verdammt weit hergeholt", urteilte die Kommissarin, als sie wieder auf dem Flur waren.

„Aber nicht ausgeschlossen. Außerdem kommen wir hier nicht weiter. Wenn Merschhaus entführt wurde, ist das so unauffällig passiert, dass weder das Personal noch unsere Kollegen draußen etwas davon mitbekommen haben. Der Gedanke, dass die Polizei nicht einmal Greise in einem Altersheim schützen kann, gefällt mir ganz und gar nicht. Ich finde, wir sollten den Ball flachhalten, solange wir da nicht aus dem Schneider sind."

„Und mir gefällt nicht, dass wir Wolfgang Kaup nicht mehr auf dem Schirm haben", ließ Gina nicht locker.

Lenz atmete tief durch, schloss die Augen und zwang sich zur Ruhe. „Du hast doch gehört, dass Wolfgang Kaup gestern Frühdienst hatte." Er bemühte sich, nicht allzu genervt zu klingen, was ihm aber nicht gelang. „Er war also zum Zeitpunkt des Verschwindens nicht im Haus. Weshalb, bitte schön, sollten wir ihn dann verdächtigen?"

„So wie ich das sehe, ist der Zeitpunkt, zu dem Merschhaus verschwunden ist, aber gar nicht klar", widersprach die Kommissarin.

„Pflegerin Michaela hat ihn gestern Abend in sein Zimmer gebracht und da war Wolfgang Kaup schon längst nicht mehr im Dienst. Später konnte er ihn auch nicht entführen, denn da war er bei der FPA-Kundgebung – wo ich ihn gesehen habe, wenn ich dich daran erinnern darf. Er kommt also nachweislich als Täter nicht infrage."

„Du hast selbst eben gesagt, dass er nicht alleine ist. Seine Nazirocker können den Alten entführt haben, während er für sein Alibi gesorgt hat."

„Und das sollen Jakobsmeier und Steinkämper nicht bemerkt haben?" Lenz zog die Augenbrauen hoch, als habe seine Kollegin jetzt völlig den Durchblick verloren.

Nun war es Gina, die tief durchatmete und den Tonfall wechselte, als rede sie mit einem Demenzpatienten: „Ich sagte doch: Der Zeitpunkt ist überhaupt nicht klar. Vielleicht wurde Merschhaus entführt, als unsere Kollegen noch gar nicht aufgezogen und die von der Bereitschaft schon abgezogen waren."

„Dagegen spricht die Zeitangabe von Michelle Küster."

„Ach ja, und der Nazitusse glaubst du also, wie? Die steckt doch mit Wolfgang Kaup unter einer Decke. Und da tauschen die bestimmt nicht nur arische Säfte aus."

Lenz machte eine hilflose Bewegung mit beiden Armen, die deutlich machte, dass bei seiner jungen Kollegin Hopfen und Malz verloren war, und setzte sich in Bewegung. „Jetzt fahren wir erst mal zu Kaup und überprüfen meine Theorie", ordnete er über die Schulter an. „Danach sehen wir weiter."

Auf der Fahrt beorderte Lenz prophylaktisch die Spurensicherung in Julius Merschhaus´ Zimmer in der Residenz. Er wollte sich später nicht nachsagen lassen, dass er wertvolle Zeit vertrödelt habe.

Gegenüber dem Haus der Familie Kaup parkte auffällig unauffällig ein silberner Passat mit Paderborner Kennzeichen. Darin saßen zwei Männer in Zivil. Auf dem Armaturenbrett standen Kaffeebecher. Lenz klopfte gegen die Fahrerscheibe und hielt seinen Dienstausweis hin, als sie heruntergelassen wurde. Fragend blickte der Mann auf dem Fahrersitz ihn an.

„Weisen Sie sich bitte aus", sagte Lenz.

Der Mann zückte einen Dienstausweis und reichte auch den des Beifahrers aus dem Fenster. Als Lenz sich vergewissert hatte, dass es sich um Kollegen handelte und nicht um Zivilisten, die Johann Kaup zu seinem Schutz hierherbeordert hatte, gab er die Ausweise zurück.

„Wir ermitteln in den Wewelsburger Mordfällen." Lenz deutete mit dem Kopf auch auf Gina, die vorschriftsmäßig ein paar Meter Abstand gehalten hatte, um ihren Kollegen notfalls sichern zu können. „Gab es hier in den letzten vierundzwanzig Stunden etwas Auffälliges? Hat Johann Kaup Besuch bekommen, der möglicherweise sogar noch da ist?"

„Nein", kam es gelangweilt zurück. „Der Alte hat gestern am späten Nachmittag zusammen mit seinem Enkel das Haus verlassen. Gegen ein Uhr heute Nacht waren sie wieder da. Seitdem rührt sich im Haus nichts."

Lenz nickte dem Kollegen zu und klopfte zum Abschied leicht auf das Autodach. Dann steuerte er das Haus an und klingelte, während sich Gina knapp hinter ihm hielt.

Johann Kaups Schwiegertochter, Wolfgangs Mutter, öffnete die Tür und sah sie grußlos an, als wollte sie fragen: Was wollt ihr denn schon wieder? Könnt ihr uns nicht endlich mal in Ruhe lassen?

„Guten Morgen, Frau Kaup." Lenz bemühte sich um einen distanziert höflichen Tonfall. „Sind Ihr Schwiegervater und Ihr Sohn zu Hause?"

„Die schlafen beide noch. Wolfgang hat heute Spätdienst. Und gestern Abend ist es für beide sehr spät geworden. Sie waren lange auf einer politischen Veranstaltung."

Lenz nickte. „Hält sich Julius Merschhaus momentan bei Ihnen auf?" Er achtete genau auf die Reaktion, die er auslöste.

Frau Kaup sah ihn erstaunt an. „Nein, warum sollte er denn hier sein?"

„Dürfen wir mal selber nachsehen?" Gina machte Anstalten, sich an Lenz vorbeizuschieben.

Frau Kaup verstellte ihr den Weg. „Haben Sie einen Durchsuchungsbeschluss?"

„Brauchen wir den?", konterte Gina. „Haben Sie etwas zu verbergen?"

„Ohne Beschluss lasse ich Sie nicht rein", stellte sich Frau Kaup stur.

„Das ist Ihr gutes Recht", sagte Lenz nickend. „Einen schönen Tag noch."

Er gab Gina ein Zeichen und verließ das Grundstück.

„Das stinkt doch zum Himmel!", fluchte sie leise, weil Frau Kaup immer noch in der Tür stand und ihnen nachsah. „Wir sollten uns einen Durchsuchungsbeschluss besorgen und da reingehen."

„Unsinn", konterte Lenz. „Du weißt so gut wie ich, dass wir den nicht bekommen werden. Kein Richter lässt uns aufgrund meiner zugegebenermaßen weit hergeholten Theorie eine Durchsuchung durchführen. Schon gar nicht bei einer exponierten Persönlichkeit wie Johann Kaup."

Gina schnaufte verächtlich. Lenz wusste genau, was sie jetzt dachte, und war froh, dass sie es für sich behielt. Sein Diskussionsbedarf war in diesem Fall allmählich gestillt.

Wewelsburg, den 3. März 1943

Liebste Mutti!

Es fällt mir schwer, Dir dies zu schreiben, denn die Lageberichte aus Rußland lassen nichts Gutes mehr erhoffen. Der Kessel von Stalingrad ist eine tödliche Falle für unsere Truppen. Zu lange schon tobt die Schlacht, die sicher der alles entscheidende Kampf für uns alle ist. General Paulus ist offensichtlich nicht der richtige Mann für diese Aufgabe. Es wird Zeit, daß der Führer sich der Sache persönlich annimmt. Warum nur zögert er so lange? Die Kameraden und ich sind uns einig: Wenn Stalingrad nicht bald fällt, ist dieser Krieg nicht mehr zu gewinnen.

Das darf natürlich nicht offen ausgesprochen werden und ich schreibe es Dir nur, weil auch Du allmählich Vorsorge für die Zeit nach dem Krieg treffen solltest. Du mußt mir versprechen, diesen Brief gut vor den Kindern zu verstecken und vor allem Anton gegenüber nichts dergleichen verlauten zu lassen.

Auch hier in Wewelsburg merken wir inzwischen die Auswirkungen der viel zu großen Materialschlacht im Osten. Das Bauprojekt, das dieses Dorf zu einer gigantischen Anlage umformen sollte, wird eingestellt. Nicht einmal die Bauarbeiten an der Burg gehen mehr weiter. Noch ist fraglich, was aus dem Lager wird. Falls es aufgelöst werden sollte, habe ich vielleicht endlich Chancen, aus dem aktiven Dienst der SS entlassen zu werden.

In den letzten Tagen hat sich der neue Gestapochef aus Paderborn, Julius Merschhaus, bei uns vorgestellt. Auch er hat Erfahrung mit der Arbeit der Einsatzgruppen und ist ein Mann ganz nach meinem Geschmack: ohne falsches Mitgefühl für die bestialischen Untermenschen, die wir hier bewachen müssen. Wir haben uns auf Anhieb gut verstanden.

Ich habe ihm das Lager und unsere Einsatzorte gezeigt. Bei der Inspektion des Steinbruchs ist einer der Häftlinge direkt vor ihm gestolpert und hat den Steinklotz, den er gerade trug, nur wenige Zentimeter neben seinen Stiefel fallen gelassen. Als er sich wieder aufrappeln wollte, hat Merschhaus seine Pistole gezogen und ihm einen Genickschuß verpaßt. Das hat bei den anderen Häftlingen Eindruck gemacht, kann ich Dir sagen. Sie sind gleich viel schneller geworden mit ihren Felsblöcken. Genau so muß man mit diesen Tieren umgehen, soviel habe ich in Rußland gelernt.

Merschhaus und ich werden in Kontakt bleiben, das haben wir beim Abschied verabredet. Ein guter Draht zur Gestapo kann nicht schaden, wenn sich hier demnächst alles auflöst. Außerdem hat er Verbindungen, die auch Eure Versorgung mit Lebensmitteln sicherstellen können, nachdem mein Kamerad aus dem Sauerland nun ebenfalls an die Front versetzt worden und diese Quelle versiegt ist.

Behalt mich lieb und grüß mir die Kinder!

Dein Vati

47

„Dr. Elling kommt als Täter nicht infrage“, berichtete Hauptkommissar Schröder enttäuscht.

Er saß Lenz in dessen Büro gegenüber auf einem Stuhl, während sich Gina mit einer Pobacke direkt auf der Kante von Lenz´ Schreibtisch niedergelassen hatte.

„Er hat gestern Abend bei einer Veranstaltung im Preußenmuseum in Minden einen Vortrag gehalten“, fuhr Schröder fort. „Schade eigentlich. Gerade nach der Befragung würde ich ihm durchaus zutrauen, dass er der Mörder ist. Der Mann ist tatsächlich ein Fanatiker, da hat Gina ganz recht. Das müsst ihr euch mal anhören.“ Schröder deutete auf Lenz´ Computer. „Ich habe den Mitschnitt gleich ins Intranet gestellt.“

Lenz schaltete den PC an, den er heute noch nicht gebraucht hatte, wusste aber, als das Betriebssystem hochgefahren war, nicht, wo er den Mitschnitt suchen sollte. Schröder stand auf und umrundete den Schreibtisch. Mit ein paar Klicks war er in der digitalen Akte der Mordermittlung und startete die Audiodatei.

Schröders Stimme ertönte und fragte nach dem Alibi für den vergangenen Abend.

Dr. Elling antwortete: „Da habe ich im Preußenmuseum einen Vortrag gehalten. Über die Darstellung des Dorfes Wewelsburg in der bundesdeutschen Nachkriegsforschung.“

„Spannend“, rutschte Schröder in einem Tonfall heraus, der verriet, dass er es in Wahrheit stinklangweilig fand.

„Allerdings!“ Dr. Elling wollte diese Bewertung offenbar nicht auf sich sitzen lassen. „Wenn Sie ein bisschen genauer Bescheid wüssten, dann würden Sie nicht so von oben herab urteilen. Sie ermitteln in Wewelsburg und haben überhaupt keine Ahnung, was da wirklich unter der Decke des Schweigens schlummert.“

„Erklären Sie es mir.“ Schröder klang gleichmütig, aber Lenz wusste, dass diese Befragungstechnik dazu diente, dass sich der Befragte freiredete und dann, wenn er nicht aufpasste, selbst ein Bein stellte.

Der Historiker klang sehr erregt, als er nun im Vortragston ausholte: „Es gibt mehrere Darstellungen über die Geschichte des Dorfes Wewelsburg, unter anderem von namhaften Paderborner Professoren. Eine davon schildert eine Idylle, in der die Phase des Dritten Reiches komplett ausgespart wird. Als hätte es diese tausendjährigen zwölf Jahre nicht gegeben!“ Er lachte böse auf. „Wenn man wie ich als Historiker so etwas liest, fühlt man sich unweigerlich an eine Blut-und-Boden-Ideologie erinnert, die eben nicht erst 1933 angefangen hat und 1945 beendet war. Die Nazis haben nur etwas aufgegriffen, fortgeführt und, wenn man so will, zu seiner letzten Konsequenz geführt, das vorher längst da war: den Nationalismus, den Antisemitismus, das rassische und völkische Ideal. Das hat es lange vor 1933 gegeben und es wurde nach 1945 von bestimmten bürgerlichen Kreisen nahezu ungebrochen fortgeführt. Man hat bestimmte von den Nazis besetzte Vokabeln vermieden. Man hat sich nicht mehr ganz so öffentlich zu seinen rassistischen Ressentiments bekannt. Man hat einen Mantel des Schweigens ausgebreitet, aber unter der Oberfläche hat der ganze braune Mist weitergewuchert und gegärt."

Er referierte wütend eine Kette von Ereignissen, bei denen sich die Dorfbewohner der öffentlichen Erinnerung in den Weg gestellt hatten, während sie immer dann mit eigenen Erlebnissen hatten aufwarten können, wenn es um ihre Entlastung gegangen war.

„Über einen Streit mit der SS beim Schützenfest 1937 können die Dorfbewohner geradezu minutiös berichten", erzählte er spöttisch. „Auch das Sühnebegräbnis, bei dem Dorfbewohner Opfer eines Erschießungskommandos ausgraben und ordnungsgemäß auf dem Friedhof beerdigen mussten, führen sie immer wieder an. Wenn es aber um die eigene Unterstützerrolle geht, scheint die Geschichtsschreibung des Dorfes nach 1945 von einem Alzheimer-Virus infiziert gewesen zu sein. Und heute traut sich der braune Mist wieder an die Oberfläche."

Er wetterte über die „nationalistische und rassistische Spießbürgerseele", die „denselben Kampf um Blut und Boden" wieder entfache, in dem sich alles Deutsche verteidigen müsse. „Und wenn man dann bedenkt, was zwischen 1933 und 1945 in Deutschland und von da aus in ganz Europa passiert ist, dann weiß man, wie man das einschätzen muss, was da hochbrodelt und das Maul aufreißt!"

Schröder klickte auf den Pause-Button und richtete sich wieder auf.

„Der Mann ist stinksauer", fasste Gina zusammen. „Aus einer solchen geradezu verzweifelten Wut heraus kann man auch schon einmal morden."

Schröder nickte, entgegnete aber: „Der Vortrag im Preußenmuseum und die anschließende Diskussion dauerten bis nach 22 Uhr. Das lässt sich leicht überprüfen. Tja, und dummerweise hat ihm seine Freundin auch für den Rest der Nacht ein Alibi gegeben, das wir zumindest nicht widerlegen können."

Er setzte sich wieder vor Lenz´ Schreibtisch und war sichtlich enttäuscht, dass seine Theorie vom Morgen nun endgültig gegenstandslos war. Gina nickte zu allem Überfluss noch, als hätte sie ihm das gleich sagen können.

„Verflucht", reagierte Lenz. „Warum bekommen wir in diesem Fall überhaupt keinen Ansatz zu fassen? Das ist ja, als würden wir ein Phantom jagen. Und uns rennt die Zeit weg, verdammt noch mal. Wenn wir nicht bald etwas haben, können wir Julius Merschhaus auch wieder vom Wewelsburger Pflaster kratzen."

Die Beamten schwiegen und fühlten ihren trüben Gedanken nach.

Schließlich atmete Schröder tief durch und sagte, als habe er gerade eine Eingebung gehabt: „Soweit waren wir doch schon mal."

„Was meinst du?" Gina sah ihn verständnislos an.

„Wir haben doch festgestellt, dass der Modus Operandi in den letzten Fällen jeweils im direkten Zusammenhang zu den Verbrechen der Mordopfer in ihrer aktiven Wewelsburger Dienstzeit stand. Deshalb haben wir uns genau über die anderen Residenzbewohner erkundigt und darüber, was sie damals verbrochen haben."

Lenz nickte und beugte sich interessiert zu Schröder vor. Jeder Strohhalm war jetzt besser, als einfach nur abzuwarten, bis die nächste Meldung über einen Leichenfund eintraf. „Und Merschhaus war bei der Gestapo hier in Paderborn", erinnerte er sich und dachte einen Moment darüber nach. „Schön und gut, aber wohin führt uns diese Erkenntnis? Wir haben doch nichts gefunden, das man ihm seinerzeit angelastet hat."

Schröder nickte. „Das heißt aber nicht, dass es auch nichts gibt. Ich glaube nicht an den guten Gestapo-Mann im Dritten Reich, der einfach nur seinen Polizeidienst getan hat."

„Dann klemmen Sie sich dahinter, verdammt noch mal!" Lenz merkte sofort, dass er sich im Ton vergriffen hatte, und machte eine entschuldigende Handbewegung.

„Schon gut", sagte Schröder verständnisvoll. „Uns allen sitzt die Zeit im Nacken. Deshalb können wir uns auch keine Sackgasse erlauben. Deshalb schlage ich vor, dass wir uns wieder auf Merschhaus stürzen, noch einmal alle bisher Verdächtigten durchgehen und sicherstellen, dass wir nichts übersehen haben."

„Einverstanden", sagte Lenz, der froh war, zumindest den Anschein von Tätigkeit erwecken zu können, wenn sie schon feststeckten.

„Da fangen wir am besten bei Mario an", meldete sich Gina angriffslustig zu Wort. „Das geht nämlich schnell, weil er als Täter ausfällt. Er saß, wie ihr euch vielleicht dunkel erinnert, in der vergangenen Nacht zusammen mit mir in der Arrestzelle und hat somit ein absolut wasserdichtes Alibi."

„Sofern die Entführung in der Nacht stattgefunden hat", wandte Lenz ein. „Und sofern er keine Komplizen hat. Du erinnerst dich vielleicht, dass du das in Wolfgang Kaups Fall für möglich gehalten hast. Aber solange wir keine anderen Erkenntnisse haben, sollten wir davon ausgehen, dass er tatsächlich unschuldig ist. Dasselbe gilt dann natürlich auch für Michelle Küster und Wolfgang Kaup."

Gina wollte gerade widersprechen, als die Tür krachend aufgeworfen wurde und Gisbert Henke in den Raum stürmte. „Das glaubt ihr nicht!" Er hielt eine DVD hoch und eilte direkt auf Lenz zu. „Legen Sie die mal ein."

„Was ist das?", erkundigte sich der Hauptkommissar, während er das DVD-Laufwerk an seinem PC öffnete.

„Die Aufzeichnung der Überwachungskamera aus der letzten Mordnacht."

„Wie? Die aus der Gruft?"

„Genau. Die KT hat die Festplatte wiederherstellen können. Tja, und was soll ich sagen? Der gesamte Mord ist aufgezeichnet worden." Letzteres klang wie ein Triumph.

Schröder sprang von seinem Stuhl auf, Gina rutschte vom Schreibtisch und beide drängten sich neben Henke hinter den Stuhl ihres Chefs. Lenz startete den Mediaplayer.

Zunächst sahen sie nur ein schwarzes Bild. Schröder blickte seinen Kollegen Henke fragend an, als wollte er sagen: Willst du uns verarschen?

„Die Kamera ist natürlich mit einem Bewegungsmelder ausgestattet", erklärte der. „Sie zeichnet immer noch etwas auf, bevor sie sich ausschaltet. Was wir hier sehen, sind die letzten dreißig Sekunden Nachspann der letzten Aufzeichnung."

Lenz stöhnte. Er bekam langsam lange Zähne, während die Sekunden schleichend verstrichen. Dann wechselte das Bild. Die Aufnahme der Überwachungskamera startete, als das Licht in der Gruft anging. Der Timecode zeigte 0 Uhr 37 an.

Eine schwarz gekleidete und völlig vermummte Gestalt trat in den Sichtbereich der Kamera. Sie trug ein langes Bündel über der Schulter, das eindeutig als Renate Körtings verschnürter Körper zu erkennen war. Die Kleidung der alten Frau sah extrem schmutzig aus. Im Mund des Opfers steckte etwas, das Lenz als Knebel identifizierte. Der Täter legte sie unsanft auf der gegenüberliegenden Seite vor einem der Rundsockel auf den Boden und verließ die Gruft wieder. Das Licht ging aus. Lenz stöhnte laut, als nun wieder dreißig schwarze Sekunden folgten, bis die Aufnahme abbrach.

Mit dem erneuten Eintreten des Mörders in den Kuppelraum setzte die Aufzeichnung wieder ein. Diesmal trug er mehrere Gegenstände um die Vertiefung im Boden herum. Lenz machte eine lange Eisenstange aus und diverse Gerätschaften in zwei Leinenbeuteln. Wieder verließ der Täter den Raum.

„Verdammt noch mal", fluchte Lenz angesichts der folgenden schwarzen dreißig Sekunden. „Hätten die Idioten das nicht zusammenschneiden können?"

„Dann wäre es nicht mehr gerichtsverwertbar", erklärte Schröder.

Als der Täter diesmal die Aufzeichnung auslöste, hatte er die Ausstellungsgegenstände dabei, die sie bei der Leiche gefunden hatten. Er stieg in der Mitte des Raumes in die Vertiefung und stellte ein Gefäß auf, das er mit einer Flüssigkeit füllte, die er anschließend entzündete. Flammen flackerten auf und warfen tanzende Schatten an die Wände des Gewölbes. Dann ging er zurück zu Renate Körting und machte sich daran, mit den mitgebrachten

Utensilien ein Metallgestänge auf den Sockel zu bauen. Nun wandte er sich der regungslosen alten Frau zu, nahm ihr den Knebel und die Fesseln ab und begann damit, sie zu entkleiden. Gina blickte angewidert weg und musste sich merklich zwingen, dem weiteren Geschehen dann doch wieder zu folgen. Schröder und Henke starrten wie gebannt auf den Bildschirm.

Wieder stieg der Täter in die Bodenmulde hinab, diesmal mit drei kurzen Eisenstangen in den Händen, deren mit Brandeisen versehene Spitzen er mitten in die Flamme hielt. Was nun geschah, war selbst für einen erfahrenen Kriminalbeamten wie Lenz unfassbar: Der Maskierte kniete sich mit den glühenden Eisen neben sein Opfer und brannte ihr die Sig-Runen auf die Brust und die anderen Brandmale in die Oberarme. Die alte Frau wand sich und schrie gellend auf. Gina ächzte gequält und auch Gisbert Henke entwischte ein Keuchen.

Dann hob der Täter den Körper der alten Frau an und bugsierte ihn in eine sitzende Stellung mit dem Rücken gegen die Wand. Er griff in eine der Stofftaschen und holte einen Gegenstand heraus, den Lenz als Dolch identifizierte. Mit einer langsamen Bewegung zog er ihn aus der Scheide und hielt ihn Renate Körting vor die Augen. Offensichtlich sollte sie den eingeätzten Spruch der SS Unsere Ehre heißt Treue lesen. Die alte Frau hob ihre dürren Arme, war aber sichtlich zu schwach, um sich zur Wehr zu setzen. Plötzlich fielen die Arme leblos hinab und auch der Kopf sackte nach vorne. Das musste der Moment des Herzstillstandes gewesen sein, der gnädige Abgang. Wie bei einem heidnischen Zeremoniell nahm der Maskierte den Dolch hoch, griff seinem Opfer in die Haare, zog den Kopf nach hinten und schnitt der Frau mit einer schnellen Bewegung die Kehle durch. Dann holte er in einer weit schwingenden Bewegung aus und trennte den Kopf vom Rumpf. Schließlich fasste er den Dolch mit beiden Händen, als handele es sich um eine heilige Zeremonie, und stieß ihn der Toten tief ins Herz.

„Verfluchte Drecksau!" Gina wischte sich mit der Hand durch das Gesicht, als könne sie sich so von dem Grauen befreien. „Mach den kranken Scheiß aus!", forderte sie Lenz auf.

Der schüttelte den Kopf. „Das geht nicht. Wir müssen uns die Aufzeichnung bis zuletzt ansehen."

„Wir wissen doch, was jetzt kommt", widersprach Gina. „Er pfählt sie."

„Und wenn er das nicht alleine macht? Wenn eine weitere Person ihm dabei hilft?" Lenz wusste, dass das unwahrscheinlich war, aber auszuschließen war es eben auch nur, wenn sie sich die Aufzeichnung bis zum Ende ansahen.

Der Täter stieß eine Eisenstange mehrfach vom Hals aus in den Torso und hob die blutverschmierte Leiche auf. Das bereitete ihm einige Mühe, denn auch ein abgehärmter Körper wie der von Renate Körting wiegt um die fünfzig Kilogramm und ist nur schwer zu handhaben, wenn er schlaff hängt. Er wuchtete die Frau auf den Sockel und hakte ihre Arme in das Gestell ein.

Dann band er sie mit vorbereiteten Schlingen, die er aus seinen Hosentaschen zog, fest.

Als der tote Körper so befestigt war, dass er nicht mehr vom Sockel fallen konnte, hob der Maskierte den Kopf vom Boden auf und steckte ihn auf das herausschauende Pfahlende. Erneut holte er einen Gegenstand aus einer der Stofftaschen und stach ihn Renate Körting in die Brusthaut.

„Das muss das Parteiabzeichen sein", kommentierte Schröder mit heiserer Stimme.

Der Täter hängte seinem Opfer noch die Kette mit dem Thorshammer um den blutüberströmten Hals, dann verließ er wieder den Raum.

„Oh, Mann", stöhnte Gisbert Henke. „In meinem nächsten Leben werde ich Kinderpfleger oder Gärtner oder sowas. Jedenfalls hätte ich mir nie träumen lassen, dass ich es mal mit einem so kranken Arschloch zu tun bekomme."

Er war kreidebleich und auch Gina machte einen geradezu blutleeren Eindruck, wie sie sich auf Lenz´ Stuhllehne abstützte und vor sich hin stierte. Lenz war einfach nur schlecht. Schröder war der Einzige, der das, was sie da eben gesehen hatten, nicht so nah an sich herankommen zu lassen schien, dass er die professionelle Distanz verloren hätte.

Nach einer dreißigsekündigen Pause setzte die Aufzeichnung wieder ein. Der Timecode verriet, dass der Maskierte fast zwanzig Minuten fortgewesen war. Nun schleppte der Täter zwei schwere Kerzenleuchter in die Gruft und stellte sie links und rechts vom Sockel auf. Er holte zwei wuchtige Kerzen aus seinen Stoffbeuteln, rammte sie auf die Dornen der Leuchter und entzündete sie. Dann trug er zwei lange Schwerter heran, die bereits vor dem Eingang zum Raum bereitgelegen haben mussten, denn diesmal setzte die Aufzeichnung nicht aus. Die Waffen legte er gekreuzt vor den gepfählten Körper, so dass ihre Spitzen direkt auf die beiden gusseisernen Kerzenleuchter wiesen. Zuletzt drapierte er links und rechts um den Rundsockel die Tonkrüge und -teller mit den Runenabbildungen.

Der Maskierte trat noch einmal zurück und begutachtete sein Werk. Dann sammelte er seine Stoffbeutel ein und verließ den Raum, in dem nun nur noch die Kerzenflammen und das Feuer in der Bodensenke wild im Luftzug züngelten. Mit der nächsten schwarzen Phase war die Aufzeichnung zu Ende.

Gina trat ans Fenster und öffnete es. Sie stützte sich mit den Händen auf das Fensterbrett und blickte starr hinaus. Gisbert Henke trat neben sie und atmete schwer. Schröder umrundete den Schreibtisch und ließ sich wieder auf seinen Stuhl fallen. Er wirkte sehr nachdenklich. Ein eisiger Luftzug flutete durch das offene Fenster den Raum und ließ Lenz frösteln. Minutenlang sagte keiner der Beamten ein Wort.

Schließlich schloss Gina das Fenster und fragte tonlos: „Warum?"

Alle wussten sofort, was sie meinte. Lenz erinnerte sich an das, was Dr. Elling ihm über den nationalsozialistischen Ethnologen und dessen Zusammenarbeit mit Renate Körting erzählt hatte.

„Weil sie und Bruno Beger mit anderen Menschen genauso verfahren sind", erklärte er. „Die haben aus den abgetrennten Köpfen ja sogar Schrumpfköpfe für ethnologische Ausstellungen im Reich hergestellt. Der Täter führt uns hier die ganze Grausamkeit der damaligen Verbrechen noch einmal vor Augen, weil wir sie aus der historischen Distanz nicht mehr an uns heranlassen."

Schröder nickte nachdenklich. „Da ist was dran. Wir sind gesättigt von den Bildern und Filmen aus den Konzentrationslagern, die uns Guido Knopp Jahrzehnte lang gezeigt hat. Wir sind durch die Wiederholung abgestumpft. Das ist wie mit den Nachrichten: Wenn wir jahrelang Bilder aus Kriegsgebieten überall in der Welt sehen, dann schocken uns die Aufnahmen aus Syrien nicht mehr. Das ist normal geworden und wir lassen es schon aus Selbstschutz nicht so nah an uns heran." Er blickte in die Runde und fuhr, als er keine Reaktion bekam, fort: „Außerdem nehmen wir das, was uns das Fernsehen zeigt, nicht so wahr wie zum Beispiel die Aufzeichnung eben. Nachrichten und Spielfilme über Krieg und Mord verschwimmen zu einer fiktionalen Masse. Unser Täter konfrontiert uns auf brutalste Weise damit, dass das Dritte Reich und die Verbrechen der Nazis grausamste Realität waren."

„Wir müssen das Schwein kriegen", stellte Gisbert Henke fest. „So etwas wie das", er deutete auf den Monitor, „darf auf keinen Fall noch einmal passieren."

„Immerhin haben wir jetzt eine klarere Vorstellung von ihm", wandte Schröder ein. „Wir haben ihn gesehen, wenn auch vermummt. Aber zumindest über seine äußeren Merkmale können wir jetzt genaue Angaben machen. So wie ich das sehe, handelt es sich um einen jungen Mann, sowohl von der Statur her als auch von der Anstrengung, die damit verbunden war, die Tote auf den Sockel zu hieven. Eine Frau kann das nicht. Auch Dr. Elling ist bei Weitem nicht so sportlich und muskulös wie der Schlächter, den wir eben gesehen haben."

„So sehe ich das auch", stimmte Lenz zu. „Der Täter ist jung, sportlich und offenbar sehr kräftig. Damit scheidet Dr. Elling aus."

„Von unseren bisherigen Verdächtigen trifft die Beschreibung nur auf zwei Männer zu", führte Schröder seinen Gedanken fort. „Mario Hülsmann und Wolfgang Kaup."

„Also Wolfgang Kaup! Mario saß bei unserem aktuellen Entführungsfall mit mir zusammen im Gewahrsam." Gina stellte das entgegen ihrer sonstigen Art ohne den Anschein eines Triumphes fest, obwohl es ihre Theorie bestätigte, die sie von Anfang an gegen Lenz hatte verteidigen müssen. Die Aufzeichnung hatte sie offenbar im Innersten getroffen. „Wolfgang Kaup hat auch nach der Kundgebung alle Zeit der Welt gehabt, um Merschhaus zu entführen."

Schröder schüttelte verständnislos den Kopf. „Aber warum? Er ist ein Neonazi und die Opfer sind Nazis – seine großen Helden aus der glorreichen Zeit, die er doch so gerne wiederauferstehen lassen würde."

„Genau deshalb", entgegnete Lenz und sah Gina, Henke und Schröder nacheinander an. Als er in ihren Blicken der beiden Männer nur auf Unverständnis stieß, erzählte er, was bei der FPA-Kundgebung am Vorabend passiert war und welche Rückschlüsse Natascha und er daraus gezogen hatten. Auch Ginas Theorie vergaß er nicht, was die ungewohnt bescheiden nickend zur Kenntnis nahm. „Versteht ihr? Die alten Nazis reißen durch ihren Stolz auf die nationalsozialistischen Verbrechen mit dem Arsch ein, was Wolfgang Kaup, Michelle Küster und die Leute von der FPA mühsam an Vertrauen und Verdrängung aufbauen. Wenn es überhaupt eine Chance für die Neue Rechte geben soll, in die Parlamente einzuziehen und auf mittlere Sicht eine Machtoption zu haben, dann müssen die Alten zum Schweigen gebracht werden oder besser noch ganz weg."

„Die sterben doch eh langsam aus", wandte Gisbert Henke ein.

„Ja, aber zu langsam. Die Wut in Teilen der Bevölkerung über die Flüchtlingspolitik ist gerade jetzt so groß, dass es zum ersten Mal eine realistische Machtoption für die Rechten gibt. Jetzt, versteht ihr? Nicht erst in fünf oder zehn Jahren. Dann kann die Chance vertan sein. Denkt an die Republikaner und die DVU. Die haben sich so lange gegenseitig die Butter vom Brot genommen, bis ihre Zeit für eine gemeinsame politische Option abgelaufen war."

Schröder war nicht überzeugt. „Das ergibt aber keinen Sinn. Sie haben doch eben selber gesagt, dass unser Täter die grausamen Verbrechen durch die Art der Tatbegehung wieder in unser aller Gedächtnis ruft. Wenn Ihre Theorie zuträfe, müsste er doch daran interessiert sein, dass die alten Nazis in aller Stille und unauffällig verschwinden."

„So sehe ich das auch", meinte Gisbert Henke.

„Zumindest mit seinem ersten Opfer hat er das ja auch versucht", entgegnete Lenz. „Wir hätten den Mord an Elfriede Gerken niemals entdeckt, wenn der Fall Kottmann uns nicht in die Seniorenresidenz geführt hätte."

„Genau das meine ich ja", bekräftigte Henke. „Weshalb dieser Bruch im Fall Kottmann? Warum tötet er plötzlich so öffentlichkeitswirksam?"

„Weil er auf die Art den Unterschied deutlich machen kann", formulierte Lenz ins Blaue, „den Unterschied zwischen den alten Nazis und der Neuen Rechten. Durch den Hanning-Prozess sind die Verbrechen aus dem Dritten Reich wieder ins öffentliche Bewusstsein gerückt. Das passte nicht mehr in sein Konzept, denn in dieser Öffentlichkeit wird durch die Medien ständig ein Zusammenhang zwischen der Alten und der Neuen Rechten hergestellt.

Seine unauffälligen Morde brachten folglich nicht den Erfolg, den er sich erhofft hatte. Und nun zeigt uns Wolfgang Kaup stattdessen, wie brutal die Nazis damals waren. So kann jeder sehen, dass die Politiker der FPA und die sympathischen jungen Leute der Identitären Bewegung ganz anders sind. Dass sie nichts mit Auschwitz und den Mördern von damals zu tun haben und somit unabhängig von denen wählbar sind."

„Unsinn", widersprach Schröder dieser Theorie. „Unser Täter muss ein persönliches Motiv haben. So mordet nur einer, der unendlich hasst."

„Eins schließt das andere ja nicht aus", entgegnete Lenz.

„Und welches Motiv sollte Wolfgang Kaup haben?" Schröder sah seinen Chef herausfordernd an. „Er wurde mit der braunen Milch großgezogen. Sein Großvater und die anderen Altnazis haben ihn gefördert, damit er in der Neuauflage des Dritten Reiches eine führende Rolle einnimmt. Sein Vater ist aktiv bei Pro NRW. Wolfgang Kaup ist so tiefbraun, wie es nur geht."

„Da ist leider was dran", murmelte Gina. „Andererseits" - ihr Gesicht hellte sich etwas auf, als habe sie gerade die alles auflösende Erkenntnis gehabt - „kann auch einfach im Fall Kottmann etwas passiert sein, das ihm keine andere Wahl ließ, als die Flucht nach vorn anzutreten und von da an öffentlichkeitswirksam zu morden."

„Und was sollte das sein?" Schröder zog ein ungläubiges Gesicht.

„Tja, das müssen wir noch herausfinden. Vielleicht verrät er es uns ja, wenn wir ihn in die Zange nehmen."

„Ich finde auch, wir sollten Nägel mit Köpfen machen", stimmte Henke zu. „Packen wir uns Wolfgang Kaup und weisen wir ihm die Taten nach. Treiben wir ihn im Verhör in die Enge. Immerhin können wir Julius Merschhaus so vielleicht noch retten."

Lenz dachte einen Moment darüber nach. Welche Alternative gab es? Sie hatten keinen anderen Verdächtigen. Und nur weil sie noch nicht alle Zusammenhänge kannten, konnten sie ja nicht weiter untätig abwarten. Andererseits verrannten sie sich vielleicht, während der wahre Täter inzwischen Julius Merschhaus irgendwo im Kreis Paderborn hinrichtete.

„Selbst wenn unsere Theorie einiges für sich hat", versuchte er einen letzten Einwand, „dann gibt es ein entscheidendes Gegenargument."

„Nämlich?" Ginas Tonfall verriet, dass sie mit ihrem Chef langsam die Geduld verlor.

„Die zeitlichen Abläufe passen einfach nicht! Michelle Küsters Angaben nach muss Julius Merschhaus frühestens in den späten Abendstunden aus der Residenz entführt worden sein."

„Was heißt denn hier: Michelle Küsters Angaben nach?", erhitzte sich Gina. „Die Nazitusse steckt mit Wolfgang Kaup unter einer Decke. Die verarscht uns doch nach Strich und Faden. Wer sagt uns denn, dass der Alte nicht während ihrer Schicht entführt wurde und sie nicht Klumpfüßchens Märchenstunde mit uns veranstaltet?"

„Dann hätten alle beide kein Alibi mehr!", freute sich Schröder.

„Wolfgang Kaup also, ja?" Lenz drehte seinen Stuhl in Richtung Fenster und blickte in den wolkenverhangenen Himmel, aus dem es immer noch weiß rieselte.

Plötzlich erinnerte er sich an etwas, das sie über Dr. Elling herausgefunden hatten. Er drehte sich wieder zu den anderen um und sagte: „Eine Sache möchte ich aber noch überprüfen."

Während Gina sich die Haare raufte und Schröder und Henke verzweifelte Blicke wechselten, griff Lenz zum Telefonhörer und rief im Kreismuseum an. „Kreispolizeibehörde Paderborn, Kriminalhauptkommissar Lenz. Geben Sie mir Dr. Elling, bitte. ... Dann holen Sie ihn ans Telefon, verdammt!" Er zog in Richtung seiner Kollegen ungeduldig die Augenbrauen hoch und wartete. „Ja, Lenz hier. Herr Dr. Elling, ich habe noch eine wichtige Frage. Sie engagieren sich doch sehr stark in der Jugendarbeit. Dabei arbeiten Sie, wenn ich richtig informiert bin, nicht nur mit Schulklassen, sondern auch mit rechtsextremen Jugendlichen, nicht wahr? ... Genau, deshalb rufe ich Sie an. Haben Sie in dem Zusammenhang schon einmal mit Wolfgang Kaup zu tun gehabt?"

Gina, die schon die ganze Zeit über ungeduldig von einem Bein auf das andere gewechselt war, beugte sich nun ungehalten über den Schreibtisch und drückte die Lautsprechertaste am Telefon.

So konnten alle Dr. Ellings Antwort mithören: „Oh ja, ich hatte sogar eine Zeitlang die Hoffnung, ihn davon überzeugen zu können, dass er auf dem falschen Weg war und sein Großvater ihn nur für seine eigenen Zwecke ausnutzt."

„Können Sie mir das bitte genauer schildern?" Lenz nickte den anderen zufrieden zu.

„Nun, das war vor etwa fünf Jahren nach einem Besuch mit seinem Geschichtskurs bei uns im Museum. Im Anschluss ist er auf mich zugekommen und hat die Diskussion gesucht. Ich habe mich darauf eingelassen, obwohl es anfangs fast aussichtslos schien. Er war damals schon sehr stark indoktriniert und nicht wirklich zugänglich. Es ist ihm nur darum gegangen, mich zu korrigieren. Immerhin war er damals schon Mitglied in dem Neonazi-Motorradclub, dessen Chef er heute ist."

„War das ihr einziges Gespräch?", drängte Lenz.

„Oh nein, wir haben uns anschließend noch mehrmals getroffen und über das Dritte Reich und das Konzentrationslager Niederhagen miteinander gesprochen. Wolfgang hat natürlich eine sehr einseitige Sichtweise gehabt, da sein Großvater ja der Wachsturmführer im KZ gewesen ist und ihn jahrelang seiner Propaganda ausgesetzt hat. Er hat quasi einen Heldenmythos gepflegt und keine andere Bewertung akzeptiert." Dr. Elling machte eine kurze Pause, als müsse er genau nachdenken. „Ich habe dann länger nichts von ihm gehört und hatte ihn schon aufgegeben", fuhr er schließlich fort. „Eines Tages ist er aber noch einmal mit drei Briefen bei mir aufgetaucht, die sein Großvater während seiner Dienstzeit in Wewelsburg an seine Großmutter geschrieben hat. Die Familie hat seinerzeit noch in Stade gewohnt, wenn ich mich recht entsinne. Diese Briefe waren alles andere als heldenhaft formuliert. Wolfgang hat von mir eine Expertise gefordert, ob sie tatsächlich echt sind und die darin gemachten Zeitangaben und die erwähnten Aktionen stimmen. Ich habe das überprüft und schließlich bejaht. Wolfgang war mehr als enttäuscht, regelrecht aus der Bahn geworfen, verstehen Sie? Sein Fundament ist erschüttert gewesen. Sein Großvater, der große Held, war den Briefen nach ein stinknormaler, spießiger, kleingeistiger Befehlsempfänger. Ein jämmerlicher Emporkömmling, der sich mehr um die Versorgung mit sauberer Unterwäsche und um die Organisation von Weihnachtsgeschenken gesorgt hat als um die große Aufgabe, die er ja aus heutiger Sicht damals erledigt haben will. Ich habe damals zum ersten Mal eine realistische Chance gesehen, Wolfgang vielleicht doch noch auf den richtigen Weg zu bringen." Er atmete tief durch und gestand schließlich enttäuscht: „Aber da habe ich mich in ihm wohl geirrt. Nicht lange danach ist Wolfgang Kaup der Identitären Bewegung beigetreten und hat dort sehr schnell eine führende Rolle übernommen. Das lag wohl daran, dass er Michelle Küster kennengelernt hat. Ich muss leider zugeben, dass meine Bemühungen bei ihm vollständig gescheitert sind."

„Vielleicht irren Sie sich da", wandte Lenz ein.

„Wie meinen Sie das?"

„Das kann ich Ihnen noch nicht sagen. Zunächst einmal vielen Dank für Ihre Informationen, Herr Dr. Elling." Er legte den Hörer auf und dachte einen Moment mit gesenktem Blick nach. „Also gut", sagte er schließlich, sprang auf und befahl in Ginas Richtung: „Enttäuschung über die große Lüge, unter der er aufgewachsen ist, ist ein Motiv. Auf geht´s. Holen wir uns das Arschloch!"

„Und ich?", fragte Schröder beleidigt.

„Sie kümmern sich um die Lücke in Merschhaus´ Biografie. Noch haben wir Wolfgang Kaup die Morde nicht nachgewiesen. Wer weiß, ob wir diese Informationen nicht noch dringend benötigen werden."

Schröder blickte Henke an und seufzte. „Also gut. Du hilfst mir dabei."

Lenz schnappte sich seine Jacke, scheuchte die Kollegen wie ein Schafhirte seine Herde mit ausgebreiteten Armen aus seinem Büro und verschloss hinter sich die Tür. Endlich kam Bewegung in den Fall. Zum ersten Mal fühlte es sich für ihn so an, als ständen sie nun wirklich dicht vor der Aufklärung.

Wewelsburg, den 30. April 1944

Liebste Mutti!

Nun ist es also aus mit dem großartigen Konzentrationslager, das meine Kameraden und ich hier mit unserer Hände Arbeit aus dem Boden gestampft haben. Das KZ Niederhagen verliert seine Selbstständigkeit und wird zum Außenlager von Buchenwald degradiert.

Unser ehemals so stolzes KZ soll nun zu einem Auffanglager der Deutschen Mittelstelle für umgesiedelte Volksdeutsche aus Südosteuropa verkommen. Auch wird es als Wehrertüchtigungslager zur Kriegsvorbereitung der HJ dienen. Wenn ich diese Kinder im Dorfe bei ihren Fackelzügen sehe, die nun hier an Waffen und Panzerfäusten ausgebildet werden sollen, dann frage ich mich, wie diese Hänflinge die Wende herbeiführen sollen, wenn schon altgediente, erfahrene Kameraden es nicht schaffen.

Auch mit der Hoffnung, nun endlich aus dem Dienst entlassen zu werden, ist es Essig, denn aus Berlin hat uns der Befehl erreicht, daß Bartels und die Bauleitung die Planungen für die Zeit nach dem Endsieg fortführen sollen. Außerdem bleibt ein Restkommando von 42 Mann hier stationiert und ich werde die kleine Wachmannschaft anführen. Unsere Häftlinge sind nur noch russische und polnische Kriegsgefangene, verlotterte Dreckskerle, die bei mir nichts zu lachen haben werden.

Zuerst Wachsturmführer eines aufstrebenden Konzentrationslagers, dann Einsatzgruppenleiter im Osten, nun Führer einer Wachmannschaft für 42 Häftlinge. Was für eine jämmerliche Karriere! Aber wenigstens Haas werde ich dann endgültig los sein.

Die Fliegerangriffe haben inzwischen auch uns regelmäßig zum Ziel und so haben wir die Burg in den letzten Tagen mit einem Tarnanstrich versehen. So stolz sie auf ihrem Bergsporn über dem Almetal ruht, so gefährlich ist sie mit ihrer exponierten Stellung inzwischen für uns geworden.

Der Dienst macht mir schon lange keine Freude mehr. Allerdings bin ich inzwischen froh, nicht mehr an der Front eingesetzt zu sein. Die Berichte vom Rückzug unserer Truppen sind deprimierend, auch wenn die Wochenschau sie als strategischen Schachzug darstellt. Merschhaus und ich sind uns einig, daß es auf das Ende zugeht. Wenn der Führer tatsächlich über Vergeltungs- und Wunderwaffen verfügen würde, hätte er sie doch längst eingesetzt.

Wir werden hier nun alles daransetzen, uns für die Zeit nach dem Krieg zu rüsten. Die Rache der Sieger wird fürchterlich sein, *da sind Julius Merschhaus und ich uns einig, und so dürfen wir ihnen keine Beweise liefern, mit deren Hilfe sie uns richten können. Unsere Kinder sollen doch nicht ohne Väter aufwachsen.*

Behalte den Mut und vertrau ganz auf mich. Und vernichte die Photos und all die Papiere, die auf meinen Dienst in Wewelsburg hinweisen! Nichts davon darf in die Hände des Feindes gelangen.

Dein Vati

48

Vor dem Haus der Familie Kaup klopfte Lenz als Erstes wieder auf das Dach des Polizeiwagens, der wie üblich dem Haus gegenüber stand. Die Beamten fuhren erschrocken zusammen.

„Mann!", schimpfte der Kollege auf dem Fahrersitz. „Muss das sein?"

„Ihr seid ja wirklich sehr aufmerksam", kommentierte Lenz. „Passt bloß auf, dass euch keiner eine Banane in den Auspuff steckt."

Er gab Gina grinsend ein Zeichen mit dem Kopf und ging auf das Haus zu.

„Banane im Auspuff?" Die junge Kollegin sah ihren Vorgesetzten an, als habe er nun endgültig den Verstand verloren.

Der blieb stehen und schaute sie kopfschüttelnd an. „Das ist das Problem mit euch jungen Leuten: Ihr seid ständig mit euren Handys online und tummelt euch in den asozialen Netzwerken, aber ihr habt überhaupt keine kulturelle Bildung. Eddi Murphy. Beverly Hills Cop: Der New Yorker Bulle Axel Fowley steckt den Kollegen vom Los Angeles Police Department, die ihn observieren sollen, eine Banane in den Auspuff. Als sie ihn schließlich verfolgen wollen, verreckt ihnen die Karre. Logisch, dass sie anschließend der Spott ihrer ganzen Abteilung sind." Er zog die Augenbrauen hoch, als habe er gerade den Stein der Weisen gewälzt.

„Beverly Hills Cop", entgegnete Gina kopfschüttelnd, während sich Lenz schon wieder der Haustür zuwandte und klingelte.

Wolfgang Kaups Mutter öffnete ihnen und verschränkte gleich die Arme vor der Brust. Ohne den Gruß der Beamten zu erwidern, wartete sie distanziert ab.

„Wir möchten noch einmal mit Ihrem Sohn sprechen." Lenz hatte Mühe, angesichts des feindseligen Empfangs einen freundlichen Ton zu treffen.

„Mein Sohn ist nicht zu Hause. Er und mein Schwiegervater sind weggefahren. Wohin, weiß ich nicht." Sie schloss die Haustür, bevor Lenz nachhaken konnte.

„Hat deine Frau Finke heute Morgen nicht gesagt, dass Wolfgang Kaup heute Spätdienst hat?“ Gina zog die Stirn kraus. „Wie kann er dann mit seinem Großvater unterwegs sein?“

„Vielleicht sind sie zusammen nach Büren gefahren und der Alte mischt mal wieder die Residenz auf, während sein Enkel seine Kameraden mit Kaffee versorgt.“ Hoffentlich, dachte Lenz. Sonst haben wir ein Problem. Wenn Wolfgang der Mörder ist, ist er uns dann direkt vor der Nase entwischt.

Er lief zu den Kollegen hinüber, die ihn diesmal kommen sahen, weil sie ihn die ganze Zeit über beobachtet hatten. Dennoch zuckten sie zusammen, da Lenz´ Faust krachend auf dem Wagendach landete.

„Scheiße, Mann, was soll das?“, erhitzte sich nun der Beifahrer.

„Euch Schnapsnasen kann man die Karre unter dem Arsch klauen, ohne dass ihr was merkt!“, donnerte Lenz zurück. „Johann und Wolfgang Kaup sind weggefahren, während ihr hier draußen Stadt-Land-Fluss gespielt habt! - Mann! Wie konnte das passieren?“

Der Fahrer druckste etwas herum, bis er schließlich gestand: „Kollege Wegner“, er deutete auf den Mann auf dem Beifahrersitz, „ist gegen Zwölf zur Dönerbude gefahren und hat uns was zu essen geholt. Er war gerade weg, da sind Wolfgang und Johann Kaup aus dem Haus gekommen, ins Auto gestiegen und weggefahren. Was sollte ich denn machen? Ihnen zu Fuß hinterherlaufen?“

„Und da habt ihr zwei Kasper dann beschlossen, einfach hier sitzenzubleiben und keine Meldung zu machen?“, fuhr Lenz ihn an.

Der Kollege zuckte mit den Schultern. „Wir haben beschlossen, abzuwarten, bis sie wieder zurück sind.“

Lenz schüttelte fassungslos den Kopf. Dann wandte er sich dem eigenen Fahrzeug zu und warf sich wütend auf den Beifahrersitz.

„Sie wollten keinen Ärger bekommen“, zeigte sich Gina verständnisvoll, als sie wieder neben ihm saß. Nach einer kurzen Schweigeminute fragte sie vorsichtig: „Und jetzt?“

„Jetzt rufe ich in Büren an und frage, ob die Beiden da aufgetaucht sind“, gab Lenz grimmig zurück.

Er zog sein Handy aus der Tasche und tippte die Nummer der Residenzleiterin ein. Als sie abnahm, formulierte er kurz seine Frage, lauschte in den Hörer, bedankte sich knapp und drückte das Gespräch wieder weg. Ohne Gina zu informieren, sprang er wieder aus dem Wagen und lief auf die Haustür zu.

Diesmal behielt er den Finger auf dem Klingelknopf, was zu einem nervigen Dauergong im Inneren des Hauses führte.

Frau Kaup riss die Tür auf und schrie ihn an: „Was soll das, verdammt noch mal? Wenn Sie mich nicht augenblicklich in Ruhe lassen, werde ich Ihren Chef anrufen und mich über Ihr Verhalten beschweren.“

„Jetzt ist Schluss mit lustig, Frau Kaup", fuhr Lenz sie lautstark an. „Ihr Sohn ist nicht zum Dienst erschienen und auch Ihr Schwiegervater ist nicht bei seinen Freunden in der Seniorenresidenz. Wenn Sie uns nicht augenblicklich sagen, wo sie sich befinden, nehme ich Sie hier und jetzt wegen Behinderung einer Mordermittlung und Beihilfe zum Mord fest, verlassen Sie sich darauf!"

„Das ist doch lächerlich! Was wollen Sie denn überhaupt von meinem Sohn?"

Gina drängte sich neben Lenz und beantwortete an seiner Stelle in ruhigem Ton die Frage: „Ihr Sohn wird verdächtigt, die Morde an den alten Leuten begangen zu haben, Frau Kaup."

Einen Moment verschlug es der Frau die Sprache, dann keuchte sie noch einmal: „Lächerlich. Wolfgang und ein Mörder? Niemals!"

„Also", übernahm Lenz wieder, „wo sind die Beiden?"

„Ich weiß es wirklich nicht. Wolfgang wollte meinem Schwiegervater etwas zeigen. Keine Ahnung, um was es dabei ging. Aber es muss wichtig gewesen sein. Er hatte es nämlich plötzlich sehr eilig, nachdem seine Freundin ihn aus der Residenz angerufen hat."

Lenz blickte Gina vielsagend an, wandte sich aber sofort wieder Frau Kaup zu. „Mit welchem Wagen sind sie unterwegs?"

„Na, mit meinem. Wolfgang hat ja nur ein Motorrad und mein Schwiegervater fährt in seinem hohen Alter zum Glück nicht mehr."

„Typ? Farbe? Kennzeichen?" Lenz stand kurz vor der Explosion.

Das war auch Frau Kaup inzwischen offenkundig klar. Sie zuckte leicht zusammen und antwortete eingeschüchtert: „Ein Dreier-BMW, Kombi, weiß."

Lenz musste noch einmal nach dem Kennzeichen fragen und drehte sich grußlos um, als er die Antwort erhalten hatte. Bereits auf dem Weg zum Wagen gab er die Daten per Handy an Schröder durch und ließ die Fahndung auslösen. „Die Kollegen sollen vorsichtig sein. Es ist nicht auszuschließen, dass Wolfgang Kaup bewaffnet ist."

Die Kollegen im Auto wies er an, vor dem Haus stehen zu bleiben und ihn sofort zu informieren, falls einer der beiden Männer wiederauftauchen sollte. Er bekam auch keinen Widerspruch, da die beiden Beamten selbstverständlich wussten, wie groß der Bockmist war, den sie gebaut hatten. Da war es nicht angebracht, über Zuständigkeiten der unterschiedlichen Kreispolizeibehörden zu diskutieren.

„Diesmal bleibt ihr hier sitzen, bis ich euch erlaube, abzuziehen!", befahl er. „Wenn einer von euch noch einmal seinen Arsch hier wegbewegt, war das sein letzter Tag im Polizeidienst!"

Entnervt drehte Lenz ab, lief in großen Schritten zu seinem Dienstfahrzeug und ließ sich auf den Beifahrersitz fallen. Er wartete, bis Gina neben ihm saß und sich angeschnallt hatte. „Jetzt drück mal die Daumen, dass wir nicht wieder zu spät kommen", sagte er. „Die arische Pflegerin wird ihren urdeutschen Nazi-Rocker-Freund gewarnt haben. Er weiß jetzt, dass wir ihm über kurz oder lang auf die Spur kommen, und muss handeln. Das heißt, Julius Merschhaus wird die kommende Nacht möglicherweise nicht überleben."

„Was ich nicht verstehe, ist, welche Rolle Johann Kaup bei der Sache spielt", wandte Gina ein. „Warum hat Wolfgang seinen Großvater mitgenommen? Der Alte kann doch unmöglich sein Komplize sein."

Lenz dachte darüber nach und nickte schließlich. „Wenn Reinhold Hanning nach seiner Entschuldigung vor Gericht das Opfer wäre, könnte ich es ja noch verstehen. Der ist aus Johann Kaups Sicht ein Volksverräter und hat die Todesstrafe verdient. Aber Julius Merschhaus? Der unbelehrbare alte Nazi? Mit dem ist Johann Kaup doch auf einer Wellenlänge."

Gina drehte sich zu ihrem Vorgesetzten um. „Vielleicht ist es genau das. Dr. Elling hat doch gesagt, Wolfgang sei von den Briefen seines Großvaters enttäuscht gewesen. Wenn er also nur die Täter zur Rechenschaft zieht, die unbelehrbar sind und ihn schon als Kind für ihre Zwecke missbraucht haben? Reinhold Hanning hat seine Verbrechen gestanden, vor Gericht bereut und wird verurteilt werden. Den muss er nicht mehr richten. Merschhaus und Johann Kaup schon."

Lenz nickte, während er über diese Theorie nachdachte. Dabei murmelte er: „Nicht dumm, Gina. Gar nicht dumm."

„Danke."

„Das heißt, wir haben es jetzt mit zwei potenziellen Opfern zu tun", schlussfolgerte Lenz. „Wolfgang hat auch seinen Großvater entführt und ihn inzwischen wahrscheinlich längst zu Merschhaus gebracht."

„So sieht´s aus", entgegnete Gina gleichmütig.

„Also gut." Lenz schlug sich mit den Handflächen auf die Oberschenkel. „Zurück in die Direktion! Krisensitzung!"

„Gut, dass ihr kommt", wurden Lenz und Gina von Jochen Steinkämper begrüßt. „Das Ergebnis der Sektion von Schulze-Hüsken und Fraune ist da."

„Rufen Sie die Kollegen zusammen", ordnete Lenz an. „In fünf Minuten im Besprechungsraum."

Er machte einen kurzen Umweg über sein Büro, um telefonisch erste Maßnahmen anzuordnen. Dann eilte er weiter zu dem des Kriminaldirektors, klopfte kurz und stürmte in den Raum. Heitkamp saß hinter seinem Schreibtisch und blickte missbilligend auf.

„Es gibt neue Entwicklungen", verkündete Lenz. „Wir glauben nun zu wissen, wer der Mörder ist."

„Berichten Sie!" Heitkamps Ton ließ keinen Zweifel daran, dass er und Lenz keine Freunde mehr werden konnten.

„Es wäre mir lieber, wenn Sie zu uns in den Besprechungsraum kommen könnten", entgegnete Lenz. „Wir dürfen keine Zeit verlieren, weil zwei weitere Menschenleben auf dem Spiel stehen. Die Kollegen warten bereits."

Hatte er damit gerechnet, dass Heitkamp nun wieder eine Machtprobe daraus machen würde, so hatte er sich getäuscht. Der Kriminaldirektor folgte der Aufforderung seines Kommissariatsleiters widerspruchslos.

Lenz setzte sich vor Kopf des Besprechungstisches und wartete ungeduldig darauf, dass Ruhe einkehrte. Die Kollegen blinzelten verhalten in Richtung des Kriminaldirektors, der sich wie ein Zaungast auf dem Platz direkt an der Tür niederließ.

„Also, Kollege Steinkämper", begann Lenz, „berichten Sie."

„Der Doc hat das Ergebnis der Sektion von Gudrun Schulze-Hüsken und Gerhard Fraune rübergeschickt. Um es kurz zu machen: Beide wurden ermordet."

Ein Raunen lief durch den Raum. Gina meinte, man müsse sich vielleicht doch einmal mit der Ärztin befassen, die für das Ausstellen der Totenscheine zuständig gewesen sei. Schröder nickte.

Es wurde erst wieder ruhig, als sich Jochen Steinkämper laut und vernehmlich räusperte. „Der Doc meint, es könne schon sein, dass man bei Patienten über Achtzig nicht notwendigerweise darauf kommt, dass sie nicht eines natürlichen Todes gestorben sind. Gudrun Schulze-Hüsken war schwer asthmakrank und ist erstickt. Ohne konkreten Verdacht muss man nicht darauf kommen, dass es nicht bei einem nächtlichen Anfall passiert ist, sondern dass sie von jemand anderem erstickt wurde. Bei Gerhard Fraune sieht das etwas anders aus. Er ist an einer Luftembolie gestorben. Das heißt, jemand hat ihm Luft in die Vene injiziert. Als die dann zum Herzen gelangt ist, war es aus."

„Und das sieht man als ausgebildete und erfahrene Ärztin nicht?" Ginas Tonfall verriet, dass sie das unmöglich glauben konnte.

„Der Doc kannte ja nun die Vorgeschichten der Beiden", wich Jochen Steinkämper aus. „Er hat also gezielt nach Hinweisen gesucht, dass unser Mörder sie auf eine vergleichbare Art und Weise getötet haben könnte. Na ja, und so hat er die Hinweise dann ja auch gefunden. Wie ihr wisst, hat Fraune seine Opfer in Experimenten auf die gleiche Art getötet."

„Wir haben also jetzt fünf Morde, von denen drei zunächst unentdeckt geblieben sind", fasste Lenz zusammen. Er sah keinen Sinn darin, über die Nachlässigkeit einer Ärztin zu diskutieren, während ihnen die Zeit davonlief. Das konnten sie später immer noch machen. „Außerdem hat sich der Verdacht gegen Wolfgang Kaup erhärtet."

Er berichtete in groben Zügen, was sich am heutigen Mittag ereignet hatte, und ließ auch die folgenschweren Fehler der Kollegen vor Kaups Haus nicht aus.

„Was für Flachpfeifen", tönte Franz-Georg Jakobsmeier.

„An deiner Stelle wäre ich mal ganz still", fuhr Gisbert Henke ihm in die Parade. „Schließlich hat man euch zwei Vögeln den alten Merschhaus vor der Nase weggeklaut."

„Das ist ja wohl überhaupt noch nicht erwiesen", erhitzte sich Jakobsmeier, während Steinkämper verlegen den Blick senkte.

„Richtig, Kollege", übernahm Lenz das Gespräch wieder. „Wir müssen inzwischen davon ausgehen, dass Julius Merschhaus während des Dienstes von Michelle Küster aus der Senioren-Residenz entführt wurde. Sie hat es so arrangiert, dass die Nachtpflegerin es möglichst spät merken sollte, indem sie seine Kleidung unter der Bettdecke zur Tarnung drapiert hat. Zur Sicherheit hat sie ihre Kollegin instruiert, den Alten nicht zu stören. Und die Nachtpflegerin wiederum war faul genug, um erst am Morgen zu bemerken, dass der alte Mann verschwunden war."

„Wurde Michelle Küster schon festgenommen?", ließ sich Kriminaldirektor Heitkamp zum ersten Mal vernehmen.

„Das habe ich eben veranlasst", antwortete Lenz. „Die Kollegen, die die Residenz heute observieren, werden sie gleich hierherbringen. Auch die Fahndung gegen Wolfgang Kaup ist eingeleitet."

„Läuft", bestätigte Schröder nickend. „Alle Einsatzkräfte haben eine genaue Personenbeschreibung und das Kennzeichen des BMW, mit dem er unterwegs ist."

„Dann können wir nur hoffen, dass wir diesmal schnell genug sind", sagte der Kriminaldirektor. „Johann Kaup. Wenn dem was zustößt, haben wir ein echtes Problem."

„Wieso das denn?", fuhr Gina auf, aber Lenz beruhigte sie mit einer resoluten Handbewegung.

„Wir werden ab sofort an allen Zugangsstraßen nach Wewelsburg Posten aufstellen", ordnete er an. „Es ist zu befürchten, dass Wolfgang Kaup heute Nacht seinen Feldzug zu Ende führen wird. Wenn er mit seinen beiden Opfern nicht bereits in Wewelsburg ist, gelingt es uns vielleicht, ihn abzufangen. Andernsfalls suchen wir die ganze Nacht über systematisch das Dorf ab. Wir teilen uns in Zweiergruppen auf und nehmen uns alle Orte vor, von denen wir wissen, dass Julius Merschhaus und Johann Kaup dort mittelbar oder unmittelbar an konkreten Verbrechen beteiligt waren. Kollege Schröder, sind Sie in der Sache weitergekommen?"

Der Angesprochene schüttelte den Kopf und hob bedauernd beide Hände. „Merschhaus war Gestapo-Mann in Paderborn. Der kann theoretisch überall sein Unwesen getrieben haben, natürlich auch in Wewelsburg. Aber Gisbert und ich bleiben dran."

„Na gut, da kann man nichts machen", schloss Lenz. „Also, Leute: Ab siebzehn Uhr, noch vor Einbruch der Dunkelheit, sind alle in Wewelsburg auf

Posten. Jakobsmeier und Steinkämper, ihr nehmt euch den Bereich Waldsiedlung und Steinbruch unterhalb der Burg vor und lauft da Streife. Henke und Schröder, ihr durchforstet den Ortskern inklusive der Burg und des Museums. Gina und ich werden die Räumlichkeiten innerhalb der Burg kontrollieren und anschließend in Richtung Lagergelände laufen. Bei dem kleinsten Verdacht erstattet ihr mir Bericht, ist das klar?" Er blickte in die Runde und sammelte das Kopfnicken der Kollegen ein. „Also, dann seht bis dahin zu, dass ihr warme Klamotten habt. Es schneit schon den ganzen Tag und wird heute Nacht wieder rattenkalt werden. Und ihr beide …", er deutete mit dem Zeigefinger auf Schröder und Henke, „verschafft mir bis dahin die Informationen über Merschhaus, die uns vielleicht zum nächsten Tatort führen! – Noch Fragen? Keine? Dann an die Arbeit, Leute!"

Als alle den Raum verlassen hatten und nur noch der Kriminaldirektor wie festgewachsen auf seinem Stuhl saß, schob er nach: „Morgen Früh ist der Spuk vorbei. – So oder so."

Wewelsburg, den 1. April 1945

Liebe Mutti!

Dies wird wohl der letzte Brief sein, den ich aus Wewelsburg schreibe. Ob er Dich überhaupt noch erreichen wird, steht in den Sternen. Die amerikanischen Panzer stehen nur noch wenige Kilometer von hier und werden spätestens morgen bei uns sein. Der Volkssturm ist gänzlich zusammengebrochen. Ohnehin hätte dieser jämmerliche Haufen aus Kindern und Greisen nichts gegen die amerikanischen Tanks und die Invasion der feindlichen Übermacht ausrichten können.[9]

Nun ist es also soweit. Selbst der Reichsführer ist dabei, seine Spuren zu verwischen. Heute hat er den Befehl gegeben, die Burg zu sprengen. Es soll nichts in die Hände des Feindes gelangen, das ihm Beweise über unsere Taten liefert.

Die Vorstellung, daß dieser stolze Nordturm, der Mittelpunkt der Welt, in dem wir so viele fröhliche und ideologisch reine Feste gefeiert haben, schon morgen in sich zusammenstürzen wird, ist für einen Nationalsozialisten, der so sehr an die große Sache und an den Reichsführer geglaubt hat wie ich, unerträglich.

Als der Befehl uns erreichte, haben Julius und ich unseren Schmerz und unsere Enttäuschung über das Versagen des Führers mit seinem guten Cognac betäubt. Was die Beseitigung der Spuren

9 Am 2. April 1945 befreiten die amerikanischen Truppen das Restkommando des KZ Niederhagen in Wewelsburg. Nur wenige Stunden vorher war die Wewelsburg gesprengt worden.

betrifft, die uns belasten könnten, werden wir noch heute die letzten Schritte unternehmen. Einige Papiere noch und ein paar Zeugen, dann wird uns niemand mehr etwas nachweisen können. Die Letzten beißen die Hunde, heißt es, aber das werden nicht wir sein.

Keine Sorge, mein liebstes Hausmütterchen, wenn auch um uns herum die Welt in Scherben fällt, für uns wird alles gut!

Dein Vati

49

Bevor er und Gina nach Wewelsburg aufbrachen, nahm Lenz noch einmal Kontakt zu dem Observationsteam vor dem Haus der Familie Kaup auf. Wolfgang und sein Großvater waren dort noch nicht wiederaufgetaucht. Sicherheitshalber rief er Frau Kaup an, aber auch die gab an, nichts von ihrem Sohn und ihrem Schwiegervater gehört zu haben. Sie war völlig aufgelöst, weil sie inzwischen realisiert hatte, dass sie beide wohlmöglich nicht mehr lebend wiedersehen würde. Lenz stellte fest, dass ihm dafür jegliches Mitgefühl fehlte.

Schließlich kontaktierte er alle im Einsatz befindlichen Streifenwagenbesatzungen und fragte deren Beobachtungen ab: nichts Auffälliges. Der BMW war wie vom Erdboden verschluckt. Wenn Wolfgang Kaup sich ganz woanders aufhielt, an einem Ort, den die Polizei überhaupt nicht auf dem Schirm hatte, dann standen Lenz und seine Mannschaft auf verlorenem Posten und würden am nächsten Morgen wieder nur Leichen einsammeln können.

„Scheiße!", fluchte er.

Als er aufsah, erblickte er Gina, die wortlos im Rahmen seiner Bürotür lehnte. Wie lange sie schon dort gestanden hatte, war für Lenz nicht ersichtlich. Man kann von ihr und ihrer frechen Schnauze halten, was man will, dachte er, aber wenn es darauf ankommt, weiß sie, dass sie besser die Klappe hält.

Dr. Elling war wenig begeistert gewesen, als Lenz ihn angerufen und sich für siebzehn Uhr mit ihm am Museum verabredet hatte. Um die Zeit hatte er Dienstschluss und im Berufsverkehr immer noch eine gute Stunde nach Hause zu fahren. Allerdings hatte er schnell eingesehen, dass die Polizei seine Unterstützung benötigte, und erwartete die Kriminalbeamten in der Empfangshalle des Kreismuseums.

„Wir krempeln jetzt zusammen das komplette Museum und die Burg um", ordnete Lenz an. „Ich muss sichergehen, dass es hier keinen Winkel gibt, in dem sich jemand versteckt halten kann."

Dr. Elling seufzte und setzte sich in Bewegung. „Die Seminarräume können wir uns ja wohl sparen, oder? Da waren bis eben noch Gruppen drin." Er machte keinen Hehl daraus, dass er die ganze Aktion für überflüssig hielt.

Lenz konnte ihm das nicht einmal verdenken. Selbst wenn sich Wolfgang hier einschleichen und unbemerkt in einen der Räume zurückziehen könnte, wäre das mit zwei entführten Opfern unmöglich gewesen. Aber vielleicht gab es ja versteckte Räume und Winkel, die auch der Historiker nicht auf dem Schirm hatte. Und Lenz stand unter Druck, er konnte sich nicht erlauben, irgendetwas zu übersehen. Sie liefen also die Treppe hinunter und folgten dem vorgegebenen Weg durch die Ausstellung.

Am Ende des Ganges, der zum Ausgang in den Burggraben führte, blieb Lenz vor einer dunklen Nische stehen. „Was ist da drin?"

„Der Weinkeller." Dr. Elling trat zur Seite, als er die erstaunten Blicke der Beamten sah. Er ließ Lenz und Gina einen Blick in einen Raum werfen, dessen Wände mit leeren Tonröhren bestückt waren. „Die SS hatte einen riesigen Vorrat an Wein", erklärte er. „Gleich nachdem sie vor den Amerikanern getürmt war, haben die Wewelsburger die Burg gestürmt und Unmengen an Flaschen rausgeschleppt. Bestimmt liegt noch so manches gute Tröpfchen aus den 1930er Jahren in den Kellern des Dorfes und wartet auf ein besonderes Ereignis, um geköpft zu werden. Herrlich." Dr. Elling lachte.

Dann setzten sie ihren Weg in Richtung Burggraben und nach rechts zum Fuß des Nordturms fort. Hier unten war es inzwischen absolut dunkel. Außerdem hatte es nun stark zu schneien begonnen, so dass die Beamten und der Historiker sich abklopfen mussten, als sie das Treppenhaus betraten. Die Gruft schlummerte in der Finsternis ihrer dicken Mauern. Als die Bewegungsmelder das Licht auslösten, konnten sich Lenz und Gina davon überzeugen, dass auch hier niemand versteckt gehalten wurde.

Also stiegen sie die Treppe hinauf bis zum Obergruppenführersaal. Friedlich lagen die orangefarbenen Sitzsäcke über die Schwarze Sonne verstreut. Es folgte der darüber liegende Raum, der gelegentlich für Empfänge benutzt wurde. Nichts.

„Gibt es in der Burg irgendeinen Winkel, in den niemand kommt und der so abgeschieden liegt, dass man während der üblichen Betriebszeiten nicht mitbekommen würde, wenn sich da jemand aufhielte?", erkundigte sich Gina.

Dr. Elling dachte mit krauser Stirn nach. „Der Hexenkeller", sagte er schließlich. „Drüben im Museum über die Geschichte der Fürstbischöfe von Paderborn."

Lenz blickte ihn fragend an. „Ist der nicht in die öffentlichen Führungen einbezogen?"

„In letzter Zeit nicht. Da unten stehen größere Restaurationsarbeiten an, deshalb ist er seit zwei Tagen für die Öffentlichkeit gesperrt."

Lenz schüttelte den Kopf. „Das kann Wolfgang Kaup nicht wissen."

„Doch, es stand vorgestern in der Zeitung", widersprach Dr. Elling. „Viele Besucher kommen hauptsächlich wegen des Hexenkellers hierher. Die können wir nicht einfach uninformiert lassen."

„Na, dann los", sagte Lenz.

Dr. Elling blickte Gina genervt an und bekam ein gleichmütiges Schulterzucken als Reaktion. Also lief er die Treppe wieder hinab und schloss die Tür vom Obergruppenführersaal zum Innenhof der Burg auf. Direkt gegenüber lag der Eingang zum historischen Museum. In der Empfangshalle wandten sie sich der Treppe zu, die schmal und steil in die Katakomben unter der Burg führte.

Je tiefer sie kamen, desto feuchter und kälter wurde es. Ein modriger Geruch schlug ihnen entgegen. Die Wände aus Naturstein gingen in einen bröckeligen Putz über, als sie unten angekommen waren. Von der Decke schickte eine kleine Lampe ein funzeliges Licht in den Raum und ließ schwere schwarze Eisenringe an den Wänden erkennen, an denen in früheren Zeiten die Gefangenen angekettet gewesen waren. Ein idealer Ort, um zwei Entführungsopfer sicher zu verwahren.

„So", verkündete Dr. Elling und deutete im Kreis um sich. „Das ist also unser Hexenkeller. Hier wurde das sogenannte peinliche Verhör durchgeführt. Sie sollten mal nachlesen, was für Foltermethoden unsere christlichen Vorfahren so drauf hatten." Er zog vielsagend die Augenbrauen hoch. „Und wie Sie sehen, ist hier niemand."

„Schade", meinte Gina. Vor ihrem Mund dampfte eine Atemwolke. „Das hätte gut gepasst: Hexenkeller, Gefängnis, peinliches Verhör und unsere zu Tode gefolterten Naziverbrecher. Für mich ist das ein stimmiges Setting." Sie grinste breit.

Lenz warf noch einen Blick in die angrenzenden Zellen, in denen es genauso aussah, dann stiegen sie die Treppe wieder hinauf.

„Tut mir leid", meinte Dr. Elling, als sie wieder am Ausgang des historischen Museums standen. „Ich hätte Ihnen gerne weitergeholfen."

„Ich habe nichts Anderes erwartet", gestand Lenz. „Aber wir hätten uns große Vorwürfe gemacht, wenn sich am Ende herausgestellt hätte, dass die Opfer die ganze Zeit über quasi hier vor unserer Nase gefangen gehalten worden wären."

Sie verabschiedeten sich und traten in den Burghof hinaus. Abgesehen von den Laternen, die ein gelbes Licht verteilten, war es inzwischen über der Burg stockdunkel geworden. Eine mehrere Zentimeter dicke Schneeschicht bedeckte das Kopfsteinpflaster und es schneite ununterbrochen weiter.

„Was nun?" Gina zog den Kopf tief in ihren Kragen.

„Rüber ins Lager." Lenz merkte selbst, wie mutlos seine Stimme klang. „Lass uns aber vorher noch die Kollegen abfragen. Vielleicht hat ja inzwischen jemand den BMW gesehen."

„Na, dann wollen wir mal." Sie steckte die Hände in die Jackentaschen und stapfte voraus.

Was für ein verfluchter Mist, dachte Lenz. Die Zeit rennt uns weg und wir können nichts Besseres machen, als auf gut Glück durch dieses Kaff zu tapern.

Heller trat aus dem Gastraum von Ottens Hof in das dichte Schneetreiben und zog sich seine Kapuze über den Kopf. Wenn es so weiterschneite, würde der Ort morgen Früh von der Außenwelt abgeschnitten sein. Mit dem historischen Fachwerkhaus im Rücken und dem geschnitzten Erker an dem Haus auf der anderen Straßenseite fühlte er sich mehr denn je um Jahrhunderte zurückversetzt.

Ein Streifenwagen fuhr langsam an dem Gasthaus vorbei. Im Scheinwerferlicht tanzten die Schneeflocken. Heller überquerte die schmale Straße und lief geradeaus durch eine Gasse in Richtung Burg. Auch hier querte ein Streifenwagen seinen Weg. Ein weiteres Fahrzeug, in dem zwei Männer saßen und den Vorplatz im Auge behielten, stand gegenüber dem Eingang zum Kreismuseum. Heller wunderte sich über das Polizeiaufgebot im Dorf. Als er über den Platz zwischen Kirche und Burgmauer stapfte, sah er Lenz und Gina vom Burghof aus über die kleine Brücke kommen.

Er steuerte auf sie zu. „Gibt es eine Terrorwarnung, oder was soll das Aufgebot heute Abend?"

„Wir rechnen damit, dass Wolfgang Kaup heute Nacht wieder zuschlagen wird", erklärte Lenz dem Journalisten.

„Wolfgang Kaup?" Heller hatte das Gefühl, etwas nicht mitbekommen zu haben. „Wieso Wolfgang Kaup?"

„Weil er unser mutmaßlicher Mörder ist", antwortete Gina und fasste die Erkenntnisse des Tages zusammen.

„Am besten bleibst du in deinem Pensionszimmer", stellte Lenz fest. „Das kann ziemlich ungemütlich werden, wenn er hier in Wewelsburg auftaucht und wir ihn stellen. Solltest du auf dem Heimweg einen weißen BMW sehen, dann gib mir Bescheid. Wolfgang Kaup ist mit so einem unterwegs."

Heller nickte. „Na dann: Waidmanns Heil!"

„Waidmanns Dank." Lenz grüßte mit einem knappen Handzeichen und ging auf seinen Dienstwagen zu, der auf dem Parkplatz vor dem Museum stand.

„Mit etwas Glück ist morgen alles vorbei", sagte Gina und folgte ihrem Vorgesetzten.

Heller blickte den beiden Beamten nach. In meinem Pensionszimmer bleiben!, dachte er. Endlich ist hier einmal etwas los und da soll ich in meinem Zimmerchen hocken? Er lachte leise auf. Brenner würde ihn schlachten, wenn es in dieser Nacht wieder einen brutalen Mord gab und sein Journalist vor Ort in seinem Bett lag und das Ganze verpennte. Und in diesem Fall würde Heller den Choleriker sogar verstehen.

Er vergewisserte sich, dass die beiden Beamten ihn nicht beobachteten, dann schlug er den Weg zwischen Museum und Kirche ein. Er würde seinerseits eine Runde zu den historischen Wirkungsstätten der Nazi-Verbrecher drehen. Und wer konnte schon wissen, ob er nicht in dieser Nacht zu der Story seines Lebens kam?

Lenz und Gina funkten eine Streifenwagenbesatzung nach der anderen an, bekamen aber immer nur dieselbe ernüchternde Auskunft: keine Spur von Wolfgang Kaup und seinem BMW.

„Lass uns den Bereich des Steinbruchs noch einmal kontrollieren", schlug Lenz vor. „Die meisten Morde sind da begangen worden."

„Und im Lager", ergänzte Gina.

„Das nehmen wir uns anschließend vor." Lenz deutete mit dem Kopf an, dass seine Kollegin endlich losfahren sollte.

Die zog die Nase kraus und startete den Wagen. Sie fuhren zwischen Kirche und Museum hindurch, umrundeten das Museumsgebäude und folgten dann der schmalen Gasse, die am Burggelände vorbei hinunter in die Almeauen führte.

Lenz wunderte sich, dass sie Fabian Heller nicht überholten, denn dies war auch der direkte Weg zur Waldsiedlung. Hoffentlich macht der keinen Scheiß, dachte er.

Als sie am ehemaligen Steinbruch unterhalb der Burg vorbeifuhren, wechselte Gina ins Schritttempo. Der bewaldete Hang drückte schwarz auf der linken Seite, rechts weitete sich ein Grillplatz mit offener Hütte in die Wiese. Nirgendwo hätte hier unten ein BMW versteckt werden können. Lenz suchte durch das Schneetreiben weitere Gebäude oder Scheunen. Die Silhouette der alten Mühle tauchte kurz auf, verschwand aber sofort wieder hinter dem weißen Schleier.

„Fahr mal rechts über die Brücke", ordnete Lenz an.

Gina steuerte den Wagen zwischen den niedrigen Brüstungsmauern hindurch. Hier hatte im Fall Kottmann die Tortur des alten Mannes ihren Anfang genommen. Nichts erinnerte mehr daran, schon gar nicht unter der dicken Schneeschicht. Hinter der Brücke ging es nach rechts zur alten Mühle.

„Lass uns vorsichtshalber mal nachsehen." Lenz deutete auf die Gebäude, die fast im Schneetreiben verschwanden.

Gina parkte am Straßenrand und stieg aus. Lenz nahm eine Taschenlampe aus dem Handschuhfach und folgte ihr. Die Schneedecke auf der schmalen Zuwegung war unberührt, aber das musste nichts heißen, denn Wolfgang Kaup und seine beiden Opfer waren seit Stunden verschwunden. Rechterhand plätscherte die Alme leise in ihrem steinigen Bett vor sich hin. Im Lichtkegel, der wie im Nebel reflektiert wurde, näherten sie sich vorsichtig der Mühle und den Stallungen.

Nichts deutete darauf hin, dass in letzter Zeit jemand hier gewesen war. Das ehemalige Gasthaus lag verlassen da. Lenz rüttelte an der verschlossenen Holztür des Hauptgebäudes und leuchtete mit der Lampe in die nebenliegenden Fenster. Im Flur lag der Staub zentimeterdick und unberührt auf dem Steinboden. Hier war in den letzten Monaten niemand mehr gewesen, folglich mussten sie sich um das Obergeschoss nicht weiter kümmern.

Gina war bereits an der Scheune auf der anderen Wegseite. Auch das Tor war ordnungsgemäß verschlossen. Lenz trat neben sie und leuchtete durch ein kleines Fenster ins Innere. Durch das schmutzige Glas drang der Lichtstrahl nur dünn nach innen durch, aber er reichte aus, um zu erkennen, dass das Wirtschaftsgebäude ebenfalls leer war.

„Schade eigentlich", meinte Gina. „Das wäre das ideale Versteck gewesen. Abgelegen genug, um bei den Folterungen nicht gehört zu werden, und doch nahe zur Burg und den Orten, an denen die Opfer früher ihr Unwesen getrieben haben."

Lenz nickte. „Zumal Wolfgang nach dem Mord an Kottmann davon ausgehen konnte, dass wir die Mühle bereits kontrolliert haben. Außerdem weiß er inzwischen, dass wir ihm auf den Fersen sind. Er braucht nur noch einen Unterschlupf für heute und muss heute Nacht zuschlagen, sonst ist es zu spät."

„Und was jetzt? Zum Lagergelände?"

„Zum Lagergelände", bestätigte Lenz.

Fabian Heller bog auf den ehemaligen Appellplatz ein. Die Schneedecke hatte inzwischen eine Stärke von nahezu zehn Zentimetern erreicht und lag wie ein Betttuch über dem steinernen Dreieck des Mahnmals. Die gesamte Umgebung schien wie in Daunen eingepackt und geradezu schallisoliert zu sein. Nur das Knirschen unter seinen Schuhen drang zu Heller durch, sonst war es totenstill in Wewelsburg-Niederhagen.

Hinter ihm drang Licht aus den Fenstern des Wohnhauses, das einmal das Tor zum Lager gewesen war. Rechts vor ihm lagen die Firmengrundstücke dunkel im Feierabend, nur aus einem Bürofenster schien ein Lichtstreifen auf den Schnee des kleinen davorliegenden Parkplatzes. Die Silhouette EINER Frau bewegte sich hin und her – wahrscheinlich die Putzfrau, dachte Heller.

Er blickte nach links auf das Gebäude der Feuerwehr mit seinen großen Stahltoren, hinter denen sich die Löschzüge befanden, und stutzte. Seitlich an die Feuerwehr angebaut und eigentlich direkt vor ihm erstreckte sich ein langes, barackenähnliches Bauwerk. Es war in demselben Stil gebaut wie die Hallen auf dem ehemaligen Lagergelände, war aber deutlich älter und konnte gut und gerne aus der Zeit des Dritten Reiches stammen. Dabei war es gleichzeitig so unscheinbar, dass es ihm bei seinem letzten Besuch im Schatten des Feuerwehrgebäudes nicht aufgefallen war.

Heller stapfte durch den Schnee darauf zu. Die Tür sah alt und vergammelt aus, ebenso wie die Fenster links und rechts davon. Ein Plattenweg führte zum Eingang. Der Journalist drückte sich nah an die schmutzigen Scheiben der Tür und spähte hindurch. Ein kahler Flur war erkennbar, gerade genug durch das Licht einer Laterne beleuchtet, dass der jämmerliche Zustand zum Vorschein kam, in dem sich die ganze Baracke befand. Putz blätterte von den Wänden, der Anstrich der Innentüren war kaum noch vorhanden, überall auf dem Boden lag Dreck.

Ein Zettel, den jemand von innen an das Glas des linken Fensters geklebt hatte, verriet, dass dies die ehemalige Lagerküche war. Heller erinnerte sich, dass Dr. Elling ihm davon erzählt hatte. Das Gebäude hatte abgerissen werden sollen, aber das Museum und der Verein, der das Mahnmal betreute, hatten im letzten Moment dafür gesorgt, dass es unter Denkmalschutz gestellt wurde.

Heller drückte die Klinke hinunter und war erstaunt, als die Tür sich tatsächlich quietschend in seine Richtung bewegte. Vorsichtig lugte er in den Flur. Im Staub des Bodens zeichneten sich deutlich Schuhspuren ab. Nun wurde dem Journalisten doch etwas mulmig. Sollte er hier tatsächlich den Ort gefunden haben, an dem Wolfgang Kaup seine Opfer gefangen hielt und folterte? Naheliegend war das, denn es handelte sich schließlich um das einzige authentische Gebäude, das vom Konzentrationslager noch übriggeblieben war.

Er überlegte einen Moment, ob er hineingehen und nachsehen sollte, aber dann entschied er sich dagegen. Lenz´ Warnung klang ihm noch im Ohr. Wolfgang Kaup hatte nichts mehr zu verlieren, er war ein extrem gefährlicher Serienmörder und mit hoher Wahrscheinlichkeit bewaffnet. Das hier sollte Heller lieber der Polizei überlassen.

Leise schloss er die Tür wieder und trat ein paar Schritte zurück. Er hatte sein Handy schon in der Hand, als er einen schmalen Plattenweg rechts vom Gebäude entdeckte, der zwischen einer Hecke und der Baracke auf die Rückseite zu führen schien. Vielleicht konnte man von dort etwas genauer sehen, ob sich jemand in der ehemaligen Lagerküche aufhielt.

Einem schnellen Entschluss folgend, schlich Heller vorsichtig über den Weg und gelangte so auf ein verwildertes kleines Gartenstück. Ein notdürftig mit Latten vernagelter Lichtschacht verriet, dass die Baracke einen Keller haben musste. Allerdings war die Vertiefung so abgedunkelt, dass der Journalist nicht durch das zerschlagene Glas des Kellerfensters sehen konnte. Er bückte sich und zog an den Holzlatten. Dabei stellte er fest, dass die Nägel längst herausgezogen waren und die Latten nur noch lose aufeinanderlagen. Er räumte sie zur Seite und bemühte sich dabei darum, kein Geräusch zu verursachen. Dann legte er sich in den Schnee und rutschte so weit vor, dass sein Oberkörper nach vorne in den Schacht kippte. Zwar schattete er nun auch noch das letzte schwache Restlich von draußen ab, aber immerhin konnte Heller erkennen, dass dort unten alles stockdunkel war.

Mühsam richtete er sich wieder auf und klopfte sich den Schnee von Jacke und Hose. Auf dem Weg zurück zum Appellplatz zog er erneut sein Handy aus der Hosentasche und wählte Lenz´ Nummer an. Auch wenn im Moment nichts danach aussah, dass sich Wolfgang Kaup in der Küchenbaracke aufhielt, konnte es doch bis vor Kurzem sein Versteck gewesen sein. Vielleicht fanden sich hier Spuren, die die Polizei weiterbrachten.

Lenz und Gina bogen gerade in die Tudorfer Straße ein, als Hellers Anruf sie erreichte. Der Hauptkommissar war sofort elektrisiert und ordnete an, dass der Journalist an Ort und Stelle auf sie warten sollte. Dann beorderte er einen der im Dorf patrouillierenden Streifenwagen zum Appellplatz und wies Gina an, schneller zu fahren.

Heller hatte sich hinter die Hecke des ehemaligen Torhauses zurückgezogen und trat an den Straßenrand, als Gina das Dienstfahrzeug neben ihm zum Stehen brachte. Er deutete auf das langgestreckte Gebäude.

„Wie?", fragte Lenz erstaunt. „Das stammt noch von damals?" Er hatte es bei seinem letzten Besuch auf dem Appellplatz schlicht als Schuppen der davor angebauten Feuerwehr gedeutet.

„Genau, die ehemalige Lagerküche. Ziemlich abgewrackt. Die Tür ist offen und es sind Fußspuren im Staub. Und auf der Rückseite befindet sich ein Kellerschacht."

„Gut. Du bleibst hier beim Wagen", befahl Lenz. „Gina und ich sehen uns das mal näher an. Wenn die Kollegen kommen, schick sie zu uns rüber."

Er gab seiner Kollegin ein Zeichen und zog seine Dienstwaffe heraus. Dann lief er geduckt zu der Baracke hinüber und näherte sich schnell der Haustür. Gina blieb immer zwei Schritte hinter ihm, ihre Dienstwaffe mit beiden Händen schräg vor sich auf den Boden gerichtet. Vorsichtig warf er einen Blick durch eines der Fenster und fand Hellers knappe Beschreibung bestätigt.

Ein schmaler Flur führte in einen größeren Raum auf der Rückseite, links und rechts gingen weitere Türen ab. Die Fußspuren im Staub waren zahlreich. Lenz konnte nicht ausmachen, ob sie von ein und derselben Person oder von mehreren stammten.

Als die beiden uniformierten Kollegen neben ihnen auftauchten, flüsterte Lenz: „Ihr wartet zwei Minuten, dann geht ihr von hier vorne rein. Wir nehmen uns die Rückseite vor. Seid vorsichtig, wenn ihr in den Keller vordringt."

Die beiden Beamten nickten, zogen ihre Dienstwaffen und entsicherten sie. Lenz gab Gina ein Zeichen und huschte zu dem Plattenweg vor der Hecke. Vorsichtig lugte er um die Ecke und setzte dann seinen Weg auf die Rückseite des Gebäudes fort. Auch hier war alles so, wie Heller es beschrieben hatte. Vor dem Kellerschacht hatte der Journalist seine Spuren hinterlassen: Der Schnee war plattgelegen und zum Teil weggeschoben. Sonst war die weiße Schicht im gesamten Umfeld unberührt. Wenn also jemand im Gebäude war, musste er durch den vorderen Eingang reingekommen sein.

In der Baracke war nach wie vor alles ruhig. Von vorne viel nun ein Lichtstrahl durch das Fenster im Erdgeschoss heraus. Das mussten die uniformierten Kollegen mit ihren Taschenlampen sein, die in das Gebäude vordrangen. Lenz duckte sich eng an die Hauswand und richtete seine Waffe auf den Kellerschacht. Soweit er es einschätzen konnte, gab es keinen anderen Fluchtweg, wenn die Beamten im Haus die Treppe hinabstiegen und Wolfgang Kaup aufscheuchten.

Kurz darauf wurde der Lichtschacht für eine Sekunde erleuchtet, aber der Schein der Taschenlampe zuckte sofort wieder hektisch zurück, während im Keller das Chaos ausbrach. Befehle wurden gebellt. Lenz verstand „Polizei!", „Keine Bewegung!" und „Hände hoch!" Dazwischen kreischten Stimmen, von denen eine weiblich hoch klang. Michelle Küster, dachte Lenz. Rascheln, Schleifen und dumpfe Geräusche wie bei einem Kampf drangen zu den beiden Kriminalbeamten hinauf und schließlich die Stimme eines der Polizeibeamten: „Herr Lenz! Das Gebäude ist gesichert. Wir haben die drei."

„Bingo!" Gina strahlte ihren Vorgesetzten an.

„Das ging mir jetzt aber doch ein bisschen zu leicht", entgegnete der, wandte sich ab und eilte im Laufschritt zurück nach vorne.

Heller hatte wie angeordnet bei Lenz´ Dienstfahrzeug gewartet und durch das Schneetreiben vergeblich versucht, die Vorgänge an der Lagerküche zu verfolgen. Die Flocken fielen immer dichter, so dass er sich unter einen Baum zurückzog, dessen spärliche Äste wenigstens etwas Schutz boten. Langsam kroch eine nasse Kälte in ihm hoch.

Das Geräusch eines Autos näherte sich, ein sattes Dieselbrummen, das die Aufmerksamkeit des Journalisten auf die Straße lenkte, die oberhalb des ehemaligen Lagergeländes vorbeiführte. Er erkannte den BMW erst spät, denn er war weiß und tauchte aus dem Flockenvorhang auf. Das Fahrzeug fuhr langsam die Straße Oberhagen entlang in Richtung Ortsausgang. Hinter den getönten Scheiben war niemand zu erkennen und doch wusste Heller auf

Anhieb, wen er da vor sich hatte. Lenz hatte von einem weißen BMW gesprochen, den Wolfgang Kaup fuhr, und so viele weiße BMWs konnten an diesem Abend nicht ausgerechnet hier im Umfeld des Konzentrationslagers Niederhagen unterwegs sein.

Heller blickte sich in Richtung Lagerküche um, wo in diesem Moment die beiden Kriminalbeamten um das Gebäude sprinteten und durch die Tür im Inneren verschwanden. Offenbar hatten die uniformierten Beamten da etwas entdeckt. War das also doch nicht Wolfgang Kaup gewesen, der eben an ihm vorbeigefahren war? Sollte er zur Lagerküche laufen und Lenz von seiner Beobachtung berichten, oder sollte er lieber auf eigene Faust sehen, dass er das Fahrzeug nicht aus den Augen verlor?

Kurzentschlossen wandte sich Heller dem Oberhagen zu und folgte dem BMW im Laufschritt ortsauswärts in Richtung Wald. Lenz konnte er immer noch per Handy alarmieren, wenn es notwendig wurde. Die Häuser entlang der Straße, an denen er vorbeitrabte, wirkten auf ihn vom Stil her, als sei hier im Dritten Reich eine typische Arbeitersiedlung gebaut worden. Sie konnten aber auch durchaus aus der direkten Nachkriegszeit stammen, als die Flüchtlinge aus dem Übersiedlungslager endgültig ansässig geworden waren und sich natürlich am zeittypischen Baustil orientiert hatten.

Vor ihm machte die Straße nun einen Knick nach links, in dessen Scheitelpunkt ein breiter Forstweg geradeaus weiter in den Wald führte. Der BMW war nirgendwo zu sehen. Heller hielt einen Moment inne und rang nach Atem. Die Schneekälte brannte in seinen Lungen. Er beugte sich vor und stützte seine Hände auf den Oberschenkeln ab. Da sah er die Reifenspuren im Schnee, die direkt vom Oberhagen in den Wald führten. Hatte Heller bis zu diesem Moment noch Zweifel gehabt, so war er sich augenblicklich sicher, dass Wolfgang Kaup in dem weißen BMW gesessen hatte. Was aber hatten dann Lenz und seine Kollegen in der Lagerküche gefunden?

Er zog sein Handy hervor und wählte die Nummer des Hauptkommissars. Es tutete einmal kurz, dann brach die Verbindung wieder ab. Das Antennensymbol zeigte an, dass er hier nahezu keinen Empfang hatte. Nur hin und wieder flackerte der erste kleine Balken kurz auf.

Fieberhaft überlegte Heller, wie er weiter vorgehen sollte. Zurücklaufen und den Beamten Bescheid geben? Und riskieren, dass der BMW irgendwo untertauchte, wo er bei Nacht und im Schnee nicht wiederzufinden war? Oder zuerst einmal sehen, wohin der Forstweg führte? Heller entschied sich für die zweite Variante. Zurücklaufen konnte er immer noch. Er richtete sich auf und schlug den Weg in den Wald ein.

Lenz stürmte durch die Tür in die Küchenbaracke und geradeaus durch in den hinteren Raum. Von dort aus lief er die staubigen Stufen der Kellertreppe hinunter. Was er unten sah, ernüchterte ihn schlagartig: Die beiden

Polizeibeamten hielten mit ihren Waffen drei Jugendliche in Schach, die schmutzig und abgerissen aussahen. Zwei Jungen, ungefähr im Alter von 16 und 18 Jahren, und ein etwa gleichaltriges Mädchen. Auf dem Boden lagen fleckige Matratzen im Staub, darauf graue Decken, die von schwarzen Schimmelflecken übersät waren und einen muffigen Gestank verströmten.

„Scheiße", ließ sich Gina hinter ihm vernehmen. „Das war ja wohl ein Schuss in den Ofen."

„Sind das eure Matratzen?", fragte Lenz die Jugendlichen.

„Nee, Mann, das ist hier die Luxussuite des Bürgermeisters", lallte der Ältere der jungen Männer und erntete albernes Gelächter von seinen beiden Kumpanen.

Die sind ja hackedicht, dachte Lenz. Wer weiß, was die alles eingeschmissen und gesoffen haben.

Er sah ein, dass von denen in den nächsten Stunden keine vernünftige Aussage zu erwarten war. Da klingelte sein Handy. Er zog es aus der Hosentasche und meldete sich.

„Schröder hier." Die Stimme des Hauptkommissars klang, als hätte er wichtige Neuigkeiten. „Ich sollte doch noch einmal sehen, was ich über Merschhaus herausfinden kann."

„Und?", gab Lenz ungeduldig zurück.

„Ich glaube, ich habe da was", zeigte sich Schröder unbeeindruckt. „Am Ende des Krieges hat die Gestapo in Wewelsburg Zwangsarbeiter erschießen lassen. Polen und Russen. Und diese Exekution hat Julius Merschhaus geleitet."

Lenz erinnerte sich daran, dass Dr. Elling irgendetwas über ein Sühnebegräbnis als Strafe für eine Exekution erzählt hatte. „Wissen Sie, wo das stattgefunden hat?"

„Irgendwo im Wald außerhalb von Wewelsburg. Aber Gisbert Henke ist da dran. Sobald er etwas herausfindet, melde ich mich wieder. Ich dachte nur, ich sollte Ihnen das schon mal mitteilen. Vielleicht können Sie ja was damit anfangen."

„Ja ja, danke", gab Lenz nachdenklich zurück und drückte das Gespräch weg. „Weiß hier jemand etwas über den Ort, an dem zum Kriegsende die Exekution von Kriegsgefangenen stattgefunden hat?", richtete er sich an Gina und die uniformierten Beamten.

Die blickten ihn fragend an.

„Es soll anschließend zur Strafe ein Sühnebegräbnis stattgefunden haben", versuchte Lenz es noch einmal.

„Sühnebegräbnis ist gut", lallte der ältere Jugendliche und schlug seinem Kumpel mit der Faust vor die Brust.

„Ich steh ja mehr auf Exekution", kam es lallend zurück. „So richtig bumm und weg, Alter."

„Nee", widersprach das Mädchen. „Exekution is scheiße. Zuviel Blut und so."

„Genau", stimmte der Erste ihr an seinen Kumpel gewandt zu. „Sühnebegräbnis is echt besser, Alter. Lass uns Saskia einbuddeln?"

Während sein Kumpel das lachend begrüßte, stieß das Mädchen wieder das hohe Kreischen aus, das Lenz schon vorhin im Garten der Lagerküche unerträglich gefunden hatte.

„Bringt die Arschlöcher weg", knurrte er und gab den Uniformierten Kollegen ein Zeichen mit dem Kopf in Richtung Treppe. „Ausnüchterungszelle. Kalter Entzug, hoffentlich lang und schmerzhaft. Und morgen Früh will ich sie im Verhör haben."

„Verhör is auch klasse", kommentierte der jüngere Jugendliche. „Verhör können wir gut, wa, Alter?"

„Genau", kam es zurück. „Ich weiß zwar nich, was die wissen wollen, aber aus mir kriegen die Bullen nix raus."

Lenz hörte die jungen Leute noch lachen, als seine Kollegen sie schon längst die Treppe hinauf und aus dem Gebäude geführt hatten. Kopfschüttelnd wandte er sich seiner Kollegin zu und berichtete ihr von Schröders Erkenntnissen. „Das passt doch wie Faust aufs Auge", schloss er. „Wenn Wolfgang Kaup seinem Muster weiter folgt, wird er Julius Merschhaus genau da erschießen, wo der die Häftlinge erschießen lassen hat."

„Ruf Dr. Elling an", sagte Gina. „Der weiß genau, wo die Exekution stattgefunden hat."

Da klingelte Lenz´ Handy erneut.

Heller folgte dem Waldweg. Je dichter der Baumbestand wurde, desto weniger Schnee lag bald vor ihm, so dass er auch die Reifenspuren kaum noch ausmachen konnte. Er nahm wieder sein Handy zur Hilfe und schaltete die Taschenlampen-App ein. Die Reifen des schweren Fahrzeugs hatten sich durch die faulende Blätterschicht in den aufgeweichten Boden gedrückt und lagen nun wieder deutlich vor ihm.

Er kam sich wie ein Pfadfinder vor, als er leicht vorgebeugt den Spuren folgte. Auf beiden Seiten lagen gefällte Bäume im Wald, zum Teil schon entastet. Den Baumschnitt hatten die Waldarbeiter zu großen Haufen aufeinander geworfen. Hoffentlich stammten die Reifenspuren nicht von den Forstfahrzeugen, dann war Heller hier auf dem völlig falschen Dampfer und konnte bis ins Sauerland laufen, ohne etwas herauszufinden. Zu allem Überfluss kroch die kalte Nässe unaufhaltsam in ihm hoch. Sein Atem wallte als weiße Wolke um ihn herum.

Da tauchte rechts vor Heller etwas auf, das er im Licht der Taschenlampe als Informationstafel identifizierte. Dahinter erstreckte sich ein Erdwall tief in die Dunkelheit zwischen den Bäumen. Heller trat an das große Schild heran und las, dass dies die Standortschießanlage der SS gewesen war. Hier hatte im März 1945 eine Exekution stattgefunden. Die Gestapo hatte fünfzehn Kriegsgefangene erschossen, darunter vermutlich zwei Russen. Die anderen waren Polen gewesen.

Heller leuchtete über den niedrigen Absperrungszaun in den tief unter ihm liegenden Graben, der links und rechts von hohen Erdwällen abgegrenzt war. Nebelschwaden hingen nasskalt wabernd in der Luft. Dazwischen zeichnete sich am Ende schwarzgrün eine Betonwand ab. Dort hatten wahrscheinlich die Zielscheiben und Pappkameraden gestanden, auf die die SS-Leute während ihres Schießtrainings geballert hatten. Und sicher waren dort auch die Häftlinge aufgereiht worden, als die Gestapo ihr mörderisches Werk vollbracht hatte.

Aber wo war der BMW? Wo war Wolfgang Kaup? Heller sah allmählich ein, dass er doch auf dem falschen Weg gelandet sein musste.

Er wandte sich der ummauerten Betontreppe zu, die in den Graben hinab führte. Hier gab es keine frischen Spuren. Außerdem war alles so offen, dass sich niemand im Umfeld verstecken konnte. Der Journalist leuchtete noch einmal durch den Nebel zu der Betonwand am anderen Ende der Schießanlage hinüber. Vielleicht gab es ja dort einen Unterstand oder so etwas. Schließlich mussten die Zielscheiben von jemandem ausgetauscht worden sein und der hatte bestimmt nicht im Schussfeld bleiben dürfen.

Also wandte er sich wieder dem Forstweg zu und folgte ihm noch ein Stück tiefer in den Wald. Der Wall rechts zwischen den Bäumen mündete in einen Betonwürfel, in den ein Eisengitter eingelassen war, das halb offen in seinen rostigen Angeln hing. Schuhabdrücke und Schleifspuren im Schnee führten direkt dorthin. Und nun entdeckte der Journalist auch das weiße Auto, fast vollständig von einem Asthaufen verdeckt, hinter dem es geparkt war. Vorsichtig näherte er sich dem Tor und drückte sich in den Schutz der Betonwand.

Eine Treppe führte in die finstere Tiefe, die Stufen vermoost und vor Feuchtigkeit glänzend. Dort unten lag ein langgestreckter Raum. Von hier oben war er nicht einsehbar, die grünglänzenden Betonwände verloren sich unter der niedrigen Decke im schwarzen Nichts. Vorsichtig stieg er zwei Stufen hinab. Da drang aus der Tiefe ein qualvolles Stöhnen herauf, das Heller erschauern ließ.

Lenz nahm den Anruf entgegen und rechnete erneut mit der Stimme Schröders, der ihm die Erkenntnisse des Kollegen Henke mitteilen wollte. Umso erstaunter war er, als er Dr. Elling am Ohr hatte.

„Ich bin eben nach Hause gekommen", begann der Historiker, was bei Lenz ein ungehaltenes Zusammenkneifen der Augenbrauen zur Folge hatte, denn für ein nettes Pläuschchen hatte er nun wirklich keine Zeit. „In der Post habe ich ein dickes Paket gefunden."

„Schön für Sie!", fuhr Lenz ihn an, kam aber nicht zu weiteren Ausführungen, weil Dr. Elling sich durch seinen Tonfall nicht unterbrechen ließ.

„Es stammt von Wolfgang Kaup und ich dachte, das bringt Sie bestimmt weiter. Da sind nämlich die Briefe drin, die sein Großvater und seine Großmutter sich geschrieben haben."

„Dr. Elling, ich habe jetzt überhaupt keine Zeit für diese Briefe, so interessant die für einen Historiker sein mögen. Ich habe eine ganz andere Frage ..."

„Die Briefe sind nicht nur für mich interessant, glauben Sie mir", ließ Dr. Elling sich nicht beirren. „Ich habe sie zwar nur oberflächlich durchgeblättert, aber ..."

„Scheiße, Mann!", brach es nun aus Lenz heraus. „Wir sitzen hier auf heißen Kohlen. Ich will von Ihnen im Moment nur eines wissen: Wo hat am Kriegsende die Exekution der Kriegsgefangenen stattgefunden?"

„Deshalb rufe ich doch an, verflucht!" Auch Dr. Ellings Nerven lagen nun blank. „Sie haben doch nach einer Verbindung zwischen Julius Merschhaus und Johann Kaup gesucht. In einem der letzten Briefe aus Wewelsburg berichtet Kaup seiner Frau von der Exekution, die er und Gestapo-Chef Merschhaus zusammen durchgeführt haben, um Zeugen zu beseitigen, die sie bei den Amerikanern hätten belasten können."

Das war tatsächlich interessant, nur hatte Lenz momentan keinen Sinn für Einzelheiten. Ihn interessierte nur eine Frage: „Und wo fand diese Exekution genau statt?"

„Am Oberhagen", antwortete Dr. Elling. „In der Standort-Schießanlage der SS im Wald."

„Gibt es da ein Gebäude oder so etwas?" Musste man dem Kerl denn alles einzeln aus der Nase ziehen?

„Ein Gebäude? Nein." Dr. Elling machte eine Pause und Lenz dachte schon, es käme nichts mehr, als er fortfuhr: „Aber einen Unterstand. So eine Art Betonkeller."

Lenz gab Gina ein Zeichen, ihm zu folgen und hetzte mit dem Handy am Ohr die Kellertreppe hoch. „Wo befindet sich diese Schießanlage?"

„Na, in direkter Nähe zum ehemaligen Konzentrationslager. Im Wald am Oberhagen."

„Genauer, Mann", brüllte Lenz. „Wir kommen vom Appellplatz und laufen auf das ehemalige Torhaus zu. Wo geht es jetzt lang?"

„Nach links und dann immer geradeaus, bis die Straße einen Knick macht. Da führt geradeaus ein Forstweg direkt zur Schießanlage."

Lenz gab Gina ein Zeichen, ihm zu folgen, und rannte los.

Fabian Heller zog sich langsam zurück. Er konnte nicht riskieren, in die undurchdringliche Schwärze da unten hinabzusteigen und dem Mörder direkt in die Arme zu laufen. Er musste Lenz informieren. Also beschloss er, den Waldweg zurückzulaufen, bis er wieder ein Netz hatte.

Als er den Treppenabgang gerade wieder verlassen hatte und sich seitlich wegdrehen wollte, blitzte ein gleißender Lichtstrahl durch die Dunkelheit. Die Quelle befand sich direkt neben Hellers Kopf. Ehe er reagieren konnte, wurde er gepackt und nach vorne gestoßen, so dass er die Treppenstufen hinabtaumelte. Panisch wedelte er mit den Armen und konnte gerade noch verhindern, in die Tiefe zu stürzen. Der Lichtstrahl folgte ihm und beleuchtete den nass glänzenden Treppenabgang mit seinen grün vermoosten Betonwänden. Im Lichtkegel tauchte der Boden des Raumes vor ihm auf, der zentimetertief unter Wasser stand. Auf den letzten Stufen bekam Heller erneut einen heftigen Stoß in den Rücken, strauchelte und stürzte in die modrige Brühe. Das eisige Wasser drang sofort bis auf die Haut durch seine Kleidung.

Der Lichtstrahl der Taschenlampe glitt durch den langgestreckten Raum und erfasste schließlich zwei Holzpaletten, auf denen fleckige Matratzen lagen - und darauf zwei gekrümmte menschliche Körper.

„Willkommen zum letzten Akt!", hallte eine dunkle Stimme durch den Raum.

Der Schneefall war inzwischen so dicht geworden, dass die Kriminalbeamten keine fünf Meter weit sehen konnten. Gina hatte ihren Vorgesetzten längst überholt und sprintete voran, so dass Lenz Mühe hatte, mit ihr Schritt zu halten. Sie spurteten den Oberhagen entlang und versuchten, durch den weißen Schleier vor sich den Wald auszumachen, aber der Schneevorhang war einfach zu dicht. Wie Nadelstiche trieben Windböen die Kristalle in Lenz´ Gesicht und machten ihm das Atmen schwer. Zudem hatte er schon Sekunden nach dem Start Seitenstiche bekommen, die ihm nun immer mehr zusetzten. Wird Zeit, dass ich mal wieder Sport mache, dachte er. Die Einsicht nützte ihm im Moment allerdings nichts.

Schließlich endeten die Häuserreihen links und rechts. Vor sich sah Lenz nur noch undurchdringliches Weiß. Japsend blieb er neben Gina stehen, die angestrengt versuchte, in der Farblosigkeit irgendetwas auszumachen.

„Da!"Sie deutete nach vorn.

Tatsächlich wurde hin und wieder von einer Windböe schemenhaft der graue Umriss des Waldes aus dem weißen Vorhang gerissen. Die junge Kommissarin setzte ihren Spurt fort und auch Lenz versuchte, die Stiche in der Seite zu ignorieren, und folgte ihr.

Heller wurde unsanft hochgerissen und gegen die Betonwand geschleudert. Im Licht der Taschenlampe erkannte er auf den Matratzen am Ende des Raumes Julius Merschhaus und Johann Kaup. Sie waren mit Ketten an Eisenringe in der Wand gefesselt, die im Gegensatz zum Rest des Raumes silbrig und neu glänzten. Die alten Männer rührten sich nicht.

Als Heller den Kopf drehte, tauchte Wolfgang Kaups Gesicht über dem Lichtstrahl der Taschenlampe auf. Der Neonazi sah den Journalisten ernst an und richtete eine alte Wehrmachtspistole aus dem Zweiten Weltkrieg auf ihn.

„Sie hätten nicht herkommen sollen“, stellte Wolfgang Kaup fest. „Aber wenn Sie jetzt schon einmal da sind, sollen Sie auch Zeuge des letzten Prozesses werden.“

„Prozess?“, entgegnete Heller mit klappernden Zähnen. „Sie halten Ihre Morde für einen rechtsstaatlichen Akt?“

„Rechtsstaat?“ Der Neonazi lachte laut auf. „Ich scheiße auf euern Rechtsstaat! Wir befinden uns im Krieg, da herrschen die Standgerichte. Und diese beiden Volksverräter da wissen genau, was das bedeutet.“

Heller musste Zeit gewinnen. Lenz war bestimmt schon längst wieder auf dem Weg zur Burg an der anderen Seite des Dorfes, aber wenn der Journalist nicht in wenigen Minuten neben den beiden Alten an der Betonwand stehen und einem selbsternannten Ein-Mann-Exekutionskommando in die mörderischen Augen blicken wollte, hatte er keine andere Wahl, als den Irren da vor sich hinzuhalten. „Was werfen Sie den alten Männern denn vor?“

„Was ich ihnen vorwerfe?“ Wolfgang Kaup verzog das Gesicht zu einer grimmigen Fratze. Offenbar völlig sicher, dass ihn niemand mehr aufhalten konnte, ging er auf Hellers Frage ein. „Dass sie das deutsche Volk verraten haben und dass sie ihm eine schwere Schuld aufgeladen haben, von der es sich bis heute nicht befreien kann. Dass sie sich alles andere als heldenhaft verhalten haben. Anstatt wie wirkliche Soldaten das Vaterland zu verteidigen und die Heimat bis zuletzt gegen die Besatzer zu verteidigen, haben mein Großvater und dieser Feigling da“, er wies mit dem Kopf auf Julius Merschhaus, „sich aus der Verantwortung gestohlen. Ihre einzige Sorge war, dass sie nicht genügend saubere Unterwäsche hatten und nicht genug Wein und Cognac zum Abendessen.“ Angewidert spuckte er aus. „Und dann haben sie zum Schluss auch noch wehrlose Zeugen beseitigt, anstatt wenigstens zu ihren Taten zu stehen. Wenn diese feigen Schweine nach dem Krieg für ihre Verbrechen verurteilt worden wären, hätten wir jungen Rechten es heute nicht so schwer und könnten Deutschland wieder in eine große Zukunft führen.“

Heller verlor angesichts dieses pathetischen Geschwurbels jede Vorsicht. „Sie werden Deutschland nirgendwohin führen“, fuhr er den Neonazi wütend an. „Sie werden als Mörder lebenslänglich hinter Gittern verschwinden.

Die Polizei ist Ihnen auf den Fersen. Glauben Sie mir, aus dieser Sache kommen Sie nicht mehr heraus."

„Da irren Sie sich." Wolfgang Kaups Stimme war nun nicht mehr aggressiv und bedrohlich. Sie klang irgendwie jenseitig, naiv und einfältig. „Ich mache den Weg frei für die nächsten Jahre. Sehr bald schon werden meine Kameraden Wahlen gewinnen und die Regierung bilden. Und dann wird es eine Generalamnestie für die Vorkämpfer der nationalen Idee geben - wie 1933."

„Wer hat Ihnen denn den Schwachsinn versprochen? Ihre Freundin Michelle Küster?"

„Michaela wird eine führende Rolle in diesem Staat spielen. Die Identitäre Bewegung ist die Zukunft Europas. Mit Hilfe der FPA wird sie es sehr weit bringen. Und Märtyrer wie ich werden nicht vergessen werden." Einen Moment lang schwieg Wolfgang Kaup, als befände er sich gedanklich weit in der Zukunft. Dann verloren seine Augen im Schein der Taschenlampe ihren fernen Glanz und nahmen die Härte und Brutalität wieder an, die Heller kalte Schauer über den Rücken trieben.

„Los jetzt! Es wird Zeit." Wolfgang Kaup warf dem Journalisten einen Schlüssel zu. „Machen Sie die Schweine los."

Heller folgte dem Befehl und öffnete die Vorhängeschlösser, mit denen die Ketten an den Ringen befestigt waren. Als er sich wieder umdrehte, hatte der Neonazi die Pistole weggesteckt. Dafür hielt er jetzt ein altes Sturmgewehr aus dem Zweiten Weltkrieg in den Händen.

„Sie nehmen Merschhaus. Um meinen Großvater kümmere ich mich selbst." Wolfgang Kaup riss den alten Mann von der Matratze und zerrte ihn in Richtung Treppe. „Nun machen Sie schon!"

Mit zitternden Knien und nicht nur vor Kälte schlotternd half Heller Julius Merschhaus auf die Beine und stützte den alten Mann auf dem rutschigen Weg die Betontreppe hinauf.

Das dichte Schneetreiben wurde unter den Bäumen von nasskaltem Dunst abgelöst, der unruhig auf und ab waberte, so dass Lenz und Gina nur wenige Meter weit sehen konnten. Als ein Erdwall rechterhand vor ihnen auftauchte, zerriss ein Schuss die watteartige Stille. Gina stoppte aus vollem Lauf, so dass Lenz, der weit vorgebeugt lief und sich gegen die Stiche die Faust in die Hüfte stemmte, ungebremst auf sie prallte. Die junge Kommissarin ließ ächzend die Luft entweichen und wurde nach vorne in den Schnee geschleudert. Aber anstatt sich zu beschweren, rappelte sie sich wieder hoch und horchte angestrengt in die Richtung, aus der der Knall gekommen war.

„Da lang", sagte sie schließlich, zog ihre Dienstwaffe und lief gebückt auf den Wall zu.

Lenz riss ebenfalls die Waffe aus dem Holster, entsicherte sie und folgte seiner Kollegin. Sie wartete bereits vor einem weißen Schild und deutete auf einen niedrigen Zaun vor dem Umriss eines tiefen Grabens, der von hier geradeaus in den Wald stach.

„Sie Wahnsinniger!", hörten sie eine Stimme grell aus der Vertiefung heraufschallen. „Lassen Sie wenigstens Ihren Großvater leben." Das musste Fabian Heller sein. Verflucht, was machte der Idiot denn hier?

„Ausgerechnet meinen Großvater soll ich leben lassen?" Das war Wolfgang Kaups Stimme. Sein irres Lachen hallte von den umstehenden Bäumen wider. „Hast du das gehört, Großvater? Das gefällt dir, was? Im Überleben bist du doch ganz groß, du Feigling!" Wieder dieses Lachen, als habe er völlig den Verstand verloren.

Lenz machte mit der Hand ein Zeichen in Richtung auf den Zaun zu. Vorsichtig näherten sie sich dem Abhang.

„Wer weiß, vielleicht mache ich das ja sogar", sagte Wolfgang Kaup plötzlich, als sei das tatsächlich eine Option, über die er bislang noch gar nicht nachgedacht hatte. „Was meinst du, Großvater? Soll ich dich verschonen? Du hast mich ein Leben lang belogen. Du hast mich für deine Ziele missbraucht. Sag selbst: Hast du Gnade verdient? Oder willst du am Ende doch noch den Heldentod sterben? Soll ich dich mit deinem eigenen Gewehr erschießen?"

Lenz blickte vorsichtig über die Kante und sah zwei Gestalten vor sich, die da unten standen: Wolfgang Kaup in der Mitte mit einem Sturmgewehr in den Händen, Fabian Heller wenige Meter abseits vor dem Wall und so postiert, dass Wolfgang ihn gleichzeitig mit seiner Waffe in Schach halten konnte.

Ein jämmerliches Winseln drang vom jenseitigen Ende der Schießanlage aus dem Nebel zu ihnen herüber.

„Wie bitte?", brüllte Wolfgang Kaup zurück. „Ich verstehe dich nicht. Du hast doch sonst immer das große Wort geführt. Warum bist du denn plötzlich so kleinlaut, Wachsturmführer Kaup?"

Lenz deutete auf die Treppe, die in die Tiefe führte, und wies Gina durch Zeichen an, dort hinunterzusteigen, während er ihr von hier oben Deckung gab. Die junge Kommissarin nickte und huschte geräuschlos hinüber. Lenz beobachtete, wie sie sich an die Betonwand drückte und Stufe für Stufe hinabglitt, die Pistole immer schussbereit mit beiden Händen vor sich schräg nach unten gerichtet.

Wolfgang Kaup legte mit dem Gewehr an. Von seiner Position aus musste er sein Opfer gerade noch vor der Betonwand ausmachen können. Lenz sah hinter dem jungen Mann nichts als weiße Nebelbrühe. Gina nickte zu ihm hinauf. Sie war jetzt in Position und hatte den Neonazi im Visier.

„Herr Kaup!", rief Lenz in den Graben hinab. „Hier spricht die Polizei. Legen Sie die Waffe nieder, es ist vorbei!"

„Vorbei? Gar nichts ist vorbei! Vorbei ist es erst, wenn Sie mich erschießen!"

„Das werde ich auch, wenn Sie nicht augenblicklich die Waffe fallenlassen!"

Nun geschah alles gleichzeitig: Ein ohrenbetäubender Knall ertönte, als Wolfgang Kaup abdrückte; Fabian Heller ließ sich auf die Knie fallen und presste sich die Hände auf die Ohren; Lenz feuerte über den Kopf des Neonazis hinweg. Wolfgang Kaup ließ das Gewehr fallen und riss die Hände in die Luft. Gina sprintete vor und trat die Waffe heftig außer Reichweite. Dann rammte sie ihre Fußspitze in die Knie des Mörders, so dass er in sich zusammenklappte, und drückte ihm ihre Pistole an den Hinterkopf.

„Du elende Drecksau!", schrie sie ihn an. „Jetzt bist du fällig!"

„Gina! Nicht!", brüllte Lenz.

„Das ist also der Ort, an dem Anton Kottmann, Renate Körting und Julius Merschhaus gefangen gehalten und gefoltert wurden." Lenz sah sich in dem finsteren Unterstand um.

Heller erkannte im Licht der starken Taschenlampe nun deutlich die Blutspuren auf den Matratzen und die Fesselinstrumente. Er zitterte am ganzen Körper, denn die Eiseskälte in diesem Betonbunker drängte unnachgiebig in ihm hoch.

„Du musst aus den nassen Klamotten raus." Gina legte ihm ihre Lederjacke um die Schultern.

„Das ist der Schock", behauptete Lenz. „Warum kannst du Idiot auch nicht einfach einmal machen, was man dir sagt? Verdammte Scheiße, das hätte verflucht in die Hose gehen können."

Trotz der klappernden Zähne musste Heller grinsen. Lenz erinnerte ihn in diesem Moment an seinen Chefredakteur Brenner. Der hätte sich wahrscheinlich genauso ausgedrückt, wenn er jetzt hier gewesen wäre.

„Merkst du was?", fragte Gina feixend. „Der hat sich tatsächlich Sorgen um dich gemacht. Wenn das so weitergeht, werdet ihr noch richtig dicke Freunde."

„In diesem Leben nicht mehr", entgegnete Heller mit zitternder Stimme.

„Hört sich so an, als könnte er in den nächsten Tagen eine liebevolle Krankenschwester gebrauchen", entgegnete Lenz hämisch. „Na, Gina, wäre das nicht ein Job für dich?"

„Warum nicht?", erwiderte die Kommissarin. „Wenn ich dafür eine Woche frei bekomme?"

Lenz schien ernsthaft darüber nachzudenken. „Das wäre was", murmelte er. „Eine ganze Woche ohne diese Nervensäge im Büro."

Heller hatte in diesem Moment keinen Sinn mehr für solche Späße. Die zogen sich hier gegenseitig auf, während er sich den Tod holte. „Bringt mich einer von euch nach Hause?" Irrte er sich, oder klang seine Stimme schon heiser?

„Du kommst ja jetzt ohne mich klar, was, Chef?" Gina zog den Journalisten in Richtung Treppe. „Ich schick dir die Kollegen und die KTU vorbei. Wenn´s dir im Dunkeln zu gruselig wird, einfach laut pfeifen, das hilft. Hänschen klein oder so."

„Du würdest sicher die Internationale trällern", entgegnete Lenz und machte ein paar Schritte durch das Wasser auf das Matratzenlager zu. „Und nimm unsern kommenden Führer da oben auch gleich mit."

Heller stapfte voran die Treppe hinauf. Neben dem Eingang kauerte Wolfgang Kaup im Schnee. Lenz hatte seine Hände hinter dem Rücken mit Handschellen an das Eisengitter gekettet. Der junge Mann wirkte wie ein Häufchen Elend. Schon komisch, dachte Heller. Eben war er noch der besessene Neonazi-Führer mit einer Mission, jetzt ist nichts mehr davon übrig. Wie eine leere Hülle. Der Apfel fällt nicht weit vom Stamm.

Gina zog ihre Dienstwaffe und richtete sie auf Wolfgang Kaup, während sie mit der linken Hand die Handschellen aufschloss.

„Hände auf dem Rücken lassen!", befahl sie. Dann legte sie ihm die Handschelle wieder um das Handgelenkt und drückte sie so stramm zu, dass der Festgenommene zusammenzuckte. „Und jetzt Abmarsch, immer drei Meter vor mir her!" Sie stieß ihn heftig zwischen die Schultern. „Tu mir den Gefallen und versuch, abzuhauen. Es wäre mir ein großes Vergnügen, dich auf der Flucht zu erschießen."

„Ein innerlicher Reichsparteitag", konkretisierte Heller mit einem heiseren Krächzen. „Das versteht der besser."

50

„Fünf Jahre", berichtete Heller, als er eine Woche später neben Lenz saß. „So lautet das Urteil des Landgerichts Detmold gegen Reinhold Hanning."

Der Kriminalhauptkommissar hatte nach Abschluss seiner ersten Todesfallermittlung in Paderborn die Kolleginnen und Kollegen seiner Abteilung und den Journalisten in Ottens Hof eingeladen. Nur Kriminaldirektor Heitkamp hatte er keine Einladung zukommen lassen.

„Fünf Jahre Haft für die Beteiligung an 170.000 Morden", wiederholte Heller.

Gina schüttelte den Kopf. „Der Eine kriegt nach einem langen, schönen Leben fünf Jahre für die Beteiligung an 170.000 Morden an wehrlosen Opfern und muss davon wahrscheinlich nicht einen einzigen Tag absitzen, der andere bringt 7 Mörder um und geht für den Rest seines Lebens in den Bau. Mit anschließender Sicherheitsverwahrung, darauf wette ich. Auch wenn ich Wolfgang Kaup das gönne, aber gerecht ist das nicht."

„Das ist jetzt zwar arg vereinfacht", stellte Lenz fest, „aber falsch ist es leider auch nicht wirklich."

„Nee, nicht wirklich", stimmte Heller zu. „Ihr hättet meinen Chefredakteur hören sollen, als ich ihm das gleich nach der Urteilsverkündung durchgegeben habe. Ich war ja schon einiges an verbalen Fäkalausbrüchen von ihm gewohnt, aber da hat er sich selbst übertroffen."

Die anderen lachten, obwohl keiner von ihnen Hartmut Brenner kannte.

„Er hat mich gleich darauf angesetzt, einen gepfefferten Kommentar zu schreiben und dabei ordentlich über die deutschen Gerichte und ihre Skandalurteile herzufallen."

„Und?", erkundigte sich Schröder. „Machen Sie das?"

„Ich habe dankend abgelehnt." Heller trank einen Schluck Bier. „Im Gegensatz zu Brenner habe ich durch diesen Prozess nämlich eines begriffen: Für die Verbrechen, die Hanning und Tausende anderer begangen haben, kann es gar keine adäquate Strafe geben. Gerechtigkeit lässt sich nicht durch die Höhe der Haftstrafe ausdrücken." Er blickte einen Moment abwesend vor sich auf die Tischplatte. „Was mich aber besonders beeindruckt hat, sind die Opfer, die in Detmold als Zeugen ausgesagt haben. Anfangs ist mir ihre Dankbarkeit einfach nur unterwürfig erschienen. Aber dann habe ich verstanden, was es für sie bedeutet hat, vor einem deutschen Gericht aussagen zu dürfen; erzählen zu dürfen, was ihnen Deutsche angetan haben. Und sie durften erleben, dass ein deutsches Gericht die Täter für schuldig befindet. Da ist mir zum ersten Mal klargeworden, dass es bei solchen Prozessen gar nicht um die Täter und die Höhe der Strafe geht. Es geht um die Opfer. Und die haben etwas erreicht, auf das sie ihr Leben lang warten mussten." Er lehnte sich zurück und atmete tief durch. „Ich für meinen Teil habe von Nazis jedenfalls für die nächsten Jahre erst mal die Nase voll."

„Verständlich", meinte Conny Gellert, die sich zwischen Jochen Steinkämper und Franz-Georg Jakobsmeier, die gleich zu Beginn mit ihr Freundschaft getrunken hatten, sichtlich wohlfühlte. „Nach den Ereignissen an der Schießanlage hätte ich auch die Nase voll. Das soll ja ziemlich eng gewesen sein."

„Das kannst du laut sagen", tönte Lenz. „Wenn Gina und ich nicht so furchtlos in den Graben gestürzt wären und den skrupellosen Mörder überwältigt hätten, gäbe es jetzt einen guten Journalisten in Deutschland weniger."

„Also, wenn ich mich recht erinnere", widersprach Gina, „dann war nur ich da unten in dem Graben und du bist sicherheitshalber oben hinter dem Zaun geblieben."

Lenz wehrte das allgemeine Lachen mit beiden Händen ab und winkte dem Wirt, dass er den Getränkenachschub beschleunigen sollte.

„Ich glaube auch nicht, dass er mich getötet hätte", wandte Heller ein. „Was hätte er davon gehabt? Er wusste, dass ihr ihm auf den Fersen seid und er aus der Nummer nicht mehr rauskommt. Außerdem galt sein Rachefeldzug den alten Nazis und nicht uns."

„Und die hat er ja nun auch alle erwischt", stellte Gisbert Henke fest. „Den alten Kaup sogar mit einem sauberen Kopfschuss, der ihm das Hirn aus dem Schädel gepustet hat. Respekt!"

„Herrlich!, würde Dr. Elling sagen." Lenz lachte. Dann hob er den rechten Zeigefinger. „Sollte Wolfgang Kaup das genauso geplant haben, ist er damit bis zum Schluss seiner Linie treu geblieben." Und auf die fragenden Blicke hin fuhr er fort: „Dr. Elling hat mir heute erzählt, dass das KZ Niederhagen Teil der sogenannten Polizeijustiz war. So wurde die Durchführung von Exekutionen durch die Gestapo genannt. Insgesamt sollen 56 Männer im KZ hingerichtet worden sein. Einmal hat Johann Kaup selbst einen Häftling erschossen und zwar aus nächster Nähe, so dass ihm das Gehirn aus dem Schädel gespritzt ist. Deshalb also der Kopfschuss."

„Mein Gott!", stöhnte Gisbert Henke auf.

Als sich angesichts dieser Geschichte eine bedrückende Stille am Tisch auszubreiten drohte, versuchte Jochen Steinkämper, die Stimmung mit einem Scherz zu retten: „Jetzt verstehe ich auch, dass ihr Johann Kaup nicht gerettet habt, sondern absichtlich eine Minute zu spät gekommen seid. Dafür hättet ihr eigentlich einen Orden verdient."

„Wenn ihr mich fragt", meinte Franz-Georg Jakobsmeier, „dann ist es um keinen von den alten Nazis schade."

„Dich fragt aber hier keiner", entgegnete Gisbert Henke. „Was hast du eigentlich für eine Auffassung von deinem Job?"

„Also, ich kann ihn verstehen", warf Conny Gellert ein und erntete dafür ein dankbares Lächeln von Jakobsmeier, was Jochen Steinkämper sichtlich fuchste.

„Was habt ihr denn über Wolfgang Kaups Motive herausbekommen?", fragte Heller. „Ich meine, das ist doch schon etwas merkwürdig, dass ein junger Mann, der zu einem Neonazi reinsten Wassers erzogen wird, sich plötzlich gegen seine Helden wendet. Und ich bin, ehrlich gesagt, aus dem wirren Zeug, das er mir da in der Schießanlage erzählt hat, nicht schlau geworden."

„Es ist leider genauso, wie Gina es als Erste von uns begriffen hat", antwortete Lenz und wunderte sich, dass ihm von dem Lächeln, das er dafür von der jungen Kollegin bekam, direkt warm wurde. „Wolfgang Kaups frühere Helden haben sich als Weicheier entpuppt."

„Aha! Und wie kam das?"

„Als Wolfgang sechzehn Jahre alt war, ist bei den Kaups eingebrochen worden", berichtete Lenz. „Er kam aus der Schule nach Hause und alles war aus den Schränken gerissen. Im Zimmer seines Großvaters lag zwischen den Kleidungsstücken ein verschnürtes Paket Briefe auf dem Boden. Die schnörkelige altdeutsche Schrift hat Wolfgang magisch angezogen und so hat er sie gelesen."

„Briefe an seinen Großvater?", hakte Heller nach. „Von wem?"

„Der komplette Briefwechsel zwischen Johann Kaup und seiner Frau Herta aus der Zeit, als er Wachsturmführer in Wewelsburg war und sie mit den Kindern in Stade in der Nähe von Hamburg lebte." Lenz trank sein Bier aus und schaute zu, wie der Wirt die Gläser austauschte. „Wolfgang hat gehofft, darin von den großen Heldentaten zu lesen, die sein Großvater an der Heimatfront vollbracht hat", fuhr er fort, als der Wirt sich wieder entfernte. „Stattdessen hat er spießbürgerlichen Kleinkram vorgefunden. Johann hat gejammert, dass er immer zu wenig Unterwäsche hat und dass der Dienst so langweilig ist; Herta hat sich über die Versorgungslage beklagt und darüber, dass sie zu wenig Schlaf bekommt, weil entweder die Kinder Husten und Schnupfen haben oder die alliierten Bomberverbände sie nachts in den Bunker zwingen. Der weinerliche Ton hat Wolfgang regelrecht aus der Bahn geworfen. Diese Briefe und die Gespräche, die Dr. Elling danach mit ihm geführt hat, haben sein ganzes Weltbild zerstört." Er trank einen Schluck Bier und wischte sich den Schaum von der Oberlippe. „Besonders erschüttert war Wolfgang aber darüber, dass sein Großvater an der feigen Aktion zum Kriegsende teilgenommen hat: wehrlose Gefangene liquidieren, die als Soldaten ihre Pflicht für ihr Vaterland getan hatten, nur um Zeugen zu beseitigen. Versteht ihr? Kriegsgefangene genießen nach der Genfer Konvention Schutz. Außerdem gibt es überhaupt keinen Grund, Spuren zu verwischen, wenn man sich nichts zu Schulden kommen lassen hat. Ich glaube, da hat Wolfgang erst so richtig begriffen, dass sein Großvater und das Restkommando nicht die Helden waren, die angeblich bis zur letzten Kugel für Führer, Volk und Vaterland gekämpft haben."

„Und damals hat er dann beschlossen, die Alten aus dem Weg zu räumen?"

„Nicht sofort. Das kam erst, als er durch seine Freundin Michelle Küster mitbekam, welch ein Klotz am Bein die alten Nazis für die aufstrebende Neue Rechte sind."

„Dann hat sie ihn also auf den Trip gebracht", schlussfolgerte Heller. „Könnt ihr sie als Drahtzieherin drankriegen?"

„Leider werden wir ihr das nie beweisen können." Lenz drehte bedauernd die Handflächen nach oben. „Jedenfalls hat Wolfgang damals beschlossen, Altenpfleger zu werden und die alten Kameraden seines Großvaters, die er natürlich alle kannte, geräuschlos aus dem Weg zu räumen. Das hat auch eine Zeitlang funktioniert. Bis zu dem Mord an Elfriede Gerken. Da haben die Alten Verdacht geschöpft und sind auf die Barrikaden gegangen. Als sie Kerstin Finke gedroht haben und Johann Kaup dann auch noch seine Verbindungen in die Politik genutzt hat, um Druck auf die Ermittlungsbehörden auszuüben, hat er die Flucht nach vorn angetreten. Sein irrwitziger Plan war von da an, die Alten öffentlichkeitswirksam zu beseitigen und so für alle Welt sichtbar die alte Schuld aus der Welt zu schaffen."

„So ein Irrsinn", urteilte Heller kopfschüttelnd.

„Seine Strategie war anfangs noch, die Linken in Verdacht zu bringen und Mario Hülsmann die Morde anzuhängen", ergänzte Schröder. „Die Identitäre Bewegung bliebe unbefleckt, könnte in der FPA oder einer anderen national gesinnten Partei aufgehen und der bürgerlichen Mehrheit ein nationalkonservatives Angebot machen, das sie annehmen könnte. So könnte er an die Macht gelangen, zumal die Linken ja für die bürgerliche Mitte unwählbar würden."

„Tja, darauf sind wir zum Glück nicht angesprungen, nicht wahr?", triumphierte Gina hämisch grinsend. „Am Ende haben wir Mario mit unserem genialen Schachzug sogar zu einem wasserdichten Alibi im Mordfall Körting verholfen. Das muss Wolfgang ziemlich gestunken haben."

Lenz ignorierte den Triumph seiner Kollegin mit betont gleichmütigem Gesicht. „Wir gehen davon aus, dass Michelle Küster ihrem Freund zu dem Zeitpunkt den Unsinn mit dem Märtyrertum und der Generalamnestie nach der Machtübernahme eingeredet hat."

„Aber auch das werdet ihr dem Miststück nicht nachweisen können", unkte Heller.

„Selbst, wenn Wolfgang gegen sie aussagen würde, was er natürlich nicht macht, stände Aussage gegen Aussage."

„Und das gilt vermutlich auch für die Entführung von Julius Merschhaus", stellte Heller fest. „Der alte Mann ist doch nicht erst in der Nacht entführt worden, oder?"

„Wir gehen davon aus, dass Wolfgang ihn am Nachmittag, als unsere Kollegen noch nicht vor Ort waren", er deutete mit dem Kopf auf Steinkämper und Jakobsmeier, „aus der Residenz geschleust und Michelle Küster ihn mit ihrer Aussage gedeckt hat. Sie konnte relativ sicher sein, dass niemand bei der Übergabe an ihrer Geschichte zweifeln würde. Tja, und so waren die beiden zum angeblichen Tatzeitpunkt bei ihrer Kundgebung in Paderborn und das Verschwinden von Merschhaus ist erst am darauffolgenden Morgen gemeldet worden. Aber auch das können wir Michelle Küster nicht nachweisen, weil Wolfgang Kaup schweigt und sie bei ihrer Geschichte bleibt."

„Dann wird die Nazisse also völlig unbescholten aus der Sache herauskommen und weiter daran arbeiten, an politischem Einfluss zu gewinnen." Hellers Tonfall verriet, wie sehr ihm diese Vorstellung zuwider war.

„So sieht´s aus." Lenz griff nach seinem Bierglas. „Der Einzige, der am Ende von der ganzen Sache profitiert, ist übrigens Dr. Elling. Wolfgang Kaup hat ihm die Briefe zu Forschungszwecken vermacht, als klar war, dass er spätestens nach dem Mord an Merschhaus und seinem Großvater in den Knast wandern würde."

„Na, da hat unser Historiker ja dann wieder etwas, worin er sich vergraben kann", meinte Heller lachend.

„Und was haben Sie nun vor?", erkundigte sich Schröder, der die ganze Zeit über nur zugehört hatte, bei dem Journalisten. „Zurück nach Hamm?"

Heller zuckte mit den Schultern. „Erst mal ja. Ich habe da noch das Haus meiner Mutter zu verkaufen. Inzwischen bin ich mir sicher, dass ich da niemals einziehen werde. Und anschließend werde ich meine eigene Wohnung auflösen. Mal sehen, wohin es mich dann verschlägt. Auf jeden Fall will ich jetzt endlich mal raus. Was von der Welt sehen. Für den Anzeiger werde ich jedenfalls nicht mehr arbeiten, solange Brenner dort Chefredakteur ist."

„Da hätte ich vielleicht was für Sie", meinte Schröder. „Mein Schwager ist Chefredakteur beim Neuen Westfälischen Volksblatt. Der war ganz begeistert von Ihrer Berichterstattung über die Nacht in der Standortschießanlage. Na ja, und zufällig ist da gerade eine Stelle vakant."

„Als Redakteur?"

„Genau. Wenn Sie wollen, mache ich mich für Sie stark."

„Das hat doch keinen Sinn", zweifelte Heller. „Bestimmt stehen die Freien Mitarbeiter schon Schlange."

„Wenn Schröder sich für Sie einsetzt", widersprach Gisbert Henke, „dann kriegen Sie den Job. Das ist hier nicht das Ruhrgebiet. Das ist Paderborn. Da funktioniert der Familienfilz noch."

Die anderen lachten. Lenz zog missbilligend die Augenbrauen hoch, als habe er einen solchen Sumpf bereits vermutet.

Und dann wurden seine schlimmsten Befürchtungen auch noch von Jochen Steinkämper bestätigt: „Hauptsache, Sie sind katholisch. Und wenn Sie dann noch in die CDU eintreten und in den Schützenverein, steht Ihnen in Paderborn alles offen."

Lenz stöhnte gequält auf.

„Wenn du in Paderborn arbeitest, haben wir bestimmt öfter miteinander zu tun", wandte sich Gina an Heller. „Das sollte doch Anreiz genug sein."

„Also, von Paderborn habe ich nichts gesagt", warf Schröder vorsichtig ein. „Die Stelle wäre in Büren. Das Neue Westfälische Volksblatt hat da eine kleine Redaktion."

„Also doch", stöhnte Heller. „Ich wusste, dass es einen Haken bei der Sache gibt."

„Ich weiß gar nicht, was du hast", zeigte sich Lenz erstaunt. „Sagtest du nicht eben, du wolltest mal was von der Welt sehen?" Er lachte hämisch.

„Oh ja", meinte Schröder sehnsüchtig. „Weg von hier und etwas Neues anfangen, das wär´s."

„Sie bleiben schön, wo Sie sind!", entgegnete Lenz im Befehlston. „Schließlich habe ich gerade erst beschlossen, dass Sie mein Stellvertreter werden."

„Ach ja?" Schröders Stimme klang ungewohnt angriffslustig. „Und wie komme ich jetzt plötzlich zu der Ehre?"

„Ganz einfach", antwortete Lenz gleichmütig. „Sie haben sich als ganz passabler Kriminalist erwiesen."

„Danke für die Blumen", ätzte Schröder.

„Außerdem habe ich keine Lust, dass Sie den Weg freimachen und das junge Gemüse da", Lenz deutete mit dem Kopf auf Gina, Henke, Jakobsmeier und Steinkämper, „mir schneller auf die Pelle rückt als unbedingt nötig."

Vielstimmiger Protest wurde laut. In dem Moment öffnete sich die Tür und ein elegant gekleideter Mann von etwa dreißig Jahren kam herein. Er blickte sich suchend im Raum um und gab Gina schließlich mit der Hand ein Zeichen. Die junge Kommissarin winkte zurück und stand auf.

„So, Leute", sagte sie. „Ich muss dann mal."

Lenz hielt sie am Arm zurück, deutete mit dem Kopf in Richtung Tür und erkundigte sich erstaunt: „Schon wieder ein Neuer? Was ist denn mit Rasta-Mario?"

Gina lachte hell auf. „Du hast tatsächlich geglaubt, dass mit dem etwas läuft?" Sie schüttelte den Kopf, als sei ihr Vorgesetzter wirklich noch dümmer, als sie ohnehin schon geahnt hatte. „Ehrlich, Lenz, von Frauen hast du absolut keine Ahnung. Was soll ich denn mit so einem unreifen Knaben?"

Sie winkte in die lachende Runde, ging zu dem jungen Mann hinüber, der ihr vertraut entgegen lächelte, und begrüßte ihn mit einem Kuss.

„Biest!", fluchte Lenz.

„Du bist doch nur sauer, weil du ausnahmsweise mal nicht zum Zug kommst", gab Heller lachend zurück.

„Bei der?" Lenz verzog sein Gesicht, als sei das völlig unvorstellbar. „Also ehrlich, mein Lieber, da kann ich mit Besserem aufwarten."

„Natascha." Heller nickte wissend.

„Quatsch!" Lenz beugte sich verschwörerisch vor. „Du kennst doch Kerstin Finke."

„Die Leiterin der Seniorenresidenz?"

„Genau." Lenz nickte mit geschlossenen Augen. „Wir haben morgen Abend ein Date."

„Und was sagt Natascha dazu? Ich denke, ihr seid gerade dabei, zusammen deine neue Wohnung einzurichten."

„Die muss davon ja nichts erfahren, oder?" Lenz zwinkerte dem Journalisten verschwörerisch zu.

Der schüttelte den Kopf. „Du änderst dich wohl nie, was?"

„Nö. Wozu auch? Ich gefalle mir genauso, wie ich bin."

„Und das müssen wir jetzt die nächsten zwanzig Jahre ertragen", stöhnte Gisbert Henke. „Ehrlich, ich hätte nie gedacht, dass ich dem alten Schulte einmal nachtrauern würde."

Diesmal lachte niemand, aber alle außer Lenz und Heller nickten.

In diesem Moment betraten zwei junge Männer in schwarzer Motorradkluft das Lokal, wandten sich kurz an den Wirt, der verhalten nickte, und befestigten dann ein Plakat an die Wand neben der Theke: Die Freie Patriotische Alternative lud zu ihrer nächsten Kundgebung ein.

„Gegen Überfremdung und systematischen Bevölkerungsaustausch!", stand dort in roter Frakturschrift auf schwarzem Hintergrund.

ENDE

„Wir kennen das Ende. Wir sind nicht hoffnungslose Idioten der Geschichte, die unfähig sind, ihr eigenes Schicksal in die Hand zu nehmen. … Viele geschichtliche Zeichen deuten darauf hin, dass die Geschichte einfach nicht ein ewiger Kreisel ist, wo nur immer das Negative triumphieren muss."

(Rudi Dutschke, 1967)

Nachwort

Mit diesem Roman habe ich versucht, die aktuellen rechtsextremen und rechtspopulistischen Strömungen in unserem Land aufzugreifen und die Verbindungslinien zu ihren ideologischen Wurzeln aufzuzeigen. Dabei ist mein Anspruch eine größtmögliche Authentizität, was historische Fakten angeht, bei gleichzeitig größtmöglicher künstlerischer Freiheit in der fiktiven Romanhandlung. Dass dies schon allein wegen rechtlicher Absicherungen eine ständige Gratwanderung zwischen Realität und Fiktion werden musste, war mir bewusst. Dass der Grat aber mitten durch die historischen Fakten führen würde, ist mir erst während des Schreibens richtig klargeworden und war für mich nicht immer leicht auszuhalten.

Eine fiktionale Handlung vor einem historischen Hintergrund zu entwickeln, ist immer ein gefährliches Unterfangen. Um dies halbwegs schwindelfrei zu bewältigen, habe ich mir Erich Kästners kluge Unterscheidung zwischen Wahrheit und Wirklichkeit zu Eigen gemacht, nach der alles wahr ist, das wirklich geschehen sein könnte. In diesem Sinne ergänzen sich in meinem Roman Wahrheit und Wirklichkeit zu einem hoffentlich symbiotischen Ganzen.

Wie das im Einzelnen aussieht, soll im Folgenden kurz dargelegt werden:

Der Auschwitz-Wachmann Reinhold Hanning ist am 10. Februar von der Schwerpunkt-Staatsanwaltschaft Dortmund angeklagt worden. Vom 11.2.2016 bis zum 17.6.2016 wurde der Fall vor dem Landgericht Detmold verhandelt und mit einer Verurteilung wegen der Beihilfe zum Mord in 170.000 Fällen zu fünf Jahren Freiheitsstrafe abgeschlossen. Der dargestellte Prozessverlauf entstammt Zeitungsberichten und Prozessprotokollen. Die im Roman verlesene Erklärung Hannings stammt vom 29. April 2016 und ist im Wortlaut wiedergegeben. Die Namen des Angeklagten Reinhold Hanning und der Zeugen sind als Personen der Zeitgeschichte authentisch wiedergegeben, ebenso die Lebensläufe und die Zeugenaussagen im Prozess, die wörtlich den veröffentlichten Protokollen entstammen.

Bei diesem Prozess handelt es sich um ein historisch bedeutsames Ereignis, das so realitätsnah wie möglich wiedergegeben werden sollte. Entsprechend ist der Angeklagte zu behandeln. Bei den Zeugen habe ich den Entschluss einer authentischen Darstellung gefasst, weil sie selbst vor Gericht ihre Erleichterung darüber geäußert haben, dass sie ihre Leidensgeschichten darstellen durften. Entsprechend gehe ich davon aus, dass eine Übertragung ihrer auch in den Medien vollständig genannten Namen und Lebensgeschichten unter Verweis auf die Realität in ihrem Sinne ist und ich ihr Anliegen damit nachdrücklich unterstützen kann.

Nach Prozessende haben die Anwälte einiger Nebenkläger und auch der Verteidiger Hannings Revision eingelegt. Während dieses Verfahrens ist Reinhold Hanning am 30. Mai 2017 verstorben. Der Tod des Angeklagten und Verurteilen ist ein sogenanntes Verfahrenshindernis und führte dazu, dass das Strafverfahren eingestellt werden musste, bevor das Urteil rechtskräftig werden konnte. Reinhold Hanning ist demnach ein nicht vorbestrafter und damit in juristischem Sinne unbescholtener Bürger – trotz der 170000 Mordfälle, die sich während seiner Dienstzeit in Auschwitz zugetragen haben und an denen er nach aktueller juristischer Auslegung einen nicht unerheblichen Anteil hatte.

Die im Roman ebenfalls auftauchende Holocaust-Leugnerin Ursula Haverbeck (geb. am 8.11.1928) ist im Februar 2017 vom Amtsgericht Detmold wegen Volksverhetzung und der Verunglimpfung des Andenkens Verstorbener zu zehn Monaten Haft ohne Bewährung verurteilt worden. Das hinderte sie jedoch nicht daran, mit ihren widerwärtigen Aktivitäten fortzufahren, und so folgte im August 2017 ein Urteil des Landgerichts Verden zu zwei Jahren ohne Bewährung wegen Volksverhetzung in acht Fällen. Ursula Haverbeck ging in Revision und blieb während der Dauer des Verfahrens auf freiem Fuß. Das Oberlandesgericht Celle verwarf die Revision und erklärte das Urteil für rechtskräftig. In der Folge führte Haverbeck ärztliche Atteste an, die sie für haftunfähig erklärten, während sie gleichzeitig beschloss, aktiv in die Parteipolitik einzutreten. Letztlich bestätigte ein amtsärztliches Gutachten Ursula Haverbecks Haftfähigkeit. Als sie die Haft nun endgültig antreten sollte, entzog sie sich und tauchte unter. Die Staatsanwaltschaft Verden erließ einen Vollstreckungshaftbefehl, in dessen Folge sie schließlich eine Woche später in ihrem Haus in Vlotho verhaftet und in die Haftanstalt Bielefeld-Senne überführt werden konnte. Möge sich die Leserin bzw. der Leser ein eigenes Urteil darüber bilden, ob sich unser Rechtsstaat derart lange an der Nase herumführen lassen sollte.

Auch die Lebensgeschichten der Opfer im KZ Niederhagen sind, abgesehen von den fiktiven Namen im Roman, authentisch. Sie entstammen den Berichten der überlebender Zeitzeugen Iwan Baglikow, Leopold Engleitner, Walentin Perow, Otto Preuß und Mark Weidmann.10 Die im Roman geschilderten Grausamkeiten entstammen ihren Leidensgeschichten.

Die Briefe zwischen dem Wewelsburger Wachsturmführer und seiner Frau sind historischen Quellen nachempfunden, die dem Kreismuseum Wewelsburg von den Nachfahren des tatsächlichen Wachsturmführers Hans Lau und seiner Frau Henny für Forschungszwecke zur Verfügung gestellt wurden. Ich habe den Briefwechsel, der ein dickes Buch umfasst, eingesehen und beschlossen, den Schwerpunkt auf die Briefe „Vatis" zu legen. Im Roman dürfte ohnehin deutlich geworden sein, dass SS-Frauen einen nicht unerheblichen Anteil an den Verbrechen hatten und Ehefrauen von SS-Männern diese nicht selten in ihrem bestialischen Tun moralisch unterstützt haben.

Wie diese sehr offen formulierten Briefe offenbar ohne Zensur sogar aus den Kriegsgebieten hin und her gelangt sind, ist mir ein Rätsel. Aber vielleicht war es ja doch seinerzeit leichter, in dieser Form seine Meinung zu äußern, als es in der Nachkriegszeit öffentlich behauptet wurde und bis heute dargestellt wird.

Ich betone an dieser Stelle ausdrücklich, dass es sich bei den Briefen im Roman nicht um eine Übernahme der Originale handelt. Einige Inhalte sind frei erfunden, um die Dramaturgie voranzutreiben, ohne dabei jedoch den Grundgehalt zu verfälschen. So habe ich z. B. eine Fortsetzung des Briefwechsels bis zum 1. April 1945 frei erfunden, während Hans Lau zu diesem Zeitpunkt schon lange kein Wachsturmführer im KZ Niederhagen mehr war. Ich habe mich allerdings darum bemüht, die zentral behandelten Themen, die Anrede- und Grußformeln und den Tonfall so authentisch wie möglich wiederzugeben, um die biedere Kleingeistigkeit, die in den Originalbriefen deutlich wird, nicht zu verfälschen. Die Mörder waren keine Helden und sie haben nicht selbstlos für ihr Land und ihr Volk gehandelt.

Dass ich meinen Leserinnen und Lesern gerade durch die Briefebene des Romans einiges abverlange, ist mir bewusst. Allerdings ist der Erkenntniswert dieser Briefe meiner Ansicht nach so hoch, dass ich das Risiko eingegangen bin.

Auch die Familiengeschichte der Nachfahren Johann Kaups ist frei erfunden und hat weder Anlehnung, noch Ähnlichkeiten oder gar Übereinstimmungen mit der Familie Hans und Henny Laus. Der fiktive Johann Kaup und die zeitgenössische Person Hans Lau sowie ihre Familien sind nicht identisch.

---

10 „Wewelsburg. Ideologie und Terror der SS", DVD des LWL-Medienzentrums für Westfalen in Zusammenarbeit mit dem Kreismuseum Wewelsburg, ISBN: 978-3-939974-19-9

Die fiktiven Figuren Elfriede Gerken und Renate Körting verdanken ihre Biografien den Forschungen, die im Kreismuseum Wewelsburg stattgefunden haben.11 Sie sind eng an die historische Realität angelehnt.

Die Geschichten der Burg und des Konzentrationslagers Niederhagen habe ich vielfach vor Ort erkundet. Nachlesen lassen sie sich aber auch sehr ausführlich in den beiden Katalogen des Kreismuseums Wewelsburg.12,13

Sollte es trotz meiner Bemühungen, Realität und Fiktion klar auseinander zu halten und Persönlichkeitsrechte nicht zu verletzen, Ähnlichkeiten mit verstorbenen oder lebenden Personen geben, so sind diese rein zufällig und nicht beabsichtigt.

Danksagung

Ich bedanke mit ausdrücklich bei der Leiterin des Kreismuseums Wewelsburg, Kirsten John-Stucke, für ihre Unterstützung. Sie hat mir den Giftschrank geöffnet und so den Zugang zu dem historischen Briefwechsel zwischen Hans und Henny Lau gewährt.

Großer Dank gebührt auch dem in Wewelsburg arbeitenden Historiker Norbert Ellermann, der mir jederzeit mit Rat und Tat zur Seite gestanden und mir bei Zwiebelkuchen und Federweißem all meine Fragen beantwortet hat.

Ohne meine Lektorin Maeve Carels wäre der Roman nicht, was er ist. Ihr ist es hoffentlich gelungen, mein Sendungsbewusstsein zugunsten der literarischen Qualität und der Spannung dieses Romans zu zügeln. Dank ihrer Unnachgiebigkeit und weisen Ratschläge lerne ich von Roman zu Roman dazu. Und den Lesern sind ganz nebenbei fünfzig zusätzliche Briefseiten erspart geblieben.

Vielen Dank auch an Monika und Jill Marc Münstermann von EK-2 Publishing, die diesen Roman in ihr Programm aufgenommen hat.

Last, but not least: Was wäre ich ohne meine Frau, die mich immer unterstützt und mir für die unzähligen Arbeitsstunden an meinen Romanen den Rücken freihält, mich zu Lesungen begleitet und im Urlaub meine Recherchen erträgt? Vielen, vielen Dank dafür!

Thomas Breuer im Juni 2023

---

11 Victoria Evers, Olga Heptin: „Frauen in der SS. Zwischen Mutterschaft, Arbeitsdienst und politischer Teilnahme“, hrsg. vom Förderverein Kreismuseum Wewelsburg e. V. (ohne Zeitangabe)

12 Prof. Dr. Karl Hüser: „Wewelsburg 1933 bis 1945, SS-Kult- und Terrorstätte“, Paderborn 1982

13 Brebeck, Wulff E. u. a.: „Endzeitkämpfer. Ideologie und Terror der SS“, Berlin, 2011

Verpassen Sie keine Neuerscheinung!

Tragen Sie sich in den Newsletter von *EK-2 Militär* ein, um über aktuelle Angebote und Neuerscheinungen informiert zu werden und an exklusiven Leser-Aktionen teilzunehmen.

Link zum Newsletter:
https://ek2-publishing.aweb.page

Über unsere Homepage:
www.ek2-publishing.com
Klick auf *Newsletter*

***Via Google**: EK-2 Verlag*

Als besonderes Dankeschön erhalten Sie **kostenlos** das E-Book »Die Weltenkrieg Saga« von Tom Zola.

Deutsche Panzertechnik trifft außerirdischen Zorn in diesem fesselnden Action-Spektakel!

Ihre Zufriedenheit ist unser Ziel!

Liebe Leser, liebe Leserinnen,

hat Ihnen unser Buch gefallen? Haben Sie Anmerkungen für uns? Kritik? Bitte zögern Sie nicht, uns zu schreiben. Wir werden jede Nachricht persönlich lesen und beantworten.

Schreiben Sie uns: info@ek2-publishing.com

Wussten Sie schon, dass Sie uns dabei unterstützen können, unseren Verlag sichtbarer zu machen? Bitte nehmen Sie sich einen Moment Zeit und bewerten Sie dieses Buch auf Amazon. Viele positive Rezensionen führen dazu, dass das Buch mehr Menschen angezeigt wird.

Sie können somit mit wenigen Minuten Zeitaufwand unserem kleinen Familienunternehmen einen großen Gefallen tun. Vielen Dank für Ihre Unterstützung!

Impressum

Eine Veröffentlichung der EK2-Publishing GmbH
Friedensstraße 12, 47228 Duisburg
Handelsregisternummer: HRB 30321
Geschäftsführerin: Monika Münstermann

E-Mail: info@ek2-publishing.com
Website: www.ek2-publishing.de

Cover/Umschlag: Jörg Piesker
Lektorat: Maeve Carels
Buchsatz: Eduard Krisan

1. Auflage, September 2023